天大小幼医在十年庆典上向四所合作共建校赠书

天大小幼医每年两次邀请合作共建校参加上下半年工作推进会共谋创新发展之路，探索联盟发展途径

天津大学与雄安新区签订合作协议，开启基础教育合作共建新篇章（组图）

天大小幼医工作部赴河北雄县北沙中心校开展名师送教活动(组图)

雄安人民政府代表团一行到访天津大学(组图)

宕昌县教育局党工委副书记马永红一行到天津大学小幼医工作部交流访学(组图)

小幼医各部门骨干教师赴甘肃省宕昌县开展一系列“手拉手”结对帮扶、共建共赢工作（组图）

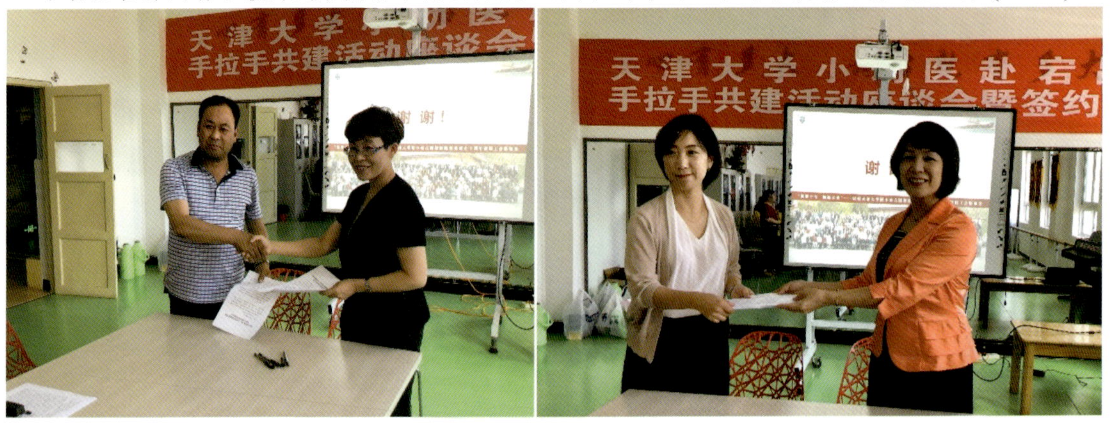

天大附小与宕昌城关九年制学校、天大幼儿园与宕昌新城区幼儿园正式签约组成手拉手结对学校（组图）

天大小幼医到宕昌新城区幼儿园和城关九年制学校送课送教，开展教师培训和教研，交流党建工作（组图）

天大幼儿园与宕昌县新城区幼儿园开启线上资源共享、合作共建新模式（组图）

天津大学与洛阳市洛龙区政府签订合作共建协议(组图)

洛阳市洛龙区副区长王进升一行来访天津大学洽谈合作办学事宜

洛阳市基础教育系统领导来访天大小幼医

天大附小（幼儿园）与洛一高附小（幼儿园）签署手拉手合作协议，探索基础教育协同发展新模式（组图）

天大附小、天大幼儿园与洛一高附小、幼儿园合作共建学校揭牌仪式（组图）

天大附小校长赵燕为洛一高全体教师做主题报告

天大小幼医党委书记赵翠云应邀为洛一高附小 130 余名教师做主题报告(组图)

天大附小、天大幼儿园骨干教师走进洛一高附小和幼儿园执教精品课并深入学科组做主题教研(组图)

天大附小教师参加洛龙区养成教育十二校联盟活动并送课送教研(组图)

“天大铸伟梦　砥砺少年行”天大附小与洛一高附小互访互学活动(组图)

天大附小、天大幼儿园老师为洛一高附小(幼儿园)送课、送教研活动(组图)

天大小幼医工作部应邀参加洛一高附小第三届校园文化艺术节
天大附小教师为艺术节献歌(组图)

天大小幼医工作部赵成志部长带队与洛一高附小、南阳宛运教育集团、彩虹教育集团进行交流研讨，并赴洛阳西工区几所小学实地参观(组图)

天大小幼医赴静海付家村
举办主题实践活动（组图）

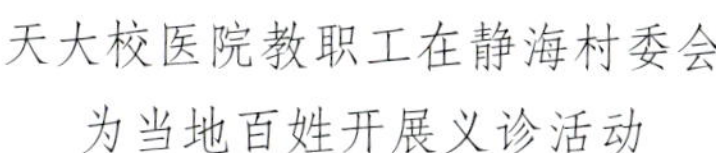

天大校医院教职工在静海村委会
为当地百姓开展义诊活动

天大附小及幼儿园一行来到静海区第十三小学及附属幼儿园参观交流，签订合作协议并捐赠图书（组图）

天大小幼医第五期领航班成员赴天津大学对口扶贫单位——静海区付家村实践调研脱贫攻坚成果（组图）

爱的事业

——天津大学小幼医工作部及合作共建单位工作实践案例及优秀教学成果汇编

赵翠云　刘　津　赵成志　张晓彩　主编

图书在版编目(CIP)数据

爱的事业：天津大学小幼医工作部及合作共建单位工作实践案例及优秀教学成果汇编/ 赵翠云等主编. -- 天津：天津大学出版社, 2021.6
ISBN 978-7-5618-6981-9

Ⅰ. ①爱… Ⅱ. ①赵… Ⅲ. ①小学—学校卫生—卫生管理—文集②幼儿园—卫生管理—文集③基础教育—教学研究—文集④学前教育—教学研究—文集 Ⅳ. ①G627.8-53 ②R175-53 ③G632.0-5 3④G612-53

中国版本图书馆CIP数据核字(2021)第127478号

出版发行 天津大学出版社
地　　址 天津市卫津路92号天津大学内（邮编：300072）
电　　话 发行部：022-27403647
网　　址 www.tjupress.com.cn
印　　刷 廊坊市海涛印刷有限公司
经　　销 全国各地新华书店
开　　本 185mm×260mm
印　　张 22.5（彩插16）
字　　数 580千
版　　次 2021年6月第1版
印　　次 2021年6月第1次
定　　价 78.00元

编 委 会

用心构筑爱的事业

“教育是国之大计和党之大计”“没有全民健康就没有全面小康”已是国人共识。为师，教书育人；为医，治病救人。教育和医疗是天底下最光辉最圣洁的职业，教师和医生被誉为灵魂的工程师和生命的保护神。天津大学小幼医恰恰承担着人生奠基教育和守护生命健康的神圣职责，这是一份爱的事业。“以爱育爱，让爱生长”是小幼医人一直以来的坚守，“以美育美，美美与共”是小幼医人不懈的追求，用心构筑爱的事业，护佑师生美丽人生，牵手同行共谋发展，天津大学小幼医人一直在路上。

因工作结缘天大小幼医，有机会参与并见证了小幼医人坚守以爱为主题的职业和责任，用奋斗书写当下、用努力开创未来、用爱心感染爱心的大爱行动。小幼医人依托天津大学在教学科研、人才队伍、校园文化、国际合作、设施设备、优秀校友等诸多方面的优质资源，坚持立德树人，践行先进教育思想，积极融入国家发展大局，落实区域协调发展战略，主动投身国家构建点线面结合、东中西呼应的新时代教育发展格局和创新实践之中，积极发挥引领作用，以开放、创新、共享、包容的姿态，与天津静海、河北雄安、河南洛阳、甘肃宕昌等地手拉手合作共建基础教育，一起在推进优质教育资源交叉融合、推动学前教育普及普惠发展、确保义务教育优质均衡发展、构建师生大健康体系、探索协同创新长效合作机制等方面做了大量创新性工作，形成了一系列卓有成效的实践成果。

恰逢建党百年和“十四五”开局之年，小幼医事业也迎来了难得的历史机遇期。站在特殊的历史节点上，回顾几年来与合作共建校一起走过的岁月，可谓上下同欲者胜，风雨同舟者兴。大家用博大无私的爱架起教育的桥梁，用渊博的知识去引领未来的人才，用无悔的青春去书写炫彩的课堂，用火一样的热情去激励求知的欲望，用执着的付出去践行崇高的使命，用精湛的医术护佑师生的生命健康。天大小幼医、静海第十三小学及幼儿园、雄县北沙小学及幼儿园、洛阳洛一高附小及幼儿园、宕昌九年一贯制学校及新城幼儿园在共建中一起成长，我们同心筑梦，聚力前行，绘就了携手发展的美丽画卷。

为思考过往，激励当下，启迪未来，天大小幼医决定将共建文化成果进行梳理和遴选，编撰出版《爱的事业》一书。此书将诸多优秀的教学案例、科研结题报告予以精选，将一线的教育医疗专家、骨干和精英的特色成果予以汇集，将工作中涌现出的一系列携手共建的合作探索成果予以提炼和汇总并最终结集成册出版发行，既集成了协同发展的实践经验，又总结了教育资源辐射的共性规律。此外，本书还充分发挥“互联网”时代的优势，为每一个优秀案例及视频材料赋予了独特的二维码名片，大大提升了此书的可读性和实用性，方便业内同行查阅和借鉴。唯望这些精彩报告和工作亮点能够真正发挥优质教育资源的辐射带动作用，引领业内同行共同成长，同时给师生和家长带去实实在在的福利。

当下，脱贫攻坚战尽管已经取得了全面胜利，但是教育脱贫攻坚战仍需长期坚持。全国抗击疫情也取得了阶段性成果，但是，在常态化疫情防控中有序推进教学科研，在后疫情时代守护师生安康、维护校园稳定，也是摆在全体教育和医务工作者面前的一项重大政治任务。大家要时刻围绕新时代教育发展的新主题、新方向、新目标、新任务，以庆祝建党100周年为契机，谋篇布局，迎难而上，投身于改革的大潮之中，与时俱进，矢志创新，不仅要不断丰富自我、完善自我、提升自我、发展自我，同时更要集合协同创新之能量，为推动教育和医疗体系不断完善，为建设现代化强国贡献力量。让我们携手共创共赢，统筹发挥优质教育资源聚集效应，通过跨区域共享教育资源，站在今天看未来，站在未来看教育，一起研究生命与成长的核心课题，培养学生优秀素养与美好情感，在战略规划、管理理念、学生思政、课程建设、教师发展、三全育人等方面深入开展合作交流，在共建发展共同体、建立教育及医疗协同发展长效机制等方面再谱新章。

个人的生命是有限的，但团队的力量是无穷的，让我们一起敢于有梦、勇于追梦、勤于圆梦，用心构筑爱的事业，以爱育爱，让爱生长，胸怀天大梦想，成就天大事业，携手共建，让单位同人在爱的事业中耕耘和奉献，让人生更有价值，让大爱洒满人间！

天津大学小幼医工作部部歌对《爱的事业》做了诠释，让我们以此共勉吧！

编织希望摇篮，扬起梦想风帆，
学府杏林春满，守望生命蓝天。
温暖怀抱托起明日朝阳，妙手仁心书写大爱无疆。
啊，美丽小幼医，这是根的事业，这是天使家园。
服务师生是我天大事业，举轻若重我们初心不改！
谨记成长所系，不负性命相托，
立足岗位一方，相伴巍巍北洋。
勤勉奉献奠基卓越人才，立德树人滋养家国情怀。
啊，魅力小幼医，这是爱的事业，这是幸福家园。
支撑保障是我神圣使命，兴学强国我们筑梦远航！

编者
2021年5月

目录

第一部分 论文

AI DE SHIYE

以文化建设为抓手促进高校小幼医事业发展之探索

天津大学小幼医工作部　赵翠云　高恩会

摘要：文化是国家、民族乃至一个单位的灵魂，文化兴则事业兴。实现文化传承与创新是大学的重要使命之一，天津大学小幼医以文化建设为抓手，形成了独有的发展特色和文化魅力，在铸就文化魂魄，打造文化品牌，培育文化情怀，注重文化引领，绽放文化魅力，促进小幼医事业发展，支撑并推动高校双一流建设中进行了实践与探索，期待与同人共同探讨。

关键字：高校；小幼医；文化建设；实践探索

文化是一个国家、一个民族乃至一个单位的灵魂。文化的繁荣兴盛与国家、民族、单位的前途命运紧紧联系在一起。习近平同志在党的十九大报告中指出，“文化兴国运兴，文化强民族强。没有高度的文化自信，没有文化的繁荣兴盛，就没有中华民族伟大复兴”。实现文化的传承与创新是高校的重要使命之一。天津大学历来坚持“办大学就是办氛围”的理念，强力塑造优秀的大学文化，坚守中国大学的初心，培育具有敢于做大事的担当和魄力、善于创新的能力和思维以及勇于践行“要实地把中华改造”理想和志向的高层次人才。天津大学小幼医工作部自觉践行大学使命，融入立德树人的根本任务，根植深厚的中华民族文化基础和“兴学强国”的天大文化特质，经过十余年的坚持不懈，走出了一条适合国情、校情，具有天大小幼医风格的科学发展之路，并形成了自身独特的发展特色，焕发出历久弥新的文化魅力。

天津大学在125年的发展历程中一直秉承“兴学强国”的使命、“实事求是”的校训、“严谨治学”的校风、“爱国奉献”的传统和“矢志创新”的追求，并以此“天大品格”始终引领全体天大人坚定理想信念，坚守为党育人、为国育才的政治责任，不断引领校园先进文化发展方向。小幼医工作部自诞生起，就全情融入大学文化系统，统筹各部门优秀资源与发展文化，以党建融合各部门价值理念，着眼协同创新，打造出了自己的文化品牌，开展了多形式的文化活动，开辟了多个文化阵地，形成了一系列文化成果，同时辉映了阳光、先进、和谐、美丽、幸福、魅力小幼医的精彩发展历程；打造了“一边工作，一边幸福”的生态环境，提升了小幼医人的幸福感、体面和尊严；促进了小幼医事业发展，为高校“双一流”建设提供了强力保障和有力支撑。

一、卓越奉献，服务师生，定位小幼医文化基调

拥有了文化核心、文化精髓和组织灵魂的团队，才有可能实现可持续发展。因此，小幼医文化的本质要素和核心特征的确立便是重中之重。2009 年，天津大学把原本已有数十年积淀的附小、幼儿园、校医院三个部门和原天大附中百余名退休教工整合在一个院级党组织内，统筹管理，成立了小幼医党总支，搭建起了小幼医三部门聚力合作的大平台，创造了共享共融、协同发展的新机遇。如何让四个特色各异的团队凝聚在一起，实现想干事、会干事、不出事、能成事的局面，首要的是对文化理念进行定位、提炼和升华，形成小幼医人共同的价值取向和精神追求。

践行使命，服务师生。“成长所系、性命相托”是小幼医与生俱来的责任使命，我们的共识是：无论事业怎样成功也无法弥补孩子教育失败的遗憾；无论多重要的事情都没有健康重要。作为精英群体的高校师生及高水平引进人才，对教育和健康有着更高的要求与更大的期待。小幼医恰恰担当着人生“奠基者”和健康“守护者”的职责。附小和幼儿园是基础教育中的“基础”，是人的一生的发展基石，是学校吸引人才的金字招牌；校医院承担着全校师生的医疗保障和健康服务工作，是学校教职工安心投入事业的重要支撑。小幼医在学校事业发展中具有不可或缺和举足轻重的作用，尽管几个部门均具有鲜明的专业特色，但努力做好一流大学建设的支撑和服务保障却是大家共同的追求。于是，“卓越奉献，服务师生”便成了我们的发展定位，“建设一流大学，服务保障先行”也成为小幼医的共识和发展理念。12 年来，小幼医人坚守服务育人初心，践行立德树人使命，助力健康天大工程，在学校党政的领导和支持下，坚持对标“满足师生对教育及健康多元化需求”，在本职岗位上积极寻求为建设一流大学提供坚实服务保障的新路径、新方法，稳步推进事业发展。

二、为爱拼搏，同心筑梦，传承小幼医文化积淀

小幼医人从事的是“爱的事业”。一直以来，小幼医人围绕“奠基卓越人才、滋养家国情怀、精诚服务师生、助力一流大学”的神圣职责，用奉献的精神、昂扬的斗志和奋进的脚步一刻不停地行进在为实现一流大学建设目标保驾护航的征程中。小幼医人坚守“做最好的服务是底线，追求最高的质量是生命线，确保安全是高压线”的工作总基调和“立足岗位、服务天大、心怀国家、放眼世界”的集体追求，坚持以爱育爱，一边奋斗，一边积淀，让文化传承跟上前进的步伐。而“勤勉奉献、追求卓越”则成为小幼医一以贯之的价值取向。

凝聚合力，定位起航。2009 年小幼医成立之初，便以“强队伍，创新服务争优质，图师生满意；激合力，科学发展上水平，为学校增辉”为主题，充分发挥各级党组织战斗堡垒作用和广大党员先锋模范作用，不断提升干事创业能力，激发强大合力。全体小幼医人紧密围绕“建设世界知名高水平大学和小幼医服务学校教学科研与师生需求”这个中心任务，以精细优质服务为核心，以锤炼全员素质为重点，以深化“创先争优”活动为载体，以维护稳定、服

务发展为基础，大力加强学习型党组织建设，团结带领全体教职工扎实推进各项工作，为实现学校事业又好又快发展作出积极的贡献。

励精图治，磨剑铸魂。2013 年，小幼医新一届领导班子踵武前贤，围绕“建设一流大学，服务保障先行”理念，以“团结协作、强我总支、奋发创新、服务学校”为宗旨，积极践行“敬业做事、感恩做人、快乐工作、健康生活”准则，以提升质量为核心，以队伍建设为重点，以党建为保障，创新服务举措，着力内涵发展，以实际行动构筑一流支撑保障体系，为学校建设和发展贡献力量，以实际行动“打造师生满意小幼医，助力实现天津大学梦”。

厚积薄发，激情跨越。2017，年小幼医党总支改建为党委，小幼医人勠力同心求发展，积极探索提升内涵和改善服务的新思路和新举措，攻坚克难，砥砺前行，呈现了“班子团结有力、师风医风向好、人文气息浓厚、特色优势凸显、服务学校积极、外部评价提升”的良好氛围和朝气蓬勃的发展态势。2018，年小幼医党委召开了全体党员大会，确定了建设与一流大学相匹配的“天大品格、中国特色、国际一流、师生满意、社会赞誉的小幼医”的目标。同年底，小幼医工作部成立，迎来了“抓好党建促发展，党政协同助一流”的新契机。

在发展的道路上，小幼医通过对自己发展理念的倡导、践行、提炼和升华，形成了自己独特的价值判断和共同发展的愿景。文化建设与精神追求，稳固了事业的发展。小幼医领导班子坚守政治性之魂，高举先进性之旗，提升内涵性之本，秉承服务性之基，强信心、聚民心、暖人心、筑同心，在扎实推动基层党建工作、稳步推进小幼医事业发展的过程中不断集聚文化力量并激发前进动力。

三、立德树人，守护健康，涵育小幼医文化情怀

“家国情怀”是一个具有广泛影响力和古典主义色彩的现代流行词，其背后蕴含着深刻的哲学思想和教育理念。“家国情怀”作为人才培养目标的首要关键词，表述为形上形下、达材成德、家国情怀、全球视野，创新精神和实践能力。

一直以来，小幼医人重信仰、重情怀、重担当、重追求、重格调，将天大品格内化为小幼医的文化品格，各部门充分依托天大雄厚的师资力量、一流的教育质量和优质的科技与教育资源，坚持用北洋的“大气”成就小幼医的“大器”，塑造出小幼医人的鲜明气质；坚持立德树人，立志守护健康，在服务国家战略、服务大学发展、服务师生家长多方位需求乃至服务社会发展的进程中，提内涵、创特色、见真章、谋发展、凝合力、促协同，与河北雄安、河南洛阳、甘肃宕昌、天津静海携手共建中小幼，在助力基础教育均衡发展的进程中履行“天大人”的社会担当。天大小幼医已成为行走在校园内外的一道靓丽风景线。

四、淬炼品格，优化基因，打造小幼医文化体系

一是共筑精神家园。以小幼医十年实践为基础，对发展理念、使命责任、价值取向、工作基调、集体追求和奋斗目标进行了定位和阐释。二是打造文化品牌。拍摄全家福，布置文化

墙，开通公众号，录制宣传片，印发文化册，发行校报专版、举办事业发展成就展，设计创作小幼医工作部部旗、部徽和部歌，出版发行《鼎力支撑——天津大学附属小学幼儿园校医院党委及工作部十年发展回眸》等系列图书，在文化建设和理论研究方面取得了丰硕的成果。各种文化载体互相补充，相得益彰，形成了“每一面墙壁会说话，每一寸环境都育人，每一个师生都精彩”的良好局面。成功举办十周年纪念大会及文艺联欢会，金东寒校长题词祝福，6 位校领导、50 余位机关部处及各学院领导、合作学校嘉宾和小幼医职工与家长代表 500 余人共襄盛会共谋发展，把全体小幼医人的心紧紧地连在了一起。三是注重文化引领。营造“让优秀成为习惯，让习惯成就优秀”氛围，每年获批并高质量完成教育部、天津市及学校各项研究课题及基金项目。四是不断制定完善规章制度，奠定了依法管理的基础，构建了以小幼医党委会及党政联席会议事规则为统领的制度体系，《小幼医制度汇编》收录制度近 200 项，建设服务型内部管理体系，形成了小幼医特色的管理文化。五是努力拓宽思路视野，使国内交流实现常态化，国际交流达到三个境界，即走出国门学习、迎进国际交流、派出国门讲学。小幼医成功举办了全国首届高校卓越联盟论坛，被赞誉为同行做了件“天大”的好事；以文化建设促进教职工队伍建设，实施头雁工程，举办了五期“领航班”暨后备干部培训班，为团队发展奠定了干部基础；打造的“党员讲堂”“党建论坛”“书记有约”“青年湖谈”“缘来有你”等党建与文化品牌体系，在日积月累和潜移默化中淬炼了小幼医人的品格，优化了团队的成长基因，实现了良性循环和可持续发展。

五、敬畏事业，成就发展，绽放小幼医文化魅力

小幼医文化体系的形成，为团队铸就了深厚底蕴并注入了源源不断的生命活力，且发挥出强有力的价值导向、群体凝聚和功能辐射等一系列功能。深入解读、挖掘小幼医事业发展的内涵，树立行业标杆，设计建设目标，明确事业发展规划，在建设与一流大学相匹配的“天大品格、中国特色、国际一流、师生满意、社会赞誉”的小幼医的征程中收获满满。

“内涵创优，普惠师生”是小幼医无悔付出的根本落脚点。“无条件、全方位、高水平服务师生”是小幼医人给自己提出的新要求，行稳致远创一流，小幼医一路亮点纷呈。天津大学附属小学办学质量不断提升，成绩位居全区同行前茅；男女足球队获全市冠军，DI 创新大赛连年获得全国及全球大奖；青少年个人挑战赛获全球一等奖佳绩；超常规服务受到师生赞誉，获全国课后服务示范点和爱心托管先进集体称号，受到全总表彰奖励。天大幼儿园获评天津市示范园，一直稳居幼教行业领军位置，常年亮相天津和央视七巧板等少儿节目，超常规做好早晚延时、中午托管、假期连岗等各种服务以解民忧，新校区幼儿园不断改造扩建确保需求，被社会誉为幼儿园中的“985”、天津幼教的“市五所”和最难进的五星级园所。校医院是天津市医疗保险定点医院，作为天津高校医院的领头羊，连年圆满完成两校区院前急救、医疗服务、预防保健、传染病防控、健康教育与管理、医疗保险等各项任务，并与天津地方医院共建医联体，引进专家服务暖民心，开展“口腔义诊”及“师生体检与健康管理”等服务举措，获得师生好口碑。小幼医已成为学校靠得住、师生离不开、群众信得过、老少皆受益的

“战略资源”，备受大家欢迎，小幼医三个部门均走在同行前列，各项工作既收获了国际、国内奖励的金杯、银杯，更是赢得了师生和社会的好口碑。

“党群共建，全员发展”是小幼医文化魅力的重要体现。一是加强群团工作，注重全员参与，共创和谐小幼医之家。充分发挥“五会一家”即工会、教代会、读书会、青年联谊会、女干部联谊会和职工小家载体作用，举办“大篷车论坛”“五比双创劳动竞赛”运动会等活动，助力全员建功立业；每年送温暖直接受益百余人；非编教工入会且工会福利同步实现全覆盖，提升全员归属感。二是注重安全管理，狠抓安全责任制，建立天津首个“五防安全基地”，始终把好安全关。三是提高应急反应能力，关切并及时解决重点难点及苗头性问题。四是参与学校工会、教代会民主管理与监督工作，营造心齐气顺氛围。2018 年小幼医成为唯一囊括“三八”妇女节表彰三项奖励的院级单位，2019 年组织 150 人参加合唱比赛获全校一等奖，2020 年在校运会上获全校直属单位第一名和精神文明奖双项佳绩，鼓舞了全体小幼医人的士气和斗志。

“不负重托，无畏一生”是小幼医面临疫情交出的合格答卷。面对突如其来的新型冠状病毒肺炎（以下简称“新冠肺炎”）疫情，小幼医人在这场没有硝烟的战役中，既要保护孩子的健康又肩负着全校师生疫情防控的重任。面对艰巨的返校复课任务，小幼医把保障全体师生的生命安全和身体健康作为首要政治任务和头等大事，号召和带领全体党员和教职工勇当前锋，突击队员日夜坚守，志愿者无处不在，小幼医人奉献在疫情防控第一线，大家用兢兢业业的付出守护了自身队伍及大学全体师生员工的健康，守护了学校每时每刻的安全与稳定。

新时代的中国大学要成为文化创新的中心，大学文化要在社会发展中起到“灯塔”性的引领作用，高校小幼医作为大学的组成部分有义不容辞的责任。当前各高校小幼医在体制机制、人才队伍建设、发展空间、运行经费等方面均面临机遇和挑战，小幼医的品质与师生期待及一流大学的地位存在不同程度的差距。小幼医的工作永远在路上，无论是发展难题的破解还是发展速度的提升均呼唤先进的文化引领力。高校小幼医同人应共同携手，从成为“高层次人才引进的金字招牌，增强学校核心竞争力的制胜筹码，师生依赖和需要的重要保障”的战略高度谋篇布局，在进一步加强文化建设，增强新时代中国特色社会主义大学文化自信的道路上，阔步前进，勇敢追梦，为更好地促进小幼医乃至大学事业发展，建设现代化教育强国贡献智慧和力量。

“三全育人”视域下新时代实践育人工作研究

天津大学小幼医工作部 王 颖

摘要:“实践育人”作为十大育人体系之一,是大中小幼思政一体化工作中需要探讨提升的重要内容,“三全育人”视域下实践育人工作研究具有理论创新价值。本文从实践需求层次、实践需求对象和实践需求阶段三个方面着手实践育人工作研究。研究表明,当今的实践育人工作具有时代性、系统性、协同性和创新性等显著特征。在“三全育人”视域下,实践育人的实施策略包括全方位体现实践育人的思想政治教育作用,全员参与落实实践育人基本要求及全过程无缝对接完善实践育人整个环节。

关键词:三全育人;实践育人;实践需求分析

大中小幼思政一体化工作实施以来,如何全面开展工作以达到思想政治教育的目的一直是我们探讨的话题。“实践育人”是高校思想政治工作质量提升工程的重要内容,也应成为大中小幼一体化思政建设的重要研究内容。“三全育人”综合改革试点建设自2018年提出并实施,这项工作要求从各方面多层次探索和着手:既要有领导体制强化,又要有统筹协调机制完善;既要有实施体系的顶层创新谋划,又要有全程的跟踪监督保障力度;既要有科学评价标准,又要能满足各类群体需求,达到资源共享和利用最大化。所以,本文专门从“三全育人”的角度出发,力求为实践育人的全面开展提供有效的解决思路和方法。

一、本次工作的研究方法

从实践育人分类情况对研究现状进行剖析。从宏观角度来讲,学生在校期间参与的包括第一课堂在内的全部育人工作,都可称为“实践”。为了研究方便,此次研究只针对第一课堂之外的实践育人情况进行研究,当然,这里包括第一二课堂联动实践。在各类实践育人研究中,我们主要依从实践需求层次、实践需求对象和实践需求阶段三个方面进行整理分析和调查研究。

(一)实践需求层次分析

一是实践育人的评估机制、考核标准研究,即如何建立评估标准以达到实践与育人并重、成果与过程并重的结果,特别是在实践育人过程中,实践主体专业优势与实践内容不匹配,各部门不协调等问题导致实践成果不明显,实践目的达不到,要在研究中找到解决这一问题的可行之路。二是实践育人系统多维立体性建立,包括如何丰富培养体系内容,充实课上内容为实践做好服务,形成以理论为基础,以实践为桥梁,以体验为过程的多种教学模式来丰富学科与兴趣融合的立体化的课程结构,真正做到一二课堂联动。三是内部要素融合,研究当前实践育人校内环境与社会资源的融合程度,实践育人活动校内部门、校际、社会、家庭的参与程度和内容。

(二)实践需求对象分析

研究实践育人系统性改革的内容、深度和受欢迎、受重视程度。实践育人的根本目标是让学生全过程参与到实践育人教育中去体验全方位实践教育,从而让学生成为实践育人教育的最大受益者,因此学生的体验和受教育结果直接反映实践育人的成效。要从学生特点、需求、时代背景、话语体系、关注热点等多方面进行调研,尤其是研究学科教育与实践教育的融合方式、一二课堂的联动方式,提升实践的主体——学生对教育的认可度、满意度,听取广大学生的真实需求,形成优质的实践反馈,保证学生的真实参与度。

(三)实践需求阶段分析

在不同阶段,学生的实践需求不同,育人形式和内容也会不同。要牢牢把握中国实际情况,在坚持中国特色社会主义和社会核心主义价值观的基础上开展相关实践教学内容。比如,幼儿对社会认知度低,教师可以从社会主义核心价值观的具体表现出发,在游戏中做到实践育人;中小学低年级学生对社会认知度低,但对科学实验和自然现象兴趣较浓,教师可以借助高校资源为其埋下学科学、爱科学的种子;中小学高年级可以充分运用网络教学,学生线上探索、线下实践的模式也值得研究。无论哪一阶段,都要注重学生思想道德教育,培养学生正确的价值观、人生观,通过开展学生喜闻乐见的实践活动,让学生们在体验和成长中得到锻炼、获得成长。

二、"三全育人"视域下实践育人显著特征

根据本项工作研究方法及相关专项实践的调研结果,"三全育人"视域下实践育人体系的构建应具备时代性、系统性、协同性和创新性等显著特征。

(一)实践育人需体现时代性

中国特色社会主义进入新时代,实践育人工作目标就要与新时代相契合,新时代需要什么样的人,实践育人就要培养什么样的人。当今我们正在向着建成社会主义现代化强国的第二个百年目标奋进,奋进途中需要理想信念坚定、志存高远、脚踏实地的时代新人,具有使命意识、责任意识、规则意识和奉献意识的担当者。

（二）实践育人要彰显系统性

“三全育人”中的“全员”明确了实践育人的主客体，“全过程”标识了实践育人的时间轴，“全方位”体现了实践育人的空间域。这三者有机统一起来，就形成了各有功能、各有特点、有机统一、功效叠加的系统。这个系统性在实践中体现为德智体美劳全面培养教育体系。

（三）实践育人要具备协同性

它主要是指全员在全过程中整合运用全方位资源以提升育人实效的功能协同。比如在实践跟踪督导环节，要构建形成“顶层设计—制度制定—责任细化—台账记录—重点督查—评价考核—成果展示”的协同机制等。

（四）实践育人突破点在于创新

创新性一方面要体现在“三全育人”内涵的深化上，即发展“全员”的类型、延展“全程”的阶段、拓展“全方位”的资源；另一方面，拓展“实践育人”外延，即宏观上有政策支持、机制配套、项目引导、组织保障，中观上有其他“九大育人体系”支撑，微观上将育人工作真正落实到人身上。

三、“三全育人”视域下实践育人的实施策略

（一）全方位体现实践育人的思想政治教育作用

① 全面实施“中国梦”教育。教师要引导学生正确看待中国，树立为实现社会主义现代化而努力学习的信念，就要让学生真正认识和了解中国。比如在党史教育中让学生坚定理想信念，在抗战遗迹参观中体会幸福生活的来之不易，在基层调研中了解社会现状，在工厂生产一线实践中坚定自身学习的价值和努力的方向。这些史实“说话”、事实“发声”，促使学生将自我发展与“中国梦”的宏伟蓝图实现联系起来，为学生点理想灯、照前行路。

② 做好社会主义核心价值观教育。社会主义核心价值观的 24 个字，既有国家层面，也有社会、个人层面，要在实践中落细、落小、落实。教师选好实践主题非常必要，12 个词，每一个词都可以作为实践主题展开，实践内容要聚焦才更有效果，使核心价值观的塑造特别贴近实际，这样才能特别容易抓住学生思想困惑的关键点，在实践现场加以引导和解决，起到“三观塑造”事半功倍的效果。

③ 培育创新创业素质。学生只有真正走到社会中，才有可能培养出创新创业素质。在知识目标方面，近些年学者对于创新创业有不同程度的剖析，指出实践过程就是对事物进行理解认知和明确的过程。在素质能力方面，教师通过对创新创业真实案例及存在问题的分析，使学生了解创新创业的方法和路径，引导学生关注创新创业热点，让他们拥有及时将专业知识转化为生产力、有效服务社会的能力。

④ 塑造志愿服务精神。志愿服务涉及范围较广，社区建设、扶贫济困、扶老助残都属于志愿服务，疫情防控、遭受洪涝灾害时更需要志愿帮扶。学生从小就要培养责任意识，让他们成为服务社会的重要参与者。通过实践增强学生的社会责任感和融入社会能力，有利于帮助学生丰富实践经验，提升他们参与社会实践和社会治理的能力，开阔他们的视野，提高社会适应能力和相关专业知识技能。

（二）全员参与，落实实践育人基本要求

① 坚持党员干部参与。社会实践的过程，就是学生的世界观和方法论养成的过程，就是引导学生正确看待历史和现实、中国和世界的过程。我党开展的一系列学习教育活动使党员干部较之普通学生更有先进性，在实践育人的过程中党员干部应参与并发挥带头作用，带领学生开展实践，让学生在实践中受教育、长才干、做贡献。

② 坚持专业教师参与。专业教师参与社会实践有两个作用，一是监督实践，使实践时效性、实效性更强。教师可以成为实践全过程的主要参与者和把关人。二是指导实践，使实践专业性、科学性更强，尤其体现在一些需要专业知识的实践中，教师可以进行知识传授，还能在实践中及时答疑解惑。与学生同吃同住、共同面对实践难题，也可让教师的成长经历和人格魅力更好地感染和教育学生。

③ 号召校外人员参与。大多数社会实践都要在校外完成，而且校外丰富多彩且复杂多变的环境有利于培养和锻炼学生的综合素质和能力，有利于坚定理想信念。与不同的单位、企业、政府共建社会实践基地，可以邀请相关实践基地的人员担任实践工作辅导员、导师、讲师，发挥他们的组织、协调、宣传作用，为学生社会实践提供全程跟踪指导。

④ 争取政府参与。争取政府支持，是保证社会广泛参与实践育人的最有效手段。通过政府参与顶层设计，组织学生开展社会调研、公益宣讲、科技创造、兴趣开发、职业认知等社会实践。在政府参与过程中，政府扎实推动，社会广泛参与，学校着力实施，社会实践就会呈现更好的效果。

（三）全过程无缝对接，完善实践育人整个环节

① 教学过程。充分做好一二课堂的联动，是实践育人的重要环节之一。首先，应明确界限，实践育人，不仅要体现在课外，更要体现在课内。实践既可以作为课程的重要环节或学时的一部分，也可以作为课程的延伸和补充。课上学习的知识在实践中的有效运用，能够充分体现实践育人的价值，增强其实效性，深化“课堂”的内涵。其次，实践育人相关内容可以作为课外课程单独授课。将实践内容课程化有利于整体知识结构的学习实践，先教后学再练也充分体现了实践育人体系的完整性。

② 成长全过程。学生在校的阶段性成长有着不同的特点，每项实践主题要依据学生成长特点来部署。要在掌握处于不同阶段、年级及不同学生个体的真实需求基础上，科学有序地分析出不同阶段学生的实践需求，充分发挥学生的主体性、差异性，引导学生在实践中结合理论，在社会发展中认知和满足自身成长不同阶段的需求。

参考文献

[1] 刘承功. 高校“三全育人”的核心要求、目标任务和实现路径 [J]. 思想理论教育，2019(11):92-95,111.

[2] 朱平. 高校“三全育人”体系协同与长效机制的建构:以全员育人为中心的考察 [J]. 思想理论教育,2019(2):96-101.

[3] 胡杰. 新形势下高校志愿服务工作的现状及思考 [J]. 现代商贸经济,2021(19):50-51.

[4] 陈正强. 依托大学生志愿服务构建实践育人新模式 [J]. 中国共青团,2021(10):45-49.

[5] 李菲菲，崔炳烁石，赵凌飞. 应用型高校创新创业教育模式的探索 [J]. 黑龙江工程学院学报,2021(3):73-76.

[6] 张月婷. 乡村振兴战略下高校实践育人模式改革探讨 [J]. 现代化农业,2020(11):39-43.

[7] 贾曦，鄂炎雄，铁强. 深化“四个正确认识” 扎实推进社会实践育人 [J]. 高校辅导员，2018(2):37-40.

[8] 董凌莉. 理想信念教育视域下应用型高校实践育人探究 [J]. 学校党建与思想教育，2020(7):68-70.

[9] 郝学武. 高校志愿服务实践育人体系探究 [J]. 学校党建与思想教育,2019(8):81-82,96.

[10] 李亚娟，马小龙. 党建引领创新创业教育探究 [J]. 学校党建与思想教育，2019(16):79-80.

基于 PDCA 循环的中小学安全管理体系研究

天津大学小幼医工作部　吕雅楠

摘要：中小学安全管理尤为重要。本文分析了质量管理体系中 PDCA 循环理论，并构建出中小学安全管理体系模型。

关键字：PDCA 安全管理

近几年，随着城市化进程的加快，城市中不安全因素越来越多，校园安全事故不断发生。2019 年 4 月 9 日，湖南省长沙市一名初三学生疑因不堪学习压力跳楼坠亡；2019 年 5 月 3 日，湖北省松滋市松东河畔 5 名会游泳的中学生在河中游泳时，不幸溺水身亡。这些孩子的安全事故背后是几个家庭的悲剧，是家长们终生无法愈合的创伤，同时也给学校、教师、社会造成巨大的损失，容易引发社会不稳定因素。因此，中小学安全管理就显得尤为重要。在这样的背景下，建立行之有效的安全管理体系，将安全管理工作标准化、系统化、科学化十分重要。本文主要利用质量管理的 PDCA 循环理论，以计划、执行、检查、处理四个步骤为基础，突破传统做法，本着预防为主，从系统工程的角度出发，构建中小学安全管理体系，全面系统、持续有效地做好安全工作。

一、系统管理理论

为了使中小学安全管理工作高效运转，必须杜绝管理混乱、责任不清、任务不明的情况，建立安全管理体系，使其各个阶段都规范化、系统化，消除死角，最大程度保障全校师生的生命安全和财产安全。

所谓系统是指由相互作用和相互依赖的若干（至少两个）组成部分结合成的，具有特定功能的有机整体，各个组成部分称为过程。

要实施系统化的管理，建立中小学安全管理体系，就必须转变观念，从结果管理的模式转变为过程管理模式。结果管理模式对学生的管理以思想灌输为主，对于学生的接受程度、接受量了解不够，对管理情况的评价通常以学生的行为结果来判断。同时如果学生的行为偏离预定目标则采用“记过”等处分手段来进行强行调控，但对积极向上的行为缺少必要的激励措施，主观能动性很难发挥。相关管理部门也是被动接受上级保卫部门管理，学校通知检查的时候检查，通知考核的时候考核，缺乏主动防御事故的意识。结果管理在评价的时候只注重最后的结果，忽略这种结果产生的原因和发展过程。当然如果结果是偏离目标的，过程必然会存在错误,但对于中小学安全管理来说,不仅要看到事故的结果,更应该分析其产生的原因和发展的过程。

与结果管理相对的是过程管理。过程管理来源于全面质量管理理论,ISO 9000 标准中将过程管理描述为“将活动和相关资源作为过程进行管理,可以更高效地得到期望的结果”。过程管理认为系统的各个组成部分之间存在相互作用和相互依赖的关系,不是简单的相加,而是一个有机整体。各个过程相互协作会产生更大的效果,即“1+1>2”。过程管理将管理重点从结果转移到过程上来,强调事中控制,而不是事后解决,防患于未然,更符合现代安全管理思想。

二、PDCA 循环理论

从过程管理的定义可以看出,一个过程的完成,资源是前提,合理的管理是必要条件。为了达到组织目标,需要使用一组实践方法、技术和工具来策划、控制和改进过程的效果、效率和适应性,包括过程计划、过程实施、过程监测(检查)和过程改进(处理)四个部分,即 PDCA 循环四阶段。

PDCA(Plan-Do-Check-Act)循环又称为戴明循环(图 1),是质量管理大师戴明在休哈特统计过程控制思想基础上提出的。过程管理方法与传统管理方法不同,其基本思想是:从“横向”视角把企业看作一个由产品研发、生产、销售、采购、计划管理、质量管理、成本管理、客户管理和人事管理等业务过程按一定方式组成的过程网络系统;根据企业经营目标,优化设计业务过程,确定业务过程之间的联结方式或组合方式;以业务过程为中心,制订资源配置方案和组织机构设计方案,制订解决企业信息流、物流、资金流和工作流管理问题的方案;综合应用信息技术、网络技术、计划与控制技术和智能技术等技术解决过程管理问题。

图 1 PDCA 循环

PDCA 循环的四个阶段又可以细分为八个步骤,如表 1 所示。

表 1 PDCA 循环管理步骤

阶段	步骤
计划(P)	①分析现状,找出问题
	②分析各种影响因素或原因
	③找出主要影响因素
	④针对主要原因,制订措施计划
实施(D)	⑤执行和实施计划

续表

阶段	步骤
检查(C)	⑥检查计划执行结果
处理(A)	⑦总结成功经验,制定相应标准
	⑧把未解决或新出现的问题转入下一个循环

PDCA 循环是一个持续改善的过程,每进行一次循环就解决一部分问题,完成部分目标,未解决的问题放到下一个循环。一般来说,上一级的循环是下一级循环的依据,下一级的循环是上一级循环的落实和具体化。所以 PDCA 循环不是单纯的重复,而是一个呈阶梯状上升的过程(图 2)。

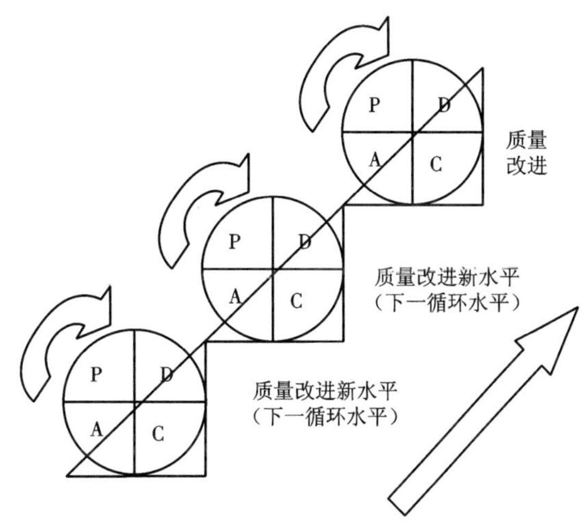

图 2　PDCA 循环阶梯上升

三、中小学安全管理体系的构建

中小学校园安全管理工作是为保障正常生活、教学、科研工作,由学生、教师、行政人员、后勤服务人员等相互协作形成的复杂有机整体,为了达到"校园安全"这一目标而共同努力。利用 PDCA 循环理论这一管理工具能有效建立中小学安全管理体系。因各学校所处环境和实际情况的不同,存在的安全问题和管理目标也存在或多或少的差异。因此本文着重介绍建立安全管理体系的步骤和方法,各学校可根据实际情况的不同构建相应的管理体系。

1. 计划

(1)分析现状,找出问题

中小学生的安全管理面临着多种问题,例如治安问题、交通问题、消防问题、心理问题、网络问题、食品安全问题等。在分析问题时,可以将学校安全委员会(或安全管理小组)成员召集一起,采用头脑风暴法,集思广益。每个成员积极发表自己的看法,激发大脑活力,群策群力,尽可能多地提出安全问题。

之后,按照目标及其发生频率和侵害的权重程度,我们将校内所有问题归类,找出影响安全的主要问题,集中力量和资源将其解决,以提高校园安全水平。图3为波士顿矩阵的变形,通过该图能清楚看出,落在A区域的问题发生次数多且造成的损失大,影响恶劣,是管理工作的重点,应该加大管理力度,减少其发生次数,将损失降到最低。

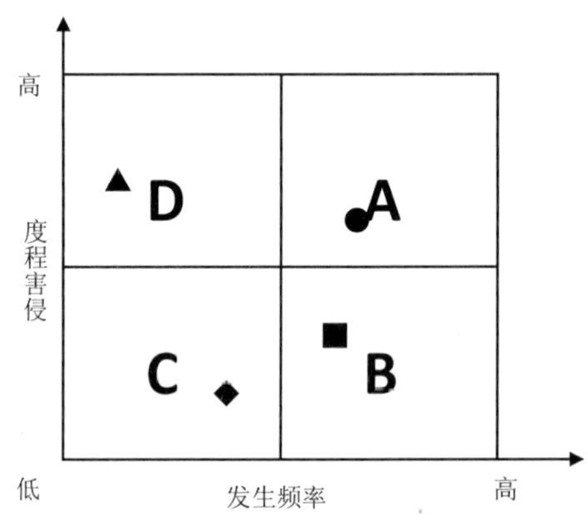

图3 波士顿矩阵的变形

(2)分析各种影响因素或原因

为了全面分析各种影响因素,学校安全委员会应多方听取来自学校不同部门的意见。各个部门都从自身的工作出发,提出意见,学校安全委员会进行汇总整理。该阶段可使用鱼骨图进行分析、汇总。图4为用鱼骨图分析学生食品安全问题。

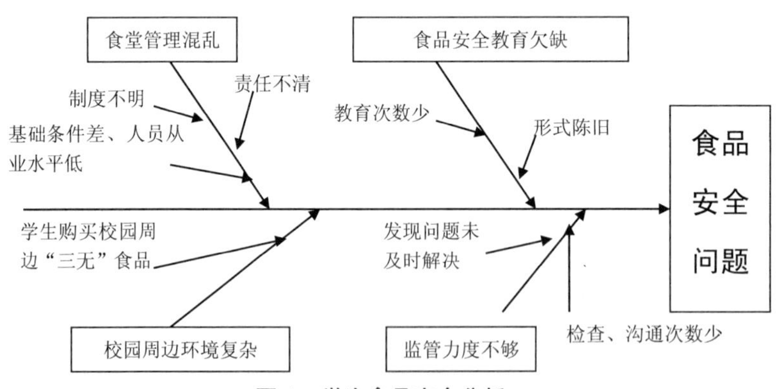

图4 学生食品安全分析

(3)找出主要影响因素

质量管理体系中,常用排列图找出主要影响因素,即将影响产品质量的原因按照发生次数统计,并计算发生频率,按照从高到低的顺序排序,发生频率较高(累计频率80%左右)的原因即为主要影响因素。使用该种方法要求原因与结果关联性强且各种原因的区别性很大,根据结果能很容易地区别出是由哪种原因引起的。而对于中小学校园安全来说,一个事故的发生关系到多个方面。例如学生意外伤害事故的发生，与学生安全意识薄弱、保卫部门力量不足、基础设施建设不足、监控等防范设施不到位等都有着密切的关系，很难说是由单独哪一个原因引起的，因此很难确定主要影响原因。但是秉着“预防为主”的方针，应尽量从源头消除安全隐患，找出最根本的原因，防患于未然。

(4)针对主要原因，制订措施计划

根据需要解决的问题制订工作计划，计划越详细、分工越明确，越容易实施，也就越容易达成既定目标。制订计划可使用“5W2H”方法，即为什么制订这个计划(why)，达到什么目标(what)，谁来执行(who)，从哪里开始入手(where)，什么时候开始和完成(when)，如何实施(how)，需要多少费用、数量(how much)。同时制订的计划不应该太死板，应保持一定的弹性，如果所处环境变化时能进行相应调整。

2. 实施

由于内外部环境的变化，计划实施过程中可能会出现新的问题或者偏差，因此，需要在计划实施一段时间之后进行检查，及时解决问题，修正偏差。

3. 检查

对计划执行的程度和实施效果进行评价，确定是否达到预定目标。评估过程需注意遵循以下原则：一是实事求是原则，评估过程和结果的公平、公正是做好评估的必要前提和基础；二是结果与过程并重原则，有些事故的发生有其偶然性和不可预测性，注重结果的同时注意分析事故的原因，客观评价管理工作。为便于理解和比较，评价指标尽量量化，不能量化的等级化。

4. 处理

处理阶段是 PDCA 循环的总结阶段，对以上评价情况进行汇总比较，总结经验，发现不足。

(1)总结成功经验，制定相应标准

将成功的经验、管理的方法汇总整理，以此为基础制定以后工作的标准，复制以前的成功。

(2)把未解决或新出现的问题转入下一个循环

中小学校园安全管理涉及多个方面的问题和内容，不可能通过一个 PDCA 循环即解决所有的问题，同时随着社会环境的改变，会不断有新的问题出现。因此将这些未解决或者新出现的问题放到下一个 PDCA 循环，重复以上步骤。环环相扣的过程就是持续改善的过程。

总之，利用 PDCA 循环构建中小学安全管理体系，具有全过程跟踪、封闭环形和持续改进的特点。与其他管理学工具的交叉运用能使构建的管理体系更加具有科学性、实用性和经济性，为学校开展安全管理工作，全面提高校园安全水平提供标准和保障。

参考文献

[1] 杨一平,马慧. 管理信息系统 [M]. 北京:经济科学出版社,2006.
[2] 吴晓涛,申艳楠,张影. 中小学校突发事件应急预案动态管理的支撑保障体系研究 [J]. 灾害学, 2020,35(4):171-175.
[3] 金璟. 浅谈如何加强中小学校消防安全教育 [J]. 科技创新导报,2014(31):231.
[4] 赵肖肖. 中小学生安全教育的突出问题及其应对策略:基于 W 市 5 509 名中小学生安全教育的调查分析 [J]. 现代中小学教育,2020, 36(7):90-95.

高校小幼医夺取抗疫与事业发展双战双赢的实践与思考

天津大学小幼医工作部　赵翠云　高恩会

摘要：以天津大学小幼医在新冠肺炎疫情防控和返校复课中的工作实践为依托，分析了高校小幼医在应对重大疫情时的特殊性与重要性；分享了线上复课云端育儿及联防联控的实践成果；彰显了在党建引领下以高品质服务对接师生高期望的责任与担当；从立身之本、成事之要、发展之基、快乐之源四个方面探讨了后疫情时期做好高校小幼医工作的相关路径。

关键字：高校；抗疫；双战双赢；实践与思考

习近平总书记在全国抗击新冠肺炎疫情表彰大会上提到，中国共产党所具有的无比坚强的领导力，是风雨来袭时中国人民最可靠的主心骨。全国人民团结一心共同取得了抗击新冠肺炎疫情斗争重大战略成果。

在此过程中，全国各大高校聚焦疫情防控展现科技担当，成为抗击疫情的重要支撑力量。高校附属小学、幼儿园、校医院（以下简称“小幼医”）是大学的重要组成部分，是高校事业发展的有力保障和坚强支撑。一场突如其来的新冠肺炎疫情，打乱了高校及其小幼医原有的工作节奏，在面临重大疫情时，高校小幼医既有其自身的特殊性又有举足轻重的重要性。此次新冠疫情的应对与防控，是在着力提升国家治理体系与治理能力现代化的背景下，对各级各单位管理能力的一次重要检视，同时也是对高校小幼医治理能力和治理水平的重要检验。如何在做好自身防疫工作的同时确保事业发展，支撑保障好全校的安全稳定与发展，践行好“建设一流大学，服务保障先行”理念，进而打好“双战双赢”战役，是摆在高校小幼医人面前的突发课题。天津大学小幼医人面对疫情与课题挑战，将初心写在行动上，把使命落在岗位上，向全校师生交上了一份较为满意的答卷。作为高校小幼医的缩影，其努力夺取疫情防控和事业发展“双战双赢”的实践探索与疫后思考，或许能够为同行带来点滴启发与借鉴。

一、高校小幼医在应对重大疫情时的特殊性与重要性

高校小幼医担负着“成长所系、性命相托”的责任和使命，担当着人生“奠基者”和健康

"守护者"的职责。在面临重大疫情时，高校小幼医更是承受着特有的重大压力。一是孩子数量较多，孩子们自我保护能力较弱甚至是缺乏，大都需要家长接送。天津大学附属小学和幼儿园就有 2 400 余名儿童，同时还要面对父母家长近 5 000 人，祖父母家长近 1 万人。二是人员集中分布，人口聚集密度大。在重大疫情中，小幼医的防控措施如果不到位，很可能会引发灾难性的后果。三是人员流动性强，人际交流接触频繁。孩子们入校入园本就是集体生活，属于高密度人口接触。学生、教职工、家长在有限的活动场所与较短的时间内会发生高频次的人员互动和交往，这也是疫情防控面临的重大压力。四是学生家长来源复杂，不便于管理。而这在重大疫情当中更是风险所在。小幼医人在这场没有硝烟的战役中既要保护孩子又肩负着全校师生疫情防控的重任。而全体小幼医人不畏艰难，变压力为动力，关键时刻显身手。

二、小幼医在高校疫情防控和返校复课中的工作实践

强化党的领导，小幼医工作部注重凝聚全体员工合力，把保障全体师生的生命安全和身体健康作为首要政治任务和头等大事，号召和带领全体党员和教职工勇当前锋，奉献在疫情防控第一线。大家兢兢业业的付出守护了自身队伍及大学全体师生员工的健康，守护了学校这片净土每时每刻的安全与稳定。

1. 党委坚强领导彰显责任和担当——助力高校抗疫工作和事业发展

小幼医党委主动出击、统筹谋划、精准防控，全面贯彻党中央和习近平总书记的重要指示和各项决策部署，全情融入学校防控工作一盘棋，依据防控形势随时召开党委会，周密部署，压实责任，集合基层党支部，深入细致地做好各阶段各层级工作预案，按照最严格的规定和规范坚守岗位职责，做到毫不松懈，不留死角，没有疏漏。第一时间成立防控工作领导小组，分层管理，层层负责。小幼医各部门分层分类成立防疫联络工作群，制定详尽的"全覆盖式"工作网络，保证数据统计、政策宣传和防疫服务不漏一人，建立了疫情防控工作定期汇报制度，坚持工作预案与实操层面动态调整制，抓紧、抓实、抓细各项防控工作。

2. 校园防控敢于担当——校医院承担起抗疫专业职责和核心重任

校医院作为全校师生员工的健康守护者和疫情防控的坚强卫士，在这场人与病毒的战"疫"面前，校医院的党员干部和教职工冲锋在前，24 小时待命，坚守防控一线，并率先成立了"党员突击队"，进行了"疫情防控、责任在肩、严防死守、守住阵地、团结一心、我们必胜"的宣誓。突击队员们恪尽职守，勇于担当，用自己的专业知识和敬业奉献精神，承担起抗疫核心人员的职责和重任。校医院第一时间制定了疫情防控应急预案，成立了应急防控小组、医疗应急小组、疫情监测及院感管理小组、后勤保障小组。发挥专业所长，参与制定全校相关防控文件和制度；做好全校师生防控培训，通过网络、云端、现场培训方式等开展抗疫专业指导，借助公众微信号及时宣传防控知识和心理疏导、健身、饮食等常识；面向全体师生开展健康教育讲座和应急救护技能培训；编写防护知识手册、医护教材、应急预案；为全体师生编辑网络知识问答题；疫情期间力克时艰，开设临时门诊和临时取药点方便全校师生就医取

药，同时坚持做好入户送医、送药、送氧，服务师生；配合学校两办、学工部、离退处、国际教育学院等各部门开展好防疫一盘棋的各项工作。

3. 线上复课云端育儿——附小、幼儿园用情怀与爱心铺就学子"宅"学之路

为了积极应对疫情带来的延期开学问题，附小第一时间成立了"停课不停学"工作小组，明确责任分工，制定了"停课不停学，学习不延期"方案，切实保证师生在疫情防控期间教育教学的有序进行。全面复课后，附小党员和业务骨干团队再展精湛业务技能，共同筑牢教学生命线。幼儿园每一位党员均参与到全园教职员工和全体幼儿跟踪排查工作之中，由党员带头，组织教职工开展育人"云指导"、优课"云教研"、线上"幼小衔接"、公众号推送"家园指导"等亮点工作，党员们处处带头，事事争先，在复园物资储备、细化制度修订、研判应急预案等重点工作中发挥了至关重要的作用。附小、幼儿园德育团队结合疫情防控和英雄楷模，线上进行升旗仪式和国旗下讲话，将高质量的心理课程送到每一位学子和幼儿的身边，将抗疫本领和线上教学技能通过全园师资培训渗透到每一位教师的综合素养之中，将学校的资源、课本的知识和学子的学习成果推送到每一位家长的微信上，实现了在网络层面上真正的家校合作、家园共育。

4. 党建引领联防联控——以高品质服务对接师生的高期望

在高标准严要求做好疫情防控工作的同时，小幼医党委进一步明晰了党建工作体制机制，开创性地通过各个网络学习平台开展好系列党支部建设、党员学习、党建论坛等各项党建工作。开学初，小幼医党委以线上线下相结合、一主四副五会场、津冀甘豫相守望的特殊方式召开教代会扩大会，动员全体职工及四个合作共建单位勠力同心展作为，共克时艰谋发展，奋力夺取疫情防控和小幼医事业发展双成果。小幼医党委和基层党支部在开展好疫情防控工作的同时，分别就疫情防控、发展规划、基层党建、队伍建设等各方面工作开展了集体研讨和意见征集，集团体智慧为小幼医改革发展建言献策。

三、小幼医开展夺取抗疫与事业发展双战双赢工作实践探索

小幼医全面融入和贯彻落实学校中心工作，不断满足师生对基础教育和健康保障的高水平期望和高品质需求。在应对抗疫任务的同时，小幼医人开拓创新、爱岗敬业、甘于奉献，想方设法开创事业发展新局面，实现了双战双赢双丰收，收获了特殊时期的特殊实践成果，为今后工作打下了更好的发展基础。

1. 直面机遇挑战，谋划创新发展

一是厘清思路，从战略高度谋篇布局。天津大学致力把小幼医打造成"学校高层次人才引进的金字招牌，增强天大核心竞争力的制胜砝码，师生依赖和需要的重要保障"，举办研讨会和论证会多场，主动请校领导出席专题会议让其把脉问诊小幼医事业发展。多次与属地地方政府及相关企业沟通研讨，争取政府等各种社会力量支持。二是凝聚班子合力，积极探寻小幼医发展新路径。开展考评活动，总结发展经验；举办年初工作会明确发展目标和方向；组织小幼医事业发展论坛聚力、融情、赋能、聚势、创赢；召开班子沙龙研讨会，反思过

往、启发未来。党委带头、班子引领、分工合作、修订制度、规范流程，激发了小幼医人干事创业的积极性。

2. 践行初心使命，精准服务师生

全面配合完成校党委对小幼医党委的政治巡察工作，确保整改方案落到实处。不断创建服务师生优质品牌，打造特色校园；附小及幼儿园扩建班级和特色教室，创建校园文化；校医院在做好常态化防疫的同时开设临时门诊、开展师生体检、口腔义诊、医疗服务等各项工作，全面提升全校师生的获得感和幸福感。

3. 强化理想信念，落实一岗双责

加强理论学习，开展“党员亮身份，支部亮旗帜”“党员讲堂”“精品微党课”等系列活动，落实意识形态工作责任制。开展“书记有约”，谈心谈话百余人次。定期对党政班子履职情况进行考核与测评，建设服务型标杆党组织，吸纳和培养优秀职工加入党的队伍。与各支部签订了党风廉政建设工作责任书；开展以“完善监督体系，全面从严治党”为主题的党规党纪宣传月，与各单位及教职工签订了廉洁从业承诺书；主管校领导听取廉政工作汇报并开展集体廉政谈话，打造风清气正的生态环境。

4. 专业指导防控，守护师生健康

面对艰巨的防疫任务，全体党员担当志愿者轮流值守校门及学校重点区域，夜以继日奋战在疫情防控第一线。附小、幼儿园严格按照防疫复学要求，积极落实各项防控措施，多措并举织密校园安全网，圆满完成上半年返校、复学、复园和新学期迎新复课工作。

5. 开展全员培训，提升队伍素质

先后举办第五期领航班暨后备干部培训班、班子沙龙、青年论坛、精品微课、小幼医发展论坛、心理健康讲座等系列培训和主题研讨，各部门还开展了业务培训，举行新教师入职岗前培训和退休教职工荣休仪式，全面营造“三全育人”“五育并举”浓厚氛围，促进小幼医队伍素质整体提升。

6. 创新帮扶模式，助力脱贫攻坚

积极对接对口扶贫单位甘肃宕昌需求，创新扶贫扶智做法，借助高端培训平台，附小及校医院积极为齐聚云端的宕昌中小学教师和乡村医生授课。附小、幼儿园分别与签约学校举办云教研、云共享、精品课输出等多种共建活动。另外，积极制作带货视频，通过集体采购和个人消费等形式超额完成消费扶贫任务。

7. 注重文化引领，共建和谐之家

一是多次研讨“十四五”规划编制工作。顺利完成九校联盟第二届小幼医发展论坛论文集等系列丛书出版工作。二是党群共建共筑，举办国内外支教交流会、荣休会、别样“三八”节、五四青年座谈会、致敬“七一”颂歌会等系列活动，提升全员归属感。积极化解基层矛盾及不稳定因素，树立团队正能量。

8. 秉持家国情怀，促进协同发展

通过网络合作与远程共建，探索做好后疫情时代的国内外合作与交流工作。继续与雄安、宕昌、洛阳、静海四地牵手开展线上交流活动，与北京、山东、江苏等地洽谈合作共建。如今，小幼医各单位事业发展行稳致远，附小位居全区前茅，幼儿园稳居幼教领军位置，校医院服务也走在了天津高校前列，小幼医呈现出勃勃生机与活力，也成为大学党政靠得住、群众离不开、师生信得过的保障和支撑。

四、后疫情时期对做好高校小幼医工作的几点感悟和思考

突发的疫情，迫使我们放慢了工作的脚步，但也给了我们一次难得的深入思考的机会。小幼医人在物理上可以执行隔离，但在精神上始终团结如一人，全身心投入到保护师生健康安全和服务孩子学习成长的工作中去，感人事迹不胜枚举，无不彰显了小幼医人的家国情怀和仁心大爱。未来，高质量发展依然是各高校及其小幼医人的第一要务。如何在后疫情时期做好高校小幼医工作值得探讨和思考。

1. 要提高站位，持续学习，尽职尽责，这是立身之本

师生的需求和小幼医的发展任务告诉我们，只有坚持正确的政治方向我们才不会迷路，只有持续学习才能获取源源不竭的心灵和工作养分，小幼医才会永远立于不败之地。思路决定出路、细节决定成败、管理越简单越好、做最好的自己，这是值得学思践悟的工作法则。高校小幼医的成员及其带领的小团队都变得优秀，小幼医大团队便一定会优秀。

2. 要立足大局，着眼长远，把小我融入大我，这是成事之要

疫情警示人们，病毒面前没有哪个国家是一座孤岛，没有谁能够置身局外。而工作上的病毒比身体上的病毒更可怕，一切不利于发展的事情就是我们工作中的“病毒”，为了小幼医乃至大学的集体利益，小幼医人必须以大局为重，精诚团结、通力合作、全力以赴，打赢抗毒防疫阻击战。让我们在“成长所系，性命相托”的履职实践中，用爱点亮自己、点亮小幼医，也点亮我们服务对象的世界。

3. 要增强忧患意识，提高工作本领，狠抓工作落实，这是发展之基

这场疫情天灾对所有人的体质、阅历、认知、人性、良知、勇气、思想、灵魂、价值观等，都是一场考验。小幼医人要树立忧患意识，提升工作内涵质量，扎实走好每一步，要用“四心”为工作赋能，以“必胜之心”攻坚克难，以“责任之心”主动担当，以“仁爱之心”积极作为，以“谨慎之心”持续奋战。要创新后疫情时代小幼医工作新范式，探索线上线下相融合的新模式，坚持防控发展“两手抓”，实现“双成果”。

4. 要提升格局、驾驭情绪、感恩惜福，这是快乐之源

疫情让我们懂得，生命何其无常，又何其宝贵。共同推进和维护我们赖以生存的单位的大局和长远利益，既是维护每个人的切身利益也是大家应有的共同追求。高校小幼医人应以感恩惜福之心庆幸我们每个人都至少拥有的优质大学资源和良好人文环境。小幼医人要修炼良好的心态和积极的人生观，如果有选择，就选择最好的；如果没有选择，就努力做到最好。其实，世界上原本没有所谓最好的选择，我们要做的就是做一个选择，然后把它变成最好的选择。

疫情常态化究竟何时结束,尚且未知。恩格斯曾言:“伟大的民族,是经得起任何危机的。没有哪一次巨大的历史灾难不是以历史的进步为补偿的。”事实证明,疫情带来的损失不言而喻,但也给我们创造了改革和进步的机遇。只要我们深刻反思,不断学习,不断总结,不断进步,高校小幼医一定会迎来新的变革和发展。我们相信,疫情只能磨砺高校小幼医人的意志,但永远不会阻挡我们昂然奋进的脚步。期待高校小幼医人在抗疫常态化的形势下,带着责任和情怀,发扬不等不靠不埋怨、苦干实干加油干的精神,于发展中育新机,于变局中开新局,携手夺取抗疫工作与事业发展双丰收,共创高校小幼医的美好未来。

“求是”课程下交互式教学模式初探

天津大学附属小学　郝　晖

摘要:秉承天津大学“实事求是”的校训,构建起天津大学附属小学“求是”课程体系,开创出线上线下交互式应用教学模式,即两步准备,一步实践。摸底排查,探悉虚实;搭建平台,链接师生;全面开展,步步深入;线上学习,线下巩固;互动交流,拓展延伸,真正实现“给师生一个充满活力的未来”的办学理念。

关键字:求是;交互;课程;体系

2020年,由于新型冠状病毒肺炎的侵袭,各个省市根据自身情况展开了不同形式的方式复课。按照天津市教委的部署,学生进入“停课不停学”和“线上复课”两个阶段的学习。经历了漫长的寒假,5月18日全市中小学全面复课。学校正式进入线下复课阶段。

一直以来,天津大学附属小学秉承天津大学“实事求是”的校训,秉承“给师生一个充满活力的未来”的办学理念,构建起“求是”课程体系。针对疫情期间授课和上课的特殊情况,在此课程体系下,开创出线上线下交互式应用教学模式。总的来说,分为两步准备,一步实践。

一、准备阶段:摸底排查,搭建平台

1.摸底探悉虚与实

开学后,教学衔接的第一步是进行诊断性质的摸排检测,以确保后期的线下教学可以有的放矢、精准高效。第一周,学校安排全体教师分学科回顾了线上教学的重难点,完成各年级摸排检测。同时让教研组长牵头,制定各年级线上教学的重难点,这样便于教师准确了解学生居家学习期间对知识的掌握程度和线上教学的效果。

摸排检测后,各年级任课教师一起进行了检测分析。教师分析了每一份试卷,从基础字词的易错点到课内文章的理解再到课外阅读的答题技巧,从基础计算到应用题的解题技巧再到数学广角,从单词的拼写到句型填空再到阅读理解,对每个学生各学科的线上学习效果进行“诊断”。这真正做到了“求是”。

通过摸排检测,教师掌握了学生真实的学习情况,因此发现面对线上教学,学生获得知识的能力和课堂实际教学中获取的大为不同。线上课程集合了多个部门协同合作开发的优质教育资源。大部分学生按照教师线上提出的要求完成了线上资源的学习。他们在线上学习的兴趣浓厚,基础知识掌握较好,学习能力得到了提高,能够主动记录课程重点。但是,个别基础薄弱，尤其是自制力较差的学生，无论是听课还是写作业都不够认真，甚至出现了长期应付学习的情况。

摸底排查和搭建平台，切实掌握了学生的学习情况，为线上线下交互式应用教学的展开搭建了良好的基础。

2. 平台连接师与生

了解了学生的学习情况之后，我们制订了相应的教学计划。在这个计划之下，如何实现教学的有效性成为重中之重。对此，学校进行了各种平台的开发使用，依托教学平台，线上线下交互式教学得到了很好的保证。“线上教学”不是单向的，师生互动是必不可少的环节。利用现有的微信平台，“线上教学”期间学校组织教师引导学生严格按照课表作息自觉学习。任课教师提前通过微信群给学生发布学习单，要求学生提前预习，听课时认真做好课堂笔记，尤其要关注重点、难点和易错点，对仍未解决的难点、疑惑点做好批注。

与此同时，统一发布“一起学”这个软件的下载方式，依托这种已经开发成熟的 App 中的资源帮助学生在家复课。同时，采用“录制微课”或者“直播 + 线上答疑”的形式及时在线指导、课后答疑、作业反馈，指导学生“停课不停学”。当然，平台反馈的也不仅仅是知识，更是教育。线上学习期间，学校要求每一位教师实事求是，用心鼓励学生，让他们感受到这份温暖，让温暖互相传递下去，形成不可抵挡的力量，一起度过这段特殊的时期。

“停课不停学”是疫情阶段的应急之举，更是“互联网 + 教育”的重要成果应用展示和合理利用。从某种程度来看，这次疫情也是网络在教学中应用的良好契机。通过学校微信公众号、“一起教育科技”直播平台、教师录制的微课及师生的在线互动，我们搭建起了良好的互动平台。互动平台的搭建为线上线下交互式教学模式的建立打下了良好的基础，同时也为后疫情时期的教学作好铺垫。

二、实践阶段：全面开展，步步深入

在前面两个阶段的准备工作中，教师已掌握了学生的现阶段状况，同时也搭建了顺畅的沟通平台。针对学生的状况，教师们还进行了集体备课。在备课过程中，针对前一阶段的摸底排查，全体教师对线上教学讲过的每一个知识点进行了梳理与回顾，并依据学生状况制定了需要着重注意的重点难点详解。

线上教学和线下教学相结合的教学模式对于教师和学生来说都是挑战，在真正实施的过程中有许多意想不到的困难。全校师生积极克服困难，取得了不错的效果。

1. 线上观看，自主学习

首先是以学校提供的网络教学平台为基础，将学生需要学习的相关内容发布出来。其中的内容包括集体备课中归纳出的基础和重点难点部分，以及利用现有资源培养学生核心素养的实践性课程内容。学生根据学校教学安排，按时学习，随时巩固。在初步预习之后即可趁热打铁通过观看微视频进行自主学习。学生通过观看精品微课学习新知识后，再返回课堂进行知识的应用。

2. 线下巩固,夯实基础

在线上学习的基础上,配合线下学习进一步加强巩固。这个环节的实施主要通过学生的自主学习来实现。通过各种不同的形式,给学生创造交流互动的平台,对教学内容和产生的问题等进行进一步的拓展研究,为下一阶段微课的学习打下良好的基础。这样的学习,既能够实现学生的个性化学习,又能够实现多方面的拓展延伸,将微课的内容不断延展,提升学生的综合素养。这样的学习,甚至起到了比传统教学模式更好的教学效果。

3. 平台互动,回顾交流

课下,学校组织教师借助微信群、"一起学"等网络交互平台软件,发布信息和交流教学内容。线上线下相结合教学的最大难点在于教师无法直接掌握学生的学习状况,并调整教学计划。学习平台的搭建很好地解决了这个问题。更重要的是,通过平台的交流,可以将学生在微课中学习到的碎片化内容整合并融会贯通。

4. 组建小组,拓展延伸

线下学习是影响甚至是决定教学质量的重要因素。在完成以上学习内容之后,我们组织建立了线下学习小组来帮助进一步实现线下的拓展延伸,保证每一步都走得扎实。教师先通过设计引导性问题来检测线上学习的效果,收集学生在线上学习的问题,并进行汇总提炼。这样各个小组的讨论学习内容也有了大致的方向。学生小组通过组内讨论,解决课堂上或者是线下自主学习过程中存在的问题。与此同时,教师可以通过平台对学生的讨论进行巡回指导,通过解答学生无法研究出的问题或者是提出新问题的方式,有意识地培养学生对知识的掌握和迁移能力。最后,教师要针对有共性的内容,在下一次的线上教学的环节进行统一的讲解和进一步的结合。

以上的线上线下交互式应用教学模式是依托于天津大学附属小学的教学体系,全校领导、教师一道开发出的适合学生学习状况并具有推广性的教学模式。通过线上教学、线下自学、平台讨论和小组互动等学习形式,将线上学习的内容不断巩固、拓展、迁移,最后实现对内容的掌握。同时,在一系列教学技术完善后,教师还可以进一步发现问题、思考分析、整理发布,方便教师对学生的学习情况进行深度挖掘,可以掌握学生在线学习的内容及频率和学习偏好等,结合分析结果,有针对性地进行学习引导和监督。

三、反思提升:扩大优势,总结提高

在一个阶段的学习之后,教学取得了很好的成效,得到了学生和家长的一致好评。回顾对交互式教学模式的探索,我们进行了深入的总结反思。

线上线下交互式教学模式具有巨大的优势。首先,能提高学生通过微课等线上教学资源学习的有效性,提高学生的自主学习能力;其次,通过将现代信息技术和教师教学技能的有效整合,激发学生主动参与讨论、深入探究问题的激情,实现线下教学的多向互动和多元互动,推进线上线下深度融合;最后,依据线上线下相结合的教学模式,将线上与线下两个教学渠道打通,建设师生从线上到线下实时交互的高效课堂。

线上线下交互式教学模式是多种教学方式的有效融合,真正可以做到以学生为中心,促进学生的自我发展。这次疫情,为学校探索课堂教学新模式提供了契机,特别是对于线上教学的开发有着重要意义。线上线下教学两者缺一不可。只有做到互相依存、优势互补,才能使得教学价值得到最大程度的发挥,才能真正达成良好的教学效果,实现学生的全面发展。

语文教学中的人格塑造

天津大学附属小学　苏力文

摘要：健全的人格塑造是学校教育的重要责任。青少年正处于人格发展的形成期，健全的人格是学生健康发展的重要保证，它能为学生更好地掌握知识创造良好的心理条件，也能为学生今后适应社会、让自己掌握的知识技能能够充分发挥提供心理基础。语文教学对于完善学生的健全人格起着重要作用，语文教学应担负起“文道”并重，教书育人的双重任务。要在语文课堂教学中加强对学生的人格培养，使学生的身心得到健康全面的发展。没有人格教育的语文教学是有缺陷的。教师用自己的人格塑造着学生的人格，利用教材培养学生辨别善恶美丑的基本道德人格，得到人生的感悟。利用课堂教学，提高学生语文素养，完善学生健全的人格。

关键词：人格；塑造；语文教学

有健全的人格才能适应社会的高速发展，塑造健全的人格是学校教育的重要责任。青少年正处于人格发展的形成期，健全的人格是学生健康发展的重要保证，它能为学生更好地掌握知识创造良好的心理条件，也能为学生今后适应社会、让自己掌握的知识技能能够充分发挥提供心理基础。语文教学对于完善学生的健全人格起着重要作用，语文教学应担负起“文道”并重，教书育人的双重任务。在语文课堂教学中要加强对学生人格的培养，使学生的身心得到健康全面地发展。没有人格教育的语文教学是有缺陷的。教师用自己的人格塑造着学生的人格，利用教材培养学生辨别善恶美丑的基本道德人格，使学生得到人生的感悟。教师利用课堂教学，提高学生语文素养，完善学生健全的人格。这是一项系统工程，并不是学生学会了基础知识，掌握了基本技能，就能学好语文，它还与学生品质、思想等方面有着密切的联系。语文学科作为学生教育的重要手段之一，对于完善学生的健全人格有着重要的作用。基于此，开展语文教学的人格教育意义重大，也是必要的。

一、以人格塑造人格

教育家乌申斯基曾说：“只有人格才能影响人格的形成和发展，只有性格才能形成性格。”教师就像是一位技艺高超的雕塑家，用自己的人格塑造着学生的人格。学生们在受教育的过程中，就是人格被塑造的过程。教师的人格魅力直接影响着受教育的每一位学生，它在教学过程中流入学生的心田，润物细无声，潜移默化地影响着学生，震撼着他们的心灵，使他们终身受益。

1. 以诚实谦虚的人格感染学生

教师在学生心目中是才华横溢、无所不知的存在，可谓上知天文，下知地理。然而，随着社会的进步、时代的发展，教师如果不及时学习，不及时更新自己的知识储备，也会跟不上社会发展的步伐，也有很多茫然不解的问题。在学生们学习计算机与多媒体一课时，我设计了一个问题，“除了书中介绍的，你对现代信息技术还有哪些了解？”学生们兴致盎然，有的说：“我会发抖音，做小视频。”“是吗？苏老师都不会，你能教我吗？”看到我如此真诚地向她请教，她有些受宠若惊，继而滔滔不绝地讲解起来，课下她还神秘地问我：“您真不会？”“我真不会，对电脑知识了解甚少，我要多多向你学习。”听了我的回答，她只是点头微笑，从这微笑中我看得出她没有对老师的嘲笑，只有对老师的敬佩，因为她从中感受到了教师的诚实，师生之间的平等。大教育家孔子在孩子面前都有勇气承认自己不知道，这种谦虚的人格让世人崇拜至今。正所谓“知之为知之，不知为不知，是知也。”在高速发展的时代，教师有不懂、不会的问题是很正常的事情，教师有勇气承认不懂、不会并能真诚地向学生请教，是诚实谦虚的人格体现，不仅得到了学生的尊重，更是教师潜移默化地用自己谦虚的人格感染学生的最佳时机。

2. 以尊重信任的人格激励学生

在日常教学中，教师与学生之间经常会展开一场“猫捉老鼠”的游戏。教师对学生的信任度极低。许多教师留完作业都要求家长签字，回家预习读课文要家长签字，默写要家长签字，试卷要家长签字，写作文要签上是自己写的，考试时要单人独座，老师双眼圆睁，像盯贼一样盯着学生……这种不信任使教师与学生之间形成了一堵无法沟通的墙，严重地影响到学生人格的健康发展，一个不被信任的孩子怎么能信任别人呢？

尊重，是人格教育中的重要方式和特殊营养，信任是师生之间互相尊重、平等相待的一种体现。教师只有尊重和信任学生，才能充分调动学生的主动性、积极性，才能激发出学生上进的动力；只有尊重和信任学生，才能使学生产生“期望效应”。基于此，我在班内实行“诚信学习”，即无须家长签字。预习时学生自己做主，教师不做硬性的统一规定。课文读两遍就能熟读成诵，那就读两遍，不需读五遍和家长签字。默写作业，我认为会的可以不默写，只把不会的写一写，无须家长签字“已会默写”。信任不等于放松管理，我会用竞赛的形式检查落实，如开展朗读竞赛、百词竞赛，学生为取得好成绩，便会主动进行朗读练习、默写练习。信任是产生奇迹的基础，开展“诚信学习”以来，学生没有了自己模仿家长签字的欺骗行为，自然而然形成了诚信的良好人格，学生学习的主动性也被调动起来了。考试时，我实行“无监考考试”，教师不再用探照灯似的双眼紧盯学生，而是把信任交给学生，黑板上写着“知识与诚信双丰收”，学生在这种正确的心理暗示下进行考试，心态平和，易出好成绩，又培养了学生诚信的人格，真是一箭双雕。信任就像是一缕阳光，照耀在学生的心田，得到教师信任的学生是幸福的。苏霍姆林斯基说过，“信任才能换得信任，一个教师如果敢于对学生抱有信心，尤其是对能力并不突出，甚至是信用度不高的学生怀着巨大的信任，愿意相信学生，那他的学生也会在这信任中形成信任他人，尊重他人的良好人格。”

二、利用语文教材内容，培养学生辨别善恶美丑的基本道德人格，使学生得到人生的感悟

语文教材内容丰富多彩，有赞美可歌可泣的英雄人物的故事，有描写善良仁爱的普通百姓的文章，有抒发爱国情怀的古诗词，有寄托美好愿望的民间传说，有寓意深刻的寓言故事，这些内容为学生提供了丰富的人格教育的素材。

语文教材中描写美丽的大自然的文章，如婀娜多姿的《荷花》、丰富多彩的《海底世界》、风景旖旎的《桂林山水》、奇特雄伟的《观潮》，大自然的鬼斧神工，摇人心旌的自然美，都使学生受到了美的熏陶。《董存瑞舍身炸暗堡》《我的战友邱少云》《飞夺泸定桥》等文章让学生感受到了英雄坚毅顽强、百折不挠的战斗意志，净化了学生的心灵。《一夜的工作》《珍贵的衬衫》《列宁和士兵》《我不能失信》等文章让学生感受到了伟人谦恭和蔼、平易近人、艰苦奋斗、诚实守信的人格魅力。《皇帝的新装》《古代英雄的石像》《陶罐和铁罐》《蚊子和狮子》等文章让学生在一个个鲜活的形象中明辨了是非，明白了虚伪、自大是人格缺陷，得到了人生的感悟，提高了自身修养。

语文教材中的名家名篇，集中体现了人格中的善与恶、美与丑，学生长期接受文学作品的熏陶和感染，就会在潜移默化中形成辨别善恶美丑的基本道德人格。

三、利用阅读教学，提高学生智能素质、道德素质，完善学生的健全人格

阅读教学是小学语文教学中的主力军，古人云：“道非文不著，文非道不生。”通过阅读教学可以让少年儿童更加热爱生活，得到美的熏陶，受到正确思想和优良品质的感染，从而形成积极向上的人生观和健全的人格。

1. 背景介绍情感

授课前，教师有意识地引导学生查找课文内容所涉及的时代背景，例如讲授《詹天佑》一课前，让学生通过搜集资料，了解当时由于我国技术落后，加之清政府的腐败，帝国主义肆意妄为地欺侮我国人民的时代背景。学生们通过了解这段时代背景，看到在这种情况下，詹天佑毅然接受了主持修建京张铁路的任务，历尽艰难，使工程提前两年竣工，修筑了我国第一条完全由我国的技术人员设计施工的铁路，给了藐视中国的帝国主义一个有力的回击，于是更加敬佩让中国人扬眉吐气的詹天佑，产生了浓厚的爱国情感。

2. 迁移训练唤意识

社会在日新月异地发展变化，社会的发展对我们的学生提出新的要求，教师有责任唤醒两耳不闻窗外事、一心只读圣贤书的学生，提高学生对社会方方面面关注的意识，树立报效祖国、造福人类的责任感。基于此我在阅读教学中做了尝试。例如在学习《有这样一个小村庄》一课时，我设计了一个语言训练题：请每个同学写一条保护环境的标语或可以引起全

社会关注的公益广告。学生们都跃跃欲试，有的写道：“保护环境，就是保护人类自己。”还有的写道“保护环境从我做起。”“请珍惜每一滴水，不要让我们的眼泪成为地球上的最后一滴水。”“拒绝使用一次性饭盒、筷子。”“请大家不要购买贺年卡，保护森林资源。”通过此项训练，唤起了学生的环保意识，增强了学生的社会责任感，完善了学生人格的社会化。

通过德中育智、智中育德，提高了学生的智能素质、道德素质，完善了学生的健全人格；以文取道、以道育人提高了学生生活素养，提高了语文学习能力，实现了学生人格的纯洁化、高尚化、高能力跨越，达到了通过学习语文实现学生能力和道德人格融合的目标。

行文简浅，以“达”情理

——浅谈对统编版教材视域下的小学习作教学初探

天津大学附属小学　高　昕

摘要：《义务教育语文课程标准》和统编版语文教材，在习作上都提出了明确的要求，其中总目标明确提出“能具体明确，文从字顺地表达自己的见闻、体验和想法。能根据需要，运用常见的表达方式习作，发展书面语言运用能力。”让写作时刻保持住“自我表达、与人交流”的“初心”，是习作教学为之奋斗的目标。在学习习作的过程中，学生易产生畏难情绪，为打破这一桎梏，于日常习作教学中展开了多番探索与尝试。写作不宜只为彰显技法、强词，甚至以沉郁的抑或晦涩的表达来吸引读者。回归简浅，归还写作的本真，学习正确地表达，用质朴、自然的述说以“达”情理，作为习作教学的落脚点与归宿。

关键词：小学；习作；生活；简浅；情理

语言文字具有交际、承载信息的作用，它是人类文化传承与发展的媒介。学习语言的运用法度，让语言成为自我表情达意的有力工具，是学生学习语文应树立的目标。《义务教育语文课程标准》（以下简称为“新课标”）对小学各个学段的习作教学提出了相当系统而明确的要求。评判标准很多，其中最为重要的一条就是能够表达出自己的真情实感，反映生活实态。

统编版教材的启用，为语文教学带来了新的生机与活力。语文教材从思想上更加开放，也更加“接地气”，与生活的联系越发密切。落实“立德树人”这一根本任务，重视素养教育，旨在于在真实的情境中，发挥自主能动性，运用语言，发展思维。在统编版语文教材中，设计安排了很多活动探究单元，创设让学生自主学习的空间，铺设学生学习的阶梯，在实践中学习语文、感悟语文、运用语文。张志公先生曾经发出呼吁：“语文教学尤其要着眼于未来，要想到十年八年后教的学生成为社会中坚，那个时候需要什么样的语文能力。”

这不禁让我思考，在课堂教学中，应该且必须做一些新的探索，让学生能在多年后拥有作为社会中坚力量该具备的真正的能力。故此，行文简浅显，以“达”情理，这样一个习作教学理念便在我脑海里应运而生，并实践于日常的课堂教学中。

一、释义

行文简浅，正如返璞归真，即去掉外在的装饰，恢复原来的质朴状态。习作的返璞归真和简浅，在于文章语言的凝练、易懂，应当是归还习作以“真”态，让它真正发挥其原本的实用性作用。作为表情达意的工具，习作是学生记录生活、表达内心情感的媒介，作为语文学习的一个重要部分，一直被放在重要的位置，甚至让学生谈“作文”色变，苦于不知写什么，不知怎么写。想来，追溯作文本源，便可通透，正所谓一个“达”字，达意、达情。“达意”就是顺利表达出自己对世界的理解、看法等，通过语言文字与同好者达到沟通、交流、反思、升华的目的；所谓“达情”，就是让习作来抒发自己的心境，宣泄内心情感，表白自我心迹的途径，将心中所怀之志表白于书面。

在日常习作教学中，将“达意”“达情”作为写作的第一学习目标和教学线索，引导学生从生活入手，发现、探索、归纳、升华，将细碎的生活化片段，化为生动的书面表达篇章，让生活剪影来充盈学生丰富的想象力，焕发文字的新生机。

二、探索

（一）让习作习以为常

我国当代教育家陶行知先生曾经提出关于生活教育的理论，突出表现为生活即教育、社会即学校、教学做合一，对于把书本作为学习中心，摒弃生活本真，进行了强烈的否定与批判。其观点“用活书、活用书”，对我产生了极大的启发，我认为这与统编版教材的开放性特点是不谋而合的。

纵观统编版小学中高年级教材中习作的编排及其习作要求，不难发现，将阅读中的收获迁移运用于自我表达之中，促使学生在语文学习中，将语文学习与生活实际紧密结合起来，是每一册学习内容的归宿之一。

基于此，我将习作课堂教学细化、分散化于学习、生活中，并抓住每一个契机，开展沉浸式、体验性、实用为本的习作练习，将习作化为学生生活的日常，淡化其考试得分的功利性目的，归还其作为表达工具的本质。

（二）写作是生活的书面漫话

著名教育家、心理学家赞可夫提出：只有在学生情绪高涨、不断要求向上、想把自己独有的想法表达出来的气氛下，才能产生出使儿童的作文丰富多彩的那些思想、感情和词语。努力为学生发现、创设作文创作的情境，沿着成长的足迹、思维的发展行进，总是事半功倍。下面通过举例来阐述其中道理。

1. 对文本素材的延伸

统编版小学语文四年级上册第十课是叶圣陶先生的经典之作《爬山虎的脚》，无论是过去的人教版还是现在的统编版教材，它都置身于一个重要的位置。除却文本本身的构思之巧妙值得学生深入阅读和学习，它更是拉近了学生生活与教材的距离，爬山虎随处可见而又常被忽略，通过此番学习，唤醒学生对生活的观察和思考。学习本文后，我带着学生“周游”了校园，在校园寻景，发现更多的“爬山虎的脚”。不足半节课，龙爪槐的枝杈、月季花斜刺、铁线蕨的黑子……那些往常不被关注的沉默“分子”，一下子被孩子们聚光灯般的目光锁定了。教材中的事例在生活中被发现，让学生切实感受到一切习作皆是来源于生活。大家的文章更是如此，文章越发出色，所选素材竟然越发朴实。在学生心中埋下探索生活的种子，让学生认识到习作实际上是简浅的事物和事务，达意是作文的出发点和落脚点，在学习写作、尝试写作的过程中，让他们的思维宽度不断拓展。

学习了《为中华之崛起而读书》，就“为何而读书”落笔成文；学习了《走月亮》，就写“走……”“拓展开去……”。教材中出类拔萃的篇章，实则就是学生习作的素材，只要做好引导，便能达到篇章迁移入生活的境界，再从生活中牵引出更多的素材，循环往复。

2. 真事件里的真作文

童年是人生中最重要的时期，周围世界的哪些事物、思想进入了孩子的头脑和心灵，将决定孩子将来会成为怎样的人。学生在校生活的点点滴滴，都是属于他们独一无二的经历，或许看似平淡无奇，甚至转头就忘了，实际上都是会逐渐化为内驱力量，对他们产生深远的影响。作为教师，必须时刻保持敏锐心理，捕捉值得记录的、书写的，值得未来回味的生活剪影，在每一个可作文的契机面前毫不犹豫、当机立断，让真的事件成为作文的基座，让作文真正从初而真。

夏天时，上课一天下来总能在教室的垃圾桶内发现好几个塑料水瓶，在国家大力倡导垃圾分类的当下，我又怎能错失这样一个如此好的习作素材。我就此在课上提出让学生们写一个校园垃圾分类的指南，大家热火朝天地搜集资料，加工整理。我继而引导他们，指南写好了不足以引起重视，得让别的同学了解并加以行动才好，所以一篇篇晓之以理、动之以情的校园垃圾分类宣传稿、倡议书就这样新鲜出炉了。

秋季开学，处于新冠疫情后防疫时期，为做好班级防疫工作，学生们纷纷建议请专家来讲一讲“病毒”。同学潇潇和可可的家长分别是医生和药学研究员，正适合作为此次邀请的对象。既然如此，何不抓住这一契机，让学生来编写邀请函。

归根结底，在习作教学探索中，始终将生活的点滴联系到习作中，德育、智育、美育等方面，但凡需要与人沟通的事件，都能成为习作的大本营。在如此贴近生活和解决迫在眉睫的困难的需求面前，学生也不再看其为所谓的作文，仿佛写下的字字句句都是解决问题的抓手，摒弃了为作文而作文的心理负担，下笔也更加从容。

3. 写好“下水文”

叶圣陶先生曾经这样比喻，在小学语文习作的教学活动中，经常和学生一起动笔写一写，能够很好地带动学生的写作热情，让他们在习作上取得进步。每一篇“下水文”都是习作备课的重中之重，教师亲身“下水”，才能知道如何有效设置习作题目。学校召开了一年一度的校园文化艺术节活动,场面可谓热闹。我决定让学生写《记我校文化艺术节活动》,本来觉得很贴切当时的情景,后亲自“下水”,发现这个题目太难把控了。校园文化艺术节项目众多,几乎全员出动,都“记”下来的话,这作文真是要写到昏天黑地了。我决定把此次习作改为《散记校园文化艺术节》,让学生抓取其中自己感兴趣、觉得画面感强烈的情景来写,一下子就豁然开朗了。想来不“试水”是决计不行的,光是头脑想象和设计不足以还原生活的本来面貌,最终还是凭笔说话。

三、思考

无论是新课标,还是统编版教材,都旨在培育学生说真话、做真事、谈真情,作文作为表情达意的主要手段,更应朝着这一方向发展。在习作教学中追求简浅显,不是让内容变得简单浅白,而是让文章素材出自真正的生活,使得习作不与生活脱离、习作素材不缺乏,这样写出的文章也能真正地服务于生活,用笔触描摹世界的同时,感受生活带来的惊喜。

在重视学生核心素养教育的格局下,在统编版教材新要求的视域下,积极转变对习作教学的态度,广泛地取材于生活,似浅吟低唱般地娓娓诉说,用简浅的语言,表达最本真的情与理。

参考文献

[1] 叶圣陶. 叶圣陶集:第 15 卷 [M]. 南京:江苏教育出版社,1993.

[2] 叶有梅. 小学高年级生活作文教学研究 [D]. 成都:四川师范大学,2016.

[3] 李红. 让小学作文教学走近学生生活 [J]. 读与写(教育教学刊),2014(11):191.

[4] 洪云. 小学生活作文教学实施策略 [J]. 内蒙古师范大学学报(教育科学版),2010(4):100-102.

[5] 聂金凤. 小学高年级生活化作文教学策略之我见 [J]. 学周刊,2018(1):135-136.

[6] 殷孟军. 生活化习作教学的有效策略 [J]. 文学教育(上),2009(11):48

[7] 蔡卫芬. 为有源头活水来:生活化作文教学的有效尝试 [J]. 课程教育研究,2012,2(4):37.

[8] 庄莎玲. 生活化作文教学策略之我见 [J]. 福建基础教育研究,2011(6):28-29.

[9] 常珍. 小学高年级语文习作教学策略研究 [D]. 锦州:渤海大学,2014.

[10] 周萍萍. 以学生生活为基点的小学中年级作文教学研究 [D]. 延吉:延边大学,2010.

“递进循环式”教学在小学语文教学中的应用

天津大学附属小学　冷奇蓁

摘要：随着新课程改革的深化发展，对于小学教学方式的创新成为改革的重点，“递进循环式”教学也逐渐运用到学校教学之中，小学语文教学中对“递进循环式”教学的使用更加普遍，目的在于运用此方法提高小学语文教学水平，便利教师的教学和学生对知识的理解。该方法不仅可以运用在具体教学过程中，也可以运用在小学语文教学的不同阶段。本文旨在通过对“递进循环式”小学语文教学的研究，深化对此教学方式的理解和运用。

关键词：“递进循环式”教学；小学语文教学；小学生

一、“递进循环式”教学的内涵及意义

“递进循环式”教学是指在教学过程中，运用循序渐进的教学方法，在对一个知识点进行讲授后，顺其自然地引出下一个相关的知识点，并且对每个知识点反复巩固，使学生对知识点形成更深层次的理解，提高知识掌握度，对知识点的记忆更加深刻，最终提升学生的语文素养。

二、“递进循环式”教学在小学语文教学内容上的应用

（一）在认字识字方面的应用

在小学生认字识字过程中，教师应该在教会学生认字识字的基础上积累学生应掌握的词汇，当词汇的积累达到一定程度时，就可以引导学生阅读短篇文章，例如先教会学生认识掌握汉语拼音，然后引导学生阅读一些简单的、便于理解的寓言故事或诗词。

以白居易的《赋得古原草送别》为例，小学阶段只学习前 20 个字的诗句，小学语文教师可以先朗读诗词，让学生给诗词中的每个字加以注音，以便深化在之后的朗读过程中对字音的掌握。教师引导学生对诗歌进行朗诵，当学生能够熟练朗诵时，再引导学生记忆每个字词，在阅读与朗诵的过程中完成对字词的记忆，不断积累词汇，在学习过程中深刻感受到学习语言文字的乐趣。

（二）在读书阅读方面的应用

在小学语文阅读教学课程中，教师普遍采取“要求学生在短时间内粗略阅读文章，并回答问题”这样的教学方法。但实际上，这种阅读方法难以使学生真正掌握文章所要表达的具体内容和中心思想，教师需要不断更正学生的认识，引导他们使用符合文章内容的思考模式。在“递进循环式”教学中，教师通过让学生多次反复阅读来熟悉文章，使学生真正感受到文章所要表达的内涵，还可以运用读写结合的方法，加深学生对文章的认识，引导学生自己提炼对文章的见解，增强学习效果。

例如在学习一篇课文时，教师可以先让学生大致阅读，对文章进行整体把握，在此基础之上增加阅读次数，并在阅读过程中注意文章内容之间的衔接，作者在文章中隐藏的思想感情、表现手法、表现方式等，对这些内容进行具体讲解，教会学生使用这些技巧的方法，教师可以找一些在结构等方面相似的文章，进行知识的迁移，最后能够运用这些技巧方法进行文章创作。在这样的教学方式下，不仅可以提高学生的阅读能力，同时让他们积累写作经验，使他们的语文水平得以提高。

（三）在书写文字方面的应用

低年级小学语文的书写文字教学的重点在于引导学生形成正确的汉字审美观，掌握书写汉字的正确持笔姿势和笔画顺序。在教学过程中，教师应引导学生更加注重书写的“质”而非“量”，让学生逐渐学会正确的持笔姿势和笔画顺序，教师在教学过程中不应一味追求频繁的书写练习，而是应该耐心地教会学生书写文字的具体步骤，避免造成学生为了应付教师频繁练习的要求而产生反感情绪，从而降低文字书写的质量和水平。

在书写文字的过程中，“递进循环式”的教学方法可以分为四个阶段：①教师对教学文字进行示范书写，认真进行持笔姿势、笔画顺序的教学；②教师在此基础上进行笔画名称的教学，采用一些适合学生的小游戏让学生进行记忆，加深对于笔画名称的记忆；③在学生书写笔画的过程中，不断重复，并进行偏旁部首的教学；④教师可以采用看拼音写汉字的方法，使学生完全掌握文字书写技能。这样根据知识难易程度，进行层层递进的文字书写教学，便于学生对知识的逐渐接受和掌握。

三、“递进循环式”教学在小学语文教学各阶段的应用

（一）针对低年级进行基础教学，为日后的学习打下稳固基础

低年级语文教学的主要内容就是发音、认字和写字。低年级学生年龄较小，对知识的接受能力有限，因此需要教师在教学中有足够的耐心。在认字过程中，教师可以多进行一些游戏教学，或者运用多种方式教学，例如可以在课堂上播放一些主题明确的动画片。在观看《猫和老鼠》的动画片时，学生可以直观地了解猫和老鼠这两种动物，让学生加深对“猫”和“老鼠”这两个字的记忆，因为听和读是相辅相成的。在此基础上，教师就可以对

这两个字进行书写教学，而在教学的所有阶段，教师都应该保持高度的耐心，尤其是对于低年级学生的教学，教师更要认真仔细，奠定学生的语文素养，为以后的语文学习打下良好的基础。

（二）针对中年级进行提升教学，锻炼逻辑思维能力

有了低年级打下的语文基础，中年级语文教学的难度有所提升，学生对一些常用的语文知识的接受能力有所提高。在教学过程中，教师应该注重对学生逻辑思维能力的培养，中年级的教学重点在阅读和口语，从识字和写字向阅读和口语过渡，成为真正的"递进循环式"教学，在巩固基础内容的同时，讲授新知识，从而提高学生的语文水平。教师可以先让学生阅读小故事的文字版本，对学生不认识的字词进行讲解，然后将小故事以视频形式播放，加深学生对文字的印象，并让学生用自己的语言复述故事，锻炼学生的口语表达能力。在口语教学过程中，要纠正学生不良的口语习惯，例如在日常生活中给别人起外号，说脏话等。对于一些不擅长口语表达的学生，更应该加强他们的口语训练，逐渐提高学生的阅读和口语表达能力，如在上课时多提问，让学生表达自己的看法和见解，为高年级时创新能力和自我意识的培养打下基础。

（三）针对高年级进行引导教学，锻炼创新想象能力

高年级的语文教学开始进行写作训练，而在进行写作教育之前，还要继续深化学生的阅读能力，使其拥有更高水平的理解能力，才能将内容更加完整地表达出来。对阅读能力的继续培养还可以进一步巩固学生的识字水平，为写作积累更多的素材，将阅读和写作有机结合，合理迁移，形成知识的网络结构。教师在教学过程中，应引导学生在文章句子通顺的基础上对内容进行合理想象与创新，此时就更能够体现出低、中年级时积累的语文知识的重要性，教师要引导学生对以前积累的语文知识进行合理的迁移和运用。

低、中、高不同年级的语文教学应该有所区别，也应该有必然的联系，教师在这三个阶段循序渐进地开展教学活动，对语文学习的过程进行整体把握，并有选择性地渗透相关知识，例如低年级就应该渗透中年级的相关知识，中年级时应该在巩固低年级知识的同时进行高年级知识的渗透，以此类推。

结语：在小学语文教学过程中，应时刻掌握"递进循环式"的教学方法，不仅将这种方法运用到具体教学过程中，也要运用到小学学习的整体过程中，让学生在掌握扎实的语文基础的前提下，不断提升他们的语文素养和水平，最终使学生的语文知识更加丰富，得到真正全方位的提高。

参考文献

[1] 周昔秀. 小学语文教学中"递进循环式"教学策略的实践：以识读、写字及阅读为例 [J]. 学

周刊,2016(5):100-101.
[2] 蔡兰芳. 小学语文“递进循环式”教学策略研究 [D]. 武汉:华中师范大学,2014.
[3] 王翘楚. 多媒体教学在小学语文教学中的应用研究 [J]. 佳木斯职业学院学报，2016(4):198.
[4] 郑少颜. 试析影视资源在小学语文教学中的有效运用 [D]. 武汉:华中师范大学,2016.

论科技时代的小学数学教学之高效化与个性化

天津大学附属小学　戴芳芳

摘要：科技发展所取得的成果已经融入我们的日常生活当中，小学教学也应当尽快跟上时代发展的步伐，引入新的教学理念与教学手段，对传统教学方式进行革新。具体而言，当前我们可以利用现代科技手段从创设新型学习情境，全面激发求知兴趣；丰富练习形式，落实寓教于乐；利用立体教学，突破教学重难点；促进知识获取，实现知识共享；落实个性化教学、推动个性化发展等多方面对传统教学方式进行改进，从而实现科技时代的小学数学教学科技化、高效化与个性化。

关键词：个性化教学；科技化教学；情境式教学

随着信息技术的快速发展及其与教育的深度融合，传统以教师讲述为主导的课堂，单一、枯燥、抽象的教学方式已经难以适应新时代的需求。在科学技术飞速发展的影响下，小学课堂教学也有了明显的变化，课堂教学方式日益丰富，多媒体教学的方式越来越普遍。现代信息技术的声光电手段，可以为教师提供丰富的教学资源，增加课堂的趣味性，提高学生的学习积极性，降低教学难点，开拓学生的思维，提高教学质量，促进个性化教育的发展和教学方式的创新与转变。因此，现代信息技术在小学教学中的深度运用应当说是毋庸置疑的，其关键之处已经不只是如何运用的问题。鉴于此，本文以现代信息技术如何在小学数学教育中的使用问题为研究对象，结合自己的教学经验发表以下见解。

一、创设新型学习情境，全面激发求知兴趣

众所周知，兴趣是最好的老师。调动学生的学习积极性，使学生在兴趣的引导下自主投入学习之中，可以说是教学中最重要的任务。因此，通过创设能够激发学生兴趣的学习情境，从而激发学生求知的兴趣，对于调动学生学习兴趣是非常有效的。

在教学中，利用信息技术对数字、文字、声音、图画、影像等信息强大的整合功能，可用图文并茂、声音联动的形式，将枯燥的课本知识转化为生动的生活场景。例如，在教学人教版小学一年级下册“人民币的认识”这一课时，教师可以通过在教学过程中为学生播放相关的视频与音频，对小朋友和父母去超市购物的场景进行模拟。通过模拟购物过程，教师可以向学生介绍人民币的面值。如教师提问：“玩具 A 多少钱，玩具 B 多少钱，两个玩具总共需要多少钱？现在给收银员阿姨 100 元，她需要找回你多少钱？”通过这一过程，学生既熟悉了

人民币的面值,也锻炼了学生的运算能力。对于低年级的小学生而言,他们对于独自完成购物过程往往是非常感兴趣的。在这一教学过程中教师还可以建议家长在课后时间带学生去超市实地体验,从而进一步加深学生对人民币面值的认识。这种教学模式虽然看起来简单,但所谓学以致用,其实就是让学生体会到学习的真正用处,提高他们学习的积极性,同时也提高了学生的生活能力。

在科技发展的时代,如果有足够的条件,其实还可以在教学过程中引入"虚拟仿真系统",让学生带上 VR 眼镜,在课堂上进入虚拟的生活场景,对课堂所学知识随时予以检验与运用。这种教学模式对于提高学生兴趣的作用是不言而喻的。当然,情境式教学远远不止上述例子中所列举的简单场景,在科技时代,教师能使用的教学手段已经远远超出了传统教学能使用的方式,关键在于教师如何突破传统教学思维,充分地将现代科技手段应用到教学过程中,这需要教师们对现代科技设备有全新的认识与定位。例如,现在很多家长与教师都将 iPad 视为"洪水猛兽",对其抱有极大的戒心,但事实上, iPad 仅仅是一个现代的工具而已,关键在于我们如何正确引导学生去使用它,如果教师对学生进行积极引导,这一工具将发挥传统教学工具所难以企及的积极作用。

二、丰富练习形式,落实寓教于乐

如果只是依靠课堂上的讲解,数学课程很难实现良好的教学效果,还需要对数学题目的练习引起足够的重视。而在传统的数学课堂教学中,很多教师把教学重点都放在了课本知识的讲解方面,练习环节都放在课下让学生自己完成,并且学生练习的方式也比较单一,多采用笔答书本或者试卷上的试题等传统做题形式。长此以往,学生很难再提升对数学的学习兴趣,因此,丰富练习形式、不断激发学生的学习兴趣对学生的数学学习尤为重要。

利用多媒体技术,就可以将简单的计算练习转化成好玩的闯关之旅—— "开心碰碰车""啄木鸟医生"等各种有意思的游戏。例如在教学加减法时,可以设计"开心碰碰车"游戏,将数字设计成碰碰车的编号,并设计多个触发器,每点击一个触发器就会出现两辆碰碰车相撞的动画,让学生答出两数的和与差。在有趣而激烈的游戏中,学生的注意力更集中了,反应能力和计算能力也得到了较好的提升。

在教学人教版小学一年级下册"100 以内数的认识——比较大小"的课程内容时,也可将枯燥的巩固练习设置成更加富有趣味性的学习情境。例如,可以使用多媒体技术将练习九第 3 题改编,创设"欢迎我的小客人"的情境。将不同的数字与各种可爱的动物卡通形象结合,让男生扮演勇敢帅气的主人小熊,欢迎大于 60 的朋友;女生扮演可爱漂亮的主人小兔,欢迎小于 60 的朋友,自家客人到来时主人以击掌三下表示欢迎。这样一来,枯燥的比较学习就转换成了有趣的游戏,不仅提高了学生的学习兴趣和课堂教学的学生参与度,而且通过鼓掌情况老师还可以及时观察、了解学生对知识的掌握情况。

三、利用立体教学，突破教学重难点

数学知识本身具有较强的抽象性，在实际教学过程中，教师应尽可能将抽象的知识具体化、形象化、可视化，深入浅出地讲授给学生，帮助学生较好地全面理解、掌握所学知识。

三年级上册“利用长、正方形周长解决问题”一课，例题为“用16张边长为1分米的小正方形纸拼成长方形和正方形。怎样拼，才能使拼成的图形周长最短？”通过“拼图形、算周长、比周长”三个环节，学生们不难摆出三种不同的长方形或正方形，分别为：第一种长16分米、宽1分米的长方形；第二种长8分米、宽2分米的长方形；第三种边长4分米的正方形。学生通过比较发现所拼的图形长和宽越接近时，周长越短，三个图形中正方形周长最短。

但是深究原因，为什么所拼的图形长和宽越接近时，周长越短呢？南开区教研员通过调查得出的结果出乎意料，竟然只有不到百分之二十的执教老师清楚其中的奥秘。

为了突破这一教学难点，教师可利用多媒体技术为三种图形之间建立联系。首先，课件呈现了第一种图形，然后将第一个图形从正中间分开，分开时用醒目的颜色标注出新增的两条长1分米的边，再将右半部分拼在左半部分的正下方，第一种图形就变成了第二种图形，在这个过程中，原来露在外面的一条8分米的边被藏起来了，用醒目的颜色将这条被一分为二的边突出显示，让学生深刻理解第二种图形和第一种图形相比，藏起来的边增加了，露在外面的边就减少了，周长也就变短了；再将第二个图形从正中间分开，此过程用醒目的颜色标注出新增的两条2分米的边，再将右半部分拼在左半部分的正下方，并标出重叠过程重合的边（即隐藏边），在第二种图形变成第三种图形的过程中，原来那条被一分二的4分米的边被藏起来了，所以第三种图形和第二种图形比，藏起来的边更多了，露在外面的边就更少了，周长也就更短了。通过PPT动画演示，学生在观察中对比，在观察中发现规律：拼组后，隐藏在图形内部的小正方形的边长越多，其露在外面的边就越少，拼组后图形的周长越短。

理解了拼组过程隐藏边的奥秘后，学生们在解决拼组图形或剪切图形周长时，思路明显清晰了，解题方法也更加多样化了。

四、促进知识获取，实现知识共享

现代科技手段已经深刻地融入人们的日常生活当中，因此，将科技手段运用到教学当中可以说是势不可挡的历史潮流。例如，随着微课、公众号及二维码等现代信息技术的兴起，教师的讲解也可以实现电子化、专题化、细致化，更便于资源共享，弥补教育资源分布不均。

学生在遇到学习难题时，可以通过登录学校的网站、公众号或其他平台如南开区资源云动平台网站，甚至直接扫描题旁边对应的二维码等，就可反复观看教师的教学视频和课件演示，突破难点，开拓思维。同时，学生可以利用网上的专题论坛，与其他学生交流互动，相互启发，相互学习，在交流中提升学习能力，解决学习困惑。

当今是一个知识共享的时代，在科技发达的今天，学习工作早已经突破了时空限制，教师应当充分利用网络上的教学资源，并通过网络建立线上课堂，让学生将自己所学的知识与其他同学予以分享，同时也要积极与世界各地的知识分享者进行沟通交流，从而实现学习网络化、学习全球化。

五、落实个性化教学，推动个性化发展

其实，早在我国春秋时期，大思想家、大教育家孔子就已经提出了“有教无类”的教育个性化思想，并将这一教育理念落实到自己的教学与生活当中，针对不同的学生使用不同的教育引导方式，并培养出了非常出色的学生。所以说教育个性化在我国是有着悠久历史传统的。但遗憾的是，近些年来，教育个性化理念却在一定程度上被教师们所忽视，过多地强调了学生们整齐划一地投入学习。

笔者认为，在科技时代的教学中，我们有了前所未有的实现个性化教育的有利条件，教师们应当重新重视教育个性化理念，并充分利用现代科技手段对这一理念予以落实。例如，大数据分析是最近几年非常流行并且得到广泛应用的科技手段。就学校教学而言，教师可以充分利用学校、教室的摄像头收集学生在校学习与生活的数据，对学生个性与学习状态进行分析。对于课后学习而言，课后练习也可以实现电子痕迹化，教师以电子出题的形式为每一道试题设置二维码，让学生以扫二维码的形式完成家庭作业。通过这种方式，教师可以非常简便地收集学生的错误率、错题点、做题时间等在传统教学方式之下难以完成的工作。通过以上方式，教师能够更为有效地、更为细致化地关注全体学生与个别学生的学习情况，并形成单个学生的学习轨迹，分析单个学生的学习习惯、学习进度、学习效果，从而“对症下药”解决单个学生所存在的学习问题，满足单个学生独立的学习诉求，从技术上真正实现全面、深入的个性化教育目标。教师也逐步由传统的课堂讲述者变成学生学习过程中的引导者，而学习的过程则从短短的几十分钟的教学课堂转变成灵活化、机动化的全时段学习模式。

此外，信息技术的发展还可以为学生提供个性化学习内容的推荐服务。针对客户的个人需求提供个性化推送内容已经成了当今网络服务的一项基本特征。可以说任何上过网的人，尤其是曾经上网购物的人都深有体会。只要曾经在网络上搜索过某一产品，之后的一段时间网络上所推送的广告几乎都与这一产品相关。对于教育而言，这一技术的应用将比广告推送的意义更为重大。通过上述的教学大数据分析，学生的个人特性将非常容易获得。结合学生个人情况，针对学生的知识需求与学习习惯，利用网络推送服务向学生定向推送学习内容，相较传统教学而言，这种方式为学生量身定做的学习内容将更具有针对性，更能解决学生在学习过程中所遇到的各种问题。

科学技术的发展为小学数学教学提供了新的生长点和广阔的展示平台。在小学数学教学中科学合理地运用多种信息资源，将改变教师的教学方式和学生的学习方式，获得更高效化和个性化的教学方式。

参考文献

[1] 周玫. 教育个性化思潮概述 [J]. 高等函授学报（哲学社会科学版），2005（4）：43-46.

浅析小学英语教学中的情感教育

天津大学附属小学　王　塁

摘要:情感是指学习者在整个学习过程中的一种内心体验,它对于学习者的学习行为和学习效果起着决定性作用。如何在英语教学中激发学生的学习兴趣,培养学生乐观向上的情感态度,笔者立足理论研究,钻研教学实践,进行了情感教育模式的初探。

关键词:情感教育;内涵;功能;策略;模式

一、小学英语教学中情感教育的内涵

小学英语教学目标的设定包括知识与能力、过程与方法、情感态度价值观三个方面,其中情感态度价值观这个教学目标的实现往往是基于知识与能力目标的设定,同时又渗透于整个教学的过程与方法。结合小学生的年龄特点,我们不难发现,他们对于自己喜好的事物会持有浓厚的兴趣和强烈的好奇心。在美好情感的激励下,他们会呈现出高涨的情绪,积极参与到教学活动中。与此同时,他们的注意力也会高度集中且持久,从而达到事半功倍的学习效果。

在新课程理念的指导下,情感态度价值观被赋予了丰富的内涵,情感态度价值观包括学习者的学习动机、兴趣爱好、坚强意志、合作精神、文化意识以及国际视野等。教师要从提高学生综合素质为触发点,一方面以培养知识技能为主线,另一方面要在传授知识的整个过程中渗透情感教育,从而帮助学生树立学习自信心,不断激发并强化学生的学习兴趣,锻炼克服困难的意志,思考自己学习的优势与不足,在与他人的交流合作中,形成乐观、向善的精神品格。此外,教师还要正确看待学生在主体参与的过程中所表现的个体差异,对于他们的求知热情和探索精神要给予肯定、尊重、评价和引导。培养学生的情感态度不能一味地追求知识的传授,更应当注重学生精神品格的提升。由此看来,情感态度价值观的培养是师生在教学过程中共同创造精神世界的教学活动,教师要适时创设和谐的情感交流氛围、充分开发其智慧潜能,培养社会性交往能力。

二、小学英语教学中情感教育的功能

2002 年颁布的课程标准中明确了情感态度的概念,并要求教师在实际教学过程中要有的放矢地渗透情感态度价值观。由此可见,情感态度不仅影响学生的整个学习过程,而且确实能调动学生的积极性，帮助学生形成自主学习的能力和习惯，从而有效地提高学习效率。著名教育家孔子曾经说过："知之者不如好之者，好之者不如乐之者。"就是说只知道学习有益还不足以激发我们学习的内动力，当我们把学习当作一种爱好并享受其整个过程时，学习就是一件水到渠成的事情。而对于小学生而言，兴趣就是他们最好的老师，浓厚的兴趣会产生积极的学习态度，从而驱使他们全身心投入到学习之中，当学有所获时又会形成一种美好的情感态度，长此以往学习就会形成一种良性循环的闭合状态。

三、小学英语教学中情感教育的策略研究

（1）创设情景策略

在小学英语的课堂上，教师可以根据教学需要为学生创造生活中的各种真情实景，它能够帮助学生尽快转变角色，自然而然地融入教学中。例如，笔者在执教"How much is it/are they?"这一话题教学时，安排了"旧物市场"这一拓展环节。教师把讲台布置成一个五花八门的旧物柜台，孩子们可以依据自己的爱好选择实物，和旧物的主人展开有效的对话。在对话中，学生可以根据自己掌握的语言知识在模拟的生活场景中自由发挥，通过角色扮演，学生可以感受不同的文化，体会不同的角色，体验不同的生活。学生们最大的感受是他们不仅学习了语言知识，更是增长了使用异国语言服务生活的能力。

（2）合作学习策略

在英语学科学习中，小组合作学习可以更好地发挥学生的主观能动性，让孩子们为了共同的学习目标相互促进，共同提高。同学们在合作中，不仅进行了语言的实践练习，体验了语言与生活的关系，还有助于形成综合运用语言的能力，增进了友谊。他们既会用所学语言准确而富有情趣地表情达意，还可以在交流中体验成功。此外，合作学习还可以极大地提高同学们的学习效率，他们在不同的教学任务中各自分工，发挥个人优势，体验成功的喜悦。

（3）任务型教学策略

任务型教学是指教师本着以学生为主体的原则，根据学生的实际需求设计相关教学任务，从而有效地培养学生运用语言的基本能力。教师在设置教学任务时要最大限度地发挥其主观能动性，把语言材料和思维培养直接联系起来，从而在真实语境中通过情感交流打下坚实的基础。例如，小学英语阅读教学分为阅读前、阅读中和阅读后。阅读前可以通过歌曲、谈话、视频等丰富的媒体形式激活学生思维；在阅读中启发并培养学生自主思考、推测、判断以及解决问题的能力；阅读后通过小组合作激发学生的探究精神，实现目标任务，培养他们从局部思维到整体系统化思维，强化学生的阅读技能。

（4）整合课程策略

基础教育既要依赖于课程教材，又要对此有所超越。教师一味拘泥于教材，肯定会受到教材的束缚，这样不仅影响教师主体性、创造性的发挥，更会影响到学习资源的充分利用和学生的学习方式、思维方式以及学习效果。通过深入学习新课程标准，我们深深感受到新课程改革的精髓便是使学生得到充分、和谐的发展。因此，我们倡导：Forget our textbooks. Try to make our students listen more, speak more. 例如,人教版教材精通英语六年级上第二单元的 Fun facts 是一篇阅读教学文章,本节课要求学生在复习与 hobby 相关的语言知识的同时了解一个有趣的爱好——观鸟。教师将阅读材料进行整合,要求学生运用已有知识从自由谈论自己的爱好过渡到关注老师和家人的爱好,最后猜一猜文中主人公 Kent 先生的爱好,随后引导学生通过速读课文,将课文分为三方面的内容: Mr Kent 的个人档案、与众不同的科学课和有趣的发现。接下来,一个又一个由浅入深的教学任务,吸引学生走进 Kent 先生的个人微博。完成教学任务的同时,学生们精读了文章,完成由整体感知到深挖细节的一个学习过程,最后回归本单元主题——不同的爱好会使我们的生活多姿多彩,从而培养学生积极向上的生活态度。

四、小学英语情感态度教育模式的探索

通过多年来的教学实践,我认为在小学英语教学中培养学生情感态度的核心内容是以满足学生学习需求为基础,以提高学生学习兴趣和语言交往能力为目标而形成的一种新的教学模式。

(一)精心组织和安排教学内容,激发学生探究知识的潜能

(1)利用多种教学媒体,活化语言材料

教师在备课时要充分考虑到小学生的认知特点和年龄特点,尽可能地利用多种媒体调动学生的各种感官。直观的教学道具、具体的教学任务、生动的学习场景都可以吸引他们的注意力,从而使其生发出积极的学习热情。这样的英语课堂教学活动不仅是单词、短语和语篇的堆积,也为孩子们提供了珍贵的、富有生机的语言环境。

(2)整合单元内容,培养学生实践能力

根据学生的认知水平,以教材为依据,以课程为标准,以单元话题为基础,通过一个完整的主线把知识串联起来,然后整体呈现,让学生在完整的知识体系中学习,既有利于提高课堂教学的效率,又能够帮助学生在整体感知中达到情感的再升华。

(3)尊重个性差异,增强学习自信力

作为教师,要对每一个学生的学情了然于胸,在设计教学任务时要有层次性、针对性。对于学习能力较薄弱的学生,教师要善于挖掘他们的闪光点,及时树立其学习的自信。对于学有余力的学生,教师可以提出更高的要求,让他们从中获得学习的成就感。

(二)营造轻松愉快的学习氛围,调动学生积极参与的内驱力

(1)游戏竞争,激发兴趣

在课堂教学活动中引入游戏竞争可以极大地激发学生的求知欲望。如在进行模仿性操练时设计“超级模仿秀”游戏;在进行语法练习时,设计“头脑风暴”游戏;在巩固新授内容时,设计“我是小演员”游戏;在单元复习时,安排各种项目制作、设计思维导图等,既鼓励了

学生的学习积极性，又极大地提高了学习效率。

（2）创造机会，鼓励实践

我们除了组织课堂里小范围的竞赛游戏之外，还设计了一些大型的跨班级、跨年级竞赛活动，如评比“百词大王”，开展“英语主播”活动，颁发“最佳英语辩手”等奖励，使学生在学习生活的实践中获得知识，增长语用能力，体验用英语打开自己的生活、学习境界。此外，还可以设立英语角、英语素拓课等，使学生体验到会说英语的自豪感，获得英语学习成功的满足，进一步增强了学习英语的兴趣。

（3）创新教学，培养个性

例如，在讲授 like 和 don't like 这个知识点时，我没有照本宣科让学生枯燥地练习八句话：I like spring（summer/autumn/winter）和 I don't like spring（summer/autumn/winter）。而是请他们畅所欲言地谈谈自己最喜欢的季节，并简单陈述自己的理由。随后，我遵照他们不同的想法，把全班分成了 spring group、summer group、autumn group、winter group 四组，趁热打铁展开一场对擂赛，请他们用自己的观点说服对方。此时学生们个个跃跃欲试，在这场具有思辨性、刺激性的对擂中用真情实感交流。

（三）发挥学生的主体作用，建立良好的新型师生关系

每一个孩子都是被赋予了无限潜能的生命体，蕴藏着主体发展的无穷动力，教师的责任就是以学生为本，不断开发其潜力，使之成长、成熟。英语教学的重点已经不再是“我们该教些什么”，而应是“通过学习学生可以干什么”，因此在教学过程中应充分体现学生的主动性和创造性，增强学生使用英语的能力。

教师在教学中要努力打造一种民主平等、相互理解、亲密无间、共同发展的新型师生关系。这种良好平等的关系会让每个学生都能感受到自主的尊严，感受到心灵成长的愉悦。我们始终坚信，人的本性是积极的、向上的，具有生长与进取的潜力，而教育的目就是开发人的潜能，促进人的健全发展。

“教贵情深”，有感情就会增加教学的魅力。教师要将各种教学方法有效融合，充分体现“以学生为中心”的教学思想，让学生在宽松愉悦并伴随着趣味性的教学活动中形成持久的学习动机，在完成任务的过程中体验学习成功的乐趣，在浓浓的情感氛围中不断完善和发展学生的综合语言运用能力。

参考文献

[1] 国家教育部. 英语课程标准 [S]. 北京：人民教育出版社，2003：17-18.

[2] 王灵滨. 实施情感教学 激活英语课堂：人教版高中英语必修 4 Unit 3 案例 [J]. 中小学英语教学与研究，2009（2）：15-18.

[3] 梁蕊. 探索情感态度在小学英语教学中的运用 [J]. 中国校外教育，2018（33）：95.

[4] 许晓芳. 小学英语教学中情感态度的培养策略 [J]. 学周刊，2019，397（13）：37.

小学英语教学课堂提问的艺术性

天津大学附属小学 赵晓濛

摘要：本文以英语课程改革和教育心理学的理论为指导，探索小学英语课堂教学提问的作用和设计原则。基于英语教学中课堂提问的常见问题，从问题设计、提问时机、等待时机、提问对象、提问者的素质等方面分析了影响课堂提问的因素；从及时疏导、板书提示、调整内容、鼓励自问、创设情境等方面提出了优化提问的启发学生答问的策略；从适当奖励、合理量化、积极评价等方面提出了启发学生答问的激励策略。

关键词：小学；英语教学；提问

一、引言

课堂提问实际上是教师所设置的以解决问题为目的的语言交际环境，旨在使学生在解决问题的过程中逐步获得语言交际能力[1]。根据 Gall（1984）研究发现，问答交互活动几乎占课上一半的时间[2]。我国小学英语启蒙教育受语言环境的限制，有一定的局限性，主要以课堂教学为主，课堂提问作为课堂教学的重要环节，对语言习得起着至关重要的作用。学生可以从教师提问获得潜移默化的语言感受，从而学会思考和表达，实现语言学习的最终目的——交际。

恰当而富有艺术性的课堂提问，是课堂教学成功的重要因素。所谓课堂提问艺术，是指那些讲究提问目的、难度，采用灵活多样的方式，最大限度激发学生的积极思维，使学生处于积极的心理状态的技巧[3]。它体现在教师运用英语的能力、对教材的处理能力、课堂提问技巧和课堂应变能力等方面。有效的、艺术性的提问不仅可以使学生在美感中扩大思维空间，加深对知识的理解和记忆，更能激发学生学习兴趣，培养学生的主动性和创造力，实现最好的教学效果。因此课堂提问这个最平常、带有普遍意义的活动，正是教育研究中不可忽视的课题。笔者就此进行了一些探索。

二、有关课堂提问的常见问题

国内近年来有研究表明，中小学一般教师平均每堂课的有效教学提问仅有 56%，这就是说，中小学教学中尚有近半的教学提问是无效的或低效的[4]。这些问题主要表现在以下几方面。①满堂问、零乱发问、应声而答的课堂。这样看似活跃，实际上不仅不能真正激活学生的思维，而且缺乏针对性、系统性和整体性，不利于学生对知识的掌握，无视学生的特点和个体差异。②问题太难或太简单。由于问题脱离了学生的知识基础和学习能力，学生往往对老师提出的问题或冷眼旁观，或目瞪口呆、望而却步，失去了思考的信心和学习的积极性。③提问方式呆板、单一。有的教师总是在教学过程的某一固定阶段提问，提问形式也大同小异，每堂课都如此，使学生感觉枯燥乏味，失去了学习的兴趣。④提问对象和时机不当。有些教师喜欢提问学习好的学生，或将提问变成了一师一生的单独交流，而大多数学生还不知所云，教学就已进行到下一步了。⑤意思表达不清。有时问题太长或太笼统，会使学生感到茫然失措，无从回答，甚至有的学生连听也不愿听，更谈不上积极思考了。因此，要想取得良好的教学效果，还应从以下几个因素进行全面考虑。

三、影响课堂提问的因素

（一）问题设计

歌德说："想要得到聪明的回答，就要提出聪明的问题。"问题的设计要有针对性、艺术性，不能信马由缰。要根据教材、学生和课程目标精心设计，既紧扣教材的重点、难点、疑点，又能激发学生的求知欲，促进学生多角度思维，培养学生的个性和创造力。这是课堂提问成败的先决条件。

1. 从问题的密度来看，要做到有张有弛，掌握节奏

问题的密度是指在一节课的单位时间里提问次数的多少。在课堂上，教师的教学不只采用提问的方式，还有其他教学活动。一般年级越高的学生越对师生间频繁而又简单的问答感到单调、厌倦。因此，问题不在于多少，而在于问题贯穿起来能否覆盖学习的重难点。

2. 从问题的坡度来看，问题应具有一定的思维价值

问题的坡度是指问题的难易程度。教师在设计问题时，要充分考虑到学生的认知水平和课程目标的要求，从而提出不同难度的问题。既要使学生感到困难和压力，又要使之有解决问题的信心。

心理学上把人的认知水平划分为三个层次：已知区、最近发展区、未知区，并认为认识过程就是这三个层次逐步转化的过程。俄国心理学家维果茨基认为，只有设在最近发展区的教学，才能更好地促进学生由潜在水平转化到新的现有水平[5]。一般来说，课堂提问的难度 H 应在 0.3 至 0.8 之间，使大多数学生通过努力都能回答出来[6]。

美国心理学家布鲁纳说："向学生提出挑战性的问题，可以引导学生发展智慧"[7]。小学生的智力尚处在发育阶段，他们的思维能力、认知水平较低，学习往往带有浓厚的兴趣色彩。当教学内容引起学生兴趣时，学生就能集中注意力，这也正是学生学习的内在动力。但这种兴趣是不稳定、不持久的，需要教师设计的问题新颖、富于挑战性，随时激发学生的兴趣。例如，人教版(新版)五年级上册，Unit 3，Lesson14 的课文，在讲解时，为吸引学生的注意力，教师可以先利用谜语激发学生的兴趣："I" jump into the"water"，what do I do? 答案就是"wait"。又如，人教版中 Book Ⅲ Unit 8，Lesson 30 中，教师在讲解"Christmas Day"的时候，可以先讲解这个节日的来历，再给出几个问题：Do you know which day is the Christmas Day? Who's the most important person in that day? What else do you know about it? 这两个例子将挑战性与兴趣性相结合，设计出的问题充分调动了学生思维的主动性。在激发学生好奇心的同时，也要保护学生的自信心。

3. 从问题的形式来看，要体现多样性和层次性

教师应根据不同的教学内容和不同的教学要求，经常有意识地变换问题的提法，引起学生对问题的注意和兴趣，同时也会给学生带来新鲜感，促进学生积极思考。

欧美学者在"提问"分类方面做了很多的研究。从程度上主要分为低层次问题和高层次问题。低层次问题是指那些与实际信息的记忆和回忆有关的问题，低层次问题不要求学生以任何方式去处理信息。如根据事物或图片提问等。小学低年级英语教学的提问，很多属于低层次思考的知识性问题，目的是帮助学生通过回忆、背诵或反复练习的方式巩固新知，强化记忆。高层次问题是那些要求学生去应用、分析、综合和评价信息的问题，它促使学生进行创造性思维，从而做出恰当的回答[8]。常见的高层次问题如交际性问题，可帮助学生理解运用已学的知识。交际性问题不同于低层次问题的关键就是创设情景，主要以 ask and answer 的方式呈现。在教学中，要注意二者的并重发展。低层次问题是基础，在小学阶段，不能忽视基础知识的学习，但同时也要采取丰富多样的问题形式，由低层次向高层次问题推进，注重学生英语思维能力的培养。

4. 从问题的安排来看，要循序渐进

知识之间的相互联系和学生思维发展的一般规律决定了问题的循序渐进性。教师导入新课时可采用引发性问题，引起学生们探究的兴趣，从旧知识过渡到新知识。一般来说，开始阶段的问题应意义明确、形式直接，使学生容易理解，着重调动气氛，然后由浅入深；分析阶段时宜提出疏导性问题，帮助学生疏通和理顺思路，攻克难点；练习阶段时可提出应用性和检查性问题，以查漏补缺，巩固提高，这时可以加快速度，使学生得到更多的练习机会。例如，在学习感叹句时，教师以陈述句"It is a big hospital."转换为感叹句"What a big hospital it is!"或"How big the hospital is!"为例进行讲解后，可以马上给出替换词"nice bag"，教师问："What …"。学生答："What nice bag it is!"教师问："How…"。学生自然会接着说："How nice the bag is!"这样做学生练习的机会增多、速度增快。而且在这样的气氛中，学生感到轻松愉快，注意力集中；归纳阶段时宜提出概括性问题，串联重点，使学生回忆获取新知的过程，将知识系统化、条理化，以获得理性认识。有时在结尾处的提问，可为下一堂课的教学埋下伏笔，起到前后串联、承上启下的作用。

（二）提问时机

1. 提问经常作为维持纪律，组织教学的手段

教师根据课堂的实际情况适当地提问，可以很好地活跃课堂气氛，把握课堂节奏，组织教学。小学生注意力只有 15~20 分钟，他们不可能把兴趣长时间稳定在某一件事情上。当讲授时间较长，学生产生麻痹、倦怠心理时，教师应及时提问，以便使学生重新振作精神。提问精神不集中的学生，可将其唤回课堂活动之中。

2. 在重难点处和不留意处的提问，可以使学生集中注意力，印象深刻

在学生似懂非懂处及时提出问题，与学生共同释疑，会收到事半功倍的效果。但有时学生学完后就说："全懂了""没问题"。那么是否真的没问题呢？有经验的教师往往会找准时机地提出一些出人意料的问题，引导学生学会质疑、释疑，这样会收到意想不到的效果。如在遇到单词"usually"时，发音是难点，由于这个单词太常用，学生往往不重视。教师就可以先提问学生，再给出正确发音，这样更有利于消除模糊认识。再如，教师问："What sports do you like to do?"有的同学回答："I like to play football."有的回答："I like to play basketball."学生就很容易认为"玩（球）"都可以用"play"表示。此时，若引导他们回答"我喜欢玩保龄球"，学生通常会说："I like to play bowling."这时，教师应及时纠正，正确答案为："I like to go bowling."而不能用"play"。像这样不经意间的提问，无疑会激发学生探索英语的兴趣，引导学生自己去发现问题，日积月累就会有质的飞跃。

（三）等待时间

有调查表明，学生的年龄与应答时间成反比。也就是说，低年级学生应答时间稍慢，成功率低。因此，在提问时要遵循语言学习的规律，充分考虑学生的年龄和不同水平[9]。许多教师在提问后留给学生的思考时间往往不足一秒，如果无应答，就会重新组织问题提问，或自问自答。如果由于没有时间组织答案，学生就会放弃回答问题的机会，久而久之就形成懒惰的习惯。

恰当的做法是，提问后应留给学生 3~5 秒的思考时间，但不宜超过 20 秒。对于较难的问题则需要更长时间。例如，上海实验小学袁溶老师有一次提问时，学生都把小手举得很高，老师却要学生仔细想一想，不必急于回答。一两个学生回答后，老师进一步问："谁能把这个问题回答得更好？"……最后老师说："谁能把大家的意见综合一下？"时间充裕了，学生自然也能进行更充分的思考。学生回答后，还应该给予学生一定的思考时间，不要急于评价，这样有利于学生自己发现错误并改正，从而树立信心。

（四）提问对象

学生是教学的对象，是教学活动的主体，应该充分参与到教学活动中来。但是，在课堂教学中，不是每个学生都能回答和愿意回答每一个问题，因此提问时选择适当的提问对象也是课堂教学成败的一个重要因素。一般来说，选择提问对象要做到全面性和层次性相结合。

1. 全面性

全面性即要面向全体学生。在教学中,教师不应只注重学生能否答对,而忽视面向全体学生。有些教师为求得教学顺利进行,提问对象只局限于固定的几个学生。例如,有的老师在做公开课的时候,提出很多很好的问题,可惜提问的对象始终是那几个成绩好的,哪怕是简单的问题。在平时教学中这样做,常常会使优等生滋生骄傲情绪,其他学生不积极参与教学活动,不仅会影响课堂纪律,甚至会失去学习的兴趣。

英语学习的初级阶段主要以模仿和操练句型为主,经常用到齐答的方式,其目的是给学生更多的练习机会,使不爱举手的同学获得成功的体验。但也有些教师为追求效率,只要求学生齐答“Yes/No”。有时只是部分学生明白,多数不过是随声附和。因此,齐答这种方式要合理运用,一般对于联系旧知识、简单的熟识性问题或补充回答不完整的简短部分时可以适当运用。

2. 层次性

素质教育的宗旨是面向每一个有差异的个体,因材施教,充分培养个性。因此,教师的提问应有针对性和层次性,一般从学生性格、学习状态两方面考虑。

(1)学生性格

从认知方式看,场依存型学生对信息加工主动性差一些,适合回答明确严谨的问题;场独立型学生善于分析组织材料,善于回答多向性、创造性问题;沉思型学生深思熟虑,不易犯错,倾向于回答具体、逻辑性强的推理问题;冲动型学生思维敏捷,但回答常常不够准确,善于回答感性的、比较性的问题。因此,教师在提出问题的时候,要因材施教,注重学生个性、能力的培养[10]。

(2)学习状态

要根据内容的不同而选择不同提问对象。如果是复习旧知识,可以提问中等生;对于基础知识,可以提问后进生;如果是当堂课的新知识,可以提问优等生。从问题形式看,优等生回答难的问题如“wh-”类型;后进生回答简单的问题,如“Yes/no”类型;中等生知识素质能力基础比上不足、比下有余,所以对他们多提一些相对适中的问题,有利于提高其自觉参与意识。面向全体学生的同时,尤其要照顾后进生,他们一般都有自卑感,应多给他们创造机会,满足他们的表现欲和自尊需求,使其积极地参与到教学活动中来。一般来说,还要照顾平时举手少,或犹豫不决、欲举不举的学生。

3. 提问顺序多样性

有些教师提问喜欢先点名,再提问题。这样一来,往往使当事学生思维被动,措手不及。其他学生则会认为于己无关,不去思考,特别是那些学习兴趣本不太浓的学生。因此,应提倡先提问后选择问答对象,使每个学生认为自己都有机会,从而积极思考。当然,也会有特殊的情况。如果是提问一个漫不经心的学生,最好还是先叫他的名字,使他听清楚教师提出的问题。或者对于简单问题,也可以先叫人后提问。如提问单词或概念时,要求学生迅速回答。

有的课堂上还有一种倾向,即学生按座次或学号有顺序有规律地回答问题。这样看似照顾到每个学生,可是往往容易使学生产生投机心理。学生提前算好自己会轮到回答哪个问题,有所准备,而对其他问题懒于思考。

(五)提问者的素质

1. 语言因素

(1)流利的外语本身就是动员学生的一种工具

清晰准确的发音,响亮的声音,抑扬顿挫的语调,快慢相宜的节奏,这些都会给学生带来艺术的享受,使他们乐于学习。

(2)教师的语言要力求简练易懂

正如墨子所说:多余的话就像池塘的蛙声,树上的蝉鸣一样,人们或者不理会它,或者讨厌它。而雄鸡啼晓,寥寥几声,却能引人注意。有经验的教师重视提炼自己的教学语言,使提问精练而富有逻辑性,从而取得良好的教学效果。要特别注意的是,避免滥用口头禅,像无论什么情况都脱口而出"OK/Well/Good",这样会掩盖学生知识上的缺陷。

(3)发问的语气要委婉

教师应尽量用"Would you please tell me …? May I ask you …?"等较委婉的语气向学生提问。如果教师太严肃,会让学生感到拘谨,妨碍大脑思维。有经验的教师尽可能地用"近边语"(即能够拉近师生距离的发问方式),如"Let' s…together."等,使学生在融洽的气氛中积极参与学习。

2. 非语言因素

教师提问时的面部表情、情绪状态和体态以及师生间的空间距离也会对学生产生暗示。通常人们在友好状态时接近,在对立或疏远状态时保持一定距离。因此,教师在提问时与学生保持适当的近距离,可以使学生感到教师的亲切和期待。

尊重是师生关系的润滑剂,在强调尊重学生个性发展的今天显得尤为重要。有些教师却常常用手敲打课桌,以此代替点名,这是对学生的不尊重,会引起学生的反感。教师在提出问题时,也不可用强制性态度,只有这样才能营造出轻松的环境。例如:带有疑惑的表情,好像在和学生一起思考;学生回答时,应认真倾听,并附以欣赏的表情;遇到学生不愿回答的情况,应投以期待信任的目光鼓励他们回答。

四、优化提问的策略

课堂是千变万化的,要想得到理想的提问效果,除了要充分考虑以上几个因素外,教师还必须根据实际情况灵活把握,做到适时启发,适当激励。

(一)启发学生答问的策略

1. 及时疏导

对于较难的问题,教师不要一味地讲解,要引导学生自己去分析。例如在分析句子时,许多学生一开始总感到茫然。这时,教师可不断地提出问题,将学生无从下手的问题分成一个个小问题来逐一分析。如哪个是主语? 哪个是修饰词?……这样一步一步提问、分析,就会使原来很复杂的问题变得简单明了,而且锻炼了学生的思维。但要切忌越俎代庖,养成学生懒惰的思维习惯。若学生回答过于简短,教师也应及时追问,鼓励其解释、扩展和说明。

2. 板书提示

如果学生觉得有困难,教师可以把关键词语或句子写在黑板上。这样学生可根据教师的提示和启发,用自己的语言回答问题。

3. 调整内容

教师提问后常常会遇到无人应答的尴尬局面。遇到这种情况时,一般可以采用以下几种方法。

(1)重复问题

学者怀特和莱特鲍恩(1984)在实验中发现,英语教师每分钟提出 4 个问题, 40% 的问题没有应答,而高达 64% 的问题是对所提出的问题的重复[11]。有时,适当的重复不仅使学生能听清问题,还能缓解紧张的课堂气氛,但要注意不能形成习惯,使学生产生依赖心理。

(2)适当地暗示问题的答案

教师可以在提问时,对提问的重要部分加重语气,特别是关键的名词和动词,可以使学生明确思考方向。要注意的是,暗示是提示学生解决问题的方法和思路,并不是直接给出答案,否则就失去了提问的目的。

(3)转换角度,调整结构

有时教师提出问题后,学生不能马上反应过来。这时教师应重新审查问题是否清楚,或换一种方式提问。如使用选择性问句:“What would you like to drink? Would you like coffee, tea or beer?”

在实习过程中,我也曾遇到过这样的问题。“What's the most important holiday in December in Europe?”问题一出,学生一脸茫然,教室里一片寂静。于是我对句子进行了调整:“There is an important holiday in Europe. It's in December. What is it?”这样一来,简明的结构使问题更加易懂,学生也容易接受。同时还要注意避免“What about foreign affairs?”这样笼统的问题。

4. 突出学生主体,鼓励自问

在大力倡导素质教育的今天,课堂提问不只是学生消极地、被动地听与答的单向交流,而是重视课堂交际的双向交流,提倡学生提问和生生提问。教师不仅要善问,也要鼓励学生敢于质疑,勇于创新。也可以先教学生怎样提问,再指导学生提问,最后让学生独立地提问。主要模式有伙伴活动、分组活动、自由活动。例如在背诵课文时,可就课文内容提问,由教师问学生,也可分小组互相提问。尤其是由学生向教师提问,这样学生必须自己熟悉课文,从而提高了运用英语提问的能力。

5. 创设问题情境,激发兴趣

学外语就像学游泳一样,不潜到水里,永远不可能学会。作为英语教师,我们可以通过锤炼语言,联系生活,为学生创设理想的学习情境和练习机会,使学生多种感官并用从而获得深刻的情感体验,更好地理解学习内容。尤其对于抽象问题,可借助一定的辅助手段,使问题变得形象直观。如多媒体、板书、课本、图画、教具模型、实物都可以充分利用。

以分词的讲解为例,可设置这样的情境。准备一杯正在沸腾的水,教师问:“Can you put your hand in?”学生答:“No.”教师可以解释,因为这是“the boiling water(沸腾的水)”。下一步再问:“Can you put your hand in now?”有人答:“No.”也有人答:“Yes.”这时教师可以告诉他们答案都正确,但是要小心,这水已经开了,是“the boiled water(开了的水)”,也许还烫,也许已经凉了。

兴趣虽不属于人的认知系统,但它对人的认知活动却有着指导、调节和强化作用,是学习中必不可少的心理条件。贴近生活或学生熟知的问题会激发他们的兴趣。例如人教版Book Ⅱ, Unit11, Lesson 42中,在教学时,教师不直接读课文,而是先问:“Which is your favorite season?”学生会争相回答:“I think spring is the best…”这时还可以再用“why”提问,引出后面内容,这才真正体现了语言的交际功能。

(二)灵活的激励策略

1. 适当奖励

当遇到较难的问题时,可提示这个问题有一定的难度,谁能回答出来,平时成绩可加1分,虽然加分不是目的,但可以借此激发学生回答问题的欲望,打破沉闷的课堂气氛。有时,小奖品也是一种有效的激励手段。

2. 合理量化

有的教师将提问量化,要求每个同学每周至少要回答一次问题,而且是主动发言,在周末进行总结评比。这样学生就会自我鞭策,形成主动回答问题的良好习惯。

3. 积极评价

学生在得到教师和同学的认可、赏识时,思维才会迸发出创新的火花,更积极地回答问题。因此,教师的评价对课堂提问起着画龙点睛的作用。

首先,教师应认真倾听学生的回答,这样才能适时做出评价。

其次,针对学生回答问题的不同情况,应恰当地给予评价。学生答对时,应加以表扬。例如:“Excellent/Perfect! /You're very clever!”……学生答错时,应先鼓励再引导。如:“That's almost right, can you …? / Don't give up, try again. /Do you have other way to express…?”也可以用“Is it really right? /Are you sure?”等质疑的问法来暗示学生自我纠正;或提供正确的答案,然后问“Which do you think is better?”让学生进行对比,做出正确的选择;

学生实在无法答出时，也不能讽刺、体罚或置之不理，要保护学生的积极性。可以说“It doesn’t matter. I hope you’ll do better next time. /The answer is interesting, but it’s not what I want.”

英语学习的目的是交际，过分纠错不利于提高学生流利地进行英语交际的能力，但也要避免含糊其词地评价，致使学生迷惑不解，如“Maybe it’s right”.

五、结束语

爱因斯坦曾说过：“教学中无论是运用课文中美的东西去感染学生，还是教师用组织教学的艺术美作用于学生，都要把学生的热情激发出来，让学生将学校规定的功课当作一种礼物来领受。”[12] 好的问题激活了课堂，也给教师提出了更高的要求，要求教师思路要开阔，知识要“精”“博”，还要不断探究教法、学法，这样才能灵活娴熟地组织教学，及时有效地调节课堂气氛，设计出既有艺术性又有成效的课堂提问。

参考文献

[1] 何新敏. 英语课堂提问的类型和设计原则 [J]. 中南民族学院学报，1999(2)：112-113.

[2] 王笃勤. 英语教学策略论 [M]. 北京：外语教学与研究出版社，2002.

[3] 张学仪. 英语教学中激发创造性思维的提问艺术 [J]. 广西教育，2003(9)：11-12.

[4] 李如密，孙元涛. 新世纪教师教学艺术策略 [M]. 北京：中国青年出版社，2001.

[5] 陈莹蕙. 优化课堂提问的八要素 [J]. 职教论坛，1999(5)：52.

[6] 李如密. 教学艺术论 [M]. 济南：山东教育出版社，2001.

[7] 高艳. 论课堂提问 [J]. 山东教育科研，1999(11)：60-61.

[8] 陈雪琼. 英语课堂提问艺术新探 [J]. 广西教育学院学报，2004(1)：139-141.

[9] 宋广文，胡凡刚. 课堂提问的心理学策略 [J]. 上海教育科研，2000(1)：52-54.

[10] 姜蕾. 英语课堂提问的艺术 [J]. 沈阳大学学报，2003(2)：121-122.

[11] 佚名. 谈小学英语课堂教学的艺术美 [EB/OL][http：//220.189.232.2/cgqh/Article_Print.asp]？ArticleID=193.

小学音乐欣赏教学的有效设计

天津大学附属小学 吴素梅

摘要：“感受与鉴赏”（欣赏教学）是音乐教学的重要内容，是整个音乐学习活动的基础，也是培养学生音乐兴趣、开阔音乐视野、发展音乐感受能力和审美能力的有效途径。而对于低年级小学生来说，由于他们的好奇、好动的天性和注意力持续时间短的年龄特点，他们在欣赏音乐时非常容易转移注意力，影响教学效果。那么教师如何以音乐为主线，引导学生用各种方式表达对音乐的感受，帮助学生深刻理解音乐的内涵，使音乐课堂更加有趣、有序、有效，就是本文要表述的主要内容了。

关键词：聆听音乐；感受音乐；表现音乐；音乐素养

一、以“聆听”为主线，设计教学环节

在当今这个充满创新意识、提倡创新精神的时代，很多时候我们做到了教学意识超前、方法创新，但有时也会顾此失彼，甚至会失去听音乐的本质，远离了欣赏教学中以“聆听音乐”为主线的原则，忽略了优秀音乐作品本身的魅力，背离了欣赏教学的审美规律。音乐是音响的艺术，也是时间的艺术，教学中必须把一定的时间留给学生听音乐，教师应引导学生直接面对音乐，让音乐释放的情感与学生的心灵发生共振，让音乐诠释的乐思在每一个学生的脑海里奔涌。因此，在学生“听”的过程中，不要用过多的讲解去打扰学生欣赏音乐，干扰学生对音乐的感受和理解。因此在设计教学环节时，应注意以下几方面。

1. 以聆听音乐为主线，动静结合

对于低年级学生的音乐欣赏课来说，要让学生动，但不能总动，更不能大动，要动静结合、有效有序。

在我第一次试讲《火车波尔卡》时，为了调动学生的积极性，让学生在动中感受音乐，我设计了全班同学一起跟随老师，在教室里开起了“小火车”。从表面看，课堂气氛热烈，师生关系融洽，学生也非常快乐。但是，学生在这个“大动”的过程中，动作本身的魅力已经冲淡了音乐的元素，“完美地”完成了一次开心却无效的全体总动员。

这个结果告诉我，这样的设计并不成功。于是我反思，这一环节的主要目的究竟是什么？是让学生聆听音乐、感受音乐！那么聆听音乐时，学生必须要安静地去听，所以学生不能动。那么如何感受音乐呢？我采取了“学生静，老师动”的方式，请学生安静聆听乐曲，老

师用动作的变化表现音乐的变化，从而引导、提示、启发学生对音乐的感受。这一次的结果证明，“你静我动”的方式非常成功、有效。

接下来，老师在乐曲欣赏阶段采取让学生分段聆听、学习和表现的方法。学生按照先聆听；后感受，先分析、再表现的次序，完成了全曲从引子、三个乐段到尾声的学习。既达到了老师引导学生感受乐曲结构的目的，又满足了学生好奇好动的天性。在这里教师一定要组织和引导学生按照音乐的变化而动静交替，这样才能体现学生动得有趣、教师引导有序、课堂教学有效的成果。

2. 以感受音乐为骨架，方式多样

教师要引导学生用各种方式表达对音乐的感受，比如用律动、旋律线的方式，引导学生感受音乐。

美国教育家苏娜丹戴克曾说过：“告诉我，我会忘记；做给我看，我会记住；让我参加，我就会完全理解。”《义务教育音乐课程标准》中有一句重要的表述：“倡导完整而充分地聆听音乐作品，在音乐整体体验与感受中，享受音乐审美过程的愉悦。”音乐本身的非语义性和不确定性决定了音乐教学和音乐学习须采用一种同其他学科不同的特殊方式：参与—体验的教学模式。参与指在课堂上教师要以学生的视角引领学生参与教学活动；体验是指由身体活动与直接经验而产生的感情与意识。课堂中，采用“参与—体验”教学模式能使师生的教与学在一种轻松愉快的氛围中进行，让学生充分发挥主体作用，表现出主动积极的行为与状态。

在教学中我充分运用了“参与—体验”的教学模式。例如，在欣赏教学《火车波尔卡》一课中，我用划旋律线的方式，把乐曲的引子、尾声、主题、乐段、乐句等用不同颜色的粉笔画出来，完整而清晰地剖析了整首乐曲，帮助学生直观、明确地认识乐曲的结构，对学生起到很好的引领作用。

而无论是用旋律线还是律动表现音乐，我都会“一个也不能少”地让全体学生跟着老师一起画、一起跳、一起做、一起乐，让每位学生都自然而然参地与到表现音乐的各种活动中来，调动学生全员参与音乐活动，充分感受音乐的魅力，了解音乐的内涵。

3. 以表现音乐为灵魂，全心投入

在认真聆听音乐和准确感受音乐后，教师要带领学生把自己对音乐的理解和感受，用适合或者自己喜欢的方式充分地表现出来，这里最需要老师做到的就是“投入”。在《火车波尔卡》这一课中，教师的每个手势、动作、表情、眼神都蕴含着对音乐的理解和表达，这些细节会影响每位学生。无论是跟着音乐的节奏做律动表演、跳波尔卡舞蹈，或是到最后欣赏管弦乐队演奏乐曲时，教师带领学生一起学习帅气的指挥动作，积极投入地指挥乐队等，对学生都是一种音乐知识的传递、音乐素养的熏陶和音乐情感的感染。教师的全心投入，定会换来学生对音乐的真心感受。

二、深入浅出完成学生对音乐内部结构的认知

一年级学生对音乐的了解是从无知到懵懂、到了解、到认知的过程。在这个过程中，教师运用什么方法能够把音乐内在深奥的知识，让学生在潜移默化、循序渐进中学会呢？这时教师的引领作用和多样化的教学方法就显得尤为重要。教师应以对音乐的准确把握、丰富的课堂教学经验、灵活多变的教学方法作为基础，抓住教学主线，不放过任何一个培养学生音乐素养的细节，围绕音乐主题，贯穿音乐课堂之中。下面我以《火车波尔卡》一课为例从三个方面进行阐述。

1. 动作——直观而简单

运用身体语言引导学生大胆表现音乐。教师巧妙地运用手势，可以培养学生的观察能力和对音乐形象的想象能力，更形象地为学生进行音乐的表述，引导学生对音乐形象的正确理解，激发学生学习音乐的兴趣，提高音乐课堂的教学质量。因此，在音乐欣赏教学中，教师拥有一双会“说话”的手非常必要。适时、适度的手势语既丰富了教师的课堂语言，又补充了音乐中语言所不能表达的内容，从而提高学生对音乐的审美能力，使音乐艺术更好地为学校的教学发展服务，也使师生之间的交流更容易。

如教师在揭示本课标题《火车波尔卡》时，教师不但要充满激情地大声说出标题，而且还要用手势快速帅气地配合语言，达到视觉和感觉的统一，使学生深刻感受音乐的速度特点。教师在提示学生感受乐曲是如何表现火车“开启”时，也要用手势，按照由慢到快的速度边说边展示，由此来提示火车开启的速度是由慢到快表现的。乐曲到最后的尾声时，教师做蹲下的动作，并且动作幅度由小到大，从而表现声音的从弱到强等。总之，教师把音乐中的速度、力度、节奏等多种表现手段用简单而直观的手势、动作表现出来，帮助学生更好地感受音乐、理解音乐，这些虽是细节，但是不容忽视，道理也不言而喻。

2. 旋律线——清晰而生动

在讲解《火车波尔卡》这一课时，我在感受音乐的基础上，用不同的节奏、旋律线和颜色，把整首乐曲从引子、主题、乐段、乐句到热烈而简短的尾声，都清晰而直观地“画”在了黑板上，完整地展现出一副曲式分析图。

教师把音乐中很难理解和记忆的音乐专业语言和概念，通过学生易于接受、简单直观、形象生动的方式呈现给学生。实践证明，这种方法起到了事半功倍的作用。也完美地诠释了音乐与艺术的和谐统一。

3. 语言——准确而形象

教师语言的表述既要准确，又要形象且富于想象力。教师的教态要亲切，语气要有感染力，表情要丰富，动作要干练，最重要的是教师上课要有激情，这样学生才能真正被老师所感染，从而跟随老师全身心投入音乐中。

三、处处体现对学生音乐素养的培养与熏陶

在课堂中教师的语言、动作都蕴含着对音乐细节的诠释，这些潜移默化的细节，经过时间的打磨，会对学生起到提示和引导的作用。接下来以三个例子进行阐述。

听音乐进教室，教师引导学生边听音乐边拍手，培养了学生对节拍的感受。

在《火车波尔卡》欣赏教学中，在认识三个节奏卡片后，教师对学生的要求，换成有节奏的语言：

你听 老师 读一 读　呜—呜—

大家 一起 读一 读　呜—呜—

再听 老师 读一 读　轰 隆 轰 隆

你们 一起 读一 读　轰 隆 轰 隆

仔细 听我 读一 读　咔嚓 咔嚓 咔嚓 咔嚓

请你 一起 读四 遍　咔嚓 咔嚓 咔嚓 咔嚓 咔嚓 咔嚓 咔嚓 咔嚓

老师把对学生的要求，有节奏地“说”出来，这时学生也会很自然地跟着老师的这种“节奏习惯”说出答案，达成了省时、省力、高效的教学效果，同时培养了学生的节奏感。

教师在表扬鼓励学生时会伸出大拇指说“好”，这时教师可以幽默地问学生：“我用的是几分音符?”答案是二分音符；说“完美”时用的是四分音符；说“非常完美”时用的是八分音符；说“你们真是太棒啦”时，最后有个八分休止符等。总之要利用一切可以利用的课堂时间与空间，引导学生围绕音乐进行学习和探索，让音乐充满整个课堂。

丰富的音乐表现形式会带给学生不一样的音乐享受，听觉的享受、视觉的冲击、动作的参与都会给学生留下深刻的印象。教师在分析音乐作品曲式结构时，可以用直观简单的旋律线区分出乐句与主题；用不同的颜色表现出不同的乐段；用富于变化的动作巧妙地区分引子、尾声、主题、乐句、乐段等音乐结构；还可以用律动形式来表现 B 乐段的两个主题。这些设计既帮助学生理解了音乐，又引领学生展开想象的翅膀，使其尽情地遨游在音乐世界，享受音乐带给他们的艺术之美。

参考文献

[1] 张婴. 义务教育音乐课程标准 [M]. 北京：北京师范大学出版社，2011.

[2] 陈蓉. 音乐教学法教程 [M]. 上海：上海音乐学院出版社，2017.

[3] 杨立梅. 柯达伊音乐教育思想与匈牙利音乐教育 [M]. 上海：上海教育出版社，2004.

[4] 吴跃跃. 新版音乐教学论 [M]. 长沙：湖南文艺出版社，2005.

[5] 吴文漪. 音乐教学新视角 [M]. 北京：人民教育出版社，2013.

[6] 史宁中. 音乐课程与教学论 [M]. 长春：东北师范大学出版社，2006.

音随乐动巧用力　外感内滞皆有度
——浅议力度记号对小学生情感养成的价值与策略

天津大学附属小学　张　慧

摘要：本文以小学生核心素养发展为研究背景，关注小学音乐教学中激活学生音乐情感的可行途径，结合教学实践论述力度记号对音乐情感培养、发展、养成的帮辅作用，解析教学手段运用的策略和方式，挖掘音乐教学中的隐形价值，积极践行“以美育人”的音乐教学愿景。

关键词：力度记号；综合素养；美育教学；途径策略

一、力度记号与儿童音乐学习的内在联系

1. 情感是音乐的“主心骨”

音乐的本质是什么？从不同角度得出的答案也不同，可以肯定的是，音乐中蕴含了极强的人文情感，也正是情感性才能唤起不同群体的喜好，才具备了广谱性。无论是咿呀学语的幼儿还是暮年老人，在音乐的世界里总能找到属于自己的情感需求和慰藉。作为音乐的学习者，小学生是如何挖掘“藏”在音乐中的情感呢？答案就是感同身受地解读和演绎音乐。音乐的创作和表达离不开各种符号的准确记录，受知识能力、文化背景、年龄差异等限制，“记录”情感的音乐并不一定能让学习者直接获取，这才有了“知音难觅”的遗憾。音乐中的各种音乐记号就是探寻音乐情感的必经途径，教师指导学生发现音乐中的音符、拍号、歌词、记号等，解读及演绎情感元素，探寻、学习过程就是情感的研磨和萌动历程，而力度记号恰好就是情感的解码器。小学音乐教学中讲求三维进阶式的发展，也叫三维目标，代表了三个不同的学习阶段和递进。借助巧妙的方法，学会音乐知识和技能，促进情感的吸收和发展，学习过程与音乐创作过程从生成角度看很相似，达到的终极目的也是相同的，可以说，准确表达情感、演绎情感、获得情感收获，是小学音乐教育的核心和本质。

2. 创造是学习的“敲门砖”

音乐创作过程中音乐家完美体验了创造的快乐和收获创作的成就感，作品形成后演唱者、演绎者则会根据每个人的现实情况，经历一次又一次的创新甚至是二次创造性演绎。每个人受音乐能力、音乐知识等限制，并不能完全正确、完美地演绎和理解创作者的意图。从

情感角度来说，每个人是独立存在的，经历的人和事收获的情感也各不相同，无论是专业的音乐人、还是普通人，都会根据自己的自身经历和条件对内容进行改变或重新演绎，在不同的条件环境下，音乐总是在不断地发展和创新，会根据每个人的自身条件做出对应的改变。力度的改变和创造就是每个人找到“我适合”“我喜欢”“我能唱”的开门钥匙。小学生的生理和心理发展是人成长过程中思维最活跃、学习养成的黄金阶段，他们的创造和创新能力总会让成人感到惊艳，以至于教学中老师们都利用通识性的手段“创编歌词”“创编舞蹈”，这些改造的前提就是音乐学习的敲门砖，最终都会内化为音乐能力。

3. 参与是素养的“播种机”

音乐的艺术表现过程及结果有一种“看不见、摸不着”的朦胧感，音乐就是用艺术的方式，借助合理的记号还原出令人愉快的声音。从狭义的角度来看，音乐则是含有不同音阶的节奏、旋律和声音，是有声和无声的交织，有序和无序的交替，力度记号就是明示这些“改变”的直接符号，任何一种和音乐有关的技能形成，比如舞蹈表演、乐器演奏、编曲填词等，都需要合理、科学地运用音乐记号。人在儿童期时左脑比右脑发达。音乐培养了学生愉悦的创造能力，音乐学习对右脑的开发起着重要的作用。越来越多的人认识到音乐学习对孩子成长的重要性，无论是从哪个角度学习、了解、创作音乐，或者使用乐器表现音乐，能看懂或有创造力的使用这些力度记号才是基础。艺术的修养不会受“五音不全”“嗓子沙哑”“笨手笨脚”的限制，我们没有能力改变一个人的先天不足，但是有能力培养一个人的音乐认知和音乐素养，只有参与、了解、运用音乐才能在孩子心中播撒下兴趣的种子。

二、解析力度记号在音乐教学活动中的实际运用

1. 诗词歌赋皆有情

旋律和歌词就像咖啡和牛奶的关系，两者相辅相成，互相成就对方，牛奶的甘甜香醇犹如旋律的优美，甘苦的咖啡则像字字珠玑的歌词，两者互溶互通，喝罢让人唇齿留香。以歌曲为例，歌词在中国的历史上可以追溯至古代的诗歌，配乐的为歌，不配乐的为诗（或词），歌曲在情感抒发、形象塑造上和诗（或词）没有任何区别，但在结构上、节奏上受“音律”的制约。在小学音乐教材上，很多歌曲都有诗歌的特征，都可以把歌曲用诗化的方式教学，让学生感受诗歌的唯美意境。《送别》是一首李叔同早年创作的“学堂乐歌”，表达了和朋友依依不舍的诚挚感情。歌曲的旋律强弱起伏变化较大，最有特点的是歌词保留了古诗词的韵律美。在学唱之前，可组织学生通过吟诵歌词的方式，感受字词韵律的强弱变化、停顿拖音，把歌词与画面意境结合起来。唯美的动态意境画面，合着歌曲的伴奏，闭上眼睛、侧头、含笑轻声吟诵，教师无须过多赘述，学生一定融入送别友人的离别情绪中。吟诵讲求情、气、字、声四大要素，分别是：唤起感情、产生共鸣；呼吸换气自然；读准字音，注意停顿；重音和轻音，这和歌曲的演绎要求是类似的。古诗词不一定要配上音乐成为歌，但是歌词被谱曲后则成为歌曲，但是无论是演唱歌曲还是吟诵诗歌，其中都藏着“韵”，通过音的强弱、声的顿挫、乐器的轻重，表现情感的目的都是一致的，这样的表现才会独具韵味，饱含真情。

2. 师生同乐互传情

教学中老师和学生之间应有互动，这才是一堂有“温度”的课。“不要把孩子当孩子，而你自己要成为不是孩子的孩子。”教师走进学生的情感世界，学生才会乐意学、专注学、好好学。小学音乐教学内容中体现的人文特征是相互合作和活动交互，很多教学内容把表演、游戏、模仿都融合在一起，课堂的张力和活力在内容中得到了体现。我们以一节很有代表性的课为例，《山谷回音真好听》是一首带有科学性的儿童歌曲，其中歌曲注重力度强弱对比，生动描绘了“回声”的音乐形象。教学中我们可以结合渐强渐弱的知识，巧妙设计一个师生互动游戏，模仿声音在山谷间回荡的自然现象。力度记号是教学的知识点，教师和学生之间既要对内容进行表现，也要通过动作模仿、小乐器敲击感受音的高低活动，让学生感知音的强弱变化，通过合理的想象、实践获得对音乐的愉悦体验，激发学习兴趣、主动性和积极性。通过游戏活动，不仅能了解声音的强弱变化，也学习了渐强渐弱。教学中老师和学生不仅借助知识感受学习内容，也让知识成为师生关系最好的传递和呼应；力度不单指知识的表现，更是代表了一个老师对学生情感的表达。学生与老师之间互通来往，深入人心，收获的总是音乐的芳香。

3. 喜怒哀乐学表情

在歌谱中情绪标注总会在显眼的首要位置。音乐情绪也叫作音乐表情，是指音乐对人情绪的要求或者理解为需要诱发的情绪，是音乐价值的外显情感特征。歌曲通常用一些人的情绪词汇来形容，内涵各种情绪，如愉悦、柔和、抒情、激昂、忧伤等，但这只是对音乐情绪笼统的表述。在小学音乐教学中，音乐情绪除了是一种表情要素，更是教师对音乐的落实手段和教学突破口。歌曲《妈妈的心》是一首主题鲜明的儿童歌曲，歌曲以第一人称的方式，借助“妈妈的心”表达了母女二人对祖国相同的情怀。教学中教师通过母女二人身份的表演，模拟出契合歌词意境的情景，像一幕儿童剧一样，通过表情、肢体的变化，流露出的真情会把两个“妈妈”联系在一起，学生感同身受，理解了妈妈歌声里的深情，知道祖国母亲也在关心呵护着每个人。在学生演唱歌曲的时候，很多老师会忽略对学生表情的指导，一首歌曲已经被学生演绎得非常悦耳动听，但是学生的表情却生硬死板，可以肯定，这并不是一次成功的演唱。歌曲只有通过情感的激发，才能让学生对歌曲的风格有更深的理解，唱得有情趣，才能获得更深的审美体验，表情流露就是最好的证明。

三、教师“情”满课堂的策略

1. 教学方式入“情”入“理”

音乐教学离不开教师的组织，无效教学只会增加孩子的排斥与抗拒，音乐学习兴趣荡然无存。首先，教师除了修炼自己的多重能力，也要兼顾学生的本真能力，坚持“以音乐审美为核心”，教学中注重调动学生的眼睛和耳朵，使其紧密结合发挥作用，这是学音乐的手段和途径。教师和学生一起探索感官背后的真理和真相，创造性地关注音律的高低强弱，发现这些变化就是音乐中人心绪和情感的变化；教师创造性地指导学生开展学习，挖掘和触碰节奏、旋律等音乐基本要素。其次,教师在教学中要学会“玩”音乐,抓住学生天性好动的特点,把表演融入教学,增加课堂情趣,无形中提高他们的音乐素养,达到育人目的。教学融入教师的真情实感,学生能体会和感受到老师温暖的“情感池塘”,学生也愿意在这个“池塘”里嬉戏、玩乐,师生之间在音乐这座桥梁上互通来往,才能收到“你来我往、交融互通”的教学效果。

2. 评价过程“情”有所“原”

音乐教学中教师的评价极其重要,一句肯定的话、一瞥赞许的眼神、一抹体谅的温情,都会成为孩子爱上音乐、收获音乐成就感的契机。作为教师我们更应该审视学生的差异性,每个孩子性格不同,对待情感的接受、内化能力也不一样,同样是“师爱”,有的孩子汲取的是动力,而有的孩子则会视为“压力”,教师的情感和评价只有在吃透和了解不同个体的基础上,才会实现“情感走心”的学习实效。情感不通畅,学生吸收不到老师教授内容中的情感,情感就会演变成“情债”。负面情绪和性格都是阻碍自主学习的绊脚石,不能单一地用一句“真好、真棒”概括,当学生达到一定的学习效果时,老师应多给一些开放的评价语,如“你完全有能力演唱好”“你就是优秀的歌唱家”等。重视学生自豪感、成就感的培养,他们才有更多进行音乐创造的空间。

3. 美育考量怡“情”养“性”

单纯的音乐教育强调基础知识和技术的操作训练,甚至有的老师认为对音乐理论的系统讲授,就是音乐学习的基础,这些方式对小学音乐教学都是一种缺憾。小学生对音乐的接触面、音律的悟性、自身身体条件各不相同,更重要的是,小学生在此阶段中无论是身体还是心理都是高速发展期,用过于机械死板、毫无生机的方式对待如歌如泣的“美”,对待生龙活虎的生命体,其本身就是教育的弊端和失败。教师的音乐教学观要上升到美育的高度,追求“情感洗礼、情绪宣泄”的教学氛围,从音乐审美中获得精神愉悦及满足,培养学生具有完善的个性,从生命个体的自然规律来考量教学的意义,提升生命认知。我们需要时常提问自己,对学生的认识是否尊重生命的本真,我们是否具有细致的教育感受、深入的体验和直面教育真相的勇气呢?不断研思、自省、自视、自悟,音乐才会成为美育最重要的版块。

四. 结束语

音乐是情感的艺术,音乐中力度的起伏变化,代表了音乐赋予人类最丰富的情感和表达。老师和学生的愉悦情感也是相互的,和颜悦色、快乐的笑容让人感到舒畅、亲切,冷若冰霜、怒目而视堆砌起的只会是围墙。和孩子在一起学音乐,寻找快乐的成本很低,一个微笑、一个抚摸、一句鼓励都能收到满满的幸福和快乐。音乐伴随阳光生长出的音乐之花,从内到外、从小到大伴其一生,这就是音乐之美、教育之美。

参考文献

[1] 徐晓妹. 小学音乐教育应把握儿童心理发展 [D]. 大连:辽宁师范大学,2010.
[2] 何芳. 小学音乐教育与儿童良好性格培养的研究 [D]. 长春:东北师范大学,2005.
[3] 王越. 论发展我国小学音乐教育中的个性化音乐修养 [D]. 北京:中央音乐学院,2014.
[4] 柴森. 新课标下小学音乐课堂教学的思考与探索 [D]. 保定:河北大学,2014.

体育教学中普及街舞课程的可行性研究

天津大学附属小学 樊 燕

摘要：本文是对天津市8所中小学的160名学生进行了有关街舞的问卷调查后的分析总结，通过访谈法、调查法、文献资料法、数据统计等方法，具体分析了街舞的功能与作用，以及开展街舞运动的可行性分析。结果表明，街舞运动对提高学生身体素质，愉悦心理有着重要的作用。可采用街舞素拓课、社团活动、街舞角、高水平运动队等4种形式开展街舞运动。为中小学普及街舞运动提供理论参考和依据。

关键词：街舞运动；街舞教学；中小学生

一、问题的提出

目前在中小学体育课中，学生对体育课的教学内容兴趣不高，常处于被动上课的状态。据调查统计，63.1%的同学认为体育课教学内容比较枯燥，没有趣味性。在大力提倡素质教育的今天，学校的教学体系不断完善，传统的体育教学内容已不能满足学生日新月异的新思潮。近几年流行的一项新兴的体育项目深受大众的喜爱，它就是街舞运动。街舞运动源自美国街头舞蹈，动作即兴发挥，属于美国民间舞蹈，20世纪80年代于美国纽约的布鲁克林区开始兴起，随着项目的发展逐步被我国广大爱好者接受并被推广。当今，越来越多的年轻人热爱街舞，开始接触并参与街舞运动，而主流人群就是在校学生。学生是社会流行文化的前沿人群，他们思想观念新颖，善于追求时尚，接受新事物的能力也较强。Hip Hop文化和街舞的诸多健身娱乐功能，正符合青年学生的性格特点。

本研究随机选取了天津市部分中小学的160名学生作为问卷调查对象，统计结果显示，其中91.25%的学生表示对街舞运动并不陌生，有57.5%的学生甚至参与过街舞运动，这也从侧面反映出当今学生对街舞这项运动的热衷度较高。

二、研究对象与方法

1. 研究对象

研究对象主要来自天津大学附属小学、第九中学、蔡台小学、水上小学、智力中学、勤敏小学、河西中心小学（东湖分校区）、河西中心小学宾西路小学8所天津市中小学校的160名学生。

2. 研究方法

（1）问卷调查法

以天津市 8 所中小学共 160 名学生为调查对象，通过问卷调查的形式对学生进行街舞相关问题的调查。本调查共计发放问卷 160 份，全部收回，回收率 100%，有效问卷 160 份，有效率 100%。

（2）文献资料法

通过检索中国知网，查阅近年来与本研究相关的文章和资料，为本研究的开展提供了充足的素材，奠定了理论基础。

（3）数理统计法

运用 EXCEL 软件对调查问卷中的相关数据进行统计和分析，为该研究的论点提供科学准确的数据支撑。

（4）访问调查法

为使研究更全面，研究人员在研究过程中走访了学校有关教师、管理人员，以及在中小学中有街舞运动经历的学生。

三、结果与分析

1. 对街舞认知程度的调查

表 1 是关于中小学生对街舞认知度的调查结果。通过对天津市 8 所中小学校的 160 名学生进行的随机问卷调查，显示出 91.25% 的学生了解街舞运动。其中，在这些被调查的学生当中有 90 多人参加过该项运动，占被调查总数的 57.5%。表 1 的调查结果说明这项运动在天津市中小学学生中具有较高的普及度。

表 1　学生对街舞的认知情况

了解程度	不了解	一般了解	很了解
人数	14	121	25
百分比（%）	8.7	75.6	15.6

由表 1 可看出，有 75.6% 的学生对街舞“一般了解”，有 15.6% 的学生“很了解”，有 8.7% 的学生不了解。表中数据表明街舞运动已经被学生接受。即将在中小学校园举办的各类型全国学生街舞挑战赛说明媒体和商家也意识到学生是中国街舞运动的主流人群。

2. 对街舞功能及作用的调查

在大街小巷、校园里随处都有街舞的身影，甚至在许多大小舞台上也常能见到街舞的表演，说明这项运动已经有了广泛的群众基础。街舞之所以在短时间内能够占据学生的心，不仅因为它的流行与前卫，能带给人愉悦和释放自我的激情，更是因为其能够给人体带来可观的运动价值。

表 2 街舞的健身功能

健身功能	提高身体素质	塑造形体	愉悦身心
人数	100	66	57
百分比 （%）	72.0	47.5	41.5

从表 2 可以看到，72% 的中小学生都能认识到街舞的健身价值，这也侧面反映了当今大众的健康意识愈来愈突出。

（1）街舞运动对提高身体素质的作用

街舞是一项有氧运动，系统的街舞练习可改善人体内脏器官的功能，增强心肺机能，促进新陈代谢，从而增强体质。街舞动作的创编虽然是以流行舞蹈的动作为素材，但也能使身体的多个部位得到充分的锻炼。街舞运动在系统的学习过程中，运动强度适中，运动量也较为充分，因此在祛脂减肥方面效果显著。

此外，若经常进行街舞运动，也能够使肌肉、骨骼等人体组织得到全方位的发展，从而形成正确的体态和健美的体型。街舞涉及的肌体动作夸张，爆发力强，同时运动身体多个部位，提高小关节的灵活性，促进小肌肉群的协调控制力。经常进行街舞锻炼，可使肌纤维变粗且坚韧有力，提高耐力和力量素质。

街舞运动可以提高锻炼者的协调性。由于街舞动作变换丰富，多数动作需要身体各个部分相互配合，节奏变化多样，很多动作还会出现在音乐的弱拍上，因此，经常练习街舞对提高练习者的协调性效果显著。

（2）街舞运动对愉悦心理的作用

街舞是在欢快、热烈、节奏感强的音乐伴奏下进行练习的运动，对心理的调节和缓解作用主要表现在舞者对音乐内涵的诠释过程中。街舞运动没有规定的肢体动作，练习者可以即兴发挥，在创作过程中，表现空间得以拓宽，个人风格得到充分展示，个人情感得以抒发。街舞运动充满了趣味性、丰富性以及随意性，在有氧运动中练习者的精神得到极大的放松，因而能起到愉悦心理，调节练习者心理状态的作用。

（3）街舞的娱乐和社会价值

街舞以其动感的节奏，变换多样的风格，非常符合年轻人追求个性和时尚的需要，同时街舞以其崇尚舞者的个性特点，吸引着年轻充满朝气的学生，使他们的生活更加丰富多彩。

街舞练习多以群体训练形式为主，为街舞爱好者提供了一个交友的平台，年轻的街舞爱好者既可以通过这个平台提高自己的舞技，又可以在切磋舞技的同时交流情感。每年一度的全国电视街舞大赛的举行就为全国优秀舞者提供了一个良好的交流平台，各地舞者通过刻苦练习最终走上舞台展示自己、表现自己，抒发自己的感情，既愉悦了舞者本身，又愉悦了观众，可见街舞是一项极具观赏性、娱乐性的体育项目。

3. 开展街舞运动可行性的调查

对街舞运动在中小学校可行性的调查中，有 89.4% 的学生认为应该开设街舞课，其原因各有不同。

(1)学生对街舞运动的学习兴趣

表3 可行性原因

可行原因	人数	百分比(%)
深受广学生的喜爱	77	53.9
对人体有较高的锻炼价值	41	28.7
丰富中小学校园生活,提高主动锻炼的兴趣	106	71.1
锻炼意志品质,提高团队凝聚力	41	28.7

表3表明,有71.1%的学生认为街舞的可行性在于它丰富了校园体育文化,提高了学生积极参与锻炼的兴趣。这一点反映了学生的主观愿望,说明学生渴望学习时尚动感的街舞运动。有53.9%的学生认为街舞深受广大青年学生的喜爱,说明街舞的活力与张扬叩击了多数年轻人的心。在大力倡导素质教育的今天,中小学的体育教学更应从学生的兴趣出发,及时吸纳健康、时尚且适应学生兴趣爱好的健身运动,这样体育健康教育工作才能够蓬勃地开展。如果学生对体育锻炼失去了兴趣,即使教学方法非常科学,恐怕也只会事倍功半。因此,教学内容的选择至关重要。街舞运动既具有健身的功能,又恰恰迎合了学生青春、富有活力和激情的特点,因此,经常参与街舞活动既可以满足学生的精神需求又可以提升学生体质健康水平。

(2)街舞教师的现状与分析

教师是开展街舞教学的重要环节,教师的专业水平也影响着中小学街舞课的顺利开展。通过调查得知,8所院校中仅有一所学校有专业的街舞教师教授街舞,其余的街舞教师多为健美操教师兼任,说明天津市从事街舞教学的教师非常缺乏。这种现状不利于中小学普及街舞运动。

(3)场地与器械

有很多运动项目对场地及器材有较高要求,而街舞这项运动却很大程度上不受场地及器械的限制,任何一块空地都可以成为街舞练习的空间,因此,街舞运动对场地与器械的要求简单而容易达到,易于在中小学开展和普及。

4. 对街舞运动形式的调查

表4 街舞运动形式

运动形式	广场自由结合	健身房跳操	上课	社区活动	参加培训
人数	18	28	38	13	40
百分比(%)	19.6	43.5	41.3	14.2	30.4

由表4可以看出,有43.5%的学生通过“健身房跳操”的形式参加街舞运动,以这种形

式参与街舞运动的优势在于参与者能根据自己的兴趣、时间等因素灵活选择,该形式自由而且随意,不同年龄、不同性别的爱好者可以齐聚一堂,因此有着较为广泛的受众面。但这种形式的不足之处在于参与群体不固定,参与者水平参差不齐,无法根据练习者的水平进行有针对性的练习,练习进度无法统一,练习水平难以得到有效提高,其健身和愉悦身心的作用更为突出。

表 4 显示,以“上课”这种形式参加街舞活动的学生比例也较大,占 41.3%,“上课”的形式相对“健身房跳操”而言,在教学上较为严谨。可见一些中小学教师已经有意识将街舞带入课堂,但只是借助健美操课加入街舞教学内容。如果不能把它以课的形式进行规范教学,学生对街舞的接触只能是零散而随意的,不利于街舞运动的普及与发展。

还有 30.4% 学生通过“参加培训”的形式学习街舞。这种形式针对性更强,对有较强渴望学习街舞的学生,这种形式的教学较严谨,有一定的教学计划,学习循序渐进,稳步提高,能够达到理想的学习效果。但费用较高,仅部分有条件的学生能够参与。

另外还有 19.6% 的学生通过“广场自由结合”的形式参加街舞练习。这种形式门槛较低,只要有足够的热情,大多数的学生都可以参与,只需一台播放机,无论在哪里都可以参与。这种形式较容易拉近练习者和观望者之间的距离,在轻松愉快的氛围中也加强了学生之间的交流沟通。但这种学习形式容易受天气因素影响。

以上这 4 种学习街舞运动的形式各有利弊,如果能够在中小学利用体育课的平台开展街舞运动,将会满足学生兴趣爱好,那么街舞运动应以何种形式在中小学开展呢?针对这个问题笔者又进行了有关中小学开展街舞运动形式的调查。

5. 对中小学校开展街舞运动形式的调查分析

表 5 中小学开展街舞运动形式

形式	社团活动	“街舞”角	选修课	高水平运动队
人数	45	20	61	34
百分比(%)	28.2	12.5	38.2	21.3

通过调查分析,目前中小学开展街舞的运动形式主要有选修课、社团活动、“街舞角”高水平运动队等 4 种形式。

(1)社团活动

由表 5 可以看出,以社团为组织形式受众面广,且比较经济,适合在中小学校园内推广。从学校行政角度考虑,社团形式是团委鼓励和支持的,学校场馆等硬件设施也都比较齐全,因此对于项目的开展具有良好的保障。但由于是学生组织,所以需要校方加强监管和引导。在师资问题上可灵活掌握,采取多种手段,例如,可以充分发挥学生之间的“传帮带”作用,互相学习,共同提高,也可以与俱乐部合作共同开发街舞课程等。

(2)选修课

在修读完成体育必修课程之外,学生可按照自己的性格、爱好等条件选择这一运动项目进行专业训练，全面提高自己的运动水平。由于课外的选修课都是学生根据兴趣自行选择的，所以学生在学习中也会非常投入，学习效果必将大大提升。从规范性上来讲，课堂教学更加严谨，管理更加严密，学习效果有较好的保证，但师资问题是该形式需要考虑的重要问题。

（3）“街舞角”

“街舞角”这种形式是学生发起并组织的集体活动。街舞一般以“party”（派对）的形式出现。这种形式给街舞爱好者们搭建起了一个充分展示自我的交流平台，爱好者们在这里可以互相切磋，互相学习，增进交流。但“街舞角”的开放性很大，参与者不仅仅局限于校内的学生，也有可能有外来人员的参与，所以它的组织和管理需要格外重视。

（4）高水平运动队

高水平运动队通常是由专业的特长生组成的，他们的技术水平相对较高，有实力作为学校代表队参加比赛，为学校争得荣誉。这种形式对街舞运动的发展有良好的推动作用，但目前街舞项目在我国还处于起步的阶段，还没有获批成为我国的正式体育项目，因此街舞项目的开展需要校方的大力支持。

四、结论与建议

1. 结论

①天津市 8 所中小学学生对街舞有一定的了解，渴望学习时尚动感的街舞，希望学校开展街舞教学。

②街舞运动对提高身体素质，愉悦心理有着重要作用。

③天津市从事街舞教学的教师非常缺乏，这种现状不利于中小学普及街舞运动。

④街舞运动不受场地限制，有利于街舞运动的普及。

⑤目前中小学开展街舞运动的形式可以采用选修课、社团活动、“街舞角”、高水平专业队这 4 种形式。

2. 建议

（1）社团活动与“街舞角”结合

街舞 party 能够有效激发学生的学习兴趣，而社团活动可以满足学生的学习要求，因此将两种形式结合起来，有利于街舞运动在中小学的开展和普及。

（2）选修课与高水平运动队结合

街舞爱好者能够通过选修课的形式系统专业地学习相关街舞知识，掌握街舞基本动作和基本技能。有了一定的群众基础后，学校可选拔技术水平较高的练习者组建运动队，进行进一步的强化训练，还可参加比赛或表演。这种结合形式可以规范街舞教学内容，提高街舞表演水平。

参考文献

[1] 彭长一. 现代美学在体育教学中的运用 [J]. 体育科研，1996（3）：42-45.
[2] 丁南. 体育教学中应注意培养学生健康的形体 [J]. 体育科研，1998，1（2）：48-50.
[3] 李建桥. 体育教学中的健康教育 [J]. 中小学教育，2011（10）：40-41.
[4] 王俊. 谈街舞在体育教学中的作用 [J]. 甘肃教育，2014（16）：74.

依托高校资源开发特色课程的实践探索

——天津市普通高校跆拳道社团课的现状

天津大学附属小学 胡云波 刘 智

摘要:本文主要通过随机抽查天津市18所高校跆拳道社团的开展情况,了解天津市学校跆拳道的总体情况。提出相应的结论如下。①天津商业大学和天津美术学院两所学校还没有开通跆拳道社团;其中感兴趣者中男生数量多于女生;21岁学生选择跆拳道社团课的人数是最多的。②跆拳道教学内容选择主要是实战技术和套路,难度有所降低。③天津大学、南开大学、天津理工大学、天津师范大学、天津体育学院5所高校具备室内跆拳道练习室,练习设施完善。④各校师生对本校跆拳道社团发展的建议是完善本校场地设施。参考建议:①严格限定跆拳道社团的招生数量,以保证学生练习的质量;②建立大学跆拳道社团联盟,定期组织表演赛,既能起到宣传作用,又能起到检验学生学习效果的作用。

关键词:天津市;普通高校;跆拳道社团课;现状调查

跆拳道项目作为一项奥运会新兴项目,经过不断的推广宣传以及自身存在的竞技、健身、娱乐等特点,深受社会群众的普遍欢迎。跆拳道项目按照其竞技能力的主导因素划分属于技能主导类格斗对抗型项目,需要练习者具备较好的柔韧性、较强的核心稳定性、良好的身体素质、快速爆发力等能力。跆拳道不仅可以提高学生的身体素质,而且更重要的是能够防身。

王思乐在《安徽省大学生跆拳道训练现状及对策研究》一文中认为,高校跆拳道项目器材的短缺、授课内容不能满足学生的需求以及认知的片面性是跆拳道项目向前发展的限制因素。齐利海在他的毕业论文《天津市普通高校跆拳道开展现状调查研究》中提到普通高校在选择跆拳道教材时应该根据本校学生的实际情况,通过不同的渠道让学生对跆拳道有不同的认识;跆拳道不仅仅只是一项技术,在帮助学生增强身体素质的同时更应该强调文化的重要性;跆拳道场馆、器材的维护与更新应该加大力度,并且可以定期开展跆拳道讲座,帮助学生深入体会跆拳道的文化精髓。

本文主要通过研究天津市18所普通高校跆拳道社团课的现状,了解在普通高校推广跆拳道项目的瓶颈及促进各校跆拳道社团发展的因素。通过理论与数据的分析,得出可供参考的建议,为普通高校跆拳道社团的发展注入新力量。

一、研究对象与研究方法

1. 研究对象

本文选择天津市综合、理工、财经、师范、医药、语言、农林、体育、艺术类18所高校跆拳道社团学生为主要研究对象。

2. 研究方法

（1）文献资料法

笔者通过网络查阅中国知网（CNKI）搜索与高校跆拳道社团相关的文献，了解高校跆拳道社团的发展现状及存在的问题，针对发现的问题，提出相应的参考建议。

（2）问卷调查法

笔者针对本论文的研究目的设计了《对天津市普通高校跆拳道社团课的现状调查》教师问卷和学生问卷，通过问卷的形式调查高校跆拳道社团课现状，为了保证所得数据真实有效，本问卷采用现场发放、回收的形式。并对所收集的文献资料以及数理统计的结果进行科学汇总和严密分析，得出相关研究结果。

二、结果与分析

1. 各普通高校跆拳道社团课基本情况分析

（1）社团学生数量分析

天津市18所高校跆拳道社团招生人数见表1。

表1 天津市18所高校跆拳道社团招生人数

学校名称	跆拳道社团招生人数
天津大学	50人
天津职业大学	50人
南开大学	45人
中国民航大学	45人
天津大学仁爱学院	40人
天津科技大学	40人
天津工业大学	40人
河北工业大学	40人
天津理工大学	40人
天津农业大学	35人
天津财经大学	30人
天津师范大学	30人
天津医科大学	30人

续表

学校名称	跆拳道社团招生人数
天津中医药大学	30 人
天津外国语大学	30 人
天津体育学院	30 人
天津商业大学	0 人
天津美术学院	0 人

根据表 1 数据可以看出，在各类高校中，跆拳道社团招生人数基本上是在 30~50 人，各高校场地设施、学生情况各不相同，因此呈现出社团招生人数不同的现象。其中引人注意的是天津商业大学和天津美术学院两所院校没有跆拳道社团，通过调查了解到两所院校主要是受到场地的限制以及没有相关专业的体育教师的影响。

社团活动的开展是建立在学生兴趣的基础上，对于学生自身感兴趣的内容更能够激发学生学习的动机，因此这两所高校可以引进相关学生的青年教师，开展学生跆拳道社团活动。

（2）学生性别分析

高校跆拳道社团中学生性别统计见图 1。

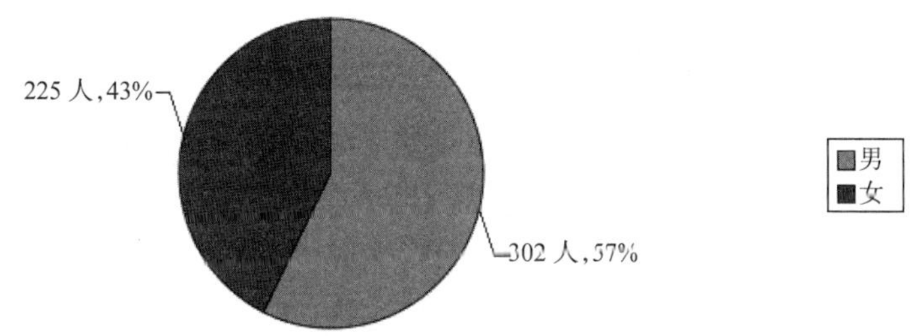

图 1　高校跆拳道社团学生性别统计（n=527）

根据图 1 所示，被抽查的学生中，有 57% 是男生，43% 是女生。从数据对比可以看出天津市 18 所高校中被随机抽查的跆拳道社团中男生数量要高于女生的数量，主要是由于男生更喜欢具有挑战性、对抗性较强的项目，而一部分女生由于在青春期后变得不喜欢剧烈运动，并且大多数女生都不太喜欢对抗性较强的项目，因此由于生理和心理等因素造成了男生人数要比女生人数多。

针对男女生的生理和心理差异，可以采取分班授课的形式，根据女生的兴趣教授一些防卫自身安全的技术动作，针对男生的兴趣设计一些格斗类、表演类等具备一些对抗和中低难度的技术练习，满足不同性别学生的需求。

各高校跆拳道社团学生年龄调查图见图 2。由图 2 可知，天津市 18 所被抽查的高校跆拳道社团中，年龄为 19 岁学生的人数百分比是 32%。通过对比可以发现，加入高校跆拳道社团的学生中二年级学生占据的比重是最大的，这部分学生经过一年级的忙碌和适应后，更加明确如何规划自己的课余生活，通过练习跆拳道这项在高校中新兴的体育项目，能愉悦身心，增强自身体质，并且通过体育活动这样一个平台增加交友的机会。一年级学生则是对新鲜事物勇于尝试，通过参与社团活动，结交具有共同爱好的朋友；三年级学生则由于课业安排、备考研究生、毕业设计等影响，选择参与社团活动的人数少于一年级和二年级。

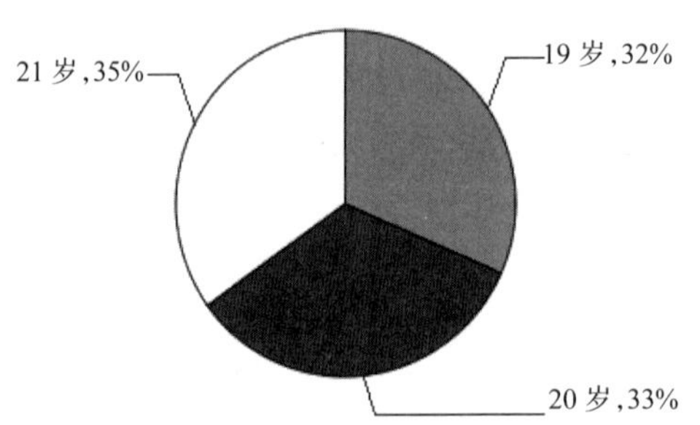

图 2 高校跆拳道社团学生年龄调查 （n=527）

高校学生学习跆拳道时间调查图见图 3。根据图 3 可知，普通高校跆拳道社团学生学习跆拳道的人数中，初学者的人数百分比是 37%，学习跆拳道 1~3 个月的人数百分比是 28%，学习跆拳道 4~6 个月的人数百分比是 20%，学习跆拳道 6 个月至 1 年的人数百分比是 10%，学习跆拳道 1 年以上的人数百分比是 5%。

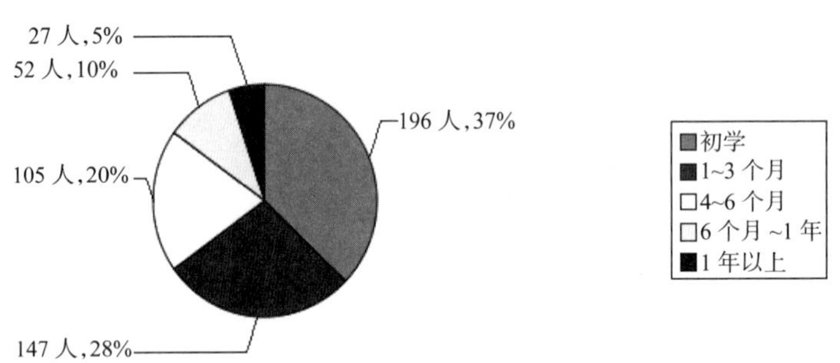

图 3 高校学生学习跆拳道时间调查 （n=527）

（3）教师队伍分析

教师承载着教书育人的重任，而作为一名体育教师，不仅要帮助学生提高身体素质，养成锻炼的习惯，还要用体育精神影响学生的成长，通过体育锻炼的方式达到教育的目的。高校体育教师也要向着能科研、能训练的方向发展，以保证学生的学习质量。

高校教师队伍分析表见表 2。

表 2 高校教师队伍分析（n=34）

分类	男教师	女教师	专业教师	非专业教师
人数（人）	27	7	18	16
百分比（%）	79%	21%	53%	47%

通过表 2 数据显示，天津市随机被抽查的 18 所高校中，男教师的数量占总人数的 79%；女教师的数量占总人数的 21%；其中跆拳道专业教师数量占总人数的 53%；非跆拳道专业教师的数量占总人数的 47%。即使在跆拳道专业教师中也有部分老师并不是跆拳道专业毕业，而是通过后期的函授学习或是自主学习等方式成为跆拳道专业教师的。因为学校跆拳道社团发展的需要，一些非跆拳道专业的体育教师充当了跆拳道社团课的任课教师。

高校教师年龄分析表见表 3。根据表 3 数据可知，天津市 18 所高校中跆拳道教师的年龄在 31~40 岁的人数占总人数的 41%；41~50 岁教师人数占总人数的 15%；50 岁以上的教师人数最少，只占总人数的 9%。

表 3　高校教师年龄分析（*n*=34）

年龄	30 岁以下	31~40 岁	41~50 岁	50 岁以上
人数（人）	12	14	5	3
百分比（%）	35%	41%	15%	9%

由此看来，跆拳道教师大多数处于青年阶段，出现这一情况的原因可能一方面是由于我国开展跆拳道项目的时间较短，还没有形成完整的培养高学历教练员的体系，才会出现教师队伍中以青年人为主的现象；另一方面，由于一些跆拳道教师执教时间较短，从其他体育项目转型为跆拳道项目的教师的教学水平和经验还需要进一步提升。青年教师应该多向经验丰富的老教师请教，还应该经常参加一些与跆拳道相关的知识和技能的培训，争取在增强自身实力的同时，提高自身的综合能力。

50 岁以上跆拳道教师的人数百分比是 9%，出现这一状况的原因是有些高校的跆拳道教师是由武术教师转型为跆拳道教师的，他们的教龄较长，有丰富的教学经验。

教师是跆拳道教学课程的设计者、监督者和管理者，教师的学历、教学态度、归纳知识的能力将会影响学生的学习质量以及跆拳道项目的推广和普及。高校教师学历调查情况见表 4。

表 4　高校教师学历调查　（*n*=34）

学历	中专	大专	大学本科	硕士研究生	博士研究生
人数（人）	0	2	24	8	0
百分比（%）	0	6%	70%	24%	0

高校对教师的学历要求比较高，由于工作需要，大学本科学历和大专学历都需要教师继续考取硕士研究生，以满足科研与授课的需要。因此高校教师水平参差不齐，也会成为限制本校跆拳道项目发展的限制因素。高校教师职称情况见表 5。

表 5 高校教师职称情况（n=34）

职称	助教	讲师	副教授	教授
人数（人）	14	11	9	0
百分比（%）	41%	32%	26%	0

2. 跆拳道社团课授课情况的调查分析

（1）课时数安排

高校跆拳道社团课每周课时数见表 6。

表 6 高校跆拳道社团课每周课时数（n=527）

课次安排（次）	1	2	3
人数（人）	378	146	0
百分比（%）	72%	28%	0

高校跆拳道社团课的课时数主要是根据本校主要教学科目的课时安排进行排课的，社团课的开展以不影响学生正常上课和生活为主。各校跆拳道社团的招生人数是影响本校跆拳道社团课时数的另一影响因素。根据表 6 的数据可知，高校中跆拳道社团课安排每周一节课的百分比是 72%；安排每周两次课的百分比是 28%。

安排课时数较少，会造成技术练习达不到预期的累积效应，这就需要教师布置课后作业，帮助学生巩固在课上学习的技术，以达到训练效果的累积。

（2）开课情况分析

高校跆拳道社团开课情况统计见表 7。观察表 7 数据可知，各高校跆拳道社团课的开课情况还是比较乐观的，能够准时开课的情况占 65.8%。跆拳道课属于技术科课，一项技术的形成，需要大量的重复练习，通过不断刺激神经和肌肉达到动作的自动化，以确保练习者可以熟练地运用技术。社团课能否按时开课，不仅影响着训练效应的累积，同时也影响着学生学习的积极性。因此高校应该尽量排除外界环境的干扰，例如场地、天气、设施等的影响，根据实际情况中存在的问题设计相应的应对措施，以保障课程按时开展。

表 7 高校跆拳道社团开课情况统计（n=527）

开课情况	人数（人）	百分比（%）
能够准时开课	347	65.8%
不能准时开课	175	33.2%
其他	5	0.9%

（3）教学内容的选择

跆拳道课程设计见图 4。根据图 4 可知，跆拳道课程的内容主要由套路、实战技术、功力、表演、礼仪或理论知识、品势舞六部分组成，通过对学生的调查得知，各高校跆拳道社团课的授课内容中教授套路的百分比是20%；教授实战技术的百分比是30%；教授功力的百分比是17%；教授表演内容的是19%。

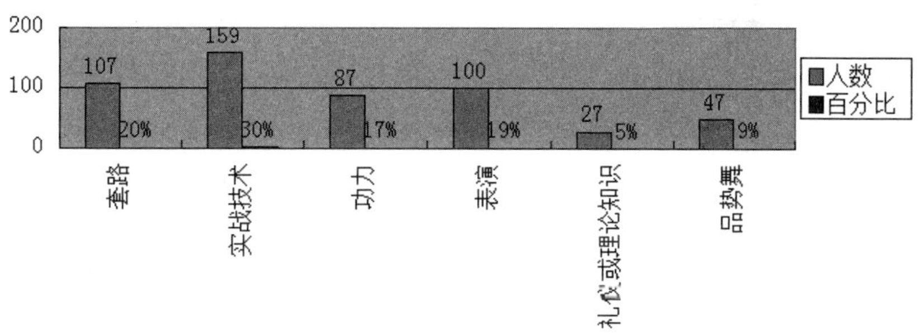

图4　跆拳道课程教学内容设计（n=527）

教学内容的选择主要是根据各高校的实际教学条件和师资力量设计的，此外在开课后教师会根据学生的资质和学生对教学内容的掌握情况适当地调整教学内容。

（4）场地、器材情况分析

高校跆拳道场地调查情况见图5。根据图5可知，天津市被随机抽查的18所高校中有5所学校有专门的跆拳道室内练习场地，这5所学校是天津大学、南开大学、天津工业大学、天津师范大学、天津体育学院，这5所高校跆拳道馆内场地和训练条件都比较好。其余的11所高校都没有专门的跆拳道馆，需要在综合馆或其他场地进行教学。

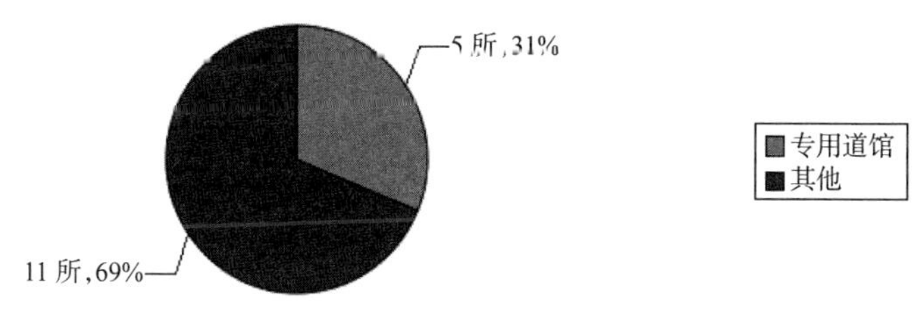

图5　高校跆拳道场地调查　（n=16）

表8　场地设施调查　（n=527）

能否满足训练需求	人数（人）	百分比（%）
基本能满足	195	37%
不能满足	332	63%

根据表8数据可知，高校中的跆拳道设施基本能够满足训练需求的百分比是37%。根据调查发现，跆拳道课对本校学生的着装要求是不同的，有些学校有跆拳道协会，管理协会的是本校的学生，那么本校的跆拳道课就会要求学生着跆拳道服上课。而其他没有

跆拳道协会的高校在上课时对学生的着装要求是着运动装即可。具体的活动时间和场地会在上课前一天通知社团学生，每节课程时间大约在一个半小时到两个小时之间。例如体育院校跆拳道课是本校段位较高的学生帮助老师授课，在课上可以指导到每一位学生。

3. 学生学习跆拳道现状的分析

（1）对跆拳道的需求分析

学生对待跆拳道社团课的态度见表9。根据表9数据可知，普通高校学生对本校开展跆拳道社团课的态度分别是：选择“强身健体”的百分比是29%，选择“其他”的百分比是23%。根据选项来看，高校学生对于社团课的选择具有很强的目的性，跆拳道不仅可以锻炼自身体质，而且还能起到防卫等作用；跆拳道文化内涵丰富，讲求“仁、义、礼、智、信”等品质，技术练习处于金字塔的最底层；跆拳道的段位考试则代表了专业跆拳道练习者的技术能力和参赛水平，通过参加考试，激励学生继续拼搏，创造出更加优秀的运动成绩；运动员通过参加体育比赛与社会发生联系，检测自身的技术水平以及训练方法是否科学；选择“其他”选项的学生有的是因为需要用一种方式释放自身压力，有的是选择通过跆拳道作为一个交友平台，还有一些学生是为了跟风选择了跆拳道社团。针对这部分学生，教师应该要注意引导他们建立正确的行为动机。

表9　学生对待跆拳道社团课的态度（n=527）

需求	强身健体	非常喜欢跆拳道文化	升级考段位	为了参加比赛	其他
人数	154	139	87	27	100
百分比(%)	29%	26%	17%	5%	23%

（2）练习的动机分析

各高校师生对本校跆拳道社团发展的建议见表10。根据表10数据可知，天津市18所高校师生对本校跆拳道社团发展提出的建议及所占百分比分别为，增加资金投入的人数占12%，场地设施完善的人数占35%，加强宣传力度的人数占16%，增加课次的人数占13%，开展校际跆拳道活动的人数占18%，其他的人数占6%。

表10　各高校师生对本校跆拳道社团发展的建议

建议	增加资金投入	完善场地设施	加强宣传力度	增加课次	开展校际跆拳道活动	其他
人数	65	198	89	74	100	33
百分比(%)	12%	35%	16%	13%	18%	6%

高校跆拳道社团活动的开展除了需要校方的大力支持外，课程设计及实施的主导

者——教师，也是必不可少的重要因素。学校应大力引进高水平运动员或是教练员助力本校跆拳道项目的发展，应该为社团注入一些建设基金，可以使社团管理者定期地更换一批损坏的护具或是器械。此外，校方可以利用开学典礼和毕业典礼的展示平台，展示本校的跆拳道项目，为跆拳道项目做宣传，使本校的跆拳道活动受到院系学生更广泛的关注。

三、结论与建议

1. 结论

天津商业大学和天津美术学院两所学校没有跆拳道社团；社团招生人数大约为 30~50 人，其中男生数量多于女生；年龄在 21 岁的学生选择跆拳道社团课的人数最多；学生练习和训练的时间在 2~4 个月之间。各高校的社团课基本上为每周 1~2 节，每次课的时间为 90~120 分钟；每周的训练课基本都能准时开课，上课状况良好。

老师性别比例失衡；高校的跆拳道教师基本上都是青年教师；学历结构基本上是本科学历和研究生学历为主；26% 的教师是副教授；教学内容的选择主要是实战技术和套路为主，难度有所降低。

天津大学、南开大学、天津理工大学、天津师范大学、天津体育学院 5 所高校具备室内专用跆拳道练习室，设施完善。

学生学习跆拳道还可以结交一些新的朋友；而且对跆拳道课的态度是发自内心的喜欢，而且具有很强的实用性；各校师生对本校跆拳道社团发展的建议是完善本校场地设施。

2. 建议

严格限定跆拳道社团的招生数量，以保证学生练习的质量。建立大学跆拳道社团联盟。定期组织表演赛，既能起到宣传作用又能起到检验学生学习效果的作用。

参考文献

[1] 王思乐. 安徽省大学生跆拳道训练现状及对策研究 [J]. 赤峰学院学报，2014(10)：169-170.

[2] 齐力海. 天津市普通高校跆拳道开展现状调查研究 [D]. 石家庄：河北师范大学，2011.

[3] 曹义. 河北省高校体育院、系跆拳道开展现状与调查分析 [D]. 石家庄：河北师范大学，2011.

[4] 崔楠. 跆拳道社团对南京市民办高校大学生生活方式的影响研究 [J]. 运动，2012(9)：71-82.

[5] 张玉强，江喜平，刘同众. 普通高校跆拳道社团发展现状实证研究 [J]. 通化师范学院学报，2012(8)：68-70.

[6] 崔民基. 跆拳道在中韩两国部分中学的发展现状比较研究 [D]. 长沙：湖南师范大学，2014.

[7] 吕途. 高校跆拳道社团运作方式及探讨 [J]. 时代教育,2013(7):239.
[8] 孙丽. 新疆高校开展跆拳道运动现状研究 [J]. 山西师大体育学院学报研究生论文专刊,2008(23):97-98.
[9] 廖奕德. 普通高校跆拳道与武术开展现状分析 [J]. 科技信息,2008(2):176-177.
[10] 苏跃金,颜宁生. 高校跆拳道项目发展模式的 AHP 数学模型 [J]. 赤峰学院学报,2011,27(8):119-121.

新冠无情　育人却有情

——疫情防控下小学《道德与法治》教学的育人策略

天津市静海区第十三小学　陈连江

摘要：在举国上下全面抗击疫情的社会背景下，《道德与法治》课（以下简称“德法课”）教师应该积极地利用这一契机对学生进行道德教育。在教学过程中将新冠疫情的现状和德法课程的内容进行有效整合，积极开展抗疫正能量社会资源的筛选和应用，着重加强对学生的生命健康教育、保护环境教育、爱国主义教育、社会责任教育、传统美德教育，充分发挥德法课育人功能，把课堂教学延伸到家庭和社会，在生活中、实践中、活动中、体验中提高学生的思想道德认识，帮助学生树立正确的人生观和价值观，使得学生思想道德品质获得全面、健康的发展。

关键词：疫情；道德与法治；有效整合；延伸

2020年初，一种传染性极强的新型冠状病毒在湖北武汉快速传播，继而造成疫情肆虐全国，我国进入了抗击新冠肺炎疫情的关键时期，我国面临着巨大的挑战，这也是对国家治理能力的严峻考验。在举国上下全面抗击疫情的社会背景下，我认为《道德与法治》课程是开展道德教育最有效的学科，学生德育水平的发展直接关系国家未来的发展，德法课教师应该积极地利用这一契机对学生进行道德教育。作为一名小学德法课教师，我在把握好学科教学内容的基础上，将目前新冠疫情的现状和德法课程的内容进行有效整合，积极开展抗疫正能量社会资源的筛选和应用，着重加强对学生的思想教育、心理疏导、正能量指引，充分发挥德法课育人功能，积极地开展小学生的道德教育，帮助学生树立正确的人生观和价值观，使得学生思想道德品质获得全面、健康的发展。

一、突出对学生的生命健康教育

新冠肺炎疫情是一次突发性的公共卫生事件，关系到我们每个人的生命健康。《品德与社会课程标准》中“我的健康成长”里的第6条内容是：体会生命来之不易。应该爱护自己的身体和健康。知道日常生活中有关安全的常识，有安全意识和基本的自护自救能力。这就要求我们对学生进行生命健康教育。随着我国经济水平不断提高，生活在安逸环境中的孩子们越来越任性，无视生命的脆弱，各种极端事件层出不穷，屡见不鲜。我在讲授人教版小学《道德与法治》三年级上册第七课《生命最宝贵》这节课时，与学生交流关于生命的话题，让学生认识到人的生命来之不易，要爱护身体，珍惜生命。我充分利用教材中关于生命思考的相关知识点，结合疫情中不断攀升的确诊和死亡人数，让学生了解生命的成长不是一件容易的事，可能会经历很多挫折，面对许多意外和风险。我采取让学生采访父母的教学形式，以学生的成长经历为采访内容，通过采访让学生了解从母亲孕育自己的过程和陪伴成长的过程中经历的劳累、痛苦、病痛的折磨、意外的风险等，让他们切身感受生命成长的坎坷，能够更加珍爱生命，认真对待生命，珍惜现在的美好生活。我还通过小竞赛的方式让学生真正学会疫情防护的知识，坚持测体温、戴口罩、勤洗手、常通风、不聚集，监督学生在家能够自觉地坚持体育锻炼，养成良好的卫生习惯，从而提高自身的免疫力，把学生的生命健康教育真正落到实处。这些教学设计，让学生真切感知成长不易，生命不能重来，要珍惜健康的身体，认真对待生活。

二、加强对学生保护环境的教育

人类的不当行为导致环境遭受严重破坏，人类受到大自然的惩罚。为了让学生深刻认识人类不当的生产和生活活动带来的环境危机以及由此产生的种种后果，在教授人教版小学《道德与法治》六年级下册第四课《地球——我们的家园》一课时，我借助网络资源、科普短视频或者交流讨论会等方式，让学生自主探究资源短缺、环境污染、生态破坏等案例，逐步渗透人和自然之间和谐相处的正确理念，让学生深刻地体会人和自然和谐共处的道理，更加有效地认识保护生态环境的重要性。这次疫情让学生身临其境地认识到环境问题给人类敲响了警钟，体验到危害生态环境、破坏生态平衡的严重后果，从而让学生能够尊重自然、敬畏自然，自觉地保护野生动物，深刻认识到爱护环境是我们共同的责任。

三、融入对学生的爱国主义教育

抗击新冠肺炎疫情是全民要面对的一场重大的斗争，也是摆在国家面前的一项重要任务，党和国家做出的一系列的努力和战略部署都是保障人民生命健康安全的集中体现，这正是对学生进行爱国主义教育的最佳切入点。人教版小学《道德与法治》五年级下册第三单元《百年追梦 复兴中华》是对学生进行爱国主义教育的重要单元。为此我将这次疫情中的一些感人的先进事例和结合本单元的教学内容，对学生进行爱国主义教育。在学习本单元的《中国有了共产党》一课时，我指导学生在家收看新闻联播，关注疫情中涌现的典型事例和防控的进展，并组织学生观看疫情防控的相关报道和纪录片等，使学生了解到面对突发的疫情，党中央迅速做出决策，以迅雷不及掩耳之势建成了火神山、雷神山医院，国家为感染的病人免费治疗，全国各省市的医护人员踊跃报名驰援武汉，满载急救物资的大小车辆也汇集湖北，举国上下不惜一切代价挽救人民群众的生命，强大的祖国成为人民背后坚强的后盾，人民的生命健康得到了有效保障。在一次次的感动中，学生的爱国之情由然而生。在学习本单元的《富起来到强起来》一课时，我让学生观看了武汉解除封城禁令后，人们安心出行时高兴激动、热烈庆祝的视频。再对比美国，这个号称世界上最先进、最强大国家不断攀升的确诊病例和死亡人数，学生从中感受到万众一心的强大力量，进一步激发了强烈的爱国情感。多种方式的有效教学使爱国主义思想融入学生心中。

四、落实对学生的社会责任教育

在这次疫情中，白衣战士、人民解放军、武警官兵、社区工作者、志愿者挺身而出，在国家最危难的时刻舍小家顾大家，战斗在疫情第一线，就是社会责任感的具体体现。他们这种强烈的社会责任感，让我们国家渡过难关。这也是对学生进行大爱精神、牺牲精神、奉献精神教育的最佳教材。学生是祖国的未来，肩负着建设祖国的重任，落实对学生的社会责任教育是必不可少的。在人教版小学《道德与法治》五年级下册第六课《我参与 我奉献》一课教学中，我利用这次疫情中逆行者的事迹展开广泛的教学活动：组织学生讲述逆行者感人的故事；鼓励学生创作"为逆行者点赞"的征文、诗歌、手抄报、绘画、抖音小视频等作品；开展"我是防疫宣传志愿者"活动；参加"病毒无情人有情"捐款活动等。通过不同的参与形式，使学生初步具备勇于担当的社会责任感、使命感，知道如何感恩，如何通过自己的努力去回报社会。各种教学实践活动汇聚成一股强大的力量，学生在参与活动中明确了社会责任，在奉献中享受快乐。

五、深化对学生的传统美德教育

公德教育、人格修养教育、诚信教育等是中华民族的传统美德。我结合这次疫情的特殊情况展开了广泛的民族传统美德教育，通过教学进行渗透。在人教版小学《道德与法治》五年级下册第二单元《公共生活靠大家》的教学中，我结合疫情期间出现的在公共场所不佩戴口罩、拒绝在测温点进行测温、在公共场所随地吐痰、不遵守隔离的要求和相关规定、不报或瞒报自己的行踪等现象，通过角色扮演、生活场景再现、模拟道德法庭、辩论会等形式，引导学生对疫情防控期间社会上出现的种种违反社会公德现象进行分析、讨论、交流，激发了学生的共鸣。尤其是学生看到澳大利亚籍女华人回到北京后，不按防疫规定进行居家隔离，执意外出跑步，还拒不佩戴口罩，面对工作人员的耐心劝阻，该女子不但不听劝告，还大喊大叫污蔑防疫工作人员的视频后，争先发表自己的见解，痛斥该澳籍女子缺乏公德心；同时认识到公共空间不同于私人空间，在公共空间需要慎重行事，公共生活需要良好的秩序来维护，构建和谐有序的公共生活是每个人义不容辞的责任。学生讨论得出的结果正是《品德与社会课程标准》主题四中"我们的社区生活"所提出的"自觉遵守公共秩序，注意公共安全，做讲文明有教养的人"的具体要求。

面对这场突如其来的疫情，有人挺身而出，有人逆行而上，正是这些心中有大爱的勇士，他们义无反顾的付出使我们的抗疫工作取得了阶段性的成果；正是因为他们有无私奉献的精神、团结一心的信念，在党和国家的正确领导下让我们一步步渡过难关。病毒无情，但却在抗击疫情的过程中为我们积累了无数令人敬佩、令人赞叹的英雄典型，这些典型是我们育人的最好例证！这次疫情将是一场旷日持久的战斗，疫情下爆发的突发事件，也是对学生进行道德教育的突破口。作为一名小学德法课教师，必须肩负起育人的责任、使命与担当！我会充分利用这次疫情带给我们的丰富的正能量育人资源，深入挖掘，精心筛选，紧扣立德树人的根本任务，发挥学生主体作用，采用更加灵活生动的教学策略，把课堂教学延伸到家庭、社会，在生活中、实践中、活动中、体验中提高学生的思想道德认识，更有实效地开展育人教育。

参考文献

[1] 人民教育出版社课程教材研究所，小学德育课程教材研究开发中心. 教师教学用书道德与法治：三年级上册 [M]. 北京：人民教育出版社，2019.

[2] 人民教育出版社在课程教材研究所. 小学德育课程教材研究开发中心. 教师教学用书道德与方法：五年级下册 [M]. 北京：人民教育出版社，2019.

[3] 人民教育出版社在课程教材研究所. 小学德育课程教材研究开发中心. 教师教学用书道德与方法：六年级下册 [M]. 北京：人民教育出版社，2019.

[4] 课程标准教案编委会. 道德与法治课程标准（2019 年人教版）[M]. 上海：上海交通大学出版社，2019.

例析小学英语游戏教学的问题与建议

天津市静海区第十三小学　强兆领

摘要:小学英语教学几经实践改革,取得了很多可圈可点的成绩,而游戏教学在小学英语教学实践中的运用,使得小学英语教学在挑战中迎来了更多的机遇。例如近些年来随着国家不断重视小学英语的改革工作,旨在通过一些创新性的改革工作,使教学过程变得更加科学化,教学效率变得更加高效化,教学内容变得更加多元化。在英语课堂教学中,教师将游戏融入教学中,使之充满乐趣、激情和娱乐性,使学生对英语产生兴趣,让学生喜欢英语,学好英语。

关键词:小学英语;游戏;问题建议

随着教学改革的兴起,小学英语教学也迎来了机遇。相应地,如何提高小学英语学习效率,促进学生的全面发展,已成为教育研究人员、教师和软件开发人员普遍关心的课题。目前,我国小学英语教学存在差别,教师水平、硬件设施、校园文化和家庭背景存在明显的不平等。在这种情况下,可以有效地使用教育软件来辅助英语教学。就小学英语学习的特点而言,学生在学习英语的初期对英语学习感到好奇,通常对其比较感兴趣。然而,随着学习的深入,需要记忆的词汇和句子量的增加,再加上对发音是否标准的要求,许多学生开始害怕英语,甚至产生厌倦情绪。但是在实际应用过程中,由于教师、学生、硬件、软件等方面因素的影响,小学英语教学中教育软件的应用仍然存在问题,影响了使用效果。本文从小学英语教学中软件的应用现状,试图找出哪些因素影响教育软件的应用效果,进一步分析原因,最后结合教育软件的性能和小学英语学习的特点给出可行性建议。

一、问题原因分析

(1)教师对游戏教学的认识存在问题

实际上,许多教师仍然关注知识的教学。由于缺乏理论指导,一些教师误解了游戏的精神,有的教师甚至认为游戏是纯粹的娱乐活动。教师应与时俱进,终身学习,追求理论与实践的融合,把培养自己的教育智慧视为终身追求。教师实践智慧的形成和发展具有很强的个性特征。培养自己的教育智慧是教师专业发展的关键。否则,英语老师很难完成好游戏教学,要成为一名合格的英语老师就更加困难。

(2)教师忽略了学生社交的过程

现在,一些英语教师是为了教学而教,而忽略了学生的社会化。真正的英语课堂教学是一个促进学生社会化的过程。生活是英语教学的起点和终点。英语教学的最终目的是让学生亲近生活，了解生活，创造生活。小学生的英语学习必须有恢复英语生活的过程。关注学生生活，丰富学生生活是学习英语的前提和基础。游戏教学使学生在生活中有更多的积累，因此英语不再是无根的浮萍，而是扎根于学生的生活。

(3)游戏评估缺乏多样性和创新能力

德国教育家第斯多惠曾经指出："教学的艺术不是关乎传授技能，而是激励、唤醒和鼓舞。"因此，在游戏中一定不能缺少评估。评价应以鼓励和肯定为主。如果条件允许，还可以建立一些奖励机制。如今，在许多小学英语课堂中，老师经常忽略对游戏活动的评估。尽管有些人发表评论，但他们只是为赢得比赛的学生们加油打气，这些还远远不够。为了真正发挥英语教学游戏的作用，老师必须评估学生在多元化和创新性游戏活动中的表现。老师应善于观察学生在游戏活动中的出色表现，并及时给予肯定。该肯定可以是"要点"，也可以是"面孔"。对于游戏的答案，老师不应该遵守规则。只要学生有理由和证据，我们就应该鼓励他们多开发思维，使游戏评估更具创新性。

(4)游戏活动中缺乏教学反思

课堂教学具有生成性，由于处理方法不同，同一位老师和同一堂课的教学结果也不同。一些老师在没有创新意识的情况下组织游戏。但如果长时间使用同一款游戏，学生的兴趣就会衰减。因此，每节课后，老师必须反思本次课堂的成功与失败原因。目标很简单，为的是让学生乐于接受和参与英语游戏教学，并使每节课都成为一个快乐而有效的课程。如果达不到预期的目标，老师就应始终反思导致不快乐的原因以及如何改善下一堂课？是什么原因导致效率低下？在下一堂课中应该进行哪些调整？

二、游戏教学在小学英语课堂中的应用

游戏教学在英语教学中的应用是一件大事，需要老师认真地对待。合理运用游戏教学方法，不仅对英语教学帮助很大，而且对学生学习有好处。在课堂上，开展游戏教学能够对学生学习产生较大的帮助作用。

(1)单词链接游戏

单词学习是英语学习的重点，专注于单词的积累可以很好地帮助小学生完成基础英语学习。英语单词链接游戏是一款非常适合英语单词学习的游戏。通常，在学生学习新单词后，老师会在下一堂课中复习该单词。单词链接是一个记忆的游戏。老师每节课前十分钟在黑板上写下前一天的英语单词和中文解释。老师请部分同学在黑板上将单词和相应解释进行连线，其他学生查看同学是否有错误，老师对回答正确的学生给予适当的奖励，例如奖励一朵小红花。

(2)英语纸牌游戏

英语纸牌游戏模仿的是中国成语纸牌游戏。老师可以根据实际情况决定纸牌主题。例如，在单词纸牌游戏中，老师设置一个起始单词，然后学生将第一个单词的最后一个字母作

为下一个单词的第一个字母读取，并建立了一个分组系统来限制游戏时间并确定获胜者。例如，如果老师说苹果，小组中的学生可以选择以“ e”开头的单词，依此类推。由于小学生掌握的英语单词有限，老师需要在建立单人纸牌词汇之前准确掌握他们所学的单词，以便制作词汇表。

（3）你说我回答游戏

该游戏需要老师在课前事先准备一些道具，预估占用上课时间约为 10 分钟。教师可以准备约 30 篇道具文章。在文章里可以写出学生最近学到的单词、短语或句子。建议写在纸上的内容与学过的知识是一致的，即涵盖所学的全部单词和短语。学生可被分成 6 组，每组 6 名学生，其中 3 名学生看了文章的内容，说出中文，另三名学生立刻说出英文。例如，一个学生在看到“苹果”时，对同学说“苹果”，同学立即说出“apple”这个单词，用时最短的那个小组赢，获胜的小组将得到相应的奖励。该游戏可以全面检测学生对所学内容的掌握程度，训练学生的反应能力和适应能力，加强学生之间的沟通。

三、应试教育需求

目前，许多教师对学生的主体性的关注不足。因此，在英语游戏教学中，要真正实现学生的主体地位，不仅要尊重学生认知的主体性，而且要尊重学生生活的多样性。老师应善于把握角色转换的艺术，并让自己站在学生的位置，平等地观察。在游戏教学中，老师通常是观众，而站在前台的学生则是主角。通过这种角色转换，老师可以更深入地了解学生并与之沟通。

四、总结

综上所述，在开展小学英语教学活动时，应充分利用小学生争强好胜、活泼好动的心理特点，将教学游戏引入其中，结合实际教学内容，激发学生在学习中的乐趣，大大提升他们学习英语的主动性，增强他们对英语学习的自信心，让他们在快乐生活和享受生活中提高英语水平。这种轻松的氛围更有利于学生掌握相关的语言知识点，同时又创建了一个轻松高效的教学环境，使孩子们在游戏中成长。

参考文献

[1] 美国项目管理协会. 项目管理知识体系指南 [M]. 卢有杰，王勇，译. 北京：电子工业出版社，2005：3.

[2] 道格拉斯·霍姆斯. 电子政务（Gov：eBusiness Strategies for Government）[M]. 詹俊峰，李怀璋，曹济，译. 北京：机械工业出版社，2003：78.

[3] 尼葛洛庞帝. 数字化生存 [M]. 胡泳，范海燕，译. 海口：海南出版社，1997：90-92.

浅谈小学低年段语文识字教学策略探究

天津市静海区第十三小学　李　阳

摘要:语文在我国的基础教育中属于重要学科,所以在低年段的学习中一定要打好基础,为学生未来的学习做好铺垫。同时,识字是语文学习中不可或缺、十分重要的一环。语文教师如何在教学过程中运用合适的方法来增强孩子们对生字的识记能力是教学的重中之重。

关键词:识字教学;笔画;拼音

作为一名刚入职三个月的乡镇小学语文教师,我从自身这三个月的经历来浅谈一下对小学低年段语文识字教学策略的认识。在部编版一年级上册的语文书中,第一单元就是生字的学习。第一课是《天地人》,本课要求学生能够认识"天地人,你我他"这六个字。对此,我的做法是,教师先逐字进行解释,使学生理解生字所代表的含义,再由教师领读,学生跟读加强记忆。由于学生刚刚入学,年纪较小,注意力不能保持长时间的集中,所以,作为教师,可以采用多种阅读方式来提高孩子们的注意力。例如男女生分开读、"开火车"读等。同时,课上还可以再加上一些图片或动画进行巩固练习,以使学生能够真正认识这六个生字。刚才介绍的第一课的学习,只要求认识生字,对孩子们来说较为简单,但随着学习的开展,课程的难度会逐渐加深,作为教师,应如何加强学生们的识字能力?对此,我认为应从以下几点入手。

一、笔画的学习

以第一单元第二课《金木水火土》为例。我选择以笔画的学习作为切入点进行讲解,先讲解横"—"和竖"丨"的书写方法,并让孩子们进行书写练习,使学生对语文课形成一个基本的概念,之后再依次进行本单元生字的书写和拼读,并在学习过程中逐步增加笔画的学习数量和难度,如撇"丿"、点"丶"等。学生们初次接触笔画的学习,难免会将其混淆。对此,教师只能采取循序渐进的方法,边学习、边增加数量及难度、边复习,这样使学生们能够完成一些简单生字的识记。生字的书写其实就是将各种笔画结合到一起的过程,包括生字的占格、书写顺序等,这些都需要学生在日积月累的学习中逐渐掌握。随着更加深入的学习,学生们要学习的生字越来越多,如何能让他们更好地识记生字,这就是下面要提到的第二个方面,拼音的学习。

二、拼音的学习

对于学生们来说，学习拼音是有一定难度的，但是如果学生们能够牢固地掌握拼音知识，那对于他们将来的学习是有非常有帮助的。拼音学习的基础，首先是认识声母、韵母以及整体认读音节，共有 23 个声母、24 个韵母以及 16 个整体认读音节，这部分的重点在于每个拼音字母的书写以及正确的发声，拼音字母的学习与拼读是同步进行的。在部编版一年级语文上册课本中第二单元是拼音的学习，每一课学习完拼音字母后，都会有对应的两拼音节和三拼音节的拼读练习，并且还会有与本节课所学拼音相关的生字的识记。在课堂上可以通过图片和动画的演示以及拼音字母与所学生字的联系，来加强学生对生字的记忆。

以第二单元第三课“bpmf”为例。本节课先对学生详细讲解“bpmf” 4 个拼音字母的读音以及正确书写占格方式，之后又与前面一节课所学习的“ɑoeiuü” 6 个单韵母相结合，组成两拼音节，并配以相应的图画内容，将学生们本就认识的一些简单生字与对应的拼音相结合。例如猪八戒的八，拔萝卜的拔，打靶的靶以及大坝的坝，使学生能够了解拼音与生字二者之间的联系。在本课的最后又学习了“爸、妈”两个生字，此时同学们已经能够正确拼读两个字的拼音，同时“爸、妈”两字与孩子们的日常生活息息相关，也更能够吸引孩子对于学习识记生字的兴趣。同时可以在课堂上增加一些互动，让同学们分享一些与爸爸妈妈在日常生活中的趣事，通过这种方式，来提高孩子们的学习兴趣和对“爸、妈”两字的理解和记忆。

在学生学习完全部的拼音并且完全掌握后，就能够通过拼音来识记生字了。在遇到新的生字时，可以通过老师的领读，用拼音记下生字的读音，再通过课上及课下的反复拼读练习来记住生字。对于教师来说，此时应该利用更加丰富的教学方法和教学形式吸引学生，使课堂变得更加丰富多彩，除了前面提到的多种朗读方法，我们还可以运用一些其他的方式。在多媒体教学过程中我们可以选择将生字的偏旁部首标红，以此来加深学生的记忆。同时还可以将生字编成学生感兴趣的儿歌或者顺口溜，使课堂气氛变得活跃，让学生们在玩中学习、在玩中识字，让孩子们爱上语文课。教师还可以在课堂中添加一些小游戏，让学生们进行识字比赛，识字较多的一方能够获得相应的小奖励，来调动学生对于识字的积极性。

三、组词、造句的能力

第三是锻炼孩子们组词、造句的能力。一年级的学生，无论是心智还是行为，都还没有完全脱离幼儿园的状态，除了学习知识以外，更重要的是培养他们日常的生活习惯和学习习惯。对于教师来说，此时正是培养孩子们学会说出完整句子的好时机。在学习生字后，教师可先给孩子们讲解生字的具体含义并示范，让学生了解什么是组词，什么是造句。之后让孩子们用所学生字进行组词,教师要多进行提问,给学生表达的机会。在孩子们回答问题后,教师要给出正确或者错误的回应,这样对于孩子们以后的回答会有一个指导作用。在练习完组词后,还要进行造句的练习,这对于孩子们日后的仿写句子和写作文等都会有很大的帮助。

在教授第四单元《江南》这篇课文时,我要求学生们认识 9 个生字,其中对 3 个生字要求学生认识并能够正确书写。为了方便学生们理解和记忆,我先讲解了每个字的读音,让学生根据读音给出正确的音节,之后向学生讲解生字的含义,再让学生用对应的生字进行组词和造句。以“江”字为例,学生踊跃地用“江”字来进行组词,这些词语中有的正确,有的错误,作为教师,要对孩子们进行耐心的指导,对错误的回答加以纠正。之后使用“江”字进行造句,在最初孩子们还不能很好地理解什么是造句,此时,我们应及时对学生进行鼓励,避免他们因害怕而产生畏惧心理。

四、及时复习

学生们在课堂上认识了生字,但是如果不在课下多加复习,遗忘的速度也是非常快的,教师一定要充分考虑到这一个问题。我们可以通过以下几点来降低孩子们的遗忘速度。及时与家长进行沟通,让家长对学生们起到一个督促的作用,保证孩子们在家里能够及时复习。除此以外,教师们可以通过提问和听写的方式,帮助学生们进行及时复习。如果最近学过的生字较少,教师可将生字逐一写在黑板上,挨个对学生进行识字的抽查;学习生字较多时,就可以采用课上听写的方式,这种方式既可以考察学生们集中精神的能力,同时也可以了解他们对生字的掌握情况,还能够督促孩子做到及时复习。在听写结束后,教师还要对生字听写完成较好的同学提出表扬,激发孩子们获得知识、努力学习的热情。根据听写的结果,可以将孩子们出现错误较多的生字加强复习,重复讲解,加强学生记忆。

我所在的小学属于乡镇小学,与城区小学相比仍存在一些差距。如乡镇小学的地理位置没有城镇小学优越,学生家长的文化水平参差不齐。所以家长对孩子课业的辅导能力是有限的,教师与家长的沟通方式也要做一定的调整。有些家长文化水平不高,在课后不能辅导孩子,对于这样的情况,我会多与家长进行沟通,平时会多和孩子交流,利用课间将孩子不明白、不清楚、不懂的知识点,及时进行讲解。放学后如果孩子学习有困惑,也可以通过微信或者电话与我进行联系,我会及时为孩子进行解答。

识字只是语文教学中的一个组成部分,教师如果想提高自己的教学水平,想帮助孩子们取得更好的成绩,就要从基础部分做起。以上内容是我作为一名新入职教师在短短几个月的教学工作中的一点收获,希望能够与大家互相探讨,互相学习,共同进步。

参考文献

[1] 贾小红. 小学语文部编教材低年级识字教学策略的研究 [J]. 学周刊,2020(34):71-72.
[2] 王安然. 小学低年级识字教学策略初探 [J]. 教育科学论坛,2020(31):52-54.
[3] 朱玉华. 小学语文低年级趣味识字教学策略探微 [J]. 小学生(下旬刊),2020(12):55.

浅谈农村小学汉语拼音教学策略

天津市静海区第十三小学　翟永璇

摘要:《汉语拼音》是中华人民共和国官方颁布的汉字注音拉丁化方案,而在一年级语文的教学过程中,汉语拼音的教学既是基础也是重难点,天津市静海区农村学校由于地域以及人文环境的影响,大部分学生的地方方言比较严重,因此更应该重视汉语拼音的教学。拼音的教学自始至终都是帮助学生识字、阅读和学习普通话的重要而有效的工具,因此有必要探讨在地方方言较为严重的天津市静海区农村学校应该实施怎样的汉语拼音教学策略来帮助学生更好地掌握汉语拼音。

关键词:农村小学;汉语拼音;教学策略

一、根据当地方言特点制定适宜的教学策略

教师是教育教学活动的主导者,学生是教育教学活动的主体。因此首先需要作出改变的是教师本身,教师需要根据当地学生的实际情况思考有针对性的汉语拼音教学策略。例如了解当地方言的习惯性声调变化。天津市静海区农村的口音大多是将一声读成三声,让我印象深刻的是关于“不”字的拼读,学生在拼读的过程中把本来没有声调的声母“b”读成了三声,因此导致最后的“不”字发音不标准、不规范,所以在教学过程中需要强调拼读音节时声母是没有声调的,因此在读的过程中需要重点练习拼读音节时声母的发音。首先在教育教学活动中,教师需要在教学声调变化的过程中重点训练一声三声的拼读以及变化,多重复正确的读音,使学习形成听觉记忆,明确正确的读音应该是怎样的。教师在示范读的过程中需要根据低年级孩子的特点,让汉语拼音的教学尽可能地具有趣味性,应多以活动和游戏为主。为了提高学生的学习积极性与动力驱使性,教师可以适当地采取一些游戏竞技的方式。例如教师可以说:“接下来即将有一个很难的任务,需要同学们仔细听老师的发音,我想听一听哪个同学模仿得最像,模仿得最像的同学以及小组将会得到拼音王国的国王送出的神秘礼物。”教师应根据儿童天性好奇、乐于模仿新鲜事物的特点,多采用表扬、鼓励、奖励等能让学生获得成就感,树立自信心的评价方式。农村小学的部分孩子自信心缺乏,此方法既能巩固汉语拼音的发音教学成效又能够树立农村学生的自信心,让他们知道自己能够很好地掌握学习方法。

二、创设语言环境

汉语拼音是一串枯燥无味的字符，要想让学生想学、乐学，就要变无趣为有趣。教师要充分利用教材，联系生活实际，创设语言环境，根据儿童的遗忘规律，在教学完成后坚持反复有序的练习以及循序渐进的复习。天津市静海区农村小学的学生，在校期间接触到的是普通话环境，因父母工作繁忙，回到家后大部分学生由爷爷奶奶照顾，而老人的方言化较为严重，无法做到及时辅导，正确辅导，巩固课上教学的情况。所以教师要充分有效地利用学生的在校时间，帮助静海农村学生逐步提升自主复习预习的能力，巩固课上所学知识，培养学生自学能力，为之后的学习打下坚实的基础。

三、利用现代信息技术达到家校共通

随着信息化时代的来临，沟通变得越来越方便快捷。教师可以通过手机或者电脑发布任务，家长可以直接通过通信设备了解当日学习的重难点，以及应该做的巩固提升练习，同时通过微信小程序提交孩子的朗读练习。同时教师还可以通过微信小程序上传拼音朗读音频或视频，学生可以直接在家进行预习或者复习，这样既保证了课上所学的知识得到了及时巩固，也减轻了家长的辅导负担。另外教师也可以通过学生家长提交的学生朗读音频，了解到在校拼读有问题的学生是否经过纠正有所改变，及时地了解到学生的情况，方便教师的后续跟进辅导。

常言道，“教学有法，教无定法”，其实指的就是教学的基本原则和具体方法。教学有法是指要遵循教学的课标要求，依据每一次课的课时目标；教无定法则指的是教学的模式、方法、技能等不是机械的、教条的，而是灵活多变、富有个性、充满灵性的。教无定法应该建立在充分了解学生学习情况的基础上，根据具体教情和学情来选择灵活多样的教学方法。因此需要教师了解天津市静海区农村当地学生的知识储备情况以及接受新知识的能力。静海区农村当地学生较少参加课外补习，尤其是低年级段，而拼音的教学又是一年级学生接触到的新鲜事物，如果不进行及时的巩固很容易遗忘，导致后面的学习困难。

四、明确功能定位，分步实现目标

课程标准中定位拼音是学习汉字的工具，也是学习普通话的工具。只有明确这一定位，拼音教学才不会偏离目标，导致拔高或降低学习要求。因此要想使天津市静海区农村学校的学生掌握好普通话，拼音教学极为重要。课程标准中提出拼音目标不是要求一步完成，而是需要逐步实现。从长远来看，拼音的学习和运用应该持续在整个小学阶段，而不仅仅是一年级上学期的任务。因此需要教师在教育教学过程中树立一个整体的观念和想法，先设定适当的课堂目标，再设定周目标、月目标、学期目标等长远目标，关注到整个拼音学习的延续性和发展性。只有这样才能更好地促进学生的发展，使农村学生能够更好、更快地学好拼音。

五、利用多媒体突破教学难点

随着科技的发展,农村学校大多已经安装了多媒体设备,教师可以通过多媒体屏幕展示有趣的拼音动画和丰富多彩的图片,抓住儿童的容易理解直观表象的特点,先让学生对拼音的"形"有一个比较深刻的印象,然后再将拼音的"音"和"形"进行匹配。教师在教学拼音的"音"时应重点关注口音较重的学生,仔细听其发音是否正确,如果正确且标准可以适当地鼓励该学生做领读小老师,这样既增强了该学生的自信心又能激发学生的学习积极性和动力。同时教师还可以利用多媒体设置游戏环节,例如将拼音打乱顺序,分别请学生上讲台点击屏幕将拼音正确地归类到拼音"王国"的小房子里,这样的方式可以增加学生的课堂参与感。通过这样的多媒体展示学生对教学过程中的重难点有了更深程度的理解,也能显著提高教师的教学效果,让课堂学习变得有趣,课堂效率得到有效提升。小学教师要不断地学习先进技术,熟练掌握多媒体的使用,利用这一技术进行教学创新,帮助学生打下坚实的拼音基础。

六、围绕拼音主线促进综合发展

部编版的教材采取的是综合编排且多线并进的思路,每节课几乎都安排有情景图、音节练习、词语、儿歌、书写等内容,将拼音与识字、口语交际等结合起来,这样的编排满足了初入学儿童发展口头语言、学习书面语言的需要。对于天津市静海区农村学校的学生更应重点学习书面语言,教师应规范学生的课堂用语,在课堂上应尽可能不说方言,大力提倡并训练学生说普通话。而对于一年级的学生应重点学说有逻辑的话语,促进口语表达能力的提升。同时通过情景故事唤起学生的生活经验。农村学生的优势在于很多图片上的动物都见过,如鸡、鸭、牛等,会有更加深刻的感触,情景图片中蕴含着的丰富的音节有助于学生复习巩固本课新知。

七、强化实践运用,紧密联系生活

在真实的情景当中学习很重要,而拼音的学习更应该基于学生已有的口语经验。把应该掌握学习的音节放在具体的情景当中,比如常用的名词最好可以对应到学生日常生活中可以接触到的事物,常用的动词可以让学生自己做出对应的动作,与学生的生活产生紧密的联系。例如讲三拼音音节"zh-u-a"时,可以让学生在拼读时用手做一个抓的动作,这样既能够让部分走神的学生注意力回归到课堂当中,也能够让有些困意的学生打起精神。或者老师在前面做一个转圈的动作让学生猜一猜是什么字或词语,并点名提问学生进行拼读,拼读正确的学生可以获得一个小印章,凑够十个小印章可以给予物质奖励,如铅笔、橡皮、笔记本等。这样可以调动学生回答问题的积极性。

总之，拼音教学虽然在整个小学语文的学习中所占的比例并不高，但是对于方言较为普遍的天津市静海区农村学校，有必要采取有针对性的教学策略让学生掌握拼音，并意识到学好普通话的重要性。

参考文献

[1] 徐铁. 统编教材背景下的拼音教学观念 [J]. 基础教育课程，2020(21)：50-56.
[2] 易敏. 浅谈部编版小学语文汉语拼音教学策略 [J]. 中学课程辅导（教师教育），2020(17)：68.
[3] 亓秀国. 情境教学视角下的小学语文拼音教学 [J]. 新课程教学，2020(16)：45.

注重因材施教地发展学生的语文素养
——以统编版小学三年级上册语文学习为例

天津市静海区第十三小学 张 璐

摘要:三年级的小学生对语文知识的理解能力和接受程度有一定的差异,因此,语文教师应该充分重视学生在教学过程中的学习主体作用,注重语文知识的衔接,合理安排部编本新教材的教学内容,结合信息化手段,采取因材施教的方法,在课堂教学中,运用适当的教学方法,激发学生对语文学科的学习兴趣,为学生语言、思维和审美能力的发展打下坚实的基础,以更加全面地发展学生的语文素养。

关键词:语文教学;语文素养

三年级作为小学低中段衔接期,是小学生语文学科学习的重要过渡阶段。此时的学生正处于生理和心理特点变化的明显期,由一名儿童逐渐成长为一名少年,开始有主见,是培养学习能力、情绪能力、意志能力和学习习惯的最佳时期。然而,由于不同的三年级学生生活环境、智力水平、性格等方面存在差异,使他们在学习不同方面的知识时,理解能力和接受程度都会有一定的差异。因此,语文教师应当在课堂教学过程中,针对每位学生的具体情况进行分析,建立学生学习档案,充分重视每位学生在学习中的主体作用;注重语文知识的衔接,合理安排部编本新教材的教学内容;结合信息化手段,采取因材施教的方法,在课堂教学中,运用适当的教学方法激发学生对语文学科的学习兴趣,为学生语言、思维和审美能力的发展打下坚实的基础,以更加全面地发展学生的语文素养。

一、让学生用自己喜欢的方式自主学习

在新课程实践中,教师不但是课程的实践者、改革者,更应该是带领学生做课程资源的开发者和创造者。学生并不应该仅是知识的接受者,更应该是知识的探索者,让学生在快乐中主动地学习语文,是每一个语文教师的使命。

为了让学生实现用喜欢的方式和方法学习语文知识,在进行课文《铺满金色巴掌的水泥道》识字教学时,我注重与一、二年级识字方法的承接和字词的复现,首先利用预习单让学生自主选择喜欢的识字方法加强课前预习,提升学生归类识字的能力,从而消减识字的难度。其次在课堂上鼓励学生分享自己的识字方法,不仅可以促进学生加深对生字的印象,还促进了学生识字方法的相互沟通交流,扩展了学生的思维能力。最后尊重学生的选择,用学

生最喜欢的游戏环节帮助学生检验识字效果，请学生给多媒体课件上的生字宝宝连字成词。开展游戏时，每个学生都高高地举起了小手，每当连词成功时，学生们都扬起自信的笑脸，游戏结束时，他们脸上都呈现出意犹未尽之感。于是，课间学生就会利用自己制作的卡片玩猜字和词的游戏，这种方式让原本闹哄哄的教室变成了小组字词游戏竞赛场。学生们在享受欢乐的同时，用自己喜欢的方式归类和积累字词，更让原本陌生的字词通过学生的语言和肢体表达，使得学生便于理解和灵活运用。就这样，再多再难的生字学习，在师生、生生的课前、课中和课下互动中变得趣味横生、多姿多彩。

二、因材施教，加强方法的指导

因材施教、懂材，才能得良方。这里的“材”是指不同学生虽然在语文方面体现出不同水平，但他们在不同领域具有不同的天赋。因此，“因材施教”的方法是针对不同学生的一种扬长避短的方法。在语文的课堂教学实践中，我将“因材施教”渗透进三年级的语文教学过程，深入了解班级成员间的个体差异，注意设置教学内容的层次和梯度，为每位同学创造更多的机会，让他们都能体验到成功，尊重学生意见，合理组建学生互帮互助小组，并定期轮换组长。

在教学课文《铺满金色巴掌的水泥道》时，我设计了先扶后放的教学环节。我先带领全体学生一起学习课文前四个自然段，让学生自由读，圈画出体现“水泥道美”的词句，利用交互式电子白板出示图片，让学生观察到秋天小水洼亮晶晶的美，最后有感情地品读，引导学生总结学习方法，让每位学生都能有问题可答。接着，我请各小组运用这样的学习方法来解决后三个自然段中描写“水泥道”的语句，小组的每位成员一起圈画、品读，促进了学生的交互学习，建立起良好的学习氛围。最后，各小组代表进行汇报交流，从学生热火朝天的分享和绘声绘色的朗读中，我深深地感受到了同学们在小组学习中查漏补缺的积极性，教师帮助学生找到了自己在语文学习上的最近发展区，每位学生的进步都离不开榜样的促进。

三、为学生提供语文实践的平台

语文学科的特点就在于它的形式丰富多彩，课堂上老师可以通过阅读课文、与课文对话、自己感悟、同学互相交流等形式让学生仿佛能看到、听到、触摸到作者所要表达的内容，使他们有真切的感受，从而激发起学生的情感和学习兴趣。课下教师更应该把对语文的学习融入学生的生活，为每位同学提供语文实践的平台，全面提升学生的语文能力。比如二年级暑假期间，我利用手机的“微信”平台，布置学生在班级群里分享在假期中拍摄的有趣的生活图片或视频的任务，请同学们在班级群中彼此交流假期中有趣的生活。这就为之后学习三年级上册第一单元《口语交际：我的暑假生活》提供了丰富的教学资源，让我可以根据学生们的暑假生活，设计最贴近学生生活实际的课程，提升了学生参与课堂交流的兴趣。果然，在学习这部分内容时，同学们根据自己上传的图片与视频踊跃举手发言，交流假期生活与感受。我再适时引导学生按照一定的顺序，比如根据时间顺序、地点变换顺序、事情的发展顺序等进行叙述分享，在同学们分享暑假愉快生活的同时，也学习了“按照一定的顺序叙述事件”这一语文知识，使达到良好的课堂效果。除此之外，教师还可以在班级内组织一些比赛活动，利用学生之间较强的竞争意识，促进学生语文学习能力的提升。比如，三年级学生由于识字量有限，语文的阅读积极性不够高。针对这一现象，教师可以在班级组织“课外读物朗诵比赛”，督促学生阅读课外读物，并在阅读中感受读书的乐趣，遇到不认识的字可以用字典查询，增加学生的认字量。学生在选取适合的朗诵材料时，需要大量地阅读各种读物，从而增强了学生的阅读能力、感悟能力和朗诵能力，提升了他们学习语文的兴趣。

四、多元评价促进学生发展素养

每个孩子都有他的闪光点，作为教师千万不能忽略他们的优点，特别是在课堂教学中，应该充分发挥表扬的激励作用。在教学课文《习作：猜猜他是谁》时，我先让学生观察班里的同学，然后请学生从外貌、性格、品质和爱好四个方面进行交流，每当同学发言时我都会热情地表扬他们善于观察、观察仔细等，从而树立同学们习作的自信心。接着，我让学生们自主选择要描写的同学，画一画同学的外貌，引导学生抓住同学的特点进行描写。最后，我鼓励学生大胆地朗读自己的习作内容，请其他同学进行点评。充分肯定学生的优点，发现不足之处加以耐心引导，并让他们请小伙伴一起想办法解决，就这样，我欣喜地发现我们班第一次习作时，孩子们都做到了言之有据，内容充实。

虽然言语上的表扬激励作用明显，但是教师对学生的鼓励却不应该仅仅局限在言语激励之中，还可以选用其他激励方式。如有同学字写得漂亮，就请他们把书法作品贴到展示栏上；有的同学课文读得流利、有感情，就把这位同学聘为小组“朗读小能手”，让他在晨读时领读语文课文，并且检查各小组朗读情况；如果有哪位同学今天完成作业进步很大，就奖励他可以挑选自己想完成的作业的权利等。活泼多样的表扬形式和奖励机制，不但活跃了课堂气氛，还能培养学生良好的学习习惯，更使每个学生在点滴成功中，体验到学习语文的乐趣。

信息化教学平台的设置也大大提高了学生学习语文的兴趣和积极性。学生可以随时通过手机软件上传自己的语文作品并进行评比，更方便学生与学生、学生与教师、学生与家长之间的沟通、交流与评价，有助于提高学生语文学习的兴趣，发展学生的语文核心素养。

五、总结

因材施教地发展学生的语文素养，可以让学生在一定程度上用自己喜欢的方式自主学习，教师在旁起辅助引导作用，以发展学生的语文学习能力；也可以因材施教，加强在学习方法上的指导，引导学生自主交流，主动学习语文知识；还可以为学生提供语文学习的实践平台，提高学生语文学习的兴趣；也可以利用多元评价，多方位、多角度地激励学生学习语文，旨在促进学生发展语文素养。如此一来，教师为学生语言、思维和审美的能力发展打下坚实的基础，可以更加全面地促进学生发展语文素养。

浅谈小学生数学课堂自主学习能力的培养

——以“分数的初步认识”为例

天津市静海区第十三小学　刘红芳

摘要：新课改提出传统的被动教学要转变为以学生为主。数学的有效学习方式包括主动参与、动手实践、合作交流等，旨在引导学生进行自主化、多元化的学习。小学阶段的数学课堂教学对学生自主学习能力的培养尤为重要，因此要从创设情境激发学生学习兴趣入手，引导学生自主探究，逐步养成自主学习的习惯，实现数学的有效学习。

关键词：自主；学习能力；数学课堂

数学的自主学习能力是指在数学学习过程中，学生的学习动机是自我驱动的，通过自主选择学习内容，运用一定的学习策略，根据自己的学习计划，从而积极创设学习环境并展开学习过程。自主学习就是要让学生体会其主体性，不是一味地被老师“满堂灌”，而是要结合自己的生活经验，从自己的兴趣出发，主动探究和实践操作。当然教师也要及时发挥主导作用，为学生创建良好的自主学习环境，这就要求教师能深度理解自主学习的需要，提供给学生勇于思考、善于发问、师生互动、生生合作的氛围。

在新课改的背景下，课堂的管理打破了传统教育的禁锢，加强了对于学生学的关注。在自主学习取向的课堂中，充满了自由的空气，新型的合作学习模式、探究学习模式等作为改变死板课堂原貌的突破口，助力有效课堂目标的落实。因此在自主学习的课堂中，教师应学会“放权”，让学生和教师同时具有管理课堂的权利。课堂的重心下移是指在课堂的教学中，教师的教学要面对全体学生，关注每一个“具体个人”，为每一个学生提供独立思考问题、解决问题的时间和空间，培养学生积极主动思考问题、解决问题的能力。下面将以人教版三年级上册第七单元《分数的初步认识》一课为例，浅谈对于小学数学课堂学生自主学习能力培养的几点认识。

一、在创设的情景中让学生学会主动参与

《数学课程标准》倡导让学生在生动具体的情境中学习数学。课堂上每一次新知识点的传授，教师都要精心准备，力争用贴近学生心理的课例，开门见山，一下就吸引住学生的注意力，利用教材中的插图、播放多媒体课件、畅谈生活经验等教学手段，让学生进入生动活泼、欢欣愉悦的情境之中，使学生学得高兴，学得乐意，积极主动地自主学习。

课例采用教师和学生聊天的方式引入话题。教师问："同学们,你们知道中秋节吃什么吗?"学生回答："月饼"。教师问："其实吃月饼也是有学问的。老师这里有4个月饼,打算分给2个小朋友,你能帮我分一分吗?"以学生熟悉的分物情境来吸引学生,能激发小学生的好奇心,增强其求知欲和锻炼思维能力。教师接着提问："如果是2个月饼呢?"同时让学生思考每次分的同样多在数学上叫什么?学生根据旧知答出"平均分",这样就达到了从旧知"平均分"到引入新知话题的迁移。之后我继续给学生提出问题:如果只有一个月饼,还能平均分成两份吗?学生会给出每人分半个或一半的答案。此时教师提问学生如何切合理,让学生意识到"平均分"的概念,课件见图1。

图1 情景导入部分

这样通过三次分月饼,使得提出的数学任务与学生的现实生活经验密切相关,且起点低,在帮助学生建立自信的同时,激发学生的学习兴趣。

在认识月饼的一半怎样用数来表示的环节中,课件是这样设计的。教师请学生拿出手指指一指,月饼的一半在哪里?让学生明白只要把月饼平均分成两份,每一份都是月饼的一半。接着教师直接告诉学生"一半"在数学中是用"1/2"来表示。1/2也是一个数,叫作分数。在课件中按照分月饼过程出示平均分(在课件中的一半月饼中出示分数线),两份(出示分母2)中的一份(出示分子1),并告诉学生,这个数读作二分之一。对于新出现的数,首先直接介绍怎样用符号表示,如何读写才能效率高,学生印象反而深刻。之后再去讲解它的含义,有事半功倍之效。接下来我让学生和同桌之间轻声说一遍,是怎样得到月饼的二分之一的。学生讨论后再抽查询问几人,如果有学生答错我并没有直接纠正,而是借助生生之间的互动,让其他同学纠正,自主探究,既突出是"平均分"又经历了发现问题和解决问题的过程。

至此学生基础知识模糊的地方就暴露无遗了,在争论中自然得到解决。这个环节初听似乎有点小题大做,但根据新课程理念,转变数学课程的功能,把握数学教学的基本要求,使知识与技能、数学思考、解决问题、情感和态度都得到同步发展,则又显得十分必要。教师不仅教会了学生辩论的方法,锻炼了学生的思辨能力,而且明晰了概念,知道了实验验证的方法,学会了相互合作,独立思考而不固执己见,使学生的一般能力得到和谐发展。

二、在动手操作中让学生逐步理解

这一环节共分为两次折一折。第一次折纸是让学生想办法表示出它的二分之一，第二次折纸是让学生试着去创造一个几分之一。自主学习并非被动地记忆教师所传授的知识，它具有很强的实践性和感悟性。动手实践操作是思维的起点，有助于学生更好地学习数学。第一次折纸是为了巩固认识二分之一，我拿出一张长方形的纸，让学生试着表示出长方形的二分之一。提示学生先折一折，然后给长方形的二分之一涂色，或用斜线表示即可。学生给出的涂色方法有以下几种，课件见图 2。

图 2　第一次折纸

提问学生这三种折法为何各不相同，为什么大家都说涂色部分是长方形纸的二分之一呢？师生共同总结出表示二分之一和如何折长方形纸无关，只要是把它平均分成了两份，那么每份就是长方形的二分之一。从而体现平均分的重要性。

第二次拿一张纸折一折，你能试着创造一个几分之一吗？把你的作品和同桌的同学相互展示并说一说。学生会给出很多不同答案，课件见图 3。

图 3　第二次折纸

培养学生动手实践的能力是一个漫长的过程，不能毫无目的地一开始就放手让学生去“实践”，而应该探索合理的方式，让学生的实践活动有目的、有计划、分层次地进行，教给学生正确的操作方法，引导学生借助具体的实践操作理解数学概念和方法，“让学生亲自动手做数学，而不是用耳朵听数学和用眼看数学”。

从学生中收集的作品——用圆、正方形和长方形表示出的四分之一，让学生理解到不管是什么图形，只要是平均分成四份，涂色的正好是其中的一份，都是它的四分之一。学生的自主探究学习，离不开客观条件的限制，更离不开教师的及时引导和帮助，教师在自主学习取向的课堂中应分饰多角，在学生偏离主旨的时候，要及时引导；在问题解决策略“呼之欲出”的时候，做一个好的旁观者。

三、“动手”和“动脑”同样重要

新课改强调，学生要有“动手”和“动脑”的习惯。除了动手实践，教师还要尝试引导学生关注社会、感悟生活，积极参加社会实践活动，通过实践体验、交流深化，形成一定的思想观念，达到掌握知识、会学习的目的。在巩固应用部分，可设计四个环节：①估一估，培养分数数感；②在生活中找分数（国旗、风车、巧克力）；③游戏中的分数；④广告中的分数（分蛋糕）。教师要时常鼓励学生多问“为什么”，并让学生说说自己是怎么想到的，鼓励学生不懂就问；引导他们尝试自己解疑，让学生养成多思考、多提问的习惯，感受自己探索答案的乐趣。

随着基础教育的不断推进，真正做到“把课堂还给学生，让课堂焕发生命活力”已经不再只是口号，而应变成教师的教学观念和自觉的教学行为。教师应关注学生的发展，要把教学的“重心”放低，从“授之以鱼”改变为“授之以渔”，有目的、有计划地展开教学，关注每一个学生，让学生动起来，学会自主学习和合作交流。

教师引导学生做学习的主人，敢于提出不同的见解，充分发挥他们的学习自主性，培养学生独立提出问题的能力。教师还要顺应孩子们“好玩好动”的天性，引导他们在数学课堂上借助学具进行学习探究，真正做到学会自主学习、自主探究。

参考文献

[1] 杨佩佩. 小学高年级学生数学自主学习能力的现状调查研究 [D]. 秦皇岛：河北科技师范学院，2017.

[2] 张冲. 教学重心下移 关怀生命成长 [J]. 科技文汇（中旬刊），2010（3）：30-31.

农村小学中段语文阅读教学策略研究

天津市静海区第十三小学　杨　云

摘要:阅读是小学生进行语文学习的一个重难点,也是教师进行语文教学的难点。其核心难点在于学生觉得难以理解文段所介绍的内容。对于三年级及以上年级的学生而言,从文章的众多文字中提炼出中心思想并用自己的话进行准确、简练、通顺地概括是十分困难的。作为常年扎根农村进行语文教学的一线教师,我深感目前的农村小学,由于受学校图书配置、阅读课开设、学生家庭情况、学习阅读氛围等诸多因素影响,学生的阅读量少,阅读兴趣不高,即使有阅读兴趣,也停留在一些低质量的、不健康、负能量的读物上,这造成其阅读能力较差,达不到理想的阅读教学效果。因此,针对现阶段农村小学语文阅读教学的研究是十分必要的,对于培养和提高农村学生的阅读能力,具有十分重要的现实意义。那么针对农村地区当前阅读教学实际情况,如何在阅读教学中实现有效的教学是本文探讨的核心。本人结合已有的教学实践,以小学中段三、四年级为例,探讨在小学语文中进行阅读教学的有效方法,旨在探寻提高农村小学语文阅读教学水平。

关键词:小学中段;农村;语文;阅读教学

一、农村小学语文中段阅读教学中存在的问题

(一)农村学校办学条件欠佳

由于很多农村学校资金短缺,学校内部都没有一个像样的图书室,或图书馆藏书少且利用率极低,根本无法在本校学生中展开借阅活动;有些学校在班级设置了图书角,作为提高本班阅读能力的窗口,本来是很好的读书角,但由于部分学生不爱护书本,导致书本丢失或残缺,让图书角成了“禁区”,起不到作用。同时,许多学校对阅读教学不重视或者师资配备不合理,导致培养学生阅读能力的条件匮乏。这一系列的问题,导致农村学校未能为学生特别是中年级阶段的学生营造良好的阅读氛围,导致学生的阅读能力受限。

(二)学生的家庭缺乏阅读意识

农村相对比较贫穷,多数年轻的父母忙于生计,外出打工,把孩子留给文化水平不高甚至目不识丁的爷爷奶奶带,老人们溺爱孩子,无法在学习上给予孩子正确的引导。这部分学生自由散漫,极少接触课外读物,也根本体会不到阅读的乐趣。再者,部分家长不愿管教孩

子，认为读书无用，只要认识字就好了，出去打工一样赚钱；还有部分家长迫于生计，无暇顾及孩子的学习，这些情况都成了农村学生缺乏阅读的因素。

（三）农村学生缺乏阅读氛围，无阅读兴趣

农村学生从小缺乏阅读的氛围，没有养成良好的阅读习惯，大部分学生阅读积极性低，课外阅读量严重不足，这都造成了学生阅读水平低，口语表达能力差，作文水平低，大大影响了语文各个方面的教学效果，从而形成恶性循环。这使得他们越不能进行阅读，不能了解阅读内容的丰富性，越害怕进行长段落、大篇幅的阅读，日益觉得阅读对于自身来说是一件很困难、很无力的事。

（四）学生朗读效果不佳

在小学中段的阅读教学中，新课标关于朗读的目标要求学生“有感情地朗读”。这一目标就要求学生要理解文段内富有感情的语言，感受作者在课文中的思想感情，用一定的情感朗读课文，表现自己对作者当时情感态度的理解。这样的目标指向对于高年级的学生来说是可以通过教师引导和自己阅读文本得以感知的，进而达到一定的学习效果。但是对于小学中段的孩子来说，阅读教学课上仅仅通过教师引导、示范朗读是远远不够的。因此，如何在中段的阅读课上教会学生理解文章情感，在理解的基础上有效提高学生的朗读效果成为现在阅读课上的一大难题。

（五）抽象词汇难以理解

在阅读教学中，引导学生钻研文章是整个教学中的重要环节，而钻研文章，就是要从文段的组成部分，也就是字、词、句入手，最后延伸到段、篇。经过笔者翻看人教版小学三、四年级四本语文书，发现所选课文大多出自有名的现代文学家、散文家之手。由于这些文章都是经典作品，所谓经典，虽有一定的时代共鸣，但与21世纪的孩子的生活也有了一定距离。所以，学生在理解阅读过程中难免会遇到无法理解或与学生生活无关的词汇。因此，如何让学生更好地理解词汇，研读文章成为阅读教学中的一大难题。

（六）注意力易分散

学生的注意力分散主要表现在以下两方面。一是学生注意力保持时间不足。一般来说，小学生的注意力时间会随着年龄的增长而有所延长。科学实验表明，在一般情况下，中段的学生注意力时间基本保持在14~22分钟左右，因此，单靠老师的解说，很难使学生长时间保持注意力集中，这样就造成了课堂效率降低。二是教师制作的课件过于文字化。在阅读教学中，钻研文本是一项重要环节，也是必经环节。通常教师在使用多媒体课件时会用PPT或者WORD文本呈现出课文的重点词句，而在这一阶段的小学生仍对图片、色彩、视频充满了新鲜感，而对单调的文字常常失去耐心。但为了让学生更好地体会文字、把握情感，教师往往会将整段的课文段落呈现在课件当中，然后通过改变字体颜色或用横线、波浪线的方式标出重点语句。这样虽然能使学生更好地把握文本，但文字太多不仅丧失了多媒体课件生动形象展示内容的特点，还会使学生在这一过程中降低学习兴趣，出现注意力分散的现象。

二、提高农村小学语文中段阅读教学效率的策略

小学中段的语文阅读教学，是对一、二年级阅读能力的一次提高，也是为五、六年级进行大段落、长篇章的阅读学习打下基础。但在平时教学中，一些小学中段的学生在语文学习中最害怕也厌恶的就是阅读，一看到阅读题，就会产生畏难心理，认为这些阅读题是他们的知识盲区。在日常作业和考试中遇到阅读题时，只做那些一看就会的关于语文基础知识的题目，比如写近、反义词，给某些会认的生字选择正确的读音。遇到那些需要思考的，就选择直接跳过。甚至在期末的水平测试中，有些学困生选择丢弃分数，忽略这些令人望而生畏的“难题”。那么，周而复始，恶性循环，其阅读水平和阅读能力止步不前，阅读学习能力令人担忧。“段”是小学中段语文阅读教学中的一个重点，以下要从文章中最重要的组成“段”切入，谈一下对小学中段学生进行阅读能力培养的有效方法。

（一）培养学生读阅读段落的能力

在针对中段学生进行阅读教学时，要注意培养学生读段的能力。读不是单纯地会读，而是要帮助学生通过反复读、做标记等方式理解段落内容。首先对于语文学习而言，读是基础。在反复读的过程中，读懂文章，就可以解答出阅读题中理解类的问题。同时，要注意读段的方法。由于小学中段的学生相对来说比较容易读错别字和写错别字，所以在读段时，应让其读得通顺，读准字音，在此基础上注意停顿，通过对重点字、词、短语的准确停顿，流利地读完段落和课文，进而理解文章的内容。例如，诵读人教部编版四年级上册语文课文《陶罐和铁罐》，在读到“国王的御厨里有两只罐子……骄傲的铁罐看不起陶罐，常常奚落他”一段时，应先将“御”“奚”等难字在识记的基础上读顺。首先通过反复诵读，并注意读的语气，在读熟的基础之上有感情地朗读课文并理解课文内容。其次是要学会做标记，做标记能够让学生在阅读中更有目的性，更能提取有效信息。通过标记，不理解的或频繁出现的对理解文章中心有用的字词、句子，可以帮助学生提炼文章主旨，更好地为阅读活动服务。

（二）培养学生说段的能力

在常规语文教学活动中，教师会在读完一段之后，要求学生用自己的话来概括段落中所讲述的主要内容，这一将文本语言转化为自己的语言的过程，就是帮助学生提高提炼信息以及语言概括能力的好方法。学生开始描述段落内容时并不容易，甚至可能会出现不顾教师要求，直接用课文中的原文进行概括的行为。教师通过及时的提醒和引导，特别是关键词的提醒，让学生回忆起段落内容，并依据提示，如“时间、地点、人物、干什么”等将段落内容用自己的语言进行表述。久而久之，学生的阅读分析能力和语言表达能力都得到长足的提高。

当然,这是一个十分艰难的过程,也是教师帮助学生努力克服畏难心理,量变引起质变的过程。当学生克服了这一难关,将在语文阅读概括能力上实现质的飞跃。

(三)培养学生写段的能力

小学中段语文教学中一个重要的写作方法就是先概括整体内容,再具体感知局部。放在小学中段,就是在写段训练中,先帮助学生理解整个自然段的含义,再厘清句子与句子之间的内在联系。在读懂整段内容之后,在理解内容和结构的基础上,要求学生进行仿写训练,模仿是学会运用的开始。例如,在《爬山虎的脚》一文中对爬山虎的脚的样子的描写就是这样来的。

(四)以学生为主体,教师为主导

当前小学生在阅读方面存在着一些共性的问题。特别是农村地区的学生,在这方面更为凸显。其突出表现在三个方面,即难以理解自然段的意思、难以划分段落层次和难以归纳文章中心思想,这与教师在阅读教学中使用的方法有关。很多教师在进行阅读教学时,不注重方法的教授,不是引导学生寻找并总结文章的重要关系、答案的探求过程,而是常常将这些知识直接传授给学生。教师在阅读教学活动中必须要坚持以学生为主体,引导学生采用自主探究式的学习方法,在整个阅读教学中,让学生掌握探求知识的主动权。教师只需引导学生掌握学习方法,启发学生的思维。教师一定不能替代学生完成对段落思想和文章中心思想的理解,让学生产生依赖感,从而丧失了独立阅读的能力。要及时高效地进行阅读方法的训练和传授。

总之,作为农村小学语文教师,面对农村地区存在的实际教学困难,我们要迎难而上,探求新的策略,进行有效性阅读教学,克服农村小学当下面临的教学困难,在探索性的语文阅读教学实践中,不断摸索出提高学生语文阅读能力的有效方法,帮助学生更好地提升语文核心素养。

浅谈农村学校艺术教育现状

天津市静海区第十三小学 白瑞萍

摘要：艺术教育作为素质教育的重要内容，在青少年的教育中起着重要的作用。虽然艺术教育工作在我国开展得非常顺利，但由于城乡差距的原因，农村地区的艺术教育开展起来却举步维艰。我们要从客观实际出发，剖析原因，联合多方面力量，让艺术教育在农村地区得以普及和发展，让农村地区小学生接受艺术的洗礼，在艺术世界里自由徜徉。

关键词：艺术教育；农村学校；学生

艺术教育作为美育的重要组成部分，是以文学、音乐、美术等作为艺术手段和内容的审美教育活动，以培养鉴赏能力为主，创造能力为辅，使受教育者在欣赏优秀艺术品的实践中学习审美知识，形成审美能力。全国政协委员、篆刻艺术家骆芃芃曾说："对青少年进行艺术教育如同在他们的生命中种下一颗艺术梦想的种子，如果发芽了他们就很有可能成为真正的艺术家，普及艺术教育是学校全面发展素质教育的重要内容。"

天津市静海区第十三小学是一所处于城镇周边的农村学校，通过对我校学生的调查分析得知，我校现有520名学生中，学习掌握三项以上艺术技能的人数为零，学习掌握两项艺术技能的学生不足10名，学习掌握一项艺术技能的学生共63名。本地区农村学校的情况大致相同。从调查中可以看出艺术教育在农村学校的普及率较低，艺术教育还是农村学校教育的一个盲点。

艺术教育工作在农村学校没有得到较好的发展，落实不到位。针对这些问题我从以下几个方面浅谈农村学校艺术教育开展难、发展慢、普及率低的原因和改进建议。

一、农村学校艺术教育工作开展难、发展慢、普及率低的原因

（一）农村地区学校对艺术教育的重视程度低

俗话说："学好数理化，走遍天下都不怕。"大多数农村学校的教育模式还都是以应试教育为主，靠成绩说话，靠升学率说话。重视语数外等主课教学工作，而忽视音体美三小科的教学工作，认为这些艺术课程既不参加升学考试，又耗费人力、物力、财力。只把三小科作为学生学习疲劳时的一种"调味剂"，在学校教学中仅仅起着休闲娱乐的作用，艺术教育在农村学校失去了它真正的意义和目的。

（二）农村学校教师身兼数职，艺术水平及待遇较低

虽然近几年农村学校也开设了社团活动课程，如舞蹈、合唱、美术、书法等课程，让学生根据自己的兴趣爱好及特长选择一种艺术课程进行学习，但由于经费不足等原因，这些艺术课程基本都是由非艺术科班出身的语数外等主科老师来兼任，间接培养农村学生的艺术修养。由于他们身兼数职，艺术水平有限，教授的内容专业性欠佳，学习成果往往形似而不神似，甚至出现了让学生根据网络视频自学的现象。还有些社团的艺术课程形同虚设，因此学生的艺术技能得不到更高更快的发展。即使有些农村学校高薪聘请专业的艺术教师为学生开展某些艺术课程，但受农村学校场地及教育经费的限制，也只有极少数有艺术功底和天赋的学生参与艺术课程学习，并不能达到全面普及艺术教育的程度。

农村学校的艺术教师人数较少，不利于开展艺术教研、课题研究等活动，加之地处农村、消息闭塞，教师参加外出进修、培训的机会也少之又少，农村教师往往停留在"吃老本"的状态，艺术水平难以提高。另外艺术教师上两节课的课时费都抵不过主科教师上一节的课时费，计算教师工作量时亦是如此，这种待遇上的差距直接导致艺术教师的工作积极性不高，影响着农村学校艺术教育的发展。

（三）家长对艺术教育的认识和重视程度偏低

农村家长大多以务工务农为主，文化程度较低，知识面较窄。每日忙于耕地、打工维持生计，对孩子的关注度不够，在大多数农村家长的眼里只要孩子在学校认真听课，回家后能够按时完成作业，他们就满足了。有些家长甚至连自己孩子的学习情况都不甚了解，仅仅满足于孩子吃饱穿暖，不调皮惹祸就可以了。大部分农村家长对子女教育的认识还是狭隘的，对艺术教育的认识更是偏激，认为学艺术又不能填饱肚子当饭吃，这种看不见摸不着的东西没有任何意义。由此看来，艺术教育得不到家长的支持与配合，学生空有对艺术的一腔热血，也难以得到良好的艺术素养发展。

（四）农村学校及家庭开展艺术教育的经济压力大

通过调查了解到，随着农村耕地面积减少，大部分农村家长多以打工为生，收入也随之减少；又因其自身文化程度不高，只能够卖些苦力赚取微薄的收入，而现在艺术培训机构收费又比较高，所以要想培养孩子学习一门艺术技能的经济压力很大。这种来自家庭的经济压力会导致孩子的艺术生涯半途而废。

对于学校而言，农村学校学生人数不多，每年学校教学设备及教学环境都需要升级更新，且每年学校还要组织各种各样的必要活动，所以没有过多的教育经费来支撑艺术教育的开展。另外，学校的艺术专用教室，如舞蹈室、书法室、美术室、合唱室等都不达标，相对比较简陋，艺术专用品如器乐等都比较陈旧，甚至有些乐器已经不能使用。由于经费不足，导致学校无力开展器乐课等艺术课程，造成学生对很多乐器没见过、没听过或者"对不上号"的现象。可以看出，学校教育经费不足制约着艺术课程的设置门类。

二、从客观实际出发，解决艺术教育实际问题

（一）从家长的教育观念入手，使家长认可艺术教育

学校开展艺术节、合唱节等艺术活动时请家长到校欣赏孩子的表演，家长感到高兴的同时也提升了他们的艺术审美能力，使他们产生艺术想象，让家长看到孩子在艺术表演中不经意流露出的快乐，看到孩子的闪光点和更大的发展空间。同时学校及老师也要大力提升学生的艺术水准，争取使学生走出学校，走向更大更高的舞台，绽放艺术教育带给他们的自信和美丽，从而开阔家长和学生的视野，改变家长对艺术教育的认识和看法，使农村学校的艺术教育工作得以进一步推进。所以，只有得到了家长的支持与认可，才能更好地推动学校艺术教育的发展。

（二）加大对农村教师艺术素质和技能培养的力度

虽然农村学校的教师配备、教学场地、教育经费等因素是农村学校短时间内无法克服的，但农村学校可以从其他途径入手弥补艺术教育的缺失。大力培养农村教师的艺术水平，组织农村教师积极参加上级部门举办的艺术培训活动，努力创造与艺术特色校的沟通及学习机会，让农村教师都有艺术特长，通过提高农村教师的艺术修养来增强农村学生的艺术修养，实现每个教师都能辅导一门艺术课程的能力。积极组织教师进行艺术教育课题研究、教学研究，开展艺术水平评比活动，充分调动教师进行艺术探索的积极性。

（三）让学生充分接受艺术教育的洗礼

作为农村学校的一名音乐教师，我每年都带领一些学生到城里参加艺术节演出比赛。但我发现，当我们的学生与城里的学生同台演出时，能够明显地看出我们的学生流露出来的紧张感、焦虑感和对舞台的陌生感。这种对舞台的陌生感总是导致他们发挥不出自己真正的实力，而城里的孩子有丰富的舞台表演经历，他们的表演不仅充满亲和力，能够抓住观众的眼球，走到观众的心里，更能够自信自如地表现出艺术作品的意境。我想这就是我们同城里学生的差距，并不是农村学校的学生天资不足或者技能差，主要是缺乏自信心，这种自信心需要在后天环境中培养。我们要给予学生更多的赞美，使他们看到自己的闪光点，给予他们充分的艺术想象空间，让学生表达艺术作品时能够展示出对作品的理解和感受。除此之外，教师要努力提高农村学校学生艺术水平，争取获得更高层次的展示平台，与高手较量，与高手交流学习，这不仅能提高学生艺术审美能力，更能提高学生对艺术的追求。随着展示机会的增多，学生的自信心和舞台经验也会更加丰富。

（四）培养师生艺术创造能力

农村学校存在教育经费不足导致无力购买艺术教学用具的问题，但这并不是不可解决

的。一方面，我们可以通过师生合作的方式动手设计、创作出一些新颖、简易的艺术教学小道具，并创作出充满趣味的、有特色的艺术作品。既培养了师生实践能力、创作能力，又能为农村学校节省不少的艺术教育开支。另一方面，可以结合本地的特色文化，创作出具有地方特色的艺术作品，这样既有利于学生对当地文化特色的理解和传承，更有利于学生创造能力的培养。

三、总结语

城乡差距造成城市学生既享受着丰富的物质资源，又享受着丰富的艺术资源，而农村学生却像井底之蛙一样在仅有的那一点光亮下看着这个世界。艺术教育作为素质教育的重要内容，我们要让艺术之光照进每一位农村学生的心中，让每一位农村学生都能乘着艺术的翅膀在未来的天空自由翱翔。

参考文献

[1] 顾明远. 教育大辞典 [M]. 上海：上海教育出版社，1998.
[2] 李志勋. 试谈薄弱学校的艺术教育工作 [J]. 辽宁教育，2018(24)：70-71.

如何营造良好的语文课堂氛围

天津市静海区第十三小学　陈　蕾

摘要：营造良好的课堂气氛，已成为教师主要的教学工作内容，这也是提高语文教学成绩和培养学生学习能力的有效途径。在实际工作中教师会遇到一些困难，为解决这些困难，教师需要结合学生情况做出一系列的尝试，努力营造良好的语文课堂氛围。

关键词：小学语文；课堂氛围；农村教学

良好的课堂氛围有助于学生形成积极的心理状态，并在轻松愉快的环境中与教师互动；有助于学生充分参与课堂活动，体现学生的主体性，让学生更好地吸收所学的知识。相反，如果课堂上一片死气沉沉，教师照本宣科，学生机械地完成听讲、练习、测试等一系列活动，随着时间的推移，学生将对该学科失去兴趣，相应地对学习效果也会产生一定的影响。因此，创造良好的课堂气氛要求教师在课堂上与学生一起制定一系列的教育教学方案。这对教师而言是一个很大的挑战，这要求教师不仅需要提高自身的文化修养和课堂教学生成能力，还要十分清楚学生的知识基础，就这点而言，教师在工作中一般会遇到以下困难。

学生基础薄弱。农村小学中的学生知识水平一般都局限于语文课本，由于课本知识有限，有些学生又不能尽数掌握其中的内容，当教师提出有点困难的问题时，只有极少数学生可以参与互动，很难达到理想的教学效果。

学生意识不强。有些学生习惯于以前被动接受知识的学习方式，没有养成勤动脑的习惯。灌输式的学习方式，使他们变得懒惰，对于教师教授的东西全盘接受，只注重学习书本上的知识，对于课堂上延伸性的知识没有兴趣。

学习环境影响。班级的整体学习氛围对个人有很大的影响，良好的课堂氛围能使沉默内向的学生变得开朗；同样，紧张的课堂氛围可以消除学生提问发言的热情。

那么，如何应对以上的客观问题？如何营造良好的语文课堂氛围呢？我在教学过程中做了以下尝试。

一、建立和谐的师生关系

从幼儿园小朋友到小学生，孩子们要迅速完成身份的转化。考虑到教学成绩的要求和学生行为习惯的养成，教师会十分注重课堂上学生的纪律，因此，学生很容易就此形成沉默的习惯。这就要求教师充分发挥“亲师信教”的心理作用，强化教师的爱心作用。从踏入课堂的那一刻起，教师必须有意识地将微笑带入课堂，将鼓励带入课堂，将竞争带入课堂。从进入班级的一刻起，教师应有意识地让自己的眼睛、表情、言语和行动中都充满爱，并用自己的形象来感染学生。为学生的学习指明方向，营造轻松和谐的教学氛围，这种良好的师生关系可以产生强大的动力，推动师生共同完成教学任务，实现教育目标。

和谐的师生关系不是在一两节课上形成的，而是在日常接触中逐渐培养出来的。教师良好的言行、平易近人的态度和对学生的关注可以使他们在学生中树立声望，让学生感到教师是可敬的、可信的。平日教师对学生的简单问候和关注可能会让学生对教师产生良好的印象。我在教学工作中，没有根据成绩好坏而对学生进行评判，没有用有色眼镜去衡量学生，热心帮助有困难的学生，耐心地说服顽皮的孩子。这些都使教师能够与学生建立良好的师生关系，为创造良好的课堂教学氛围奠定坚实的基础。

二、设计多样的教学形式

小学生思维一般都非常活跃，具有很强的自我表现欲，他们对新鲜有趣的事情比较感兴趣。但是，他们注意力容易分散，自我控制能力差。鉴于小学生的特点，在教学过程中，我经常会将学生喜欢的游戏和表演等娱乐形式融入课堂中。通过参与游戏、角色表演和其他形式，激发学生的好奇心和学习兴趣，可以让学生慢慢进入良好的学习状态。在课堂上，根据教学需要，教师可以适当地安排小游戏或角色表演，调整教学节奏，激活课堂气氛，减少学生的无聊和疲劳感，并将注意力重新集中在课堂上，从而提高课堂教学的效率。

从视觉吸引力着手，教师可以使用多媒体来激发学生的学习兴趣。多媒体已成为当今教学过程中不可或缺的教学工具。通过多媒体工具完成图片和情景的再现，使用自定义动画、视频插入等形式可以使书本上的知识活灵活现地展现在学生面前，让学生摆脱单一死板的书本知识。例如在讲授《雪孩子》一课时，为了让学生感受美丽的雪景，教师可以搜集一些雪景的图片，再搭配上适当的背影音乐，制作成循环播放的幻灯片，学生在观看过程中被代入到教学情境中，在直观的学习过程中完成学习任务，激发了对于语文学科的热情，并积极参与到课堂学习氛围中。

教师在课堂上将学习的主动权还给学生，通过不同层次的问题测试学生的掌握程度，随机改变教学策略，让不同层次的学生有机会发言并增加课堂参与度。借助这种手段，教师也能减少强调课堂纪律的频率，通过这种提醒式的方法把孩子的注意力重新拉回到课堂中。

三、课堂提问改善氛围

受自身教育背景的影响，一些教师不愿意特意活跃课堂氛围，或者不知道如何营造轻松的课堂氛围，担心学生过分积极，思维太过于发散，导致课堂气氛太过活跃，进而不得不放慢教学进度，故此逐渐形成了灌输式的教育。课堂上老师兴致勃勃地演唱着“独角戏”，讲台下的学生却丝毫不为之所动，眼神一片茫然，课堂中缺乏生机与活力。由于缺乏反馈，教师很难掌握教学速度；由于激发不了学习兴趣，学生也没有足够的学习动力。为了改变这种传统的教育理念，营造活跃的课堂氛围，让学生真正成为学习的主人，在教学中，教师可以设置一些有趣的问题，让学生在生活中找到参照点，使书本上的知识与生活产生关联，从而调动学生的学习积极性。在思考问题，分析问题和解决问题的过程中，学生逐渐形成探索意识。

说明问题后，教师应鼓励学生积极参与，不要害怕答错而被同学笑话或者被老师批评，勇敢地去尝试。首先，给学生思考时间，耐心等待学生回答，并根据学生的认知水平进行有指导性的评价。其次，不要规定唯一的标准答案。当学生的答案超出老师的预设时，教师不要盲目否定学生，只要学生能够给出证据、说出理由，都要对其进行肯定。当学生的答案有些偏颇时，教师须委婉地指出不足之处，耐心地提出改正意见，保护学生的自信心和学习热情。只有教师尊重学生的意见，进行适当的评价，才能在课堂教学中营造民主、和谐的学习氛围。只有当学生感受到成功的喜悦时，才能激发他们对知识的渴望并积极参与到学习活动中。只有在轻松愉快的课堂气氛中，学生才能放下思想的负担，敞开心扉，发散思维，畅所欲言。

另外，在教学过程中，教师应该在学生遇到困难时给出指导，提出建议。让学生逐步培养独立思考的能力，并在完成学习任务后能独立解决相似的问题。面对学生在讨论中争议较大的问题时，教师要耐心回答学生疑问，解除学生困惑，使学生在争论的过程中不断修正自己的思路，用辩证思维加深学生的印象。

四、提高教师本身的修养

要想成功营造良好的语文课堂氛围，上述的教学手段是远远不够的。好的技巧需要足够的知识储备才能达到预期的教学效果。教师应从两个方面入手：学科专业知识和教学经验。一方面加强专业知识的研究，认真阅读教材，整体把握小学语文的知识脉络，这样才能得心应手地开展教学；另一方面，教师应该提高自己的素质，用自己的言行感染学生，让每个学生在课堂上感受到教师的教学魅力。教师自身的教学魅力可以影响学生，使学生在情感上产生共鸣。在漫长的教学过程中，教师逐渐形成独特的教学风格，学生也在长期的互动中习惯于发表自己的见解，师生之间的持续合作，使得双方都朝着共同的方向进步。教师的努力对学生而言是一种引领，教师的水平决定了教学的效果，如果每位教师都能做到这一点，运用不同的个性魅力来激励学生、感染学生、引导学生，才能营造出良好的学习氛围。

简而言之，形成良好的课堂气氛是一个漫长的过程，需要教师持续的努力，树立以学生为主体的观念，提高自身的文化素养，及时更新教育观念，在自己的岗位上不断摸索，逐步形成良好的语文课堂氛围。

论小学足球教学方法及对策研究

天津市静海区第十三小学　邢玉朋

摘要：小学的足球课教学作为小学体育教学中的重要组成部分，已经成为很多小学用来提高学生身体素质，培养学生团队协作能力的重要途径。下面我将以小学足球课教学方法为主题，通过对小学足球课教学的重要性、发展的现状进行详细分析，并以此为基础，再分析提出一些有利于小学开展足球课教学的相关方法，同时也对提升小学足球教学效果提出一些措施和建议。

关键词：足球教学；教学方法

一、小学足球教学重要性

小学体育中足球教学属于体育教学中的重要组成部分，是帮助小学生增强身体素质、实现素质教育的重要途径。现在，很多小学生由于缺少体育锻炼，使得学生本身的身体素质较差，影响到学生的身体健康，所以加强学生体育锻炼是增强学生身体素质的重要途径。足球锻炼不仅可以有效提升学生的身体素质，而且还可以培养学生与学生之间的合作意识、团体观念，为小学生多方面的健康成长奠定基础[1]。

二、小学足球运动存在现状分析

随着素质教育的不断发展，体育、美术、音乐等科目也成为学校发展的重点，其中，在体育教学方面，各学校也都加大了投入。但由于各学校教师配备和基础设施差异比较大，所以各学校开展情况也各有不同。一些规模较大的学校的教师配备完整、基础设施条件比较优越，所以开展得比较好，但大多数规模较小的学校没有专业的足球教师，场地器材不完善，所以造成开展效果并不是很理想。

三、小学足球教学存在问题

1. 认知问题：不重视足球教学

虽然我国正在普及素质教育，而且目前各地区对体育、艺术教育的认知也有所改善，但最终评判一个学校好坏的仍是学生考试成绩，所以造成各学校有普及素质教育的意识，但各学校的教学计划重点仍然集中于数学、语文、英语等主流学科上。和这些主流学科相比，体育教学的发展相对就缓慢许多，并且在很多情况下，体育课程教学并没有固定、完善的教学任务和教学目标，只能凭借体育教师自身的专业能力来完成教学任务，这是许多小学体育教学的发展现状。

与体育教学相比，足球教学更是处于滞后的发展状态，由于在足球运动中经常出现一些磕碰，容易对学生造成一定的意外伤害，再加上现在的家庭都比较疼爱孩子，害怕孩子出现伤痛，所以造成了足球运动开展的效果并不是很理想。

2. 人才问题：教学队伍不完善

在足球教学上存在的人才问题尤为突出，大多数学校体育教师的配备根本不足，但为了达到国家课程的安排要求，只能让其他科目的教师兼职带体育课。但其他科目的教师由于不具备上体育课的能力，所以最终只能改成上语数外等科目了，再加上有的体育教师并不是足球专业出身，当这些老师想开展足球运动时只能够传授给学生一些简单的动作，不能够让学生系统地学习足球这项运动，难以调动学生对足球的兴趣。

3. 方法问题：缺乏行之有效的教学方法

由于足球教学自身的特点造成足球运动在体育教学过程中没有占据重要的地位。一方面是因为学校管理层和部分体育教师不重视足球运动；另一方面，也是因为缺少有效的教学方法，造成学生不愿意参加足球运动，而教师也没有形成积极的工作态度，最终致使足球教学逐渐沦为体育课中的一种“调味剂”，可有可无。而且很多体育教师在开展足球教学过程中，也不运用相对有趣的教学方法，也不对足球运动进行详细介绍和基本动作讲解，一般情况下，教师只是将学生分成两组，围着一个足球乱踢，结果一节足球教学课下来，学生们连足球最基本的运动竞技知识都没有学会，更不用说提升或培养学生们的足球运动意识和技战术水平了[2]。

四、小学足球教学方法及对策研究

1. 小学足球课教学方法

在小学阶段，小学足球教学只是处于摸索起步阶段，也可以说，只是一些体育教师利用在小学体育课的教授过程中，对小学足球教学进行探索性教学尝试。因此，需要建立一套小学足球教学法，以此来推进循序渐进的小学足球教学活动，通过明显的教学效果为足球教学争取到在小学体育课程中的地位。

小学生不具备自主学习的意识和能力，在这种情况下，就需要体育教师依据足球教学课程的要求，将足球运动的要点进行逐步详细的讲解，与学生进行面对面地交流，尽可能丰富学生的知识储备量。掌握足球运动理论知识只是开展足球教学的基础，所以必须要督促学生加强足球运动练习，帮助学生理论联系实际，才能让学生真正达到认识足球、喜欢足球、学习足球的目的[3]。

学生是足球教学中的唯一客体，也是足球教学的核心，因此，在运用小学足球教学法的过程中，一定要在足球教学过程中安排学生之间的讨论环节，在教师教授、学生练习之后，引导学生有针对性地对从本节足球教学课中学到的知识进行分组讨论，让学生把心中的疑问，尤其是对每一个足球要领所产生的疑问进行相互交流，最后由教师总结，并针对大家共同的疑问进行集中解答，最终达到完善教学的目的。

总之，小学足球教学法，从具体的运用意义上来看，其实和小学足球教学课程存在密切的联系，是有助于足球教学发展的一种细化，是教师主导行为的一种体现，通过教师授课、学生练习、学生讨论等环节，将小学足球教学从辅助体育教学的手段上升成主体教学，这一方法为加强足球教学提供了方法借鉴[4]。

2. 游戏教学法增添课程学习兴趣

对于小学足球教学法来说，游戏教学法更像是针对小学足球教学提出的具体实施方法，游戏是小学生最热爱也是最感兴趣的一种活动方式。教师可以把那些说教改成游戏规则，从而更容易让学生接受，也大大地提高了小学生学习足球的兴趣。

（1）接力带球游戏

在足球游戏教学活动中，带球接力跑，就是把所有学生平均分成若干组，每组第一名队员听到口令后在 50 米的跑道上开始带球前行竞赛，到达终点后传给对面的队员，如此反复，直到所有队员都完成带球跑，即为结束。

通过这种游戏的竞争，可以有效地提升足球教学课的趣味性，同时让越来越多的学生开始喜欢上类似这种充满竞技魅力的运动，以达到调动学习积极性的效果。

（2）传球障碍跑

传球障碍跑也是相对简单的游戏训练法。教师把学生平均分为若干组，进行激烈的竞技游戏。每组同时有两位队员在运球通过各种障碍（比如绕过标志物、跳过小木凳等）时完成相互传球，直到把球传递给下组队员。为了增强游戏的趣味性，教师可以把接力跑与传球障碍跑结合，学生喜欢这种认知简单，而且竞技性、趣味性都比较强的游戏活动。这种游戏不但满足了小学生爱玩的天性，也起到了巩固足球带球过人、跑动传球的技巧。

通过游戏教学法可以达到明显的教学效果，能够充分调动学生学习足球的积极性，从而达到较为明显的足球教学效果[5]。

五、完善小学足球教学发展对策

1. 认知对策：改变教学态度，建立学校足球教学应用机制

足球运动作为小学体育教学的重要组成部分，不仅能够有效提升学生的身体运动能力，而且可以增强学生之间的团队协作能力和临场分析能力。为了使小学足球教学有更好的发展，首先要让学校管理层正确认识足球教学对小学生的重要性。

学校不能将发展重点只放在核心学科的教授之上，而是需要在保证不影响核心学科教学的基础上，也要将精力放到支持体育教学、重视足球教学上，加强足球教学的应用管理机制。

2. 人才对策：内部培养与外来引进相结合，改善人才不足

学校在体育教学的过程中可能存在人才不足的问题，需要结合学校自身发展实际，有效地对内部人才进行培养，并根据需要从外部引进优秀专业人才，从而改善人才的不足，以此来弥补学校本身在人才发展上的缺陷与不足[6]。

内部培养是学校实现人才发展的最主要方法，利用学校内部专业对口、经验丰富的体育教师，学校可以增加其外出学习、专业函授、提供学习资源与环境等途径培养具有潜力的教师。

外部引进则是学校弥补人才缺失最简单有效的方法，在很多情况下，如果学校发现体育教学存在发展不足时，仅仅依靠内部培养是不能够在短时间内解决问题的，这时，就需要通过引进校外的专业人才，解决相关人才不足的问题[7]。

参考文献

[1] 高源. 试论自我效能感培养对提升足球教学效果的意义 [J]. 体育科技，2013(11)：11-14.
[2] 冬继峰. 足球意识在足球教学过程中的培养研究 [J]. 青春岁月，2011(8)：23-24.
[3] 王峰. 浅论游戏在足球教学中的作用 [J]. 体育科技，2013(9)：2-4.
[4] 罗璇. 浅析高校足球教学改革 [J]. 教师，2014(1)：7-11.
[5] 柳河. 足球教学现状分析与创新之路 [J]. 赤峰学院学报，2012(10)：21-22.
[6] 杨德霖. 足球教学训练问题研究 [J]. 当代体育科技，2012(1)：10-12.
[7] 杨晗. 足球游戏在足球教学训练中的运用 [J]. 思茅师范高等专科学校学报，2012，28(3)：39-41.

浅析运用乡土资源进行创新型美术课堂

天津市静海区第十三小学　许　欣

摘要：在农村小学美术课上，教师可以拓展美术课堂的素材和活动空间，引导学生把美术学习与乡土资源相联系，充分发掘农村自然资源。更好地引导学生把美术学习与周围环境和自身的生活经验相联系。充分发掘农村本上资源，上出具有农村特色的美术课。

关键词：乡土文化；美术教学；创新型教学

当今，农村小学美术教学由于受到师资力量薄弱、学生自身的个体差异、资源匮乏等方面的影响，美术课堂教学效果不尽人意。为提升农村美术课堂教学质量，挖掘和利用本地乡土资源融合到农村小学美术课堂教学之中，创新美术课堂教学形式，不仅可以激活学生的学习兴趣，还能拓展学生的创新性思维，提高美术课堂教学实效，突出本地美术教学特色。在新的教学理念下，开发和利用乡土资源开展丰富多彩的美术教学，使美术课堂和本地生活紧密相连，激发学生的学习兴趣，提高学生的审美意识和人文素养，从而达到提高农村孩子的审美能力和创新能力。

在农村小学美术课上，教师可以拓展美术课堂的素材和活动空间，引导学生把美术学习与乡土资源相联系，充分发掘农村自然资源。更好地引导学生把美术学习与周围环境和自身的生活经验相联系。充分发掘农村本土资源，上出具有农村特色的美术课。那么教师如何运用乡土资源进行创新型美术课堂教学呢？

一、乡土资源在农村美术课堂教学中的作用

农村美术教师由于受到资源的限制，从而觉得现代教学手段在农村美术课堂教学中无法实施。因此，绝大多数农村美术教师认为美术教学落后的根本原因在于落后的条件。细思其实不然。农村学校拥有城镇学校没有的丰富多彩、取之不尽的乡土资源，农村教师在课堂教学过程中，要深入挖掘乡土资源，将乡土资源融入日常美术课堂教学中，为学生营造良好的美术学习氛围，让学生对美术产生兴趣。这样不仅丰富了美术教学的内容，创新美术课堂的教学形式，还突出地方美术课堂教学的特色，打造创新型美术课堂教学。

二、发掘乡土资源，创新美术课堂

农村有着丰富可利用的乡土资源，这正是美术课堂教学开发与利用取之不尽的课程资

源。美术教师应充分利用和挖掘当地的乡土资源创造出具有当地乡土特色的美术教学课堂。

在课堂教学中教师应配合美术课程资源的开发和利用，充分利用其地域乡土资源，把农村特有的动物和植被运用到美术课堂教学中，如河边的鹅卵石、庄稼的秸秆、粗糙的树皮、田野的黏土、家禽的蛋壳等都是美术创作的好材料。

自然资源也是乡土资源的一部分，农村环境有着其特殊的自然风光，对于一年四季的变化，农村的学生要比城市的学生感受更深，春天的嫩绿色枝芽、夏天的深绿色树林、秋天的金黄色麦田、冬天的银白色房屋等，一年四季的色彩带给学生视觉上的冲击和感受。教师可以积极引导学生观察自己身边的事物和乡村景象，在熟悉的自然环境中发现美，在身边的事物中创造美，在绘画中感受美。让学生接触大自然，感受大自然的神韵和魅力，这样不仅陶冶了学生的情操，还让学生产生了对美术创作的热情和灵感。通过对乡土资源的运用激发了学生对美术创作的兴趣，提高了学生的审美能力和创新型思维能力。这种创新的美术教学形式，使美术课堂教学更加丰富多彩，生机盎然。

这样美术教学以自然资源为素材，鼓励学生就地取材发挥想象力和动手能力，在日常的美术教学中配合课程资源，教学中充分利用学校身处农村的地域特点，把能进行美术创作的动植物材料带到美术课堂上来，把美术教学活动搬出教室，以农村特有自然环境为场所让学生从心里感受家乡不同的美，使学生们在日常生活中发现身边的美，并且创作出具有农村乡土特色的美术作品。

三、善于发现可利用的乡土资源

在美术教学中农村的哪些乡土资源可以被我们再开发和利用呢?

1. 拼贴画教学

充分挖掘具有农村地方特色的创作材料，如麦秆、秸秆、茅草干、种子、蛋壳等，利用它们的自然形态拼贴成与其相似的各种图像。把这些农村特有的美术材料收集起来，变成农村美术课堂的素材，表现出具有乡土特色的建筑、民俗风情、农村孩子的生活以及他们眼中的世界。让学生在主动学习中创造美。

2. 泥塑造型教学

农村有着丰富的泥土资源，多数的农村学生有玩泥巴的经历，开展泥塑教学可激发学生的学习天性。抠一块田野里的黏土，做出自己喜欢的东西是农村孩子的手工课。例如，让学生用黏土捏成在农村中处处可见的公鸡形状，用落叶剪出鸡冠贴在头部，用豆子做眼睛，再把几根鸡毛插在尾部，一只活生生的公鸡就展现在我们面前了。随处可见的黏土通过学生的艺术创作变成了一件件精美生动的艺术品。泥塑教学的学习不仅提高了学生的美术素养，还提高了农村学生的动手能力，保持了农村学生对美术学习的热情。

3. 线描写生教学

在写生素材的选择上应注重那些靠近农村学生生活的内容，稻田、房屋、农具、家禽都是良好的写生素材。学生在这种乡土文化的情感基础上可以描绘出更细腻生动的画作。

四、利用传统节日资源进行美术课堂教学

传统节日是乡土资源重要的一部分，它既是民族文化的载体，又是重要的美术资源。

学生走进本地传统节日，亲身参与节日活动，去体验农村美术在传统节日中最具特色的美术元素，也是学校美术教学的补充。在美术教学中，通过家乡的除夕“守岁”、贴门神、贴春联、贴年画、挂灯笼，人们则换上带有喜庆色彩和图案的新衣。

元宵节“舞龙”的习俗、传统的端午节等活动让学生感受节日盛况和节日氛围，让学生对民间文化进行审美体验，了解民风、民俗及相关知识。激发学生热爱家乡文化的艺术情感，使学生产生一种表现美、创造美的欲望，为课堂教学奠定良好的基础。

通过挖掘与开发地方乡土艺术资源，设计多种多样的艺术活动，为学生提供生动有趣、丰富多彩的乡土艺术内容和信息，通过课堂教学和课外实践活动，让学生“走进艺术，感受艺术”，使学生在设计制作中创造美，在生活运用中感受美。

在教学过程中，每个教师都知道教具的重要性，它的直观作用不可小觑。但由于条件的限制，农村学校缺乏现成的模型教具，如何弥补这个不足呢？这就需要我们农村教师开动脑筋，运用自己灵巧的双手，对周围常见物品或废弃材料进行加工改造，使之成为一件精美、形象的教具。比如，到田野采集植物叶茎或捕捉昆虫做成标本，可供学生在自然课观察，了解动植物的生理形态；也可利用大豆做成计数器辅助小学一年级的算式或计数教学；或用萝卜、蛋壳之类作为原材料，制作成各种工艺品，作为美术课的示范作品或鉴赏物；还可激发学生动手用树枝自制柳笛，作为音乐课上的一种伴奏乐器。这些不仅给我们教师创造了动手动脑的机会，提供了施展个人才智的平台，而且在教学过程中充满了无限乐趣，从而提高教学效果。

五、乡土文化与校园文化相结合

乡土文化与校园文化相结合，提高学生的审美能力。在农村美术教学的过程中，乡土文化资源是我们教学中取之不尽、用之不竭的文化资源，也是农村美术教学过程中的特色。为此，教师在美术教学过程中，要将乡土文化资源与校园文化有机结合起来，多开展丰富多彩的校园美术活动，利用校园文化墙和宣传板，宣传家乡的乡土文化，让学生们在乡土文化的氛围中开展美术教学活动，提高自身的审美能力，最终促进日常化美术教学质量的提升。

由此可见，乡土文化资源有着其重要的作用，可为其美术教育的发展助一臂之力。在农村美术教学过程中，教师充分利用乡土资源进行美术课堂教学，不仅能激发学生学习美术的

兴趣,还能培养学生的创新性思维和审美能力,提升农村美术教学效果。

我们作为新世纪的农村美术教师,就应改变自身陈旧的教学理念,提高教学的创新意识,利用课余时间多做深入钻研,积极开发和利用身边的乡土文化资源,为农村教育事业贡献出自己的智慧与力量。让身处农村的学生也能用自己的画笔画出丰富多彩的世界,用画笔点亮孩子们丰富多彩的世界。

浅谈小学语文三年级写作指导方法

天津市静海区第十三小学　陈　蕾

摘要:作文历来是语文教学环节中至关重要的一部分,三年级学生初次接触作文,写作过程中存在很多问题和不足,如何指导学生学习写作,帮助学生尽快掌握写作技巧成为语文老师的一大难题。笔者结合实际教学案例提出几点指导方法,以期促进学生提高作文质量,帮助教师运用到具体的作文教学实践中。

关键词:小学语文;作文教学;指导方法

统编版教材从一年级就开始训练学生的写话能力,看图说话,逐步建立句子概念,学会有意识地观察事物。二年级要求学生学会观察事物的方法,能做到按顺序用几句话把观察到的事情说清楚。虽然编者在编写教材时充分考虑到了学习的规律性,有意识地铺设台阶帮助学生学习写作,但在实际教学中,三年级成为一个分水岭,不少学生难以完成从写话到习作的转变。本文从作文教学中存在问题出发,结合教学实际,提出相对合理的教学建议。

一、作文教学中存在的问题

(一)家长缺乏对学生写作能力的重视

我所任教学校的孩子多数家庭条件一般,家长只关注学生的综合成绩,不会有意识地训练孩子的语言表达能力,也没有能力在课余时间给予孩子有效的写作指导。家长会认为学会作文只是时间问题,往往乐观地认为到高年级再做提高也不迟,忽略了学习循序渐进的积累过程。

(二)学生对写作缺乏学习热情

学生对写作缺乏学习热情是因为:一方面三年级学生初次接触作文,没有任何经验可参考,对自己能否学好作文持怀疑态度,因此对学好写作、克服困难缺乏动力;另一方面,学生受到家长观念的影响,本身就缺乏对于写作的关注度。学生的成长过程中离不开家长的支持和表扬,但要求三年级学生写出一篇高质量的作文实属不易,家长从成人角度对孩子抱有太高要求,学生很难收获到认同感,很难对写作产生兴趣。

(三)教师的写作教学方式有待改进

目前有一部分教师为了使学生尽快掌握写作技巧,常使用背诵范文,灌输写作知识的教学方法。这种揠苗助长的方式使学生觉得学习写作索然无味,难以从中学到可操作性的写作方法,进而产生逆反心理,与教师的教育初衷相背离。

二、有效提高写作教学效率的策略

(一)激发学生的写作兴趣

兴趣是最好的老师,提高学生的写作兴趣可以从以下几个方面着手。

① 降低对学生的要求,布置一些简单的小练笔,让学生根据自己的思路去完成,不拘泥于形式和字数,先让学生体会到写出一段话、一篇文章的成就感。

② 布置学生感兴趣的写作内容,学生通过观察了解自己喜欢的事物进行习作。比如让学生课下留心观察游戏时的过程、每个人的不同表现、同学们游戏时的心情,并记录下来。学生喜欢游戏,熟悉游戏,享受在玩中写作的过程,第二天课上可以让学生分享。

③ 发掘学生练笔中的闪光点,及时给予正面的肯定,让学生在老师的鼓励下逐步产生自我认同感,在越来越强的自信心中养成写作兴趣,最终达到学生能主动写作的目的。

(二)培养学生的观察能力

“巧妇难为无米之炊”,学生正处于作文的起步阶段,不仅缺少写作技巧,更缺乏素材的积累。学生觉得写作困难,不愿意写作,通篇言之无物,主要是因为他们欠缺观察能力,难以通过体察事物积累素材,有所感悟。以下是有效提高学生观察能力的几点方法。

① 鼓励学生走出教室,走进生活,走进大自然。留心观察生活中的人情冷暖,感受大自然中的优美风光,通过亲身的体验和参与加深印象,积累作文素材。

② 利用多媒体进行直观教学。受家庭条件限制,有些学生难以做到行万里路,接触不到名山大川、奇花异草。教师通过多媒体展示相关视频时,学生能够集中注意力观看,观看过程中教师教给学生正确的观察方法,明确观察目的,逐步培养学生观察的习惯。

③ 相互分享好的观察方法。教师对通过细致观察写出的内容进行表扬,让学生把运用到的好的观察方法介绍给大家。在相互交流的过程中取人之长,补己之短。平等的同学关系有助于学生更好地听取意见,学习技巧。

④ 结合课文教授观察方法。部编版课文中安排了许多与观察生活相关的课文,教师可以在教学过程中,结合课文讲授观察方法。比如在讲《搭船的鸟》一课时,我重点介绍了如何通过细致观察描写小动物的方法,作者从外形、动作等方面的描写,一只翠鸟活灵活现地展现在读者面前,对于学生而言,通过这样的例文教学,写作方法变得具体可感,也有了模仿的对象和评价的依据。

（三）培养学生的想象力

小学生思维活跃，是想象力发展的高峰。将想象运用到写作中，可以极大地激发学生的写作兴趣，丰富作文的内容。培养学生的想象力，首先要求教师在教学中允许学生天马行空的构思与写作，包容学生不按固定思维模式思考问题；其次增加学生的表象储备，为想象提供更多的素材；再次教给学生想象的方法，让学生适当运用比喻、夸张等手法，发散思维，得到更广阔的想象空间；最后创设情境，让学生在具体情境中运用想象方法进行写作。通过运用想象力可以填补经验的不足，使学生作文内容更加充实。

（四）鼓励学生课外阅读

“熟读唐诗三百首，不会作诗也会吟。”课外阅读有助于学生拓宽视野，是积累写作素材的最佳途径，也是提高学生写作水平的重要方法。教师应鼓励学生进行大量的课外阅读，增长见识的同时，感受语言文字的魅力。遇到好词佳句进行摘抄背诵，让学生互相借鉴分享。学习文章中的写作技巧，将这些好的写作素材转化为自己的知识，并运用到自己的写作中。

（五）改善教师写作教学方式

科学合理的教学方式，能够有效激发学生的学习兴趣。要想促进学生习作能力的提升，教师可以从以下几个方面积极改进教学方法。

① 教师要明确新课标对于不同学段学生的习作要求，研读教材、教参，对教学内容有深刻的了解，结合学生实际情况，设计难易适中的教学内容。在教学环节中为学生创设体验情境，营造轻松和谐的学习氛围，吸引学生的注意力，激发学生的听课兴趣。

② 教师在教学过程中应引导学生明确构思思路，参与到课堂表述当中，让学生在课堂学习过程中确定写作内容，明确写作思路。避免整堂课只记录些空洞的写作技巧，而是在课上学技巧的同时，完成构思过程。教师通过讲解帮助学生梳理思路，引导学生们把自己想表达的内容、自己想描绘的事物、对外界环境的感观与理解，用作文的形式表达出来。

③ 教师在教学过程中教会学生如何评价作文，引导学生在写作结束后自行阅读，及时发现写作中存在的问题并进行修改。学生在改正的过程中能够强化对于高质量作文标准的认知，改正的过程也就是能力提升的过程。

④ 教师要合理运用评价语。学生的表现需要适时的评价。当学生完成一篇作文后，如果教师无动于衷，学生就会产生懈怠心理，渐渐把作文当作应付性的作业，敷衍了事。如果教师总是采取指正、责备的方式，学生就会体验不到写作的快乐，从而失去写作的热情。因此，为了维持学生的写作兴趣，教师应该多采取正面的激励评价，善于发现学生作文中的闪光点，肯定学生的长处，让学生体会到写作的乐趣。

⑤ 设置优秀作文展示台，或者将各种不同的作文文体结集成册，供学生阅读学习。这样做不仅能促进学生之间相互交流，相互学习，也能够让学生收获到成功的乐趣，为学生今后写作提供源源不断的动力。

⑥ 教师应引导学生家长重视培养孩子的写作能力，在可接受前提下为孩子营造良好的生活环境：多带孩子贴近大自然，多进行课外阅读，积极参加社会活动……帮助孩子积累写作素材，成为留心观察生活的有心人。

三、总结

总而言之，学生写作能力的提高不是一朝一夕的事，三年级正是为以后学习发展奠基的关键时期。教师应该不断提高自身文化修养，积极投身到教学研究当中，从学生实际情况出发，探究有效的教学方法，以期达到提高学生写作能力的目的。

农村小学英语“学困生”转化策略探析

天津市静海区第十三小学　谷　悦

摘要：在农村小学的英语教学中，存在着部分学生英语学习困难的问题。他们往往缺乏对英语学习的兴趣与动力，成绩偏低。转化这些“学困生”，是当前小学英语教师面临的重要任务。从学校、家庭、教师教法等方面，帮助他们克服英语学习上的困难，最终实现“学困”向“学优”的转化。

关键词：农村小学；英语“学困生”；转化

由于教育资源分配的不均，以及每个学生自身的基础和学习能力等方面存在差异，在农村小学的英语教学中存在着“学困生”。通过分析“学困生”的表现与成因，进而分析转化“学困生”的策略。

一、农村小学高年级英语“学困生”的表现与成因

（一）农村小学高年级英语“学困生”的表现

农村小学学生英语学习困难的表现主要有以下三个方面。

（1）学习习惯不良

农村小学学生在课前不预习，对教师提前要求布置的卡片、材料等准备不积极。在课上不认真听讲，在集体朗读时不张嘴大声读和说。课堂教学当中他们也不能积极参与思考，更不会主动参与到情景对话活动中。在课后也不能按时、按量地完成教师布置的作业。课后作业是学生巩固当天所学英语知识的重要手段之一，有助于学生充分掌握课堂中所学英语知识的重难点，从而更好地掌握知识点，做好新旧知识点的衔接。但是，许多“学困生”不能按时、按量地完成英语作业，甚至有抄袭他人英语作业的行为。

（2）学习方法不当

农村小学学生往往从刚接触英语学习时就难以找到适合自己的学习方法，不知从哪里学，怎样学；同时难以掌握学习技巧，例如背诵单词时死记硬背，使用句式时生搬硬套，对基础语法不能完全理解和运用，学习效率十分低下。同样，在课堂当中，他们往往跟不上教师的教学进度，不能理解课堂上教师教授的知识点。

(3)学习信心不足

“学困生”的形成是一个过程,他们在刚接触英语时,由于性格和认知上的差异,对英语学习抱有“太难”的想法。由于缺乏正确的认识,他们往往不敢说,不敢练,久而久之,成绩普遍较低。由于在英语学习中的挫败体验较多,很多学生觉得自己低人一等,十分自卑;有的“学困生”虽然表面上看似满不在乎,内心却缺乏自信。

(二)农村小学高年级英语“学困生”的成因

1. 学生因素

首先学生对英语学习缺乏兴趣。大部分学生在三年级刚接触英语时,往往对英语充满了好奇,学习兴趣很高。但经过一段时间学习,随着单词数量的增多,学习难度的加大,部分学生对英语学习产生了畏难情绪,学习兴趣不断降低。其次是学生的学习能力存在着差异。部分“学困生”语言接受能力和学习能力较差,课堂吸收能力不高。

2. 家庭因素

不同的家庭对孩子有着不同的教育方式。在农村地区,部分家长往往不重视孩子英语学科的学习,还有一些家长认为教育完全是学校和教师的事情,与家长无关。还有一些家长虽然知道英语学习的重要性,但过于溺爱孩子,学生在英语学习中感到一点困难,家长就心疼孩子,导致学生成绩逐步下降。除了部分家庭教育方式不当,还有一些家庭由于父母关系不和、离异等,父母双方都忽视了对孩子的关心照料,对学习更是无人问津。

3. 教师因素

在部分英语课堂上,英语教师往往过于注重词汇以及基本语法的讲授,忽略了对学生兴趣的培养,不注重锻炼学生的口语交际能力。这种枯燥的上课模式导致学生感受不到英语学习的乐趣,学习兴趣逐渐下降、注意力难以集中,最终成为“学困生”。

4. 环境因素

一方面,英语是一门语言学科,在学习过程中,语言环境非常重要。语言氛围的缺失也是学生学习英语困难的重要原因之一。另一方面,由于网络的发展,学生的学习更加便捷,但也对小学生的身心发展造成一定的负面影响,包括沉迷游戏和网络,分散学习的时间和精力。

二、农村小学高年级英语“学困生”的转化策略

(一)宽严并济,师生共情

我国著名教育著作《礼记·学记》中记载“亲其师而信其道”,意思是说:一个人只有在亲近、尊敬自己的师长时,才会相信、学习师长所传授的知识和道理。同样心理学上的情感迁移理论也说明,学生对教师的情感可以迁移到学习上,从而产生影响。在日常生活中我们有时会听到一种观点,当某个学生喜欢一个教师时,就特别爱上这个教师的课;而厌恶一个教

师时，也会连带着讨厌他所任教的这一科目。作为一名教育工作者，我们应该充分尊重每一位学生，除了对学生进行知识的传授，更要和每一位学生进行情感上的交流。加强师生之间的交流沟通，建立和谐的师生关系，对于"学困生"的英语学习也起到了重要的、甚至是决定性的影响。

构建良好的师生关系，达到师生共情，其关键就在于教师。教师在处理和学生关系的问题上应该做到"宽严并济、严管厚爱"。这就需要教师在日常的教学和学生管理中把握合适的尺度，既不能过于严厉，引起学生的厌恶和反感，也不能一味地宽容，助长学生的不良习惯。一方面，虽然我国古代教育理念推崇严师出高徒，崇尚严谨治学，严厉管理，但是过于严的要求在现代社会往往会对学生造成伤害。尤其是对于小学生来说，他们正处于快速成长发育的关键阶段，严厉的管教不仅不能改善他们，反而容易伤害他们的自尊心，很大程度会导致学生产生逆反心理，导致学生的英语学习成绩下降。另一方面，如果过于宽松任凭学生自由发展，就会容易导致教师在学生的心目中失去威信，久而久之，学生们不再把教师的要求放在心上，犯了小错不加改正，甚至最后不再尊重教师，我行我素。

因此，教师不论是在课上还是课后，都应重视培养良好师生关系。在课上，教师在进行课堂知识传授的同时，也要敏锐捕捉学生情感态度上的变化，在课后及时进行交流，利用科学的、针对性的技巧解决"学困生"的英语学习过程中存在的问题。

（二）创设情境，激发兴趣

在农村小学，学生的学习能力参差不齐。一些学生本来就有语言障碍，其他科目的学习效果也不佳，如果在学习英语的过程中兴趣不高，就会慢慢拒绝英语，最终落入"学困生"的队伍。其实大部分学生在刚接触英语时，都是兴趣盎然，慢慢地，部分学生的热情开始逐渐减退。这时，科学合理地创设教学情境，尽可能地迎合"学困生"的认知特点，使"学困生"不仅爱学、会学，而且学得开心，积极、主动地完成学习任务，尤为重要。

因此，在英语教学中，教师可以利用现代技术，像互联网的使用、多媒体技术的使用、微技术的运用等去创设情境。例如在人教精通版五年级上册的学习中，较三四年级相比，这一册书中每个单元的最后增加了"Fun Facts"这一环节，由于陌生词汇较多，教师可以通过播放录像或自制多媒体软件生动地展现不同的故事和阅读背景，这样可以激发学生的学习兴趣，加深学生的记忆。

（三）家校结合，养成习惯

学生的教育不是靠学校单独完成的，而是由学校教育和家庭教育两个部分组成，缺一不可。家庭环境是影响学生学习和生活的重要因素。我国学者古茂盛曾调查研究发现，学习成绩差的学生的父母，大致有两种。一种是专制型，他们经常对孩子不是打骂就是训斥，缺乏必要的关爱；另一种是放任型，只为孩子提供吃穿等生活必需品，而对孩子的学习生活甚至心理健康不理不睬。通过对我校"学困生"的观察，他们在生活中常常缺少父母的关爱，在学习上家长忽视管理，缺少重视和辅导，在心理上孤独寂寞并缺少必要的疏导。

因此，学校和家长应该勤沟通，实行家校结合的教育模式，一方面提高家长对学生学习管理的重视，另一方面利用现代化的教学手段，有效地帮助英语“学困生”提高英语学习的质量和效率。

（四）有效组织，合作学习

合作学习是一种古老而新颖的教育观念和学习方式，源头可以追溯到古希腊时期。我国古代教育家也强调了学习过程中合作的重要性，从古典教育名著《礼记·学记》中可以看到，即“独学而无友，则孤陋而寡闻。”因此，在小学英语教学中，巧妙利用合作学习，有效转化小学英语“学困生”。

由于英语是一门语言学科，学生在学习过程中难免会感到枯燥。庞大的词汇量，错综复杂的句型结构，跟汉语差别较大的语法规则，以及平时很难接触到的跨文化交际等。因此，教师可以对学生按照英语基础、学习能力、性格特点等差异进行分组，将不同特点、不同层次的学生进行优化组合，合作学习。合作小组在教师的引导下有序地开展讨论交流、动手操作和探究活动。在这一过程中，“学困生”一方面可以有效地参与到探究学习当中去，另一方面激发其主动参与，主动学习的兴趣。但是教师在组织学生进行合作学习时，需要进行合理地把握与调控。否则就会出现虽然学生的积极性提高了，但课堂纪律失调了的情况。因此，教师首先要提升自身知识修养，在教学中大胆实践，不断地总结经验教训。同时，教师也要提前做好教学设计，挖掘教材中可以使用合作学习的部分，有效地组织，而不是盲目使用这一方法。

教育是面向全体的，作为一名小学英语教师，一定不能放弃“学困生”，摒弃对其偏见。然而学困生的转化确实是教育教学工作中的一个难点。即便如此，教师也应在实践中不断探索，积极探索新方法和技巧，家校结合，根据每名学生的不同情况，帮助他们走出英语学习的困境，让“学困”走向“学优”。

参考文献

[1] 周会燕. 谈英语学困生的转化 [J]. 教育教学论坛，2010（25）：95-96.

[2] 李香玲. 刍议小学英语学习兴趣的培养方法 [J]. 教育实践与研究（小学版 A），2009（12）：34-35.

[3] 徐领娜. 浅谈小学英语学困生的转化对策 [J]. 青春岁月（学术版），2014（3）：33.

[4] 王英. 奏响关爱之歌：浅谈小学英语“学困生”的转化 [J]. 新课程（上），2014（3）：177.

[5] 古茂盛. 对学习成绩优、差生的心理分析 [J]. 教育研究，1983（12），65-69.

[6] 王坦，高艳. 合作教学理念的科学创意初探 [J]. 教育探索，1996（4）：17-19.

浅谈小学语文课堂教学中的提问艺术

天津市静海区第十三小学　杨新雅

摘要：语文教学过程中，有效的课堂提问能激起学生学习的兴趣和主动学习的欲望，有助于进一步培养学生的创造性思维。课堂提问是达成教学目标，师生之间进行互动交流的重要手段。在语文教学中，恰当的提问，对于准确了解教育对象，开发学生智力，启发学生思维，活跃课堂气氛，检查教学效果，提高教学质量，都有积极作用。

关键词：语文教学；课堂教学；有效提问

在小学语文教学课堂中，提问是教师开展教学、学生理解文本的重要方法之一。有效提问，指的是对课堂教学内容有针对性和对学生学习过程有启发性的问题。课堂教学中的有效提问，能激起学生学习的兴趣和主动学习的欲望，有助于进一步培养学生的创造性思维。但是在实际的课堂教学中，并非所有的提问都是有效的。有的课堂提问空洞浮泛，使学生听后一脸茫然，抓不住重点，不知从何入手，达不到提问的目的；有的课堂提问随意性强；有的问题无须思考，只需要答“对”或“不对”即可；有的问题过于浅显，思维含量不高……。如果教师的提问是低效的，那又如何引导学生提出有价值的问题呢？只有教师掌握了提问的技巧，才能指导学生进行有效提问。那么，教师应该如何进行有效的提问呢？

一、找准切入点

提问要有效，首先要求教师在进行课堂教学之前，要熟悉教学内容，了解学情，准确把握教材的重难点。教材中的哪些地方学生读后容易产生疑问？教师如何提问才能有效地解答学生的疑问，这都需要教师在教学之前认真思考、精心设计，以达到最佳的教学效果。

1. 抓住课题提问

课题是文章的“眼睛”。抓住了“文眼”，也就抓住了文章的主要内容。围绕课题设计富有吸引力的问题，可激发学生的探究欲望。例如，二年级上册《一封信》一文，教师可以抓住文章的题目提问：是谁写的一封信？这封信是写给谁的？信的内容又是怎样的呢？再如，教学《狐假虎威》一课时，我从题目入手发问：“假是什么意思？文章中是谁借谁的威风？他们之间发生了怎样的故事？”由于一下子抓住“文眼”发问，学生想读书的欲望油然而生。也有利于让教师了解学生的思想状态，让教师在引导的过程中做到有的放矢。

2. 抓住兴趣点问

所谓兴趣点，就是和学生的生活息息相关的，能够激发学生学习兴趣，促进学生理解文本的知识点。抓住学生的兴趣点提问，更能吸引学生的注意力，让学生的思维火花一下子被点燃，在探索中感受到思考的乐趣。如在教学二年级上册《雪孩子》一课时，教师提问："你们喜欢堆雪人吗?"同学们都纷纷抢着讲述他们在下雪时堆雪人的趣事。教师再接着导出课文："今天我们来学习一篇和雪人有关的文章，看一看文中的雪孩子和小兔子之间又发生了什么样的事吧！"这样的提问唤起了学生的好奇心和求知欲，他们兴趣盎然地投入到学习中去。

3. 抓住关键点问

文本的关键内容也往往包含着文章的中心思想，好的问题要问在文章的点睛之处。抓住文章的关键处提问，对学生理解文本起到事半功倍的作用。如教学《难忘的泼水节》一文时，可抓住"多么幸福啊，1961 年的泼水节！""多么令人难忘啊，1961 年的泼水节！"这两句话提问："从哪里可以看出这一年的泼水节是幸福、难忘的?"学生结合课本，抓住前文描写的泼水节的盛况，这一问题便迎刃而解。

二、提问有层次

《礼记·学记》中说："善问者，如攻坚木，先其易者，后其节目。"由于学生的学习基础和思维方式不同，接受和理解能力也不同，所以，教师在课堂教学中要充分考虑到学生的个体差异性，尽量满足不同层次学生的学习需求。提问有层次是指教师提问的问题要遵循从易到难、由简到繁、由浅入深、由表及里的原则，一步一个台阶地把问题引向深入。如教学二年级上册《大禹治水》时，我设计了以下几个问题：①大禹为什么要治水？②文章中出现了几个人物治水？③他们分别是怎样治水的？④大禹治水遇到了哪些困难，他是怎样克服的？这四个问题中的问题②对于后进生来说也并不难；问题①③对于中等生来说也比较容易；问题④对于优秀的学生来说也是稍作思考就可以回答上来。这几个问题使各个层次的学生在获取知识、掌握方法、获得情感熏陶的同时，也感受了学习的乐趣和成就感。

三、问题要优化

教师要实现有效的提问，必须要优化课堂教学中所提的问题。有价值的问题是指，在课堂教学中的提问要能够充分体现出文本的重难点，并且在学生答疑解惑的过程中要能够激发学生的学习思维，使学生积极探究，在学习过程中有所发现、有所启发。

1. 问题要指向教学目标

教学目标是教师教学的重要依据。课堂提问是为了实现教学目标而进行的教学活动之一，因此，课堂提问必须指向教学目标，避免信口开河式的提问。如二年级上册《植物妈妈有办法》的教学目标之一：理解蒲公英、苍耳、豌豆三种植物传播种子的方法，体会"乘着、挂住、炸开”用词的准确。围绕这个教学目标,我设计了以下问题:“文中列举了哪几种植物妈妈传播种子的方法,他们又分别是怎样传播种子的呢?”这样的问题不仅让学生在解答的过程中了解了课文中植物妈妈传播种子的方法,还在学习的过程中领悟到了作者是怎样描述植物传播种子的,写作特色是怎样的。

2. 问题要由此及彼

当前的课堂教学中,很多教师在课堂提问的过程中存在一些问题。针对一堂课内容教师提了不少问题,一个接一个连着发问,使得学生深深地陷入了个人问题的“网”中,思维方式失去了连贯性,缺乏了深度与知识广度。教师应设计“牵一发而动全身”的问题。如我在教学四年级上册《母鸡》这篇文章时,设计的第一个问题为:作者一开始说讨厌母鸡,最后却说“不敢讨厌母鸡了”,是什么使作者的态度发生了那么大的改变呢?教师按照要求引导学生根据这个课程设计中最主要的问题潜心研究、阅读文本、讨论交流。这样由一条主线贯穿整篇的学习,避免了教师对文本低效的分析,将更多的思考、探究的自由空间充分还给了学生,教学效果在有限的精力和时间内基本达到了最大化。

3. 提问要注重广度

提问的广度,是指教师所提的问题涉及的覆盖面要大,内容要丰富多彩。既要立足文本,理解文章内容,又要超越文本,促进学生的个性化阅读,培养学生的思维能力和创新能力,设置一些开放性的问题。开放性的问题需要教师能够通过引导学生多角度、多途径地寻求更多解决问题的方法,培养其开放性思维和灵活性思维的求异性。因此教师可以通过多种方法设计此类开放性的问题,引导学生更好地掌握解决同一问题的多种方法。如在教学《乌鸦喝水》时,我设计了这样的问题:乌鸦真聪明,想出好办法喝到瓶子里的水。大家动脑筋想想,还有哪些办法能让乌鸦喝到水?于是同学们都纷纷发表自己的看法,有的同学回答说:“如果乌鸦能找到一根吸管,就可以直接吸到瓶子里的水了。”有的同学说:“乌鸦把瓶子摔坏一点,就可以喝到水了。”还有的同学说:“乌鸦把自己的瓶子斜着放,就可以直接喝到瓶子里的水了……”

总之,有效的课堂提问是体现在课堂教学中的一门艺术,正确运用提问技巧有助于积极开展教师的教和学生的学的双边活动,使学生更加牢固地掌握课堂知识和学习技能,养成勤思考、爱动脑的习惯。

浅谈小学英语口语教学存在的问题及解决策略

天津市静海区第十三小学 张 笛

摘要:小学英语口语教学至关重要,但当前英语口语教学还存在许多问题,因此有必要提出一些具体策略,使得小学英语口语教学得到改善。

关键词:小学英语;口语教学;解决策略

一、小学英语口语教学的必要性

英语在国际社会的普及应用使得其成为一门我们不得不重视的语言,因此口语教学是社会未来发展的需求;另外,英语也是学生发展的需要,口语教学可以赋予学生新的角色,激发学生对语言的兴趣,促进学生的全面发展。

对于小学生而言,首先通过口语教学可以培养其良好的英语思维,大幅度地提高小学生的英语学习能力。其次英语口语教学的开展能够促进小学生英语综合能力的提升。学生在口语训练中,不仅能加强对于知识的记忆,也能进行二次创作,激发其创造性和灵活性,进一步提高英语听说读写的综合能力。

随着社会的进步以及教育理念的不断更新,教育工作者越来越意识到英语口语教学的重要性。

二、小学英语口语教学现状及存在的问题

目前,我国大部分普通小学的英语口语教学情况并不乐观,英语教学长期被贴上“哑巴英语”的标签。主要存在以下几种问题。

(一)考试方式单一,应试教育导致教师不够重视口语教学

当前小学英语考试基本上是笔试,没有将学生“说”的能力纳入考试中。在应试教育的环境下,这一现状导致大部分教师不够重视培养学生的口语交际能力,只是侧重于“写”的能力。

（二）课堂口语学习环境不浓，学生积极性不高

小学英语教师普遍在口语方面欠缺。普通小学课堂上，大多数英语老师很少用英语全程教学，不能给学生营造出一个学习英语口语的环境。对于刚刚开始学习英语的学生来说，学习一门新语种是一件很新鲜的事，他们有着浓厚的兴趣。但是，课堂上的教学都是书本的内容，老师的教学只是侧重于单词、语法、短语的教学，忽视了教学的生动性，没有引起学生的学习兴趣，使得小学生开口说英语的兴趣不高。

（三）口语练习简单枯燥，深度不够

小学英语教师为了强化学生对于课本内容的记忆以及理解，一般在设置课堂口语练习时，只是局限于课文内容。即使是让学生创作新的对话，也基本逃离不了课本内容的框架。这种机械性地重复练习使得学生兴趣不足，参与度不高，未能得到知识的拓展与提升。

（四）对学生的个性化差异重视不足

小学阶段的学生，因为受到的学前教育不同或者家庭教育的不同，本身对于英语学习存在一定的水平差异。再加上学生本身的语言天赋存在较大的个体差异，所以在进行英语口语教学时，学生接受程度参差不齐，两极分化严重，给英语口语教学带来较大难度。大部分教师在教学时忽视了这个差异，统一进行教学，没有遵循“因材施教”的原则，无法提高学生的学习热情。

三、优化小学英语口语教学的策略

（一）营造一个学习英语口语的环境，激发出学生讲口语的积极性

教师应尽可能地使用英语口语教学，一步步引导学生、鼓励学生多开口说英语，尤其是在低年级的课堂上，多用英语能提高学生学习英语的兴趣，促进其口语水平的提高。

例如，在给学生讲课的时候，可以用“Read after me”“Open your books”“Look at the blackboard”等简洁易懂的语句；在学生回答问题的时候，老师可以使用“Good”“Great”等语句对学生进行鼓励，以增强学生学习英语的兴趣。另外，教师可以利用带有鼓励性话语的贴纸辅助教学，提高学生的积极性与课堂参与度。

（二）在课堂上多提问，鼓励学生多说英语

将“教师单纯讲解”的课堂模式向“学生自主学习”的课堂模式转变，关注学生的想法，鼓励学生自主创新。在这一理念下，教师可以多向学生提问，引导学生用英文来回答问题，并且适时地给予学生鼓励与肯定，帮助学生建立自信心，从而使其敢于开口说英语。

（三）创设良好的口语练习情景，鼓励学生大胆开口

为学生创设真实的口语交际环境，能够使得学生在情境中获得新的角色和新的体验，激发学生的学习兴趣。在此基础上，鼓励学生大胆地进行英语表达，不仅能锻炼学生综合运用英语语言、更好地理解不同英语词汇的多种意义，还能够进一步促进他们口语能力以及对话能力的形成。

在每次进行口语教学之前，都要准备一个特定情境，比如医生和病人之间如何交流，买东西时如何交流等。进行口语情景练习时，为了保证教学效果，教师需要根据对学生的口语表达情况，寻找知识亮点，为每一次口语情景练习确定主题，形成具体的语言目标和交际目标。而具体对于情景主题的确定，要从学生的兴趣入手，或者直接询问学生的意见，充分利用课本资源，形成不同的主题。比如可以让学生锻炼看图说话，给出几张图画让学生按顺序观察，并表达出自己对图画的理解，通过这种方式鼓励学生交流。

（四）将游戏引入口语会话教学，提升学生对话兴趣

活动性也是小学英语口语教学的重要特征，小学生的注意力普遍比较分散，而丰富的口语会话活动的开展，恰能更好地吸引学生融入英语会话活动中，不仅增强了学生对英语的兴趣，还可以更好地突出学生口语练习的主动性和积极性。鉴于此，尊重小学生的年龄和学习特点，以游戏的方式开展英语口语教学，让他们在做游戏的过程中更能发挥自己的聪明才智。比如，可以让学生给动画片配音，可以让学生根据所提供的道具创编新对话，也可以让学生重新演绎经典英文电影或动画片的场景等。

（五）以听力为基础开展口语练习，培养学生英语语感

英语学习是一个整体而连续的过程，听说读写应该被贯穿于英语教学的整个过程。其中，听和说是一种帮助学生获取更多交际能力的重要手段，只有学生的听力得到有效锻炼，他们才能理解和掌握基本的英语口语交际技巧。因此，要从训练学生的听力开始，培养他们良好的英语语感。比如在课文听力训练过程中，应让学生及时收集听到的语言信息，然后进行简单口语重复后对照课文内容，反复进行听与说的强化练习，实现英语听说能力的同步提高。

（六）在课堂之外开展口语活动，提高学生的英语口语能力

英语口语能力的提升不是一蹴而就的，需要长期练习，才能够取得效果。所以仅仅靠着课堂上的时间是不够的，需要学生和教师在课堂之外开展一些活动，以此加强口语练习。例如，学校可以在课堂之外举办英语朗诵比赛、英语配音比赛等，也可以在班上设置英语角，给学生营造良好的英语环境。

（七）帮助学生学习英语口语时克服畏惧心理

学生每天接触英语的时间有限，如果教师再不充分利用好课堂时间进行口语教学，久而久之，学生就会抵触说英语，也会产生“怕出错，不敢说”的心理，学生的口语能力也会停滞不前。教师应该主动并且耐心地告知学生“学习过程中不可避免地会犯错误，犯错误能够使人更快地进步”，并在学生表达过程中出现差错时，给予其鼓励，可以对学生说，“Don’t worry!”“Try it again.”等，学生进步时教师也不要吝啬表扬，“Very good!”“Well done!”，这样可以更好地帮助学生克服心理障碍，从而取得良好的学习效果。

三、小结

小学时期的英语学习至关重要，不仅能促进学生良好英语思维的形成，还可以发展他们多种英语能力。这一时期作为学生英语学习的启蒙时期会为未来的英语学习打下坚实的基础。在这个过程中教师需要做的就是在课内外为学生提供有利的条件练习口语。课堂上，营造良好的学习英语口语环境，激发学生讲英语的积极性；鼓励学生多说英语；创设不同的口语练习情景，鼓励学生大胆开口；将游戏引入口语会话教学，提升学生对话兴趣；以听力为基础开展口语练习，培养学生英语语感；帮助学生在学习英语口语时克服畏惧心理。课堂外，开展形式多样的口语活动，提高学生的英语口语能力。通过这些方式强化对学生英语口语学习能力的培养，让学生在未来的英语学习中更加轻松。

参考文献

[1] 汪金霞. 探究小学英语口语教学存在的问题及解决策略 [J]. 课程教育研究，2019（45）：125-131.

[2] 许琼. 浅谈小学英语口语教学的有效开展 [J]. 科学大众，2019（10）：52.

[3] 郭祥秀. 创新小学三年级英语口语教学 [J]. 小学课程与教学，2019（9）：115.

[4] 高承玲. 谈小学英语教学中如何培养学生的英语口语交际能力 [J]. 才智，2019：174.

强化小学语文作文指导效果的若干思考建议

河北省雄安新区雄县北沙口乡小庄小学 姜艳亮

摘要:小学语文教学中,作文指导是非常重要的一部分,学生熟悉各种写作规范是一方面,另一方面更需要结合实际,借助文章传达其最真实的想法,展示学生的内心世界。本文通过对现阶段小学语文作文指导进行分析,提出意见或建议,为促进学生的全面发展提供理论指导。

关键词:小学语文;作文;指导效果;建议思考

近些年来,国家大力倡导继承与发扬中国传统优秀文化,语文教学便是非常重要的途径。让学生接受传统文化的熏陶,增加文化积淀,提升文化素养,同时,随着国民文化水平地不断提升,对于教育的重视程度也越来越高。为此,小学语文教学受到人们的极大关注。而由于小学生的三观还未形成,阅历少,写作能力提升较慢,因此,需要及时转变教学方法,促进教学质量的提高。

一、小学语文作文指导方向

小学阶段,文章写作内容是具体的,并不是随意乱写,而是需要教师给定一个主题,学生完成作文后,教师要对学生的作文不断修改完善,从而提升学生的写作水平。教师在作文指导的过程中需要让学生明白,每一次写作练习都具有一定目的性,在不同主题下,进行文章写作练习,提高写作能力,在字里行间表现个人的情感,如果对主题解读有误,那么写作便是失败的。

学生在写作过程中要始终围绕中心思想,有的放矢,如果一篇文章没有中心思想或者实际内容与中心思想脱节,完成的文章是没有意义的。在进行写作指导时,教师需要经常强调这些内容,让学生牢记并熟悉各种写作规范,利用作文展现自己的精神世界,表达真实情感,这些不但能提高语文成绩,培养学生的综合表达能力,更有助于提升感性认知,形成积极健康的三观,促进学生的全面发展,使其成为一个有独立思考能力的人。

二、小学语文作文指导措施

1. 培养兴趣

兴趣是学生学习的最大动力。进行小学语文作文指导除了让学生学会如何去写作之外，培养写作兴趣是最大的目标，让学生学会写作并喜欢写作，愿意用文字去表达和展示自己的思想。而很多教师在实际教学过程中并没有明确这一点，只是为了完成教学任务，没有让学生感受到写作的乐趣，作文成了学生的负担。不愿意去写作，滋生了厌学情绪，这是非常不利于学生发展的。

小学生心智尚未成熟，对于很多事情的看法并不客观全面，以自身喜好为标准，教师需要揣摩这种心理，进行正确引导。教师在进行写作教学时，一定要注意培养学生的写作兴趣，结合学生的心理，给学生布置相应的写作任务，写作任务要让学生与实际生活相结合，让学生在这一过程中感受写作。如让学生在“乞巧节”时，在葡萄树下聆听牛郎织女的故事，借助文字记录这一过程，利用有趣的事情带动学生，让他们有参与感，在这一过程中培养其写作兴趣，使其更全面的认识写作。

2. 增强想象力

小学生对于周围事物的认知是不全面的。在进行作文指导时，教师可以布置有针对性的任务，借助这些，促使学生观察了解某一事物，积累经验，了解知识，在实践活动中积累写作素材，培养学生的探索精神与动手能力，为后续的写作奠定基础。例如，让学生去动物园观察熊猫，了解熊猫的样子、习性和喜欢的食物，在满足好奇心的过程中增加认知。

由于小学生阅历不足，为了完成写作任务，喜欢胡编乱造，一味追求“假大空”，大多数写作的文章真实性太低，没有可读性，这对于学生写作能力的提升是十分不利的，而且容易养成弄虚作假的不良习惯。教师可以带领学生观看一些动漫节目，在这些富有想象力的内容中对学生产生触动，激发他们的想象力。

3. 读写结合

阅读与写作是紧密相连、相辅相成的，教师可以通过定期举办阅读活动来提高学生的读写水平。定期阅读习惯的养成对于写作能力的提高是非常有帮助的。在这一过程中，教师可以引导学生将优美的句段进行摘抄，学习别人的写作方法，这也是一种有效的素材积累方法；选取一些经典的段落进行朗诵比赛或角色扮演，让学生在这充满趣味性的过程中感受文字的魅力，同时培养其团队协作能力；定期布置一些任务——在某个时间段内读完哪些文章，并完成读后感练笔与同学进行分享，在潜移默化的过程中，进行字词句篇的积累，学习写作方法。

4. 互动点评作文

写作时，教师只需要划定一定范围，其余的可以让学生自由发挥，利用文字完成个人情感的表达，给学生创造写作空间，不能过多干预，否则容易僵化思想，遏制想象力，形成“八股文”，这对于学生未来的写作发展是非常不利的。

一般情况下，学生写作，教师批改，如果教师进行详细的评改，这阶段的学生接受程度有限，不能充分认识并改正，还有可能被打击自信心，挫伤写作积极性；如果只进行简单评阅，又没有实际效果，这种情况下，可以转变教学思路。学生在完成写作之后，教师可以让他们进行传阅，找出优点和缺点，将自己的意见与看法写在文章后边，然后进行逐个分享，教师可以适时提出建设性意见，让学生充分认识到自身问题并学会有效地改正。对于评价比较好的文章可以进行诵读，给予鼓励夸奖，对学生有一个良性回馈，增强其自信心，在班级中形成良性竞争，创造一个良好的写作氛围。

三、小学语文作文指导效果

强化作文指导，能够有效缓解学生畏惧写作的心态，客观全面地认识写作，培养学生独立思考能力，热爱生活、乐于实践、勇于创新。作文指导教学的施行存在一定难度，同样，如果能利用更科学更有技巧性的教学方法，高质量完成语文教学，这对于学生的全面发展是非常有利的。写作指导的过程，也是育人的过程，培养学生树立积极健康的世界观、人生观、价值观，成为一个对国家、社会有用的综合型人才。在写作指导的过程中，让学生接受优秀文化的熏陶，培养感性思维，借助文字抒发情感，使其精神世界更加充盈丰富，提高生活质量，积极拥抱世界，促进学生的全面发展。

四、小结

综上，写作能力的培养是一个极其漫长的过程，需要教师与学生共同努力。学习各种写作规范和技巧只是一部分，更需要学生在学习与生活中多样化积累，这样才能提高文章写作水平。从培养兴趣、增强想象力、读写结合与互动点评作文四个方面展开教学活动，实现系统化教学，提升学生写作水平。

参考文献

[1] 蒋勇. 强化小学作文指导效果的若干思考 [J]. 作文成功之路，2020(8)：87.
[2] 马燕. 强化小学语文作文指导效果的若干思考讨论 [J]. 课程教育研究，2020(32)：42-45.
[3] 高林. 强化小学语文作文指导效果的思考 [J]. 天津教育(上月刊)，2020(22)：143-144.
[4] 王莉琴. 强化小学语文作文指导效果的若干思考 [J]. 小学生作文辅导(读写双赢)，2020(4)：41.

“跨越式教学”使小学语文课堂“丰富多彩”

甘肃省宕昌县城关九年制学校　石小霞

摘要：随着新课程标准改革的全面推进，小学语文跨越式教学模式语篇教学的异彩纷呈，给小学语文课堂带来了成功与喜悦，这是师生共同成长的生命历程，是不可重复的激情与智慧综合生成的过程。

关键词：跨越式教学；语篇教学；情境创设

“跨越式教学”在我县已取得了显著的教学效果，改革了传统的以教师为主导，以语言知识讲解为中心的传统语文教学模式；构建新型的以教师为主导和以学生为主体相结合的新型教学模式。学生从一开始的怕学、难学的困境中找到了语文学习的乐趣，教师从开始的怕教，难教的窘态中摸索到了语文教学的模式。

语篇教学是小学生听、说、读、写的范本，是学生们获取语言知识和运用语言的重要途径。而跨越式教学就恰恰迎合了语文语言学习的这一特点，以情境创设为语言的支撑点，以言语交际为语言的重心，从而大幅度提升学生的语文能力和获取知识的能力。

一、精致的情景创设是语篇教学的整体优化

情景创设是语篇教学的基础，情景创设要注重它的流畅性，教学过程中要一气呵成，与课文主题要不谋而合，而且简易可行。跨越式的教学模式正是如此，首先是教师教得轻松，在各环节的衔接处不必花很多的心思向学生解释；其次学生学得轻松，主线一目了然，语境的流畅性使他们很快就能理解教师设计的意图。

这一学期学生学习用部首查字法查字典，学习利用汉字的表意特点来分析字形，并学会了对认字方法进行比较系统的归纳整理，学生基本上都学会了运用不同的认字方法来独立识字。在教学中，我还注重将学生引领到生活当中去识字，激起学生识字的极大热情。鼓励学生从不同的角度去整体识记生字，提倡个性化的识字方法。

跨越式教学正是这样，可以允许学生有疑问，留有大幅度的想象和拓展空间，使教师可以根据语篇设置切实可行的情境，获得好的教学成效。

二、严谨的结尾是语篇教学的升华

教学情境的创设需要营造好的氛围，为前面的教学环节做巧妙的铺垫，为整个语篇的教

学打基础,而后切入语篇的教学。同时,在结尾时更应首尾呼应,达到这节课的制高点,使学生兴趣盎然,回味无穷。如在教学中我总是沿袭跨越式的理念,用几句话、一个词、一个设想、一个典故,或以角色表演、拓展材料回读等结尾。对于不同的课型设计不一样的结尾,但无论哪一种结尾,都离不开跨越式的教学理念指导,而跨越式的教学,总是开放性地让学生对下节课充满无限期待,激发他们的语文学习兴趣。

跨越式课堂强调以听说训练为主,在课堂中"两两说"环节不仅为学生提供了大量的真实运用语言的机会,而且经过一段时间的大量语篇的习得积累,极大地促进了学生间建立相互竞争的良好学习氛围。

实践出真知,跨越式的语文课堂通过语文的语言交际和扩展阅读,实现了提高学生语用能力的飞跃,它能满足不同学生的学习需求,培养了学生自主学习和自由灵活运用语言的能力,学生始终保持高涨的学习热情就是跨越式教学课题试验成绩的最好体现。

曾经有人说过"没有教不会的学生,只有方法不当的教师。"这句话曾让我匪夷所思,现在想想,确实有道理。跨越式教学模式让我真正看到了自己的不足,同时也找到了小学语文教学的"神灯"。

基于跨越式发展创新试验在有丰富的语境和真实的交际情景中培养学生听说能力和综合运用语言的能力,从根本上解决了小学生语文课的难题:不张嘴,张不开嘴。

在跨越式课堂中我深深地被震撼了,学生们都似乎插上了"自由的翅膀",变成了"巧嘴八哥",不仅畅所欲言聊着自己喜爱的话题和故事,而且还能在教师创设的真实的语境下与他人交流谈论所学的话题,大胆、精彩地表达自己的想法,使语文学习在真实的言语交际活动中得到运用和延伸。

在跨越式课堂中经常能看见学生争先恐后地举起小手积极喊道:"我,我,叫我"。这就是新型的"跨越式"教学模式给课堂带来的可喜的变化:学生们的学习热情被充分调动起来,他们学习语文的积极性也在"跨越式"的磨合下不停地飞涨。从他们的眼神中,我看到了希望。

浅谈新时期小学英语的教学

甘肃省宕昌县城关九年制学校　王芝桂

摘要:英语作为现今社会青年人与时代交流的主要语言之一,小学英语作为一门基础学科,是中学英语的奠基石。英语教学方法的创新对于加快小学生的德智体美劳的全面发展,提高他们英语的听说读写能力,促使他们养成良好的英语学习习惯,对端正在今后英语学习中的正确态度有着极大的积极作用。世界著名的教育学家裴斯泰洛齐曾经说过:“教学的主要任务不仅仅是知识的积累,而是发展思维。”故本文将从是什么、为什么、怎么做三个方面谈谈新时期小学英语课堂教学。

关键词:小学英语;新时期;教学方法

一、新时期小学英语课堂教学分析

任何事物都要从其本质上去进行认识。小学英语教学的创新归根到底还是教学方法,但它与传统的英语教学方法有哪些区别呢?其一,传统的英语教学采用的是填鸭式教学方法,老师只是一味地去教英语的知识点与考试中会出现的考点,而忽略了在英语的学习过程中学生所面临的学习困惑。传统英语教学方法教出来的学生英语成绩也许会不错,但是他们一旦在现实生活中与外国友人进行交流的过程中就会体现出学习知识的呆板、刻意。而小学英语教学的方法创新就是要让孩子们作为课堂的主人,英语教师在教学中要注重培养学生的创新精神,发挥学生在英语学习中的积极性、创造性,开拓学生的英语学习面,不要仅仅关注于书本上的知识,更要关注日常生活中与英语息息相关的科学知识。英语教师不仅要担负起一个传道者授业解惑的角色,更要像一位园林修建员,给学生创造轻松愉悦、自由快乐的学习园林。

二、为什么要进行小学英语教学的方法创新

任何事物都不是一成不变的,创新是进步的关键。在如今的科技大发展的社会中,小学英语教师不少,但能真正教好英语的教师却不多。心理学家奥斯本在其“大脑风暴”理论中提到拒绝批判原则就是禁止批评任何人表达的思想,即尊重每一个人思考自由、创造的自由。在实际教学中,对于学生在课堂中关于课本知识提出的不同看法,表达的独特见解,先不管其正确与否,小学英语教师都应当给予鼓励,而不能一味地否定和批判他们,压迫孩子

们的创新的天性。首先,英语教师要主动在英语的教学中消除学生对于错误的恐惧心理,鼓励他们敢于冲破传统的樊笼,勇于幻想,敢于创新,大胆突破,这将在学生以后的学习生涯中发挥不可估量的积极作用。其次,因为现今大多数的学生为独生子女,小学英语教学的方法创新还可以增进学生之间的交流,类似划分小组学习,完成老师指定的学习任务以获得相应的奖励,可以培养学生之间的组织协调能力,可以让每一位学生在学习英语的过程中知道自己擅长什么,自己今后需要在哪些地方进行学习完善,培养学生的主动学习能力,进而提高学生的学习主动性和学习效率。

三、如何进行小学英语教学的方法创新

小学英语教学的方法创新不是漫无目的的胡乱创新,它是在传统教学的基础上进行的改良与创新。例如在教学中可以将游戏引进课堂,在游戏中培养学生的想象力与参与意识,英语教师为学生提供更多的思考与创造的空间,可以用如今在青少年中比较热门的游戏《王者荣耀》为蓝本,让同学们选择自己喜欢的人物,为自己喜爱的角色设计英文名、独白、与其他人的对白。

首先,英语游戏引进课堂不仅仅是英语与汉语之间知识的传授与激烈碰撞,更重要的是英语教师与学生之间、学生之间在信息的传递和情感交流中思维的碰撞、信息的获取。

其次,还可以从英语的阅读教学方法的创新入手。教师要改变以往采用在课堂上对整篇阅读进行讲解、分析的方法,创造性地采用学生主导、教师辅助的新型阅读讲解模式。让那些英语阅读完成好的同学讲解自己的英语阅读方法,让同学们交流在英语阅读时的困惑以及做题小技巧。还可以创设情境来引导学生发现阅读的主题,然后以此主题为契机,进行话题式的英语口语练习,让同学们不仅知道这篇阅读是什么,还懂得怎么运用已经掌握的英语知识去解决新的难题。此外,英语教师还可以通过"英语话题辩论赛"等方式来培养学生的英语表达能力,加深学生对英语单词的理解。

再次,英语教学方法的创新还可以从学生方面入手,比如在学习有关节日的主题时,教师就可以先询问学生都知道什么节日以及节日背后的故事,进行相关单词和短文的收集与整理,并对书本上和学生收集到的单词和短文进行讲解,以此进行本单元英语知识的初次积累。紧接着,英语教师以这些英语单词与短文进行英语口语的练习。在完成听、说、读、写的相关练习后,教师再对本单元的阅读材料进行讲解。但是这些所有的教学过程都是以学生为主体的。

最后,要因材施教。教师是学生的领路人,教师要更新教育理念,使学生由厌学到愿学。英语是一门技能,教师要采取以学生为中心的教学模式,给学生布置的作业要有开放性,构建英语魅力课堂,让学生乐于参与英语作业,而不是简单敷衍了事。在新课改背景下,老师关注学生的全面发展,我们要把生活和练习相结合,提高学生的语言实践能力。通过英语作业,拓展学生的知识面,将触角伸向生活的各个方面,使英语作业变得丰富多彩。另外,在作业中飞扬学生的个性,学生都有展示自我的欲望,愿意选择自己感兴趣的作业内容和形式。

教师在设计作业的时候，要考虑学生的实际水平和年龄特点，让作业真正成为学生学习和生活中的乐事，最大限度地拓展学习英语的空间，发挥学生的主观能动性，为学生撑起一片自由翱翔的天空。

总而言之，任何事情都不是一蹴而就的，为了实现英语教学的方法创新，英语教师就要在日常的教学中具体的安排和划分教学步骤和教学内容，由简单到复杂，逐步推进自己的教学计划，让学生在学习过程中敢于“胡思乱想”，但也能做到心中有数，口中有话，笔下有字，耳中有音，紧跟老师的教学步伐，提高自己英语的整体实力，学会在接触同一话题的多种信息时，高效提取有效信息，扩大自己的知识面。

如何优化小学数学口算教学的教学效率

甘肃省宕昌县城关九年制学校　张晓艳

摘要:在小学数学教学过程中,口算能力的培养是数学教育的重点。对于小学生来讲,口算能力的高低直接影响着小学生的数学应用能力。在具体的教学实践中,应用多样教学方式,对于小学生口算能力的提升具有非常明显的作用。本文在深入分析小学数学口算教学问题的基础之上,阐述小学数学口算教学的创新策略。

关键词:小学数学;口算教学;小学教育;教学改革

小学教育是义务教育的起步阶段,也是关键阶段,小学教育质量的优劣直接关系着小学生的成长和未来,作为小学教育过程中的重点学科,数学教育一直受到较多的关注。对于小学数学学科来讲,学生学习成绩的高低与口算能力密切相关,并且口算能力也是以后数学学习过程中最为基本和重要的数学能力。笔者结合小学数学口算教学实践中出现的问题,主要通过以下几个方面创新开展小学数学计算教学,提升口算教学效率。

一、小学数学口算的重要意义

小学数学计算教学体系包括两个部分,一部分是口算教学;另一部分是笔算教学。其中口算教学是重要组成部分。口算教学一般运用在较小的数字运算当中,或者是具有一定特点的数学计算当中。不管是在小学数学学习过程中,还是数学运算技巧实际应用过程中,口算都占据着重要的地位。在小学数学教学体系中,口算教学贯穿始终,对于不同年级的学生,有着不同的口算要求,对于低年级学生而言,一般要掌握 20 以内的数学运算,对于高年级学生,要求则更高。在小学数学教学体系中,口算教学是重点,同时也是教学难点。

随着新课程标准改革的深入,小学数学越来越强调对学生的口算教学,强化口算教学是提升学生数字敏感度,提高学生数学应用能力的重要举措。从口算学习内容来看,口算知识更符合学生的一般认知,在学生日常生活中,大量的数学计算都是通过口算的方式完成的,强化学生口算能力可以有效提高学生的数学计算能力,提高学生数学知识实践应用能力。对于学生后期学习而言,口算知识也具有重要的作用,口算是学生开始更高阶段数学学习的基础,通过提升学生口算能力,可以为未来的数学学习打好基础。

二、小学数学口算教学存在的诸多问题

1. 小学生数字认知能力较差

在小学数学教学阶段，由于学生年龄较小，没有形成完整的认知体系，因此对于数学知识也缺乏足够的理解和认识能力。在开展口算教学过程中，由于小学生数字认知能力差，直接制约了小学数学口算教学水平的提升。小学生在运用口算知识的时候，由于缺乏足够的认知能力，往往都是死记硬背，不能理解数字背后的真正含义，遇到较大数字的运算或者不熟悉的运算模式的时候，其口算能力就被大幅度削弱了。

2. 缺乏足够的数字敏感性

在小学数学口算教学过程中，由于小学生日常生活中接触数字较少，缺乏足够的数字敏感度。教师在开展口算教学的时候一般都是单纯地强调数学运算口诀等内容，不注重提升学生的数字敏感度，不能将口算知识与实际生活有机结合起来，不利于提高学生的口算能力。举例来说，很多学生在背诵九九乘法口诀的时候，不注重理解，教师也不注重课堂引导，很多学生在背诵时候出现错误，比如把 $7\times8=56$ 错误的记成 $7\times8=54$，进而影响到口算能力的提升。

3. 口算教学模式存在问题

在小学数学口算教学过程中，很多数学教师不注重践行“生本理念”，对于学生的差异，很少采用具有针对性的差异教学法，往往都是采用“一刀切”的教学模式，在开展口算教学的过程中，往往也不创新教学理念，教学模式和教学方法都比较单一，很多小学生对口算教学缺乏足够的兴趣，教学内容缺乏趣味性、实效性和针对性，制约了小学数学口算教学水平的提升，很多学生都是被动学习。

三、提升小学数学口算教学水平的有效策略

1. 强化口算原理的教学

在开展小学数学口算教学过程中，教师要注重口算原理的教学，让学生真正理解口算运行的过程和内在机理，提升知识消化理解能力，提高学生对于口算知识的接受程度，实现教学内容的入脑入心，提升课堂教学效率。从教学实践来看，以往传统的死记硬背教学模式已经行不通了，要强调学生对于算数原理的掌握程度，提高学生学习效果。在教学实践中，数学教学要注重口算解题思路的讲解，比如说，在开展 9+7 教学的时候，教师就要灵活教学，采取化零为整的方式，让学生将整个计算题目化解为 10+6 进行运算，通过讲解算理结构，提升学生口算水平。

2. 优化口算教学模式

在开展口算教学的过程中，教师要综合运用多种教学模式，采取口令教学法、游戏教学法、情境教学法等，丰富课堂教学模式，提升课堂教学效率，不断提升课堂教学的趣味性与针

对性，让学生真正掌握口算知识原理，减小学生对于口算学习的抵触情绪，让学生自主学习相关知识，并且引导学生主动利用口算技巧，特别是在日常生活中，多运用口算知识解决生活中的现实问题。

3. 运用现代多媒体教学设备

在小学数学口算教学过程中，教师要注重多媒体教学设备的运用，随着“互联网 +”时代的来临，现代数学教学与多媒体信息技术深度融合。在小学口算教学过程中，知识具有一定的逻辑性和抽象性，对于小学生而言，并不容易理解。运用 XMind 思维导图等现代教学工具，可以实现口算知识与原理的直观化，利于学生理解掌握知识，提高知识的应用能力，帮助学生构建数学口算知识体系。

四、结语

综上所述，小学数学教学中口算能力的培养一直是教学过程中的难点，也是重点。所以，小学数学教师在开展口算教学过程中，应该根据不同层级学生的特点，进行有针对性的教学，不断创新教学理念，创新教学方法，整合课堂教学要素，提升口算课堂教学的丰富性和实效性，从而使小学生的数学口算计算能力得到整体提升，进而提高小学数学口算教学水平。

提高跨越式课堂小练笔的有效性策略

甘肃省宕昌县城关九年制学校　罗艳霞

摘要：小练笔是“读写结合”最有效的载体，所谓“课堂十分钟小练笔”就是教师在指授完新课的基础上，或在教学新课的过程中，充分挖掘当堂课文中的习作要素，不失时机地引导学生习作和表达，培养勤于动笔的良好习惯，逐步提升学生的习作水平。在阅读课上，根据学习的规律，要有练笔的意识和策略，从读学写，读写结合，均衡读写训练，沟通读写联系，增强作文体验。本文就如何提高“小练笔”的有效性提出一些策略。

关键词：小练笔；有效性；策略

课堂中想要提高小练笔的有效性，教师就应当从实际出发，有效地利用、开发好文本，在文本的精彩之处、空白之处引导学生仿写、补白，还可以通过角色转换、联系旧知等多种练笔形式架起学生与文本之间的桥梁，促进学生对文本的理解、感知。在教学中，我们一定要重视因文而异，拓展学生练笔空间，为孩子广开“写”路，巧妙地练，恰到好处地练。在练笔时能准确把握练的时机，练在当练时，练在理解的深入处，练在情感的共鸣处，练在主题的升华处。

一、找准课内“小练笔”的切入点

1. 趣味变写

教材中有些课文意蕴深刻，耐人寻味，学生在学习后，心中有许多话想对文中的角色说，或想为他们改变一个环境。记得在教《卖火柴的小女孩》时，我提出一个问题：“面对这个小女孩，你们想说些什么话？”一名学生忽然站起来说：“我想让她跟我一起生活。”接着好多学生举起了手，同学们都道出了自己的心声。接着我让学生以《卖火柴的小女孩来到我们中间》为题练笔，同学们马上挥毫，写出了自己的情感，道出了自己的爱，体现出社会主义的美好生活。如学习《草船借箭》时，我设计了这样的小练笔，“如果鲁肃把诸葛亮的计划密报给周瑜，事情会怎样？”学习《小音乐家扬科》时，当学生正为扬科的遭遇而惋惜时，我适时引导学生写“神笔马良救扬科”“假如扬科生在我们这个时代，他会怎样？”使学生一吐为快，直抒胸怀，收到良好的练笔效果。

2. 填补空白

课文中由于作者构思立意、布局谋篇、运笔行文的需要，往往省略了一些情节，课堂上引导学生对这些“空白”做些合理的补充、想象。如学习《我的战友邱少云》一课，可以让学生想象一些画面，面对熊熊燃烧的大火，邱少云是怎样忍受着巨大痛苦做到纹丝不动的？他心里会想些什么？然后让学生写下来。学习《再见了，亲人》一文时，作者写到朝鲜大嫂为给志愿军挖野菜，被敌人的炮弹炸伤，文中省略了受伤至伤好的情节，可以让学生小练笔“大嫂倒在血泊中，后来怎样”，通过联想补充情节，使人物形象更丰满，对课文的理解更深刻，同时也训练了学生的思维能力。当学习《将相和》时，让学生补写廉颇负荆请罪时的神态、言行以及蔺相如的态度。这些练习处在特定的情境中，内容又与课文紧密相连，故学生容易接受。进行这样的小练笔，不仅对学生全面、完整地把握课文内容有推动作用，披文入情更有重要意义，从而训练了学生的写作技能。

3. 模仿写法

冰心在《谈点读书写作的甘苦》中说：“我常常抄袭，就是说模仿别人更好的句子。”心理学家也研究表明，给出榜样让学生学习，学习效率更高得多。因此，从课文中学习作文的方法，正确引导学生阅读范文，加强由读到写的迁移，让学生由不会写，到通过对范文的模仿、借鉴，把范文的表达方式转化为自己会运用的表达技能，这是一种很重要的练笔方式。如《我爱故乡的杨梅》一文描写了故乡的杨梅树和杨梅果，作者从形状、颜色、味道三个方面描写了杨梅果，写得具体生动。学完这课后，我要求学生仿照课文描写杨梅果的段落写法，写家乡的一种特产，学生兴趣极高，大多数学生都能模仿写好。如学习《火烧云》这篇课文时，让学生想象：除了课文中写到的火烧云颜色和形态外，还有哪些颜色和形态，是怎样变化的。然后，要求学生按照出现、变化、消失的顺序写下来，要写上变化快的词语。这样，学生就插上了想象的翅膀，在空中遨游。

4. 续写文章

有些文章所写的事情虽然完结了，但事态还可继续或有新的发展。课堂上可以让学生以原文的终点为续写的起点，展开联想，构思新情节。如《小摄影师》写的是一个小男孩给高尔基照相，因忘了带胶卷没照成的事。学完这课后，我提出一个问题：“小男孩会再来吗？”激发学生想象，让学生续写文章。如在教学完《穷人》一课后，我让学生为文章续写结尾。其中有的同学这样写道“……在渔夫和桑娜的辛勤操劳下，七个孩子终于长大成人过上了幸福的生活。”有的同学写道“桑娜为了使西蒙的两个孩子过得更好，倾注了自己全部的爱，而自己的一个孩子却不幸夭折了……”有的同学写道“……在一次捕鱼时，渔夫打捞到一箱珠宝，变卖成钱，从此全家人过上了幸福的生活。”由此可见，学生的创造性是不可估测的，在他们清澈的童眸中装着许多个异彩纷呈的世界。

二、把阅读教学和小练笔紧密联系起来

1. 内容重组，提高学生对语言的运用和表达能力

重组就是将课文中的某些句子摘录下来，然后加上自己的语言，进行重新组合，从而拓展文章的内容，发展学生的思维。如学《蟋蟀的住宅》，为了帮助学生更好地理解“假使我们

想到蟋蟀用来挖掘的工具是那样的简单，这座住宅真可以算是伟大的工程了。”这句话，我要求学生在阅读时根据课文的描述，用自己的语言来介绍蟋蟀是怎样建筑自己的住宅的？学生把课文内容重组后的句子是：蟋蟀建筑自己的住宅时，先用前足扒土，用钳子搬掉较大的土块，然后用强有力的后足踏地，接着用后腿上的两排锯将泥土推到后面倾斜地铺开，最后就是长时间的整修。这个洞还可以随天气的变冷和蟋蟀身体的增长而加深加阔。通过这个小练笔的训练，让学生体会到蟋蟀的整个身躯是那么的柔弱，用来施工的工具仅仅是细弱的前足和后退，与要完成的挖土、搬土块、踏地、铺土、修整等工程相比，这是多么大的反差！所以对蟋蟀来说，这不能不算是伟大的工程，也是人们为之惊讶的原因。这种重新组合式的小练笔，不仅加深了学生对课文重点内容的理解，而且培养了学生对语言的感受能力，更提高了学生对语言的运用和表达能力。

2. 读中学写，提高学生的语言迁移能力

冰心在《谈点读书写作的甘苦》中说：“我常常抄袭，就是说模仿别人更好的句子。”心理学家也研究表明，给出榜样让学生学习，学习效率会高得多。因此，从课文中学习写作的方法，正确引导学生阅读范文，加强由读到写的迁移，让学生由不会写，到通过对文本的模仿、借鉴，把文本的表达方式转化为自己会运用的表达技能，这是一种很重要的练笔方式。如《桂林山水》一课在描写漓江之水的特点时，运用排比、比喻等修辞方法，先用感叹的语气写出漓江水的特点“静、清、绿”，然后从感觉、视觉、想象分别阐述。在学生理解这组句子的结构和作用后，要求学生仿照句式描写一处景物。学生有的写花，有的写一场大雪后的情景，有的写天上的白云，有的写中秋之月……学生们写得很不错，郁金香开得真多啊，多得满山都能看见它们摇曳的身姿；郁金香开得真香啊，香得很远就能闻到那一阵阵幽香；郁金香开得真美啊，美得像给大地披上了一件彩装。这场雪真大啊，大得把树枝都给压弯了；这场雪真厚啊，厚得足足有二十厘米；这场雪真美啊，美得像给大地披上了一件银装……学生们的仿写真是太精彩了，不但表达了对自然风光的喜爱之情，更是把课文的经典句式结构进行了内化，并能举一反三。这种形式的小练笔有效提高了学生的语言迁移能力，写作技巧也就进一步提高了。

3. 读中插写，提高学生个性化表达的能力

有些文章的情感性强，感染力强，学习课文内容时，学生肯定有许多话要说。老师可以在阅读教学时，让学生以小练笔的形式抒发内心的情感。如《为中华之崛起而读书》一文中可怜的妇女、可恨的洋人、可悲的警察、无奈在旁观看的中国人、有志气的周恩来都给学生留下了深刻的印象。在中国的土地上，外国洋人横行霸道，如此荒谬的事情，让学生个个气愤填膺。于是我抓住时机，让学生用“我想对_____说_______”的句式，写写你最想说的话，体会当时中国人的无能，体会落后就要挨打的心酸和无奈。学生们发自内心地写道：我想对警察说：“外国人在中国的地盘上干了坏事，你们还帮他们撑腰，帮他们说话，身为中国人，你们的良知在哪里呢？你们这样会过得安心吗？我真是为你们感到痛心啊！”我想对外国人说：“你们这些人，凭什么在中国的土地上横行霸道，扎死了妇女的亲人不道歉、不赔偿，还要得意扬扬地站在一旁,真是欺人太甚了。"我想对周恩来说:"你真是好样的,这么小,就树立了为中华的崛起而读书的远大理想。如果,当时的每一个中国人都像你一样,也许就不会发生这种事情了。我也要向你学习做一个有志气的中国人,让中国人扬眉吐气,让外国人不敢再欺侮我们。"……大家发言踊跃,在练写中进一步体会了人物的思想感情,明白少年周恩来立志的原因。这种形式的小练笔,让学生既透彻地理解了课文的内容,体会了文中的情感,又培养了学生的思维,提高了他们个性化表达的能力。

4. 文意拓展,激发学生思维的想象能力

有些文章所写的事情虽然结束了,但事态还可能有继续或新的发展。课堂上可以让学生以原文的终点为续写的起点,展开联想,构思新情节。如《巨人的花园》结局是,最后以"巨人在小男孩的启发下醒悟了,随即拆除了围墙,花园成了孩子们的乐园,巨人生活在漂亮的花园和孩子中间感到无比的幸福"。学完课文后,我启发学生道:"巨人和孩子们生活在美丽的花园,以后会怎么样呢?请你展开想象,把这个童话续写下去。"学生们的续写异常精彩,由此可见他们的创造性是不可低估的。这种续写形式的小练笔有效地激发了学生的想象能力,既是对文章情感的升华,又是对文章内容的深化。

三、重视生活小练笔

叶圣陶先生说:"生活犹如源泉,文章犹如溪水,源泉丰盈,溪流自然活泼地昼夜不息。"

1. 抓课堂突发事件进行"小练笔"

课堂突发事件是指在课堂中突然发生的"冲突",它常常出乎师生的意料。作为一名语文教师,应敏锐地利用一些课堂突发"事件",作为同学们练笔的题材,既让他们学会了联系生活去写作,也帮助学生养成勤观察、勤思考的习惯,改变了习作没什么可写的窘态。有一次我正在上课,一只蜜蜂从窗户飞进了教室,引起了同学们的惊慌,历时大约五分钟,不速之客才翩然离去,同学们却还沉浸在刚才的骚乱中,议论纷纷。于是,我干脆停下来,立即让他们练笔,一吐为快,不一会儿,学生的佳作就新鲜出炉了。可见,机智、灵活有效利用课堂突发事件进行练笔,无疑让同学们对生活进行更细致的观察,对作文也有了浓浓的兴趣。

2. 抓住各类游戏进行"小练笔"

课堂或课外有意识地组织学生游戏,使学生在轻松愉快的情境中,不自觉地调动全身感官的投入。紧接着写作,学生对当时发生的每一个细节——人物的语言、动作、神态,情感的起伏曲折,记得非常清楚,写起来毫不费力,且有血有肉。教师可在课堂上组织"木头人""画鼻子""扳手腕""击鼓传花"等游戏,课外可组织"两人三足""拔河""老鹰捉小鸡"等游戏。游戏习作是一方快乐的天地,学生们在玩中学,学中玩,有了可写的内容,有了生动有趣的语言,有了深刻体验和真实感受,习作自然变得轻松愉快。

总之,小练笔打破了作文的神秘感,为学生创设自由倾吐的写作氛围,使课堂活泼、开放,使作文进入学生的生活,成为他们生活的一部分。作为一名语文老师,要掌握多种教学策略,努力提高小练笔的有效性。

体育培养学生团队精神和合作能力研究

甘肃省宕昌县城关九年制学校　赵新云　王海红

摘要：随着社会的不断进步，我国的教育不单单只是重视学生的文化专业课的成绩，而是要求学生全面发展，特别是体育素质成为目前我国教育的重点，由于众多体育运动对培养学生的团队精神和合作能力具有重要的作用，所以，在教学工作中应当重点突出。本文通过对教学中体育对提升学生团队精神和合作能力的重要作用进行分析，希望对体育教学有所裨益。

关键词：体育教学；团队精神；合作

俗话说："分，分，分，学生的命根；考，考，考，老师的法宝。"但随着教学改革的不断推进，只注重分数而不要求学生的综合素质的时代已经过去了，现在讲求的是学生的全面发展。体育教学是我国教学体系中十分重要的一环，对于学生的各项素质的提高具有重要的作用，例如身体素质。同时，体育还能有效的培养学生的团队精神和合作能力，对提高他们的综合素质有重要作用。笔者根据自身经验对体育教学中的相关问题进行阐述，不当之处还请批评指正。

一、团队的特点和重要性

目前的社会不是一个人的社会，每个人生活在众多的合作和竞争中，所以，学会和人打交道是非常重要的。特别是面对困难较大的工作时，我们需要一个团队齐心协力去完成，个人英雄主义已经不是这个时代的主流。从社会心理学的观点来看，团队具有以下几个特点：①团队中的各个成员是相互依附的，每个人从心理上必须意识到团队中的每个人；②心理上的意识往往引导了行为上的相互作用，形成彼此影响的关系；③团队中的成员应当有共同的信仰和目标，并以此目标为助力，共同努力达到既定的目的；④共同的信仰和目标使一个团队形成了纽带，并依靠这个纽带紧紧联系在一起，这就是归属感。

从团队的特点可以看到团队的重要性，一个人的力量往往不能改变什么，但一个团队所迸发的力量往往是无穷的。而在教学过程中，文化课教学一般主要是提高学生的逻辑能力和拓宽学生的知识面，而体育的教学恰恰是最能提高学生团队合作能力的学科，对于孩子今后人生的发展都是十分重要的。学生时期是一个人三观形成的重要时期，这段时间有助于学生形成良好的行为习惯和言行举止，同样团结协作精神地培养在这段时间是十分合适的，体育课正是培养学生团队精神和合作能力的重要载体，能够以独特的行为活动，帮助学生在团队中建立自己的位置，找到一种归属感，这样就能更好地在团队中获得幸福感和荣誉感。

二、目前学生团队精神和合作能力较差的原因

1. 国家政策的影响

目前，我国家庭大都只有一个孩子，从小娇生惯养，是家里的小皇帝和小公主，往往自我意识比较强，而团队协作意识薄弱。要改变这一情况，结合团队和合作的重要性，我们必须采取相应的手段解决这个问题，而在体育教学中，我们就找到了“金钥匙”，可以利用灵活多变的教学方法，培养学生的团队精神和合作能力，为学生营造良好的团队氛围。

2. 学生家长的不重视

由于社会竞争越来越激烈，金钱成为这个社会中生活下去的必需品，因此家长都拼尽全力，希望给每个孩子最好的条件，为他们的成长成才打下良好的基础，但随着拜金主义思想的盛行，很多人都觉得只要有了钱，什么都可以办到，但是这些整天在外忙碌的家长却忽略了一点，对于孩子来说最重要的是陪伴，很多孩子习惯了我行我素，特立独行，只要经济条件好就行，丝毫不考虑在精神层面上的提高，行事以自我为中心，非常自私，不考虑其他人，致使他们丧失了合作意识和团队精神，对于以后的发展都是十分不利的。

3. 学校的不重视

虽然新课改的推进步伐很快，但是由于升学压力，很多学校还是普遍比较重视学生的分数，而对学生团队精神和合作能力的培养不置可否，特别是在一些城乡普通学校，很多学生为了走出大山，走出农村，把文化课的学习当作了他们的全部，这就导致他们对团队精神和合作意识的重视程度不够，这是极其致命的问题。

三、体育教学中培养学生团队精神和合作能力的方针对策

1. 国家政策的倾斜和重视

新课改的推进正是体现了国家对体育素质的重视，也敦促了学校对体育教学培养学生团队精神和合作能力的深入认识，我国目前应当继续加强对体育教学的重视程度，不断推进校园体育基本设施建设，浓厚体育教学的氛围，为学生的全面发展打下良好的基础。

2. 增强校园体育氛围

很多情况下，不是学生自己不想进行体育活动，而是学校的体育活动氛围过差，不能满足学生的基本需求。因此，学校应当充分重视体育教学，在日常的工作中有所倾斜，鼓励学生多到运动场上参加团体体育项目，不断增强他们的团队精神和合作能力。同时，学校要加强体育设施的建设，为学生提供更好的体育活动条件，不断增强学生参与团队体育运动的热情。

3. 教师个人的情感投入

教学的主体是学生，而教师是指导学生开展体育活动的重要一环，所以，在体育教学中，教师的作用是不可忽视的。团队精神的形成不是一朝一夕的，是一个长期的过程，需要教师在平常组织活动、开展教学、进行训练、竞争比赛中潜移默化地对学生进行教育，不断熏陶，逐渐让这个团队形成凝聚力，从而拉近了每个学生与教师之间的距离。教师在日常的体育教学中的情感投入是学生能否形成团队凝聚力的重要基础，如果教师在教学过程中出现情感投入不够，进行敷衍等不负责任的行为，这样是绝不可能让学生感受到这个团队的归属感，会严重影响学生日常训练和上课的热情，所以，学校在选择体育教学的教师时，应当优先选择那些个人魅力较强同时有比较好的责任心的老师。这样，就能够使学生的团队精神和合作能力不断提高。

4. 发挥学生当中领袖的作用

在学生当中寻找一两名有号召力的学生来协助教师管理，这样会收到事半功倍的效果。他不一定是学生当中体育成绩最好的，但他是学生当中的精神领袖，在平时的上课中能起到带头作用，敢于拼搏、敢于承担责任，是学生的榜样，也起到承上启下的作用，能更好地传达教师的意思，这样才能为培养团队精神打下坚实的基础。

5. 运用多种手段进行体育教学

有很多团体的体育活动都对提升团队凝聚力起到很好的效果，例如“两人三足”“团体接力赛”等，都能够让学生在相互配合的过程中找到默契，提高彼此的认同感，为培养团队精神和合作能力打下良好的基础。同时，我们可以运用体育课中的那些能够体现帮助和保护来战胜困难的项目，培养学生对团队的认同感和感恩团队的精神。在进行跨越式跳高的教学过程中，很多同学都有畏惧的心理，一般跑到栏杆前就会害怕，不敢跳，同时，也害怕跳不过去或者摔倒会被同学和老师嘲笑，而这个时候，他们最需要的是同学和老师的鼓励，当他们鼓起勇气再次试跳并成功后，他们对于团队的认同感将会得到非常大的提高，团队精神的建立是十分明显的。同时，也让他们体会到了集体的温暖和克服困难的决心，鼓起勇于进取的勇气。

四、结束语

生命在于运动，体育活动不仅能增强学生的体质，还能不断提高学生的团队精神和合作能力，我国教育工作者要满怀热情，运用多种手段对体育教学进行深入地开展，为学生的综合能力的不断发展打下良好的基础。同样，在新课改的背景下，国家也会进一步倡导体育课程的重要性，引导学生积极参与其中。

参考文献

[1] 杨志君. 论大学生团队精神的培养 [J]. 重庆广播电视大学学报，2001(3)：24-26.

[2] 张旭光. 体育教学中培养中等职业学校学生团队精神的研究 [D]. 苏州：苏州大学，2010.
[3] 钟小蝶. 体育培养学生团队精神和合作能力研究 [J]. 中国培训，2015（8）：195.
[4] 万海红. 体育课如何培养学生团队精神和合作能力的研究 [J]. 亚太教育，2016（7）：239.
[5] 刘小莉. 体育教学中培养学生团队精神和合作能力探究 [J]. 新课程（上），2015（7）：22.

科学课,小学生快乐成长的沃土
——小学科学课程的趣味化

甘肃省宕昌县城关九年制学校 陈婵萍

摘要:快乐的科学课堂,应该是在玩中做,在做中玩,通过玩和做,让孩子们感受到合作和探究的乐趣。作为一名小学科学老师,该如何激发孩子们的学习、探究的热情呢?本文将做出回答。

关键词:科学课;快乐;对策

最近,一门新型的课程引起了社会各界的关注,这就是小学科学课,如何把快乐融入小学科学课的教学当中,这是我们每个科学教师值得深思的问题。快乐的科学课堂,应该是在玩中做,在做中玩,通过玩和做,让孩子们感受到合作和探究的乐趣。

回想我们小时候,没有现成的玩具,生活中很简单的东西都能让我们玩好久。如用捣碎的花瓣染指甲,或用粉笔和红墨水拌在一起染指甲,蹲在树荫下看蚂蚁搬家,和小伙伴们在院子里跳皮筋、跳房子,或者围成一圈弹玻璃球,用乒乓球和小石子或羊骨头、猪骨头配合抓着玩,做翻绳子游戏等。

一片花瓣、一根绳子、一粒石子就能带来无尽的快乐,那些不甚华丽却能让快乐无尽释放的游戏,就是我们快乐的童年啊!那么,现在作为一名小学科学老师,我们该如何激发孩子们的学习、探究的热情呢?

一、激发学生的学习热情,从兴趣入手

在教学《种子萌发的秘密》这一课时,我让学生每4人一组准备几个大小形状完全一样的花盆,装一样多的土,把黄豆种子种在花盆里,每隔一周种一盆。也可以用几张餐巾纸,放进有密封口的塑料袋,往塑料袋里倒水,让餐巾纸完全浸湿,在塑料袋中间放4~5颗黄豆种子,让黄豆紧贴在餐巾纸上。接下来把塑料袋封好,用胶带粘在纸杯上(黄豆要用完整、干燥的),每隔一周种一袋。把种植好的花盆或纸杯放在阳光充足的阳台上,摆放一周,隔几天往花盆或塑料袋里加一次水,让土或餐巾纸保持湿润。让学生观察豆子的变化,给自己种植的小豆子起名字,贴上标签,细心观察,开始写观察日记。刚种时,先让学生猜测豆子会发芽吗,为什么要加水呢,如果不加水又会怎样呢?过了40天,每组学生种植的黄豆都有不同程度的发芽,这样种植的目的便于学生同时观察种子发芽和各个时期成长的情况。等所有

的黄豆都发芽后可引导学生交流:种子发芽需要什么条件?

刚种上时由于感兴趣,孩子们只要一有时间就去观察。当发现种子发芽时,他们会特别兴奋。这时候老师就引导他们进行观察,做好记录。上课时他们会争先恐后地回答自己观察到的情况,通过汇报,总结得出以下结论:种子发芽需要适宜的温度(温度过高、过低,种子都不能正常发芽,因此,春天是的温度适宜种子发芽,冬天温度过低,夏天过高)、合适的光照、充足的水分以及空气。满足上述条件后,豆子就会发芽,长出幼苗。

二、培养孩子们动手能力,从实践入手

在上《风从哪里来》这一课时,我先把孩子们每 4 人分为一组,让每组在课前准备卡纸 1 张、铅笔 1 支(带橡皮)、橡皮泥 1 块,图钉 1 枚、剪刀、双面胶、矿泉水瓶盖、一次性塑料杯 1 个、一次性盘子 1 个。

上课时教师首先展示制作好的成品,让学生观察组成部分,讲解清楚制作注意事项和制作步骤:①在正方形卡纸上,按照顺时针方向,依次在四角标出 E、S、W、N(东、南、西、北);②把一根带橡皮头的铅笔削尖,从卡纸中心穿过,让有字的一面朝上;③把铅笔插进塑料杯,再把塑料杯倒扣在盘子上,用橡皮泥固定铅笔尖处;④硬卡纸剪两个三角形,一大一小,把纸三角分别在吸管两端,做成箭的形状;⑤图钉穿过吸管,扎在橡皮头上。

告诉学生制作步骤后教师可以放手让孩子们自己制作,等每个小组制作完后进行展示。

在制作过程中每个孩子都参与到其中,有人剪正方形、有人剪三角形、有人把剪好的三角形粘在吸管上、有人把各个部分进行组合,孩子们各尽所能、兴趣盎然,大概 10 分钟,每个小组都完成了制作。学生把制作好的风向标带到户外,让 N 对准北方,当风吹起的时候,风向标就会随风转动,引导学生观察小三角形的指示方向,判断风的大概方向。三角形指向哪个字母,风就来自哪里。

有的小组制作的风向图标不能正确显示风向,有的小组制作的风向图标,在起风时不转动,原因是图钉和橡皮之间卡得太紧,没有缝隙。有的小组把两个三角形剪得一样大,指示作用不明显。有的小组剪得正方形太大,做的风向标不美观。但达到了本节课的教学目标通过游戏和好玩的实验和制作,知道了风是从哪里来的。

三、培养孩子们的探究能力,从动脑入手

在上《我的木棒是大力士》时,课前让学生准备好木棒、盒子、重物。并进行以下步骤。

上课时故事导入:有两个孩子爬山,一块石头滑下来压在其中一个女孩的腿上,这块石头太大了,不能直接用手搬动,她同伴怎样搬动石头救她呢?

探究:想办法,找到一根树枝,再找一个支撑树枝的物体(支点),组成一个杠杆,将石头抬起来,让女孩子把腿抽出来。

演示:书本、盒子、棍子。

解释:作用力距离支点的距离远远大于重物支点的距离,就能将重物抬起。

引导玩跷跷板。同学们都玩过跷跷板吧,那我们先来做一个跷跷板,用两张长木凳做成跷跷板,先让老师和一个孩子上来演示怎么玩,并提问:跷跷板我们从小玩,那想一想怎么让跷跷板达到两边平衡呢?(有两个方法:①移动两边人与支点的距离;②改变一边的重量。)

跷跷板很好玩哦,那它是利用什么原理的呢?(跷跷板是利用杠杆原理,人对跷跷板的压力是动力和阻力,人到跷跷板的固定点的距离是力臂。大人的重量虽然大,但只要大人的力臂足够短,则大人力臂和重量的乘积就能小于小孩力臂和重量的乘积,大人就被跷起来了。)

教学延伸:在生活中除了跷跷板是利用了杠杆原理,生活中哪些地方我们还用到了杠杆原理?省力杠杆:如羊角锤、道钉撬、老虎钳、起子、手推车、铁皮剪和修枝剪刀。费力杠杆:如筷子、镊子、钓鱼竿、脚踏板、扫帚、船桨、裁衣剪刀、理发剪刀、人手臂。等臂杠杆:如天平、定滑轮。

总之,小学生对一切事物充满好奇,对身边周围的一切都有一种神秘感,他们遇到问题总喜欢刨根问底。我国著名教育家孔子说:"知之者不如好之者,好之者不如乐子者。"因此,兴趣是最好的老师,兴趣也是学生学习的动力,是学生打开知识之门的金钥匙。

在小学阶段,学生的思维主要是以形象思维向抽象思维过渡,他们的抽象仍然需要直观形象的支撑,因此在思维发展过程中,我们要从现象和事实出发,帮助学生进行观察、概括总结,得出结论、发展学生的科学探究能力。在具体教学中,教师要给学生提供足够的材料让学生在动手动脑中完成探究任务。还要帮助学生把现象、数据转化为证据,利用证据得出结论。

小学高年级“四格漫画”作文教学法

——小学高年级作文教学改革

洛阳市第一高级中学附属小学　李社会

摘要：习作、漫画两个看似无关联的词语相互碰撞，就碰撞出了“四格漫画”作文教学法，这样的图文结合形式给学生带来了新鲜感，激发了学生的写作兴趣。在教学实践中，运用这样线条加简单说明的漫画式教学作文，更容易让孩子们有最鲜明的感知，轻松愉悦的氛围便于交流，效果也就会达到最好。

关键词：疫情；作文改革；“四格漫画”；兴趣

我从教 23 年，深知对于每一个语文教师来说，作文教学是多么让老师、让学生头疼的一件事，从写日记到写片段，从有活动就引导观察的观察法到故意创设一定情境引导学生体验的情境体验法……方法之多，让人眼花缭乱。在不断地尝试中，我也在思考该怎样让学生有兴趣写，喜欢上写作，知道该如何去写。2020 年的春节，突如其来的疫情给我们的常规教学带来一场不得不进行的变革，引发了一场网络教学的探讨。在这场不一样的教学中，我一直在不断地追求探索，希望在这次的挑战中找到一个突破点。俗话说有风险就有机会，风险和机遇并存。这次的疫情是一场灾难，也是对我们教育者的一次考验。在不断地思考中，在教学实践中，根据学生的兴趣点和由于在家时间长，学生不喜欢单一枯燥的作业等特点，我把写作和漫画结合起来，形成了自己在抗疫时期的“四格漫画”作文教学法。

疫情时期，学生的学习更多依靠的是学生的听，可是面对小学生，如果教师一味地讲授，没有反馈，就是无效教学。尤其是作文教学，学生本来就很头疼，在学校写作文，还能躲就躲，能少写就少写一些呢，如果在家中，只是布置一篇作文，然后用常规的方法去在云端讲作文的话，我觉得效果甚微。偶然的一次机会，我发现学生们喜欢看漫画，而且大家都喜欢在漫画或者书上涂画一些自己的想法。而漫画，是一种艺术形式，是用简单而夸张的手法来描绘生活或时事的图画。漫画作为绘画作品，经历了漫长的发展过程，从最初作为少数人的兴趣爱好，已成为人们的普遍读物，更是学生的最爱，甚至于有的学生成了漫画控。结合我们的语文习作对于高年级的学生在新课标中的要求，要懂得写作是为了自我表达和与人交流，要养成留心观察周围事物的习惯，有意识地丰富自己的见闻，珍视个人的独特感受，内容具体，感情真实。他们的共同点就是描绘真实的生活或者时事，尤其是要用简单而夸张的方法，我觉得更加符合学生的心理特点，学生如果能够在日常的习作中运用这样的方法去选材、列提纲，写作会更高效，所以在疫情期间，我大胆尝试进行小学作文教学改革，创新了“四格漫画”作文教学法。在疫情期间实践运用，收到了良好的教学效果。在后来开学后及学期末的质量检测中，学生的成绩非常突出，其中作文的成绩更是出乎所有人的意料。

“四格漫画”作文教学法在教学中可以贯穿习作的全过程，从选材到草稿再到修改和评价，每一步都可以用四格漫画的形式来呈现。

1. 选材时的“四格漫画”

作文材料，是作者为了达到特定写作目的，从生活中搜集、摄取并写入作文中的一系列事物和事理。材料在文章中起着体现内容、表达主题的关键作用，准确选取、恰当运用材料是作文成功的核心要素。在作文教学中，我发现材料问题已成为严重制约学生写作能力提高的瓶颈。学生或苦于积累薄弱，常常感到“无话可说”；或难于恰当运用，总是觉得论证无力。那么，如何才能有效突破这个问题呢？

我首先让学生在解读题目的基础上，在纸上画出四个格子，分别代表自己选择的材料中的四件事，在格子里用简单的线条来给事情配图，不需要多逼真，不需要多形象，对图片的要求很简单，只要你自己能够看懂即可。线条下面配上一句简短的画面说明，然后对于这四件事在图片的右上角写上自己在看到这个格子里的事情时的心情。有了这样的提示，学生在交流时就有话可说，有事可说，有的学生做了心情标注，在与其他同学分享的时候，其他的同学就能够尝试走进他的内心世界，站在他的立场去看待问题。在选择材料时，怎样才能根据文章的写作要求，从四格中选出典型、新颖的内容呢？关键看大家的漫画中展示的画面或者备注的心情，如果都是相同或者类似，就不能称之为新颖，就可以舍弃；如果你的心情词语或者你的这格漫画所配的说明给人带来的感觉不是那么美好或者让人感觉不舒服，那么也可以舍弃，教师可以从这些途径指导学生选取最有价值、富有代表意义的材料 。而且在交流选材时，我们很容易能够发现学生们出现的问题，这样的方式比之前的文字说明或者文字提纲会更加鲜明，更容易激发学生的兴趣，效果会更好。

面对疫情，我每天在布置作业时也常常用“四格漫画”这样的形式去布置学生收听和记录当天的新闻，然后把自己感兴趣的内容简单进行勾画，并添加一句话的说明，或者给这张图片起一个名字。在完成作业的基础上，重视学生的口语表达，作业要求多说少写，这样在家长陪伴学生完成作业的时候也有利于亲子之间的沟通，有利于家庭和谐。在这样的趣味作业中，四格漫画比抄写生字、写作文、做练习题等作业，更受学生的欢迎，学生既能够在轻松的氛围里完成作业，而且也为日后的写作积累了丰富的素材。

2. 草稿时的“四格漫画”

选好了材料就需要进行草稿，在打草稿时，我还是让学生用“四格漫画”的形式去展示。一张纸平均分为四格，除了开头之外，其余的四格就代表着四段，很明确也很新颖的草稿要求，让每个学生都可以发挥自己的想象力，在或简单、或复杂、或黑白分明、或五颜六色的“四格漫画”里展示草稿，我惊喜地发现，学生能够根据自己的理解去填写内容，而且在交流时，能够做到言之有理，可以清楚表明这四格里分别需要填写什么。

以《我的老师》这篇写人的文章为例，学生通过自己对写作要求的解读就会大概知道这四个格子分别需要写的是老师的外貌、性格、教学方式和学生之间发生的事情等。那么涉及事情的时候，我们又可以分成四格，把起因、经过、结果绘好后还多余了一个格子，你会写什么呢？可以写故事高潮，可以写出人意料的情况，当然也可以简单地表达出自己的情感。可是如果只是这样简单的备注上这几个字，就不能称之为漫画形式。因此，在草稿时，让学生用简单的线条来展示事情的发生，给这些线条配上简短的解说。在展示经过的时候，提醒同学们可以把经过再分成四格，这四格分别对应老师的语言、动作、神态、心理的描写，然后让学生先配词，再配画面，再结合画面配上简短的说明。在这样的画画写写、在交流中、在开心地欣赏中，学生愿意展示的东西越来越多，展示的东西越丰富，就说明学生的写作内容越具体越详细，渐渐地就改变了学生总是无话可说的情况。

除此之外，在实际的教学中，我们总能够看到习作的题材或者内容是不一样的，那么，我们用四格漫画的形式去分类学习交流。如人、物、景、事；如枝、叶、花、果；如形、色、声、味等等，不一而足。在经过一段时间的教学训练之后，学生面对不同要求的作文时，能够很快联想到我们曾经画过的漫画，那些直观鲜明的形象立刻就会让他们找到相关联的内容，完成常规的作文就没有太大的问题。我们在习作中需要新颖的东西，因此，除了常规的教学之外，我们总会有属于自己的“四格漫画”新发现。比如在交流写《我的心爱之物》这篇习作时，学生在阅读完习作提示时就能够很快的完成“四格漫画”的内容，但是我告诉学生，如果大家都一致，评作文的老师会有什么感觉呢？可不可以进行自我创新呢？学生经过思考和交流，尤其是在发挥想象力的基础上，就会有自己的发现，就会有不一样的收获。这样，学生不仅仅知道了常规的作文的写法，还能在完成常规习作之余，去尝试创新，岂不是一举两得？

3. 修改与评价时的“四格漫画”

高年级的同学《小学生语文课程标准》在第三学段习作目标中提出“修改自己的习作，并主动与他人交换修改，做到语句通顺，行款正确，书写规范、整洁。根据表达需要，正确使用常用的标点符号”。在“习作实施建议”中再次强调“重视引导学生自我修改和相互修改的过程中提高习作能力”。可见，修改习作是学生习作的一个重要环节，培养小学生的修改能力多么重要。

在传统教学中都是学生作，教师改。同时，习作需要改哪，怎么改，为什么要改，全凭教师做主，只要改到教师满意为止。更重要的是，由于教师批阅的工作量太大，每次习作都要延续好几天，到最后，学生的习作兴趣和热情也在这烦琐而漫长的过程消失殆尽。因此好作文不但是写出来的，更是改出来的。在教学中，我们要把修改的主动权还给学生，培养学生习作修改的能力，促进学生养成自主修改的习惯。而我从最简单的四格漫画——选材、字、句、优点，去着手教学生修改作文。这样学生在自己修改时能够有针对性，在小组交流时，可以看到四格里需要整改的词句等内容的记录会越来越多，这首先给了学生一种成就感，不至于让学生产生疲倦，更重要的是学生最终根据四格漫画进行修改习作时，目标明确，修改符号使用可以规范，而这样的修改让卷面不会出现一团乱麻的情况，效果会更好。

学生学会修改作文后还需要教师对学生的作文进行评价，这个评价往往被教师和学生们忽视，因为学生可能看不太懂评语，而教师又认为学生不一定看。作文评语看上去只是几句简单的话，但是有时候这寥寥数语，就是一座桥，可以让教师走进学生的心里，看见他们情感的端倪，成为师生间沟通的一个便捷的载体。有时作文里有学生对社会生活的感受，有学生个人思想情感的剖析，是他们心灵的纯净底片。我在尝试给作文写评语时，也要求自己用上"四格漫画"作为突破口，让作文评语点燃学生心灵的火炬，照亮他们的精神世界。我虽然画得不好，但是在给图片配上解说的时候，往往会别出心裁，尽量引用现在比较流行的，或者比较经典的内容，不落俗套，让学生有新鲜感。

例如学生在写《我的老师》时，他举出了老师对他惩罚的例子，在学生的笔下，老师被描写成了"母老虎"，这样的比喻显然不太合适，学生过于夸张了。于是，在评价时，我就在其中的一个格子里画上了老虎，然后老虎在哭泣，旁边写上了我的名字，下面的说明是：XXX怎么做错了事情啊？我好伤心啊！当我把这图片发给他的时候，触动了他，他诚心诚意跟我道歉，我告诉他，写作的时候要尊重事实，有些故意的夸大看似在引起别人的注意，好像很幽默，但其实在不恰当的场合里运用，会伤害到别人。这样的交流比说多少大道理都更加直接简单，但是效果却更好。

疫情期间，在家教学，真的是一种考验，但是对我来说，更是一场机遇，让我在无心的发现和有心的实践中，让习作、漫画两个看似无关联的词语相互碰撞，撞去了"四格漫画"作文教学法，这样的图文结合的形式，给学生带来了新鲜感，激发了学生的写作兴趣。在教学实践中，运用线条加简单说明的漫画式教学作文，更容易让孩子们有最鲜明的感知，在轻松愉悦的氛围中，交流会更容易发生，效果也就会达到最好。作文教学改革，真的不容易，尤其是有想法后实践迈出的第一步最为艰难，今后，我会继续行走在小学高年级"四格漫画"作文教学法的教学改革之路上，愿用自己的努力和智慧为学生的习作能力的提高奠定坚实的基础。

参考文献

[1] 中华人民共和国教育部. 义务教育语文课程标准 [S]. 北京：北京师范大学出版集团，2011.

《指南》引领下培养幼儿归属感的研究与实践
——小学科学课程的趣味化

天津大学幼儿园 张 静

摘要:从小培养和渗透幼儿的归属感对幼儿身心和谐发展尤为重要。《3—6 岁儿童学习与发展指南》是引导 3~6 岁儿童学习与发展方向的指导性文件。在《3—6 岁儿童学习与发展指南》的指导下我园充分利用幼儿园所在高校社区的文化底蕴和具有教育意义的资源开展系列活动,培养幼儿对集体、对家乡、对祖国的初步归属感。

关键词:归属感;高校资源;实践活动;家园共育

归属感是儿童社会性发展中的重要情感,对于儿童的心理健康、亲社会行为和人际交往能力的培养有着十分深远的影响。《3—6 岁儿童学习与发展指南》(以下简称《指南》)在社会领域部分明确提出幼儿要“具有初步的归属感”这一目标,以及有效帮助幼儿建立初步归属感的教育建议,为幼儿园开展实践研究提供了参考和依据。幼儿的归属感主要包括集体归属、民族归属感和国家归属感,我们依据《指南》中社会领域教育理念,挖掘身边的教育资源,积极探索培养幼儿归属感的有效方法和策略,取得了一些成效。主要的做法有以下几方面。

一、挖掘高校资源作用,培养幼儿集体归属感

《幼儿园教育指导纲要》明确指出“幼儿园应与家庭、社区密切合作,与小学相互衔接,综合利用各种教育资源,共同为幼儿的发展创造良好的条件”,由此可见,环境在幼儿社会性发展的过程中发挥着十分重要的作用。幼儿生活的社区就是培养幼儿集体归属感的重要场所,充分利用社区资源开展各类活动,有助于幼儿情感、态度和社会交往技能的形成,能有效地促进幼儿社会性发展。

天津大学成立于 1895 年,至今已有 120 多年的历史,是教育部直属的一所名牌大学,有着深厚的历史和文化底蕴,天津大学附属幼儿园就坐落于天津大学这座百年学府中。我园充分利用了天津大学独有的优质资源,开展了丰富的实践和体验活动,培养幼儿的集体归属感。

1. 利用校园特有的文化活动,感知高校深厚的文化底蕴

每年四月,海棠花盛开之时,天津大学会启动“天大·海棠季”活动,举行校园开放日及

海棠季系列活动，邀市民、各地游客入校赏海棠花，活动的目的旨在让大家了解校园和校史，感知天大的人文气息，感受莘莘学子的蓬勃朝气。“天大·海棠季”活动已举办多届，并逐渐成为天津大学的一种文化象征。每当这时，我们都会带领孩子们参与其中，带领孩子们在校园踏青赏花，欣赏海棠吐蕊绽放的美景；组织孩子们聆听人文社科讲座，观看学生社团书法绘画、乐器演奏和歌舞表演等文化活动，多元的文化活动和浓郁的艺术氛围深深地吸引着孩子们。此外，我们还注重引导孩子参与和体验各种活动，在诸多的大学生社团活动中，我们选择了孩子感兴趣的越剧社，孩子们在哥哥、姐姐的帮助下穿上戏服、化上彩妆，模仿哥哥姐姐的一招一式进行表演，感受戏曲优美的唱腔和表演，体会传统戏曲的魅力。活动后孩子们纷纷和哥哥姐姐拍照留念。

每当“天大·海棠季”活动进行时，天津大学的各种艺术场馆还向公众开放。我们带领孩子们参观了冯骥才文学艺术研究院博物馆，里面珍藏有冯骥才先生收藏的很多珍贵的艺术品。孩子们饶有兴趣地参观大树画馆里的书画作品、民间艺术馆的各种民间工艺品、雕塑厅里栩栩如生的雕塑作品等。孩子们安静、专注地欣赏着这些珍贵的艺术作品，被浓郁的艺术氛围浸润和包围着，每当这时作为教师的我也和孩子们一样感同身受，为天津大学感到骄傲和自豪。

对于校园文化活动的参与和体验，使孩子们感受到天津大学蕴含的浓郁而深厚的文化底蕴，让孩子们更加爱天大，爱我们的幼儿园，有效地萌发了幼儿集体归属感的形成。

2. 了解不同学院的研究成果，感受高校人的智慧和成就

天津大学有很多学科特色鲜明的学院，很多孩子的家长在其中从事教学和管理工作，一些学院的科研成果在天津乃至全国的诸多研究领域都处于领先的地位，让孩子了解这些学院的研究成果，有利于幼儿更加深入地了解天大，对培养他们的集体归属感有着极为重要的作用。为此，我们组织孩子开展了走进天大校园的活动，带领孩子参观有特色的学院，了解他们的研究成果，感受天大人的智慧和成就。

我们带孩子们来到自动化学院，参观啤酒生产线，了解从啤酒的酿造到装瓶成箱的机械化全过程，让幼儿体会科技在生活中的运用；带孩子们来到天大建筑设计总院，参观模型展馆，给孩子们讲解设计师们设计的不同场馆，让孩子们体会建筑的美；来到高科技实验室，给孩子们介绍“神舟十一号”中宇航员的坐垫就是由天津大学快速成型中心承担研制的，班级里使用的空气净化器，也是天津大学自己开发研制的；我们带孩子们来到药学院，这里有许多聘请的外国专家，参观药学院的高端实验室，虽然他们还不懂那些精密仪器的作用，但仍旧会对这个高科技环境和氛围肃然起敬。

活动的开展让孩子们了解到天津大学有这么多高端的研究院系和高端的科技人才，为自己生活在天大这个大集体、大家庭而感到无比骄傲和自豪，孩子们的集体归属悄然萌发。

二、开展参观游览活动培养幼儿的家乡归属感

《指南》教育建议指出：“和幼儿外出一起游玩，一起看有关的电视节目或画报等；和他

们一起收集有关家乡及祖国各地的风景名胜、著名的建筑、独特物产的图片等，在观看和欣赏的过程中激发幼儿的自豪感和热爱之情。”为此，幼儿园组织孩子开展了参观游览活动，让幼儿去亲身感受城市的变化和美丽，培养幼儿爱家乡的情感和归属感。

我们带孩子参观天津著名景点和历史风貌建筑等，如：天塔、天津之眼、世纪钟、五大道小洋楼、瓷房子、食品街等，让幼儿了解自己生活城市的美好；请家长带孩子去观看古文化街的庙会、鼓楼的民俗表演、天后宫的春祭大典等，了解天津传统民俗民风。通过参观游览，孩子们不仅陶冶了身心，还激发了爱家乡的情感和行为。随后，我们还通过主题环境的创设，帮助幼儿提升在参观游览中获得的感性经验和积极的情感体验。在环境的创设中，从楼道环境布置到各班级主题墙饰的布置，体现了美丽天津的独特风貌，鼓励孩子用图文并茂的方式展现天津的美食、美景和人文风貌。在孩子们的积极参与和共同努力下，天塔、摩天轮等美景、天津传统美食纷纷跃然墙面。主题环境的创设将参观游览活动推向了高潮，使幼儿爱家乡的情感得到了升华。

三、通过家园共育活动培养幼儿的国家归属感

幼儿归属感的建立需要家园之间形成教育合力，家长对于幼儿园教育工作的支持会更好地促进幼儿归属感的形成。我们充分利用幼儿家乡人文和地理优势，与家长携手共育，培养幼儿热爱祖国的情感和归属感。

我园的家长大多是外地学子留津工作，他们来自全国各地、五湖四海，利用这一资源我们组织孩子开展了“夸夸我的家乡”主题活动，请家长和孩子用不同的形式展示自己家乡的风貌。来自东北的宁宁和妈妈一起制作了精美的课件，以图文并茂的方式介绍了东北雪乡的白色梦幻世界，母女二人还带来了火辣辣的二人转表演，让孩子们感受到了风趣幽默、具有鲜明东北地域特色的民间文化。来自福建的丁楠和爸爸教小朋友怎样用闽南语问好，向大家介绍了祖国南方的云水谣和鼓浪屿，还有家乡的美食。来自西安的萌萌更是饶有趣味地介绍自己家乡的大雁塔、碑林、秦兵马俑等名胜古迹，她为自己的古都家乡而骄傲。通过这样的主题活动让幼儿了解小伙伴们家乡文化的独特性和差异性的同时，更感受到了我们祖国的辽阔和伟大，不仅激发了幼儿热爱自己的家乡，更激发了幼儿热爱祖国的情怀。

在教育实践中，我们积极采用多种途径和方式培养幼儿的归属感，取得了一定的成效。今后我们将在《指南》的引领下，对这一课题继续开展深入有效的研究，不断帮助幼儿在良好的社会环境中获得基本的认同感和归属感，使幼儿获得自尊和自信，更加健康快乐地成长。

参考文献

[1] 中华人民共和国教育部.3—6 岁幼儿学习与发展指南 [S]. 上海：华东师范大学出版社，

2012.
[2] 张明红.3—6 岁儿童归属感及其发展 [J]. 幼儿教育,2015(9):7-9.
[3] 于冬青,韩蕊. 儿童期归属感发展的特点及适宜性教育 [J]. 东北师大学报(哲学社会科学版),2014(2):162-165.

幼儿武术操对幼儿身心发展的影响研究

天津大学幼儿园　柳　爽

摘要：近些年，幼儿教育受到了家长和教育部门的重视，随着素质教育的落实，侧重点也由基础知识向身心发展良好转变，而幼儿武术操对正处于身体素质发展初级阶段的幼儿来说，能够培养儿童的身体形态和身心综合素质。基于此，本文从幼儿武术操的理论含义、现状和影响出发，对有效开展武术操的方法进行探究。

关键词：幼儿武术操；身心发展；影响和方法

幼儿时期是身体和心理素质发展的关键时期，开展适合幼儿特点的武术操训练，不仅可以提高儿童的身体素质，促进生长，对其意志力、智力等能力的培养也十分重要，而且武术操兼具教育和锻炼的双重特点。为此，研究幼儿武术操的影响对幼儿教育至关重要。

一、幼儿武术操概述和现状

武术是我国一种传统的体育形式，带有鲜明的民族特色，属于优秀传统文化的范畴，具有健身和艺术价值。在实际幼儿教育中，以武术操的形式展现。简单来说，幼儿武术操就是把武术的基本动作同带有律动节拍的体操结合到一起的体育锻炼形式。在动作的设计上，主要根据儿童的实际情况，适当地增加运动量，使其身体得到全面的锻炼，以简单易学的动作吸引儿童，使其和参与到活动中来，进而促进儿童的身心发展。但从实际的情况来看，武术操并没有得到全面的落实，部分幼儿园的武术操活动还处于空白的状况，没有形成规范化的系统教材和计划，加之开展的方式单一，以至于影响了武术操对儿童身心发展的促进作用[1]。

二、武术操对幼儿身心发展的影响

幼儿武术操在幼儿园的开展，对儿童身心发展有着重要的影响，具体表现在三个方面。①身体形态的提升。武术操对站姿、行动等基本仪态都有严格的要求，可归纳为：头要上顶、颈要竖直、肩要松，肘要坠、拧腰切胯、含胸拔背等内容，武术操尤其强调了站姿，对儿童正在发育的脊柱骨骼的健康和自控能力的培养十分重要。②身体综合素质的提高。适当地参与体育锻炼对幼儿的生长较为重要，幼儿武术操的重点放在力量和耐力的训练上，进行日常的武术操练习可以增强灵活度、协调性等综合素质能力。③养成良好的心理素质。武术操相较于普通的体操，动作难度和运动量都有较大提升，对儿童思维和心理的影响更加突出。因幼儿武术操注重上下肢的协调,可以通过速度和方向的切换,形成时间和空间的观念,从而开发右脑潜力,锻炼良好的想象力和记忆力。

三、有效开展幼儿武术操的方法

通过以上的研究可以发现,幼儿武术操对幼儿身心发展的全面提高作用显著,针对武术操的教育现状,结合实际的体操内容,提出了以下几点方法。

(一)优化武术操动作,贴合儿童实际

武术操面对的群体主要是幼儿,动作要点的设计上要符合儿童的发展特点,难度不能超过孩子可承受的标准,以免因动作压力过大造成身体损伤。这就要求教师在动作编撰时,必须从幼儿的实际身心特点出发,根据不同的班级有针对性地科学选择动作。比如,武术操动作包括了手形手法练习、基本步型、腿法练习等内容,在实际的教学环节,就可以以小班、中班和大班作为分界线,科学合理地设计武术操动作。小班可以选取拳、掌、勾的手形练习和马步等简单的动作,中班可进行弓步、冲拳等训练,而大班则要在以上的基础上添加架拳、推掌、仆步等动作[2]。

同时,武术操动作还要注重与音乐节奏的配合和与动作的协调。武术动作的每小节都需要注意动作的对称性和平衡性,每节的连接都要合理和紧凑,动作的难易程度需由浅入深阶梯式安排,运动量既要满足身心锻炼的要求,也要控制在适宜的范围内。幼儿武术操是武术基本功和节拍的结合体,音乐的选择也十分重要,最好是将音乐节拍控制在二四或四四节拍,容易使幼儿接受和掌握。

(二)转变武术体操教学模式,激发幼儿学习兴趣

幼儿阶段的孩子处于事物认识的初级阶段,由于身心发展缓慢和理解能力有限,都使其在学习武术操动作时出现动作不到位以及混乱的现象。要想改善这一现象,教师就要改变体操教学的过程,做好动作演示是武术体操教学的第一个步骤。以往的体操教学多是由教师直接在幼儿面前将一套体操演示,而幼儿因年龄较小,注意力集中的时间短,枯燥的演示会缩减其对武术操感兴趣的程度,影响教学演示的效果。教师要从幼儿的身心特点出发,将武术操的动作通过多种方式更加优美和连贯地向幼儿展现,让幼儿对武术操形成初步的印象并产生好奇。例如,体育教师在开始教授武术操动作时,可以从幼儿的好奇心理出发,借助多媒体等先进的教学资源将这一节课的动作内容通过视频的形式展示,让幼儿能够在激扬的音乐和动作中多角度地对武术操有所认识,接着教师要亲自向幼儿演示体操动作,加深幼儿对动作的印象和调动其学习积极性,从而为后续的体操教学打下基础。

（三）选择多样化教学方式，吸引儿童注意力

幼儿的身心特点决定了他们在学习体操时的注意力集中时间较短，而以往的简单模仿式体操教学明显无法调动学生的积极性和参与热情，所以，在武术操开展的过程中，需要采用多样化的教学方式。

1. 直观教学法

幼儿武术操的教授环节，需要幼儿对教师的动作进行模仿，应该以示范性教学为主，通过动作的展示让幼儿对动作要领形成直观的具象感知，以便在模仿学习时更快地掌握动作。教师的示范动作是面向班级的全体幼儿，无法照顾到每一个幼儿并对错误动作进行纠正，这时就要注意教学位置的选择，最好是在镜面环境下进行，方便幼儿和教师可以参照镜面反映的动作，及时地发现错误，自行或指导纠正，提高武术动作的准确性，进而促进幼儿的身心发展。

2. 语言解释法

幼儿理解能力有限，只依靠单纯的模仿无法对技术动作全面掌握，对此，教师在武术操讲解的过程中，除了要示范动作要领外，还需配合简单的语言描述和分析，尽可能地以简洁易懂的语言，形象化地将动作规范和注意事项传达给幼儿，加深其对动作理解的程度，在练习的过程中增强理解力和身体素质，进一步地提高身心素质。如武术操基本步法中的弓步，就可以在动作分解示范时，辅助以语言描述，要求学生按照教师的动作和描述训练，像左脚向前一大步，教师可以对一步的距离进行讲解，让幼儿清楚迈步的距离为脚长的 4 至 5 倍[3]。

3. 游戏练习法

结合幼儿爱玩、好动的特点，武术操的开展可以借助儿童喜欢的游戏为载体，将武术动作融合到游戏中，激发兴趣，促进幼儿对武术动作的掌握和身心素质的发展。比如，展示武术基本的手法，可以选择接力的游戏形式。先将幼儿以四到五人为单位进行分组，并将需要掌握的冲拳、架拳和推掌三个动作要点向幼儿阐述清楚。接着，要求幼儿跟随示范动作学习，直到基本掌握后，再开展游戏。游戏开始前，教师要把三个动作分配给幼儿，保证每个幼儿都代表一个动作，之后随机地安排和报出三个动作名称，以小组为单位依次展示对应的动作。通过这一方法，不仅能够强化幼儿对武术动作的掌握程度，也训练了幼儿的团队合作能力和反应力，对身心素质的养成很有成效。

4. 运动量的合理设计

武术操的运动量本身就具有强度大的特点，对于部分幼儿来说，可能会出现压力过大的问题，需要教师在训练的环节中对运动量强度进行调整，配合以适当的间歇休息时间，每次的练习时间也不宜过长。

总而言之，幼儿武术操对幼儿身心发展的影响以积极的作用为主，可以综合提高幼儿的心理和身体素质。在教学开展的过程中，可以借鉴上文提到的选择多样化教学方式，全面地推进武术操在幼儿园的开展，进而促进幼儿的身心健康发展。

参考文献

[1] 郑茵茵. 特色编排快乐做操:幼儿园早操编排与指导 [J]. 家教世界,2017,20(Z3):23-25.
[2] 李颖. 幼儿园户外体育活动有效性的探索与实践激活 [J]. 学园,2017,16(13):110.
[3] 罗俊卿. 幼儿园健康教育活动的创新之举 [J]. 课外语文,2015,34(2):161-162.

体验式幼儿美术教学研究及策略

天津大学幼儿园 赵 健

摘要：在实际的幼儿美术教学过程中，总是缺乏对学生体验式学习的认知与实践。但是就目前的发展趋势来看，体验式美术教学是一个必然的发展方向，对幼儿的成长具有积极的促进意义。本文就对体验式幼儿美术教学的认识和理解、体验式幼儿美术教学的一些方法和相应的策略、改变教学内容与作品的单一化现状做简要的介绍和阐述。

关键词：体验式；幼儿；美术教学；研究及策略

一直以来，在幼儿教育中，都比较重视美术教学，并且把它作为幼儿艺术教育的启蒙教育。幼儿美术教学的目的在于可激起幼儿的艺术兴趣，逐步激发他们的创造力和想象力。同时，让他们用发现美的眼睛去看待身边的人和物，切实地去体会世界的美好。但是，传统的幼儿美术教学并不能完全地做到这样，而只是停留在书本阶段。只有进行体验式的幼儿美术教学，才能真正地引起他们的兴趣，让他们主动地去发现美、创造美。体验式的幼儿美术教学会使整个教学过程更加生动、形象，同时很大程度上促进了教学的进度，提高了教学的效率，保证了教学的质量。

1. 对体验式幼儿美术教学的认识和理解

通常情况下，大多数幼儿园所采取的幼儿美术教学方法还是基于单一的课本内容，采用“老师教与学生学”的传统教学模式，让学生逐渐地了解和掌握美术相关的知识和技能。在这种教育形式下，幼儿完全是被动地进行学习，而没有从自己的角度出发去进行学习。其实，在美术教学中，幼儿才是主体。因此，在实际的教学过程中，应充分地考虑到他们的兴趣、接受能力、创造力、想象力等，在此基础上进行相应的教学，这种教学方式被称作体验式幼儿美术教学。体验式幼儿美术教学不是把幼儿当作被动的接受者，而是学习的主体，它看重幼儿自己的体验和理解，从而进一步地使其加深对美术的理解[1]。在这一过程中，幼儿可以切身地发现美、体验美、甚至是创造美，由此使得幼儿获得丰富的情感体验、更好地了解和掌握相关的美术知识与技能，打开艺术学习的大门，为今后进一步的美术学习奠定了良好的基础。

2. 体验式幼儿美术教学的一些方法和相应的策略

（1） 重视幼儿的全面性发展

值得注意的是，在幼儿的思想中，他们认为世界是一个整体，也就意味着他们的思维有全面性、整体性的特点。所以，当他们在看待周围的一切事物时，都会把自己和它们紧密联系在一起，认为这是一个整体。在体验式幼儿美术教学过程中，重视儿童思想的全面性和整体性，同时会进一步地引导他们对这一思想的认识。

（2） 意识到幼儿学生的各种感受之间是互通的

在对事物的感知中，幼儿往往会运用各种感觉互通来更好地感受事物[2]。因此，一般情况下，他们不仅能从美术作品中看到画面，还能听见其中的声音，甚至是闻到其中的味道。在听音乐的过程中，他们可以看到其中蕴含的情景，甚至可以触碰到其中的事物。在体验式幼儿美术教学过程中，应鼓励幼儿对于通感的运用，这样一来，他们用自己独特的感受能力，以独特的角度进行美术学习，更能加深学习的印象，取得事半功倍的效果。

（3） 注意观察每个学生的特点，因材施教

由于生活成长环境或是自身性格的不同，每个幼儿都有自己独特点。为了照顾到每个学生，让每个学生都得到全面发展，老师应注意到他们之间的差异，不能采取完全一致的教学方法，而是根据他们的差异性因材施教。在体验式幼儿美术教学过程中，主张、倡导学生个性化的学习与发展。让每个幼儿以自己的兴趣、特点来理解和感受，在这种切实体验中不断实现对美术知识与技能的理解和掌握。

3. 改变教学内容与作品的单一化现状

在传统的幼儿美术教学过程中，往往是采用一成不变的、照本宣科的内容和素材进行教学。这种方式由于其单一化的特点，已不再能满足目前对幼儿美术教学的要求。顺应时代发展的趋势，对传统的幼儿美术教学进行改革和创新迫在眉睫。

为了避免教学内容和作品单一化的现状，老师应适当地在教学过程中增加趣味性的环节来引起幼儿的学习兴趣，通过简单轻松的教学过程让幼儿积极主动地参与到学习中。当长时间接触一种教学方法时，幼儿不免会产生厌学的心理，这就要求老师设计各种不同的教学方法，合理地交替教学，综合地加以运用[3]。

体验式的幼儿美术教学让学生更加喜欢学习，同时注重他们的情感体验，丰富了教学的内容，促进了学生的发展。

4. 结语

21 世纪以来，人们越来越重视幼儿的教育。在幼儿教育中，美术教学占据了重要的位置，是对幼儿进行艺术方面的启蒙教育。但是传统的幼儿美术教学已不能很好地满足时代对于幼儿美术教学的要求。如果合理地采用并推进体验式幼儿美术教学，一方面丰富了教学形式，使教学过程更形象生动；另一方面，重视幼儿自身的情感体验，促进了幼儿学习的发展，使整个教学达到事半功倍的效果。

参考文献

[1] 郑金洲. 体验教学 [M]. 福州：福建教育出版社，2016.

[2] 边霞，王任梅. 儿童都是艺术评论家：论儿童欣赏和理解艺术的可能性 [J]. 教育研究与实验，2017（6）：12-13.

[3] 陈佑清. 体验及其生成 [J]. 教育研究与实验，2015（2）：22-23.

快乐建构 创新合作
——论幼儿中班建构区的发展策略

天津大学幼儿园 武荣娜

摘要:幼儿中班活动中要注重主题的构建,明确主题目标,并能够积极主动地参与其中,让幼儿感受到活动中的乐趣,通过建构区域也能够更好地发挥幼儿自身的想象力,促进幼儿动手能力的提升,强化活动效果。本文先阐述幼儿中班建构区域合作之收集材料,体验幼儿中班建构合作创造的快乐,最后对中班建构合作具体案例进行分析,以便更好地在建构区域中提升学生的合作能力。

关键词:幼儿;建构活动;教师地位;有效性

相关理论认为幼儿自身成长的智慧来源于动手操作,儿童智力成长也是来源于手指动作,儿童自主操作活动主要是通过学习的方式体现。为此,可以看出动手操作是幼儿成长的最好方式,建构区也是幼儿成长的最好活动区域。建构区是基于幼儿自身成长需求,根据主题教育为幼儿成长设计的学习环境,充分利用各种可能的教育资源,通过集体、小组或者自主的方式开展学习活动,让幼儿在感受各种各样学习方式中形成知识概念。在建构区的构建中,幼儿可以根据自身的兴趣爱好,选择相应的活动内容,并体现各种活动中所带来的乐趣,让幼儿能够积极主动地参与其中,以此更好地建立建构区域,在建构区域中获得学习的快乐,以此促进幼儿快乐成长。

一、幼儿中班建构区域合作之收集材料

幼儿中班建构区域活动开设的功能是通过材料的收集激发幼儿对材料的操作兴趣,幼儿自身的成长也在很大程度上依赖材料的收集操作。为此,在对材料进行收集时要注重其经济性、安全性等。

(一)材料的经济性

幼儿园要能够做到结合自身发展进行材料的收集,做到废物利用,倡导绿色低碳理念,为此,在建构区域的创设中要注重活动材料的收集。

（二）材料的安全性

幼儿活动中要注重安全性的设置并将其放在首位。在建构区域材料的放置上，要能够将安全性放在首位，为幼儿提供的材料要做到无毒无味，不会给幼儿的安全造成一定的威胁，做好消毒工作。

（三）材料的适宜性

幼儿建构区域要有丰富的材料，为幼儿活动提供一定的条件，为幼儿自主活动提供机会，并会在一定程度上激发幼儿自身的学习兴趣，使得幼儿的自身能力在各种游戏中得到提升。对于材料的投放要注重不同层次幼儿的需求，要具有一定的探索性，使得幼儿能够得到不同程度的发展。幼儿可根据自己的能力选择相应的材料，促进其健康成长。

（四）材料的丰富性

幼儿中班建构区域材料要做到数量多样化，以此满足幼儿在活动区域的需求。材料质量要求也较高，收集的材料能够激发幼儿在活动中的创造能力，激发幼儿从事活动的兴趣。建构区域材料的收集本身是一项相对复杂的工作，要能够充分利用幼儿家长及幼儿园教师手中的资源。利用一切可以利用的资源，在资料收集的过程中，对材料进行分类，可以分成塑胶、木材等几类，让幼儿在活动中能够体验到快乐。

二、体验幼儿中班建构合作创造的快乐

幼儿期是儿童开展创新的重要阶段，幼儿本身具有一定的探索欲望，同时具有很大的发展潜能。在这种情况下，幼儿具有较强的创新欲望，思维比较活跃，想象力也相对丰富，对各种事物都具有极强的思维能力。通过在建构区域为幼儿创设相对宽松的环境，使得幼儿能大胆进行探索，促进自身发展。可以通过命题构建的方式，也可以通过学生熟悉的主题对学习内容进行构建，完善知识内容。通过创设房子的方式，例如，创设房子，可以让幼儿根据学习的内容动手画出自己心目中的房子，也可以让幼儿在建构区域主动搭建房子。在房子构造过程中幼儿会选择各种各样的材料，做好楼房整体架构设计，以此彰显建构区域活动设计主题。主题活动设置中幼儿会在建构区域选择各种各样的素材突出主题，根据房子建构需求创设不同的组成部分，并选择不同的素材，通过逐个部分的展示，让幼儿在活动中感受到成功的喜悦。幼儿在创设房子的过程中也会参与到自己感兴趣的话题中，会构建自己喜欢的主题内容，其建构的楼房也都有自己的特色，有楼房、平房或者别墅，设计的作品都很漂亮，幼儿会在活动过程中感受到动手的乐趣，并尽可能地积极参与其中。

三、注重合作中的沟通交流

建构区域幼儿的合作是通过共同努力来完成一定的主题,社会各项活动的开始都是通过人与人之间的合作来完成的,幼儿作为社会的重要组成部分,要培养幼儿具有一定的合作精神,引导幼儿在合作中体验活动的乐趣。在合作中让幼儿意识到合作交流的重要性,并在合作中不断提升幼儿自身合作交流的能力。在建构区域活动中,幼儿可以根据自身意愿组合成学习小组,在小组活动中每个幼儿都明确自身的工作责任,并在活动中做好本职工作,共同做好建构区域主题活动。合作学习中要注重方式方法的应用,以此更好地增强幼儿之间的情感交流。在建构区域中通过选择不同的素材来表达主题,也与小伙伴之间进行沟通交流,通过沟通协商之后共同确定协商主题,促进建构区域主题活动的开展。幼儿在活动中根据自己负责的主题内容开展相应的活动,通过分工,每个幼儿负责不同的部分,有的幼儿选择使用纸质材料,有的幼儿选择泡沫材料,还有的幼儿选择不同的形状凸显主题内容。幼儿之间团结协作,根据计划内容共同搭建主题,通过活动使幼儿体验到合作的重要性,意识到只有通过合作才能够取得一定的成功,并体验到合作中的喜悦,取得较好的活动效果。建构区域开展活动要注重教师角色的转变,教师更多的是幼儿活动的支持者和引导者,引导幼儿在活动中通过自主探索、合作研究,提升幼儿独立从事活动的重要性,促进幼儿健康成长。幼儿在建构活动过程中也能够更好地体现自我价值,充分融入活动中,以此起到建构活动的效果。

四、中班建构合作具体措施

幼儿中班建构区域活动的开展要在明确主题范围下开展合作互动,幼儿在此氛围中明确自身职责,并积极主动参与其中,以此起到较好的教育教学效果。幼儿建构内容需要在幼儿认知基础上提升幼儿自身对物体的感知程度,幼儿对周围环境本身具有一定的感知能力,并具有一定的印象,这是建构区域开展活动的基础。为此,在开展活动时要注重引导幼儿观察日常生活中事物的形状、颜色,并将周围事物关系铭记于心,使得幼儿在生活中对事物有具体的印象,并在这个过程中塑造学生思维,促进建构区域活动的开展。

(一)充分利用各种资源

建构区域活动开展中要注重利用各种社区资源,带领幼儿到附近社区进行有目的的观察,利用课余时间带领幼儿散步、观察各种建筑区的形状、色彩,不同房子和门窗之间的设计和各个楼栋之间的关系等。此外,还可以观察各个小区楼房、道路、花园、停车场等之间的关系,在此基础上让幼儿体验建构区域活动带来的乐趣,提升建构区域活动效果。在建构区域设计可以提供与主题相关的图片或者建筑示意图,以此弥补幼儿在整个观察过程中的不足,使得幼儿能够更好地掌握物体特点,并能够在游戏中创造出原形内容。可以根据主题选择适宜的玩具或者图片，促进建构区域活动的顺利开展。

（二）合作中引导幼儿构建活动区域

幼儿中班在建构区域活动中为了更好地完成建构目标，幼儿可以通过协商、合作不断完成相应的主题活动。在游戏开始时，幼儿要能够通过事先方式明确主题所使用的材料或者目标，如果目标不能达成一致，可以通过协商讨论的方式让大家共同确定活动主题，并根据主题内容进行分工，使得幼儿协商、分工能力都能够得到进一步的提高。建构区域活动开展时，幼儿按照各自分工开始工作，合作完成各种作品。建构活动中遇到矛盾时，幼儿也要学习如何应对矛盾，寻找解决矛盾的方式方法。幼儿掌握解决矛盾的方式方法，也能够更好地促进幼儿之间的合作。

（三）做好幼儿引导

幼儿中班建构活动结束时，要能够做到进一步引导幼儿对活动的细节进行创新。通过明确活动主题，幼儿也能够想象自身在活动中主题的提出，想象自己在主题活动中发挥的作用，并加深自身感受，强化活动效果。例如在构建区域活动设置如下主题：快乐花园小区，很多幼儿在参与该主题活动时，都会以自己家的小区为样本进行花园小区的创设，大家都会采取堆积的方式来建造房子，有的幼儿提出自己家的小区有水池，这是一个不错的想法，教师可以让幼儿开始水池的制作。整体来看，幼儿建造的房子没有突破传统模式的创设，思维还是局限在已有的传统模式，没有发挥幼儿自身的思维优势和想象力。这时需要教师对学生给予一定的引导，小区建设不应该只有房子和水池，还需要有内容来突出花园主题的特色。这时幼儿就会想到可以应用花园、停车场等内容来凸显主题。回归到幼儿搭建的小区内容，此时并没有这些设施，应该怎样引导幼儿才能将这些搭建出来表现主题内容呢？这就涉及合作的问题，让每个幼儿负责不同的部分，有的幼儿设计水池；有的幼儿设计花园，并在花园中增加不同的植物；有的幼儿设计停车场，通过这种方式，让幼儿在合作中体验到成就感和喜悦。

五、结语

区域活动是基于幼儿自身成长需求，根据主题教育为幼儿成长设计的学习环境，充分利用各种可能的教育资源，通过集体、小组或者自主的方式开展学习活动，让幼儿在感受各种各样学习方式中形成知识概念。在建构区域活动中，幼儿可以根据自身意愿组合成学习小组，在小组活动中每个幼儿都明确自身的工作责任，并在活动中做好本职工作，共同完成建构区域主题活动。合作学习中要注重方式方法的应用，以此增强幼儿之间的情感交流。在区域活动构建的环境氛围下，幼儿可以根据自身的兴趣爱好，选择相应的活动内容，体现了各种活动给幼儿带来的不同乐趣，让幼儿能够积极主动参与其中。建构区域幼儿的合作是通过师生共同努力来完成一定的主题，社会各项活动的开始都是通过人与人之间的合作来完成的,幼儿作为社会的重要组成部分,要培养其具有一定的合作精神,引导幼儿在合作中体验活动的乐趣。在合作中让幼儿意识到合作交流的重要性,并在合作中不断提升幼儿自身合作交流的能力。

参考文献

[1] 周丽婷. 中班观察笔记:快乐建构 创新合作 [J]. 当代学前教育,2016(1):33-34.

[2] 李洪丽. 浅谈如何让幼儿快乐的建构区域活动 [J]. 才智,2013(19):230.

[3] 沈青霞. 试析幼儿建构活动中教师的有效介入 [J]. 黑龙江教育(理论与实践),2016(12):76-77.

[4] 邵爱红. 提升幼儿园建构游戏质量的策略 [J]. 学前教育研究,2016(10):70-72.

从情绪事件看幼儿园大中小和小小班幼儿的情绪表达

天津大学幼儿园　孙怡燕

摘要：本文选取了幼儿园大中小和小小班四个年龄班的幼儿的情绪事件进行观察，通过不同年龄班幼儿的情绪表现异同，记录了各年龄班幼儿的正向和负向情绪所占比例。归纳出幼儿情绪发展的特点并对幼儿出现的消极情绪给出调节的策略。

关键词：年龄班；情绪事件；正向情绪；负向情绪

每个人都会在生活中面临情绪问题，情绪的表达和控制无时无刻不在发生。研究认为，人类在婴儿期已经开始有了情绪的萌芽，哭和笑是婴儿情绪表达的最初形式，快到2岁时婴儿开始表现出复杂的情绪[1]。到了3岁，当幼儿能够更好地评判自己表现的好坏时，即表现出骄傲或者羞愧的情绪。2~3岁的幼儿初入园时由于离开父母独自在新的环境中学习、生活，就会表现出十分强烈的情绪变化。4~5岁的幼儿正是情绪理解和表达的敏感期和关键期。5~6岁幼儿的情绪正在逐步趋向稳定。笔者发现，因为情绪引发的幼儿不良行为、不良习惯和认知能力低下等问题比比皆是，因而培养幼儿积极良好的情绪成为我们刻不容缓要解决的首要问题。笔者协同其他老师从某高校幼儿园选取了四个年龄班的幼儿，将近120名幼儿开展观察，用了近一个月的时间记录不同年龄的幼儿与情绪有关的事件若干，进行分析总结，给出一些教育建议。

一、幼儿园大中小和小小班幼儿情绪事件发生的总体描述

情绪表达事件是一个动态的过程，包括行为的主体、发生的情境、引起的原因、行为的结果等要素[2]。从事件的发生、发展到结束这个过程传递出不同年龄不同性别幼儿情绪表达的类型，揭示了它们之间的异同点。因而我们能客观地了解幼儿的情绪表达特点，从而有利于改进教育措施，有的放矢地对幼儿进行情绪能力的培养。

1. 幼儿情绪事件的总体情况

表 1 大中小和小小班幼儿情绪事件的频次及占总人数的百分比

年龄班	人数(人)	频次	频率(%)
大班	58	22	37.9
中班	32	13	40.6
小班	27	16	59.3
小小班	7	9	128.6

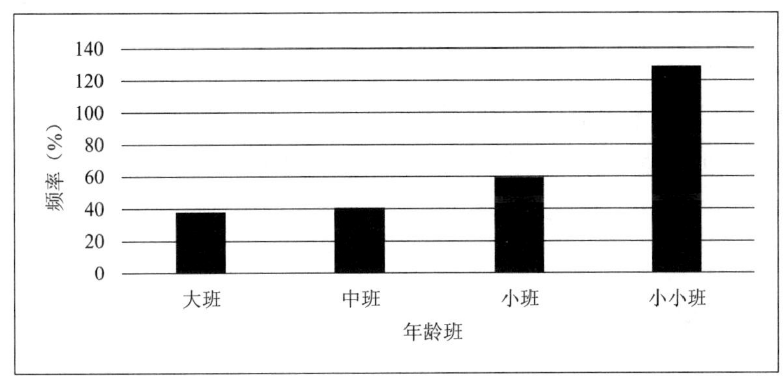

图 1 大中小和小小班幼儿情绪事件的频次及占总人数的百分比

从表 1 和图 1 可以看出,幼儿园情绪事件发生频率的百分比由高到低依次为小小班、小班、中班、大班。小小班情绪事件较其他年龄班增加很多,存在显著性变化。说明幼儿年龄越小,情绪越不稳定。

2. 幼儿正向和负向情绪的比例分布情况

表 2 大中小和小小班幼儿正向和负向情绪的频次分布百分比

年龄班	频次	正向	频率	负向	频率(%)
大班	22	5	22.7	17	77.3
中班	13	2	15.4	11	84.6
小班	16	4	25	12	75
小小班	9	2	22.2	7	77.8

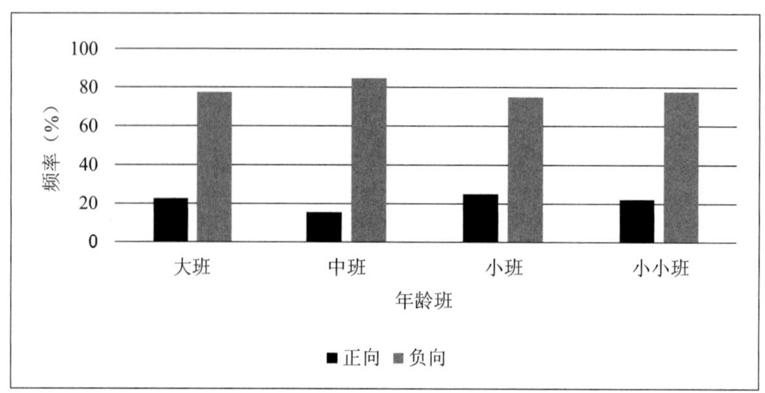

图 2　大中小和小小班幻儿正向和负向情绪的频次分布百分比

从表 2 和图 2 可以看出，大中小和小小班幼儿的负向情绪显著高于正向情绪，小小班和小班幼儿正向和负向情绪的表达分布的频率基本一致，说明小小班和小班幼儿在情绪表达上不存在显著差异。而中班幼儿随着交往范围的增大，交互游戏的增多，和同伴、和教师之间的互动交往水平提高，情绪事件中负向情绪明显多于正向情绪。随着年龄的增长，大班幼儿的正向情绪较中班幼儿增加了，负向情绪较中班幼儿减少了，但是幼儿情绪表达仍然以负向情绪居多。这说明，5~6 岁幼儿情绪变化开始趋于稳定，但仍需要进行调节控制。

3. 幼儿正向和负向情绪类型分布状况

表 3-1　大中小和小小班幼儿正向和负向情绪类型分布

年龄班	情绪类型								
	正向			负向					
	惊奇	快乐	满足	伤心	恐惧	愤怒	痛苦	焦虑	着愧
大班	1	1	3	6	2	4		5	1
中班		1	1	2	4	1	3		1
小班		3	1	6	1			3	1
小小班		1	1	3	2		1	1	
小计	1	6	6	17	9	5	4	9	3
总计	13			47					

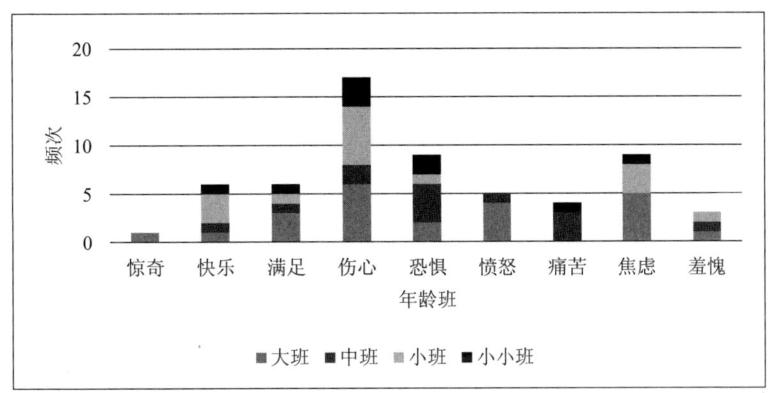

图 3 大中小和小小班幼儿正向和负向情绪类型分布

从表 3 和图 3 中可以看出,学前期幼儿情绪表达事件以负向情绪为主,幼儿负向情绪中伤心的情绪居多,其次是恐惧和焦虑;正向情绪中快乐和满足的情绪较多。而且随着年龄的增大,幼儿情绪的复杂性也不断加强。提醒我们教师应该对幼儿的负向情绪给予关注和有效的调节,促进幼儿正向情绪的发展。

4. 幼儿情绪表达事件中的性别状况

表 4 大中小和小小班幼儿男女生正向和负向情绪分布总数

年龄班	男			女		
	正向	负向	小计	正向	负向	小计
大班	3	13	16	2	4	6
中班	2	9	11	0	2	2
小班	1	6	7	3	6	9
小小班	2	3	5	0	4	4
合计	8	31	39	5	16	21

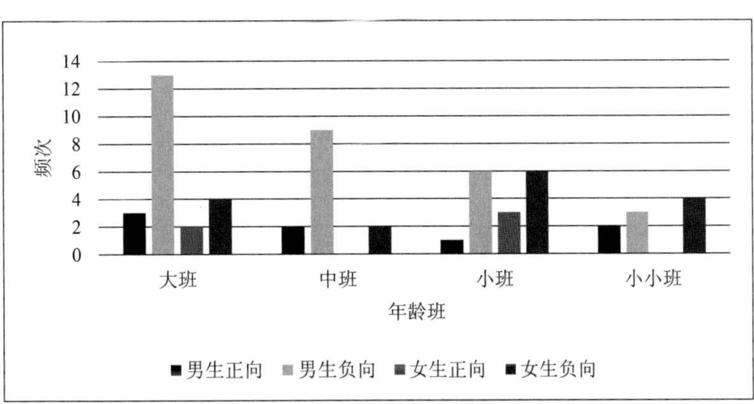

图 4 大中小和小小班幼儿男女生正向和负向情绪总数分布

从表 4 和图 4 可以看出，除小班幼儿以外，其他年龄班幼儿情绪事件（包括正向和负向情绪）男生均高于女生，尤其中班幼儿男生的情绪事件显著高于女生，大班幼儿其次，而整个学龄前期男孩情绪事件发生高于女孩的发生频率。这就提示我们要从中班开始特别关注男孩的情绪调节和控制。

表 5　大中小和小小班幼儿男女生正向和负向情绪总数百分比

年龄班	频次	男生频率（%）		女生频率（%）	
		正向	负向	正向	负向
大班	22	13.6	63.6	9.1	18.2
中班	13	15.4	69.2	0	15.4
小班	16	6.3	37,5	18.8	37,5
小小班	9	22.2	33.3	0	44.4

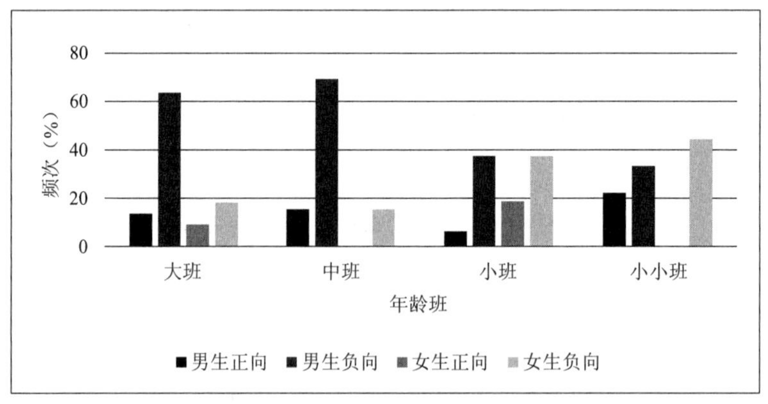

图 5　大中小和小小班幼儿男女生正向和负向情绪总数百分比

从表 5 和图 5 中可以看出除小小班以外，男生的负向情绪总是显著高于正向情绪。女生的负向情绪虽然也总是高于正向情绪，但所占比例明显低于男生。表中还表明小小班女生和中班女生的正向情绪发生为零。这说明这两个年龄段的女孩情绪都处在一种不稳定的状态，需要教师给予关注。

二、大中小和小小班幼儿情绪表达的特点分析

1. 四个年龄班幼儿整体表达特点

① 幼儿园大中小和小小班幼儿的情绪表现以负向情绪为主，幼儿的情绪自我调节能力较差，需要教师给予积极的回应策略。

② 幼儿负向情绪中伤心的情绪居多，其次是恐惧和焦虑；正向情绪中快乐和满足的情绪较多。这就提醒教师应该去探究这几种常见情绪的背后影响因素，实行有针对性的策略

去发展正向情绪,减少负向情绪。

2. 不同年龄班幼儿情绪发生存在的显著变化

① 新入园的小小班和小班幼儿情绪表达事件在本年龄人数所占比重比其他几个年龄班幼儿明显增大。由于初入园幼儿刚刚离开最熟悉的环境、最熟悉的亲人,进入一个陌生的环境、遇到很多陌生的人和小朋友,因而情绪波动较大。尤其是长时间地离开亲人的感受使得他们的情绪在相当一阶段都处在伤心和焦虑的状态。

② 中班幼儿负向情绪事件发生的频率比其他年龄班负向情绪发生频率占情绪事件总数的比重都要大。随着小班、中班幼儿的社会交往日益增多,交往范围的增大,交互游戏的增多,和同伴、和教师之间的互动交往水平提高,情绪事件中负向情绪明显多于正向情绪。我们要特别关注中班幼儿的情绪表达,促进他们正向情绪的发展。

③ 随着年龄的增长,大班幼儿的正向情绪比例较中班幼儿增加了,负向情绪比例较中班幼儿减少了,但是幼儿情绪表达仍然以负向情绪居多。这说明,5~6 岁幼儿情绪变化开始趋于稳定但仍需要进行调节控制。

3. 性别带来的差异

① 中班和大班男生的负向情绪偏多。随着幼儿年龄增长,自我意识的加强,男孩生理因素的影响,使得这个年龄段男孩的消极情绪持续增加,包括攻击性行为、情绪暴躁、各种行为问题等频频发生。

② 学前期幼儿女生的情绪调节表现出内化的特点,幼儿情绪容易压抑,得不到充分的释放,尤其表现为小小班和中班这两个年龄班的女生。

三、对调节大中小和小小班幼儿消极情绪的几点建议

小小班和小班幼儿教师必须经常给予幼儿身体的接触。教师要多给予孩子身体上的接触,包括亲吻、抚摸、拥抱等,尤其是拥抱。拥抱能给予人信任感和安全感,从而拉近师生间的关系,建立师生之间的情感,对于刚刚离开自己熟悉的环境进到一个陌生环境的幼儿来说,身体上的接触更可以直接传达教师的爱与关心,抹平孩子内心的恐惧,平息伤心、委屈、愤怒等负面情绪[3]。

对社会性发展迅速的中班幼儿给予全接纳的态度。要耐心倾听幼儿倾诉和给幼儿发泄情绪的机会。教会幼儿以表情、语言等方式表达伤心、愤怒、恐惧等消极情绪,家长不以自己的看法或判断来打击、压制幼儿,而应站在幼儿的立场,与幼儿交流,承认幼儿的情绪反应。成人要学会包容幼儿情绪表达的复杂性、多面性,快乐兴奋和满足要给予肯定,以此来进入幼儿的情绪世界,引导幼儿释放情绪,从消极情绪向积极情绪过渡。

大班幼儿自我意识强烈,已具备一定的解决问题的能力。因此可以引导幼儿通过宣泄和释放来调节负向情绪。可在幼儿园里的某一个小角落设置一个秘密基地。孩子们不开心

时这里可以成为他们的一个小世界。各种表情娃娃供他们搂抱、揉搓、捶打,各种彩笔供他们随意涂涂画画,还可以在这里和小朋友说一说悄悄话,把内心的烦恼和苦闷一扫而光。

对内心比较柔弱的女生,教师要多进行安抚,多给予拥抱。教师应多鼓励、多表扬,奖赏方式可以是口头上的表扬,也可以给予物质奖励,如小贴纸、小糖果、小礼物等。礼物虽小,但孩子们因为被教师夸奖或奖赏而快乐[4]。对精力旺盛的男孩要多给他们释放、发泄的机会,到户外、操场尽情地奔跑,在草地上肆意地打滚儿,夏天打水枪,冬天打雪仗。使他们彻底宣泄身体中的消极情绪,促进积极情绪能力的建构。

总之,幼儿期是人的情绪发展的关键期。教师要重视幼儿情绪的发展变化,要引导幼儿多参与积极的活动,培养良好的情绪表达方式。幼儿积极健康的情绪养成使得那些不良行为会减少很多,这对形成幼儿良好的个性品质具有积极的意义。

参考文献

[1] 李甦. 学前儿童心理学 [M]. 北京:高等教育出版社, 2013.

[2] 薛瞧瞧. 中班幼儿情绪表达事件的特点及成因分析 [D]. 沈阳: 沈阳师范大学, 2013.

[3] 应玉红. 小班幼儿消极情绪的疏导策略 [J]. 宁波教育学院学报, 2013(15): 124-126.

[4] 于笑笑. 关注幼儿情绪,营造良好环境 [J]. 黑河教育,2011(1):42.

由幼儿遭受性侵事件频发反思幼儿性教育存在的问题及解决措施

天津大学幼儿园　史宝丽

摘要：红黄蓝幼儿园幼儿遭性侵事件的曝光，使得全社会对近期屡屡出现的幼儿遭性侵事件越来越关注，幼儿遭性侵对幼儿家庭、幼儿本身及全社会都造成了极大的伤害，其屡禁不止的原因究竟为何，该有什么样的措施防止幼儿性侵事件的不断发生已经成为全社会共同关注的焦点，本文基于此对由幼儿遭性侵事件反思及当前幼儿性教育中存在的问题及解决措施进行论述。

关键字：幼儿；性侵事件；反思；幼儿性教育；问题及措施

一、我国幼儿遭性侵现状

2017 年 8 月 12 日晚上，作家陈岚在微博上发布了一则网友举报。该网友在南京南站候车室看到一名年轻男子当众猥亵一名女童，旁边两个疑似其父母的中年男女并未有任何干预行为。这一消息引燃了网络。后经警方证实，两名中年男女是女孩的养父母，猥亵者是其哥哥。这再次将幼儿遭性侵这类令人发指的事件摆在公众的面前。事实上，这则幼儿遭性侵事件并非是一个个案。事实上，在过去的 5 年中——华东师大二附中物理老师张大同性侵多名男学生案件、海南省万宁市后郎小学“校长带女生开房案”、宁夏灵武市一幼儿园教师黄某某性侵 12 名幼女等案件频繁发生。在 2017 年 4 月北京师范大学社会发展与公共政策学院家庭与儿童研究中心出版的《儿童保护制度建设研究：目标、策略与路径》一书中，研究者根据中国数次局部调查的综合分析，认为中国受到多种形式性侵犯的未成年人达到 10% 以上，其中插入式性侵犯约 1%，与世界平均水平持平。这意味着中国每 10 个未成年人中就至少有 1 人受到过性侵犯。

虽然到目前为止对于幼儿遭受性侵发生率没有十分精确的调查数据。但是根据全国妇联来信来访统计数据表明，我国幼儿遭性侵事件有逐年上升之势。2013—2016 年幼儿性侵案件已经达到 4 210 起，这些数据让人胆战心惊。而在 2016 年仅媒体公开报道的案件中我国就有 62 名幼儿遭受性侵，由此可见我国幼儿遭性侵事件多么严峻。为此我们有必要对幼儿遭性侵事件反思当前幼儿性教育缺失，借以明确防止幼儿遭性侵的方法与对策，借以避免幼儿遭受到性侵伤害。

二、幼儿遭性侵的反思

（一）幼儿方面

1. 生理发育尚未成熟

幼儿尚处于生理发育期，无论是身体的力量还是肌肉的协调力都还没达到一个完善的地步。因此当幼儿遭遇到外部侵犯时，其弱小的体力根本无法和成人相抗衡，导致一些性侵案件的发生。

2. 认知能力有限

幼儿正处在成长发育期，自身的语言体系还没有完全建立，为此对于一些性侵事件不能详细地进行描述，甚至一些受到性侵的幼儿都不知道发生了什么情况。根据最新的一份幼儿性侵调查访谈记录来看，有 3/4 的幼儿不能纠正成人们对其语言叙说的曲解与误导，这使得幼儿即便意识到自己受到侵害，但是由于语言表达能力有限，也无法将遭性侵事实阐述清晰。另外，还有许多幼儿根本没有建立起“性侵害”的认知。因此，一些幼儿虽然已经遭到性侵，但是其依然不知晓发生了什么。例如，在天津南开区 5 岁女童遭遇性侵的案件中，这个女童只能说出自己被一名保安抱到黑漆漆的地下室，然后自己的下体被猫咬了。因其无法正确清晰地阐述事实，导致无法对施暴者定罪，让人心痛。幼儿的认知能力有限，对事情表述不清，更让施暴者认为有机可乘。

3. 道德认知发展水平低

从当前一些幼儿受到性侵的案件中，我们看到不乏一些幼儿在道德认知上不足，使得其比较容易被性侵者威逼利诱，这和皮亚杰的道德发展理论较为吻合。

4. 幼儿处于性别角色发展过程中

从幼儿身心发展规律上来看，幼儿在 6 岁之前，主要是学习性别角色化的问题。由于幼儿的智力发展尚不完全，再加上学校及家庭对于幼儿性教育缺失，为此幼儿在年龄尚小的时候，根本就没有性别概念，对于男女的差别也没有任何的认知，这也使得 6 岁之前的幼儿更容易遭受性侵。

（二）家庭方面

1. 家长监护缺失

幼儿遭受性侵很大程度和家长监护不力有关。从幼儿性侵调查报告分析来看，留守儿童、流动儿童、智障儿童所遭受性侵的比例要比其他幼儿的比例大。这些儿童的防护能力比较弱，监护人又缺乏防范意识，极易受到意外伤害，甚至成为不法分子侵害的对象。幼儿受到性侵害，不能及时得到父母的帮助，酿成严重后果。甚至一些监护人反而成了施暴者，种种情况令人发指。

2. 家庭性教育缺失

长期以来，我国的家庭和学校对于性教育几乎是避而不谈，大有谈性色变之感。对于幼儿进行性教育的中国家庭几乎少之又少。根据 2015 年杜蕾丝全球调查数据显示，中国青年人的性知识的来源 4% 来自母亲，2% 来自父亲。而幼儿想从家庭教育中对性教育有所认知，几乎是一种奢谈。

3. 幼儿安全型依恋关系的缺失

缺少家庭和父母的关爱，成为幼儿遭遇性侵犯的一大诱因。一些幼儿即便知道自己遭遇了不法侵害，也不敢将性侵事实如实地告知自己的父母，没有将家庭当作“庇护所”。而出现这种情况与幼儿自身的需求得不到满足有关，作为家长没有为幼儿提供一种安全型依恋关系，导致一些幼儿性侵案件发生。

（三）幼儿园及教师方面

1. 幼儿园监护体系的漏洞

据华商网 2015 年 11 月 10 日报道，刚满三岁的女童在陕西西安城南一所幼儿园的暑期班，被幼儿园里的厨师性侵。京华时报讯 2017 年 3 月 14 日，湖南衡阳市祁东县 4 岁女童小婷（化名）疑似遭到幼儿园里一名“爷爷”的性侵，祁东县警方已组成专案组立案调查。在幼儿园中这样的性侵事件时有发生，这充分暴露了幼儿园的监护体系也存在着诸多的漏洞。这种漏洞百出的幼儿园监护体系，为幼儿恶劣事件的发生埋下了伏笔。

2. 幼儿园性教育内容的欠缺

上文已经阐述幼儿几乎很少从家庭教育中获悉任何有关性教育的信息，非常“巧合”的是幼儿园也很少涉及对于性教育的讲述。无论是《幼儿园工作规划》还是《幼儿园教育指导纲要》都没有对幼儿性教育进行指导，这些工作规划和指导纲要主要立足于幼儿身体的保护教育，没有提及幼儿性教育，这也导致幼儿遭遇性侵犯后不知所措，不懂得一些最基本的自我防护措施。

4. 残缺的社会教育

当前幼儿园教育存在着诸多不足，尤其对幼儿社会教育较为缺失。诸多幼儿园在对幼儿进行社会教育的过程中害怕“玷污”幼儿幼小的心灵，过于片面对社会及人性的美好与善良进行教育宣扬，但是缺乏对人性也有虚假、伪善、邪恶面等社会丑恶、阴暗现象的揭露，这就会导致幼儿对整个社会的认知有所偏差。

三、加强幼儿性教育缺失对策

（一）家长为幼儿性安全保驾护航

1. 加强幼儿监护管理

由于家长监管不力导致的幼儿性侵案件发生的比率也相对较高，为此作为幼儿直接的监护人,家长要从思想深度上对于幼儿遭受各种危险和意外抱有高度的警惕性。要细心、细致地对幼儿进行监管。不给坏人以可乘之机,据此保护幼儿的安全。当然留守儿童、流动儿童直接获得父母的监管有一定的难度,为此需要政府加快城镇化的推进,以便让更多幼儿在父母的呵护下健康成长。

2. 坦然向幼儿进行性教育

作为幼儿的家长及教师不应该将性教育当作洪水猛兽,要勇于承担其启蒙幼儿性教育的责任。哈夫洛克·霭理士在《性心理学》一书中指出:对于儿童性教育的启发应该从很早就开始,一个明白事理、懂得教育的母亲是最理性的启蒙者,应该将其当作母教的一部分。为此作为幼儿的家长要端正自身的态度,要对幼儿性教育有一个正确的认知,如此才可以降低幼儿遭受性侵的风险。

3. 给幼儿更多的关爱

在一些幼儿遭性侵的案例中,不乏个别幼儿由于缺少家庭的呵护,在各种诱惑下导致一些性侵悲剧的发生。为此作为幼儿的家长要极尽可能为幼儿打造一个可以呵护自我的平台,给幼儿足够的关爱,要建立起一个良好互动的亲子关系,这样使得幼儿可以在较为轻松和开放的情境下与父母交流,以便家长及时发现安全隐患,避免悲剧的发生。

(二)幼儿园要健全监督体系,全力保障幼儿安全

1. 幼儿园要健全监督体系,以防意外发生

为了更好地保护幼儿的安全,作为幼儿园要积极地健全幼儿监督体系,不仅是要建立起一套宏观的硬件监控设施,对幼儿园各个角落进行全方位的监控,也包括需要建立一套科学合理的微观的监督机制。在每个幼儿的监护上,要将每一个幼儿的监管责任落实到相应的幼儿教师身上,据此提升幼儿防范的监管的力度。与此同时,协同家长、社会等第三方力量进行幼儿安全监督,借以最大化避免监管盲点的出现,以便更好地促进幼儿监管的防护。

2. 重视幼儿性教育问题

幼儿教师不但有责任督促家长在家庭生活中对幼儿进行早期性教育,幼儿教师还有责任、有义务在幼儿园为幼儿进行一些性教育的讲解。在这方面芬兰与瑞典两国就做得十分到位,为此我们可以对其先进的幼儿性教育经验进行学习和借鉴,可以通过按时授课的方法,将幼儿性教育作为一个常规的教育内容,以便增强幼儿性教育的系统性与操作性,从而推动幼儿性教育的建立与发展。

3. 加强社会教育的力度

当前幼儿园教学在对幼儿的社会教育上比较欠缺,致使幼儿没有认识到其日常生活和学习中还有一些不安全的因素,据此使得幼儿受到各种不法的侵犯。为此,作为幼儿教师既要让幼儿了解社会美好的一面,又要让其了解社会阴暗的一面,不要怕“玷污”幼儿的心灵。与此同时也要借助多种资源和手段向幼儿讲解一些防止性侵的措施。要让幼儿多看一看类

似“妙趣科学”系列中的《身体》《学会爱自己》《成长与性》等性启蒙绘本，据此启发和提醒幼儿对性侵有一个较清晰的认知，以便可以更好加强性侵防护措施。

（三）建立健全法律监督机制

我国当前的法律制度对于幼儿人权的保护还不够完善。性侵未成年人犯罪案件屡有发生，不仅给未成年被害人身心造成严重创伤，也对社会发展造成恶劣的影响。加强对未成年人性侵犯罪的惩治和防护，通过法律的方式对侵犯幼儿行为给予严厉的惩罚，最大限度预防性侵未成年人案件发生，既是全社会的共同责任，也是检察机关的重要职责。践行未成年人保护性司法，立足检察职能，全面加强性侵未成年人犯罪惩防工作，借以保障幼儿的身心安全。

四、结论

以上是本人关于由幼儿遭性侵事件反思当前幼儿性教育的论述。从上述的分析中我们可以看出导致当前幼儿遭到性侵的因素存在于各个方面。无论是家长、幼儿园还是社会与法律制度的完善上都具有不可推卸的责任，这要求学校与家长充分认识到加强幼儿性教育的重要性，据此建立一套系统完善的幼儿保护体系和机制，以便最大化地减少幼儿遭性侵案件的发生，让我们齐心协力为幼儿的健康成长创造一个健康、安全、快乐的空间。

参考文献

[1] 袁丽丽，金光发，黄艳芳.“防性侵”须从幼儿期抓起 [J]. 南方论刊，2015(6)：111-112，88.
[2] 黄俊官，李美玲. 幼儿性教育存在的问题及其对策 [J]. 玉林师范学院学报，2015(3)：100-106.
[3] 徐莹，张碧碧，叶雄静. 幼儿园性教育现状及相关建议：基于武汉市洪山区幼儿园的调查研究 [J]. 现代教育科学，2014(4)：83-86.
[4] 刘小红. 论幼儿性教育的必要性、内容和实施方式 [J]. 教育观察(上旬刊)，2014(6)：74-75.
[5] 沈明鸿，徐莹. 境外绘本性教育对我国幼儿性教育的启示 [J]. 现代教育科学，2013(6)：51-53.
[6] 安静. 幼儿园游戏与幼儿性教育 [J]. 中国性科学，2013(8)：68-70.
[7] 李娟，王东辉. 幼儿性教育问题与对策探讨 [J]. 产业与科技论坛，2012(18)：156-157.
[8] 林剑影. 学前教育专业幼儿性教育课程的目标、内容与实施要求 [J]. 学前教育研究，2010(12)：39-41.
[9] 解秀新. 荣格的里比多理论对幼儿性教育的一点启示 [J]. 当代经理人，2006(3)：139.

[10] 席庆兰，杨育林，魏霞，等. 对 286 名幼儿性教育现状调查 [J]. 中国校医，2005（1）：52-53.

[11] 梁玉华，庞丽娟. 发展适宜性教育：内涵、效果及其趋势 [J]. 全球教育展望，2011（8）：53-59.

[12] 张向葵，张斯珉. 幼儿心性教育刍议 [J]. 教育研究，2012（10）：54-58.

[13] 孔虔. 由幼儿遭性侵事件反思当前幼儿性教育缺失 [J]. 现代教育科学，2014（5）：93-95.

幼儿园音乐游戏中师生互动的实践策略

天津大学幼儿园　于　敏

摘要：游戏是幼儿园的基本活动形式，而音乐游戏以它独有的价值对幼儿的身心发展具有深远意义。在幼儿园中良好的师生互动是有效开展音乐游戏的必要条件。在音乐游戏中，环境的创设、温馨的气氛以及教师的策略与幼儿之间的交互作用将直接影响音乐游戏的质量。在关注幼儿内在体验和外在表现时，关注幼儿的个体差异也是互动关键的所在。

关键词：师幼互动；音乐游戏

音乐游戏深受小朋友的喜欢。但教师在组织日常的音乐游戏中，常常会发现，并不是所有音乐游戏幼儿都乐在其中。这基于良好的师幼互动。那么良好的师幼互动是我们在音乐游戏中的常见问题，也是有效开展音乐游戏的前提条件，在实践中探索师幼互动的行为，使幼儿在音乐游戏中获得更好的发展。

一、营造良好师幼互动的情感氛围

所谓互动是双方的，也是教师与幼儿之间的相互作用。这就要求老师要走进幼儿的内心世界，尊重他们的人格，师生关系不仅仅是简单的知识传授，而是建立在平等的对话，产生思维的共鸣，情感的共情，要以接纳、包容的心态对待每一名幼儿。要"蹲下来"交流，与幼儿有同样的视角，鼓励幼儿发展自己的见解与主张，给予幼儿充分的思考时间。在赏识的过程中体验到自尊感和支持感，从而产生强烈的互动动机。

在音乐游戏中师幼的互动还受教师情绪的影响，因此要让幼儿感受到被爱，被尊重，被肯定。教师应积极热情地去回应每一名幼儿，用正面平和的心态对待幼儿在音乐游戏中出现的各种行为。

二、做好音乐游戏素材选择和活动的预设和生成

1. 根据幼儿的特点来进行音乐游戏素材的选择

关注幼儿、了解幼儿、一切从幼儿的需要和实际出发。在幼儿音乐游戏的素材选择上要符合幼儿的年龄特点、认识能力和个体差异。如：速度的快慢、音律的高低、肢体动作的难易程度等。教师要想办法引导幼儿，支持幼儿在原有的基础上努力发展；关注幼儿的最近发展区，有的放矢。

2. 教师要做好活动的预设与生成

教师在关注幼儿的基础上，根据幼儿的特点做好活动前的预设，对于良好师幼的互动做好前提条件。教师要善于观察幼儿的行为表现，并发现其隐藏在行为背后的“需要”，再根据幼儿的兴趣点做好活动的预设，猜想每名幼儿能够达到或者将要达到的效果，在师幼的互动中达到音乐游戏的最佳效果。使每名幼儿在原有经验的基础上产生新的经验的积累，让幼儿更好地参与到音乐游戏中，引导幼儿创造性地进行活动，使幼儿思维更活跃，行为更主动。在教师主动的发起游戏后，支持幼儿创造性地发起，引导幼儿自发地进行音乐游戏活动，并使其乐在其中，体验音乐游戏的乐趣。

三、采用多样化引导，调动师幼互动共同参与

1. 通过弱声、体态暗示等调控幼儿行为

在音乐游戏中幼儿较为兴奋和激动。正因如此，往往失去游戏中的教育意义和幼儿扭曲实际游戏的价值，现场一片混乱。教师通过体态和弱声的暗示与幼儿互动，让幼儿关注教师用弱声和体态去指导幼儿的行为，使其很快有效地将注意力集中在音乐游戏中。很多的实践证明，弱声更能引起幼儿的注意，体态的暗示也有助于师幼互动。

2. 根据音乐游戏的需要采用不同的互动模式

根据音乐游戏的需要可采用教师与幼儿全体、教师与小组幼儿、教师与个别幼儿的互动。

3. 让环境与材料更有效地支持幼儿的行为

在环境的创设和区角的材料投放方面，根据幼儿的需要及时调整更换投放，投放要有层次性和实际意义，要考虑到不同幼儿的不同需求，有效地激发幼儿的兴趣，能够更好地支持幼儿在音乐游戏中学习。

4. 鼓励幼儿大胆的创编

教师应注重在创编环节的互动，鼓励幼儿大胆表达与创造，如引导幼儿为歌曲创编歌词或者改编节奏，根据音乐来创编音乐游戏的动作等来发展幼儿思维能力，尊重幼儿的个性发展。教师要不断地丰富幼儿的知识和经验，更要注重将已有的经验和现实的生活相联系。

5. 转变观念明确教师互动中的定位，有效的指导

在音乐游戏中要时刻谨记学习与发展的主体是幼儿，让他们在音乐游戏中发挥自己的主观能动性，尽可能减少直接进行师幼互动。幼儿与教师的互动是一个动态的过程，教师应随着幼儿的活动变化而变化，在不影响幼儿的前提下进行观察。当幼儿遇到困难或无所事事的时候，教师可以以一个平行于幼儿玩伴的形式参与游戏中并对其进行有效的指导，适当时候教师应主动发问，或者尝试着连续问和追问，引发他们思考，在他们进行思索时不要进行提示。对幼儿在音乐游戏过程中的持久性、积极性等学习品质进行肯定，激励幼儿深入思考问题，以培养幼儿的良好学习习惯，同时提高教师评价的有效性和师幼互动的质量。

6. 教师要注重语言指导的准确性和艺术性

教师应注重对语言进行规范,使得自己在音乐游戏中的语言表达符合一定的科学与规范,还要在实践中不断地提升自身语言表达艺术。组织活动时,教师要灵活地使用教学语言,发挥自己的语言优势,关注幼儿发出的信息,依据活动内容和幼儿的实际需要,通过发散式提问,鼓励幼儿大胆提出疑问,说出自己的困惑,引导幼儿通过假设和猜想来寻找答案,以此拓宽幼儿思维空间,促进幼儿思维能力、学习能力和创造能力的发展,提高互动的质量。

四、小结

关于师幼的互动问题已经是当今幼教中的重要课题。而音乐游戏的互动问题有其深远的意义,因此尤为重要。本文从不同的角度进行了实践探索,在一定程度上,教师发起的互动颇多,幼儿发起的互动却不足。本人将会继续努力,在以后的实践中不断地加以探索。

以教师职业情感为基础的幼儿园师德师风建设探索

天津大学幼儿园 李 丽

摘要：社会心理学研究发现，情商对个体成功远远要比智商重要得多。因此情感在教师职业过程中的应用是至关重要的，如果说教师的教学技能是教师必备的硬件实力的话，那么情感就是教师提升自身教学效果、教育质量的软性实力。尤其是在处于基础教育阶段的学前教育段，由于教育对象心智发展方面的特点，教育过程中教师职业情感的参与，不仅可以提高教师职业体验，而且对于幼儿的成长也有着直接的影响作用。

关键词：师德师风

一、幼儿园教师师德师风建设的重要性

1. 对幼儿的成长产生积极影响

幼儿园教育是幼儿教育的最初级阶段，对幼儿起到关键的作用。而幼儿园教师是幼儿园的最重要组成部分，同时肩负着教育、守护幼儿的责任，这个阶段的教师对幼儿而言既是教师又是家长，对幼儿的行为规范、对世界的认知、音体美等初级培养等具有引导和启蒙作用。因此作为家庭之外与幼儿最亲密的接触者，幼儿园老师的言行都会对幼儿的心理、身体及性格等关键因素产生很大影响。鉴于此，在幼儿园内开展教师师德师风建设工作，对幼儿的成长具有积极作用。

2. 为教师个人的自我提升发展奠定基础

幼儿教师较中小学教师而言具有特殊性。尽管幼儿园教师也被称为教师，但是因为幼儿园儿童较中小学而言，独立性差，与中小学生有很大区别，因此幼儿园教师工作职责中包含的看管幼儿的责任更重。同时全国各地幼儿园众多，公立幼儿园少之又少，大多数私立幼儿园老师的薪资待遇跟公立学校教师相比，有很大的差距，很多时候不会被家长和社会认可，在社会中处于劣势地位。而加强幼儿园教师师德师风建设，可以在帮助幼儿教师实现专业素质提升的同时提升自身行为规范和道德素质修养。这种提升不仅是对幼儿教育的要求，也是教育自身发展的要求。通过技能和行为提升，展现自己的专业魅力，可以进一步获得幼儿园、社会及家长的认可，提升自己的地位和工资待遇。

3. 促进幼儿园的进一步发展

随着社会中婴幼儿数量的增加，越来越多的幼儿园正在建成。但目前幼儿园师德师风建设是幼儿园教育发展过程中遇到的一大难题。社会对幼儿园教学和管理质量问题异常关注。因此，作为幼儿园要想在激烈的社会竞争中获得进一步发展，必须通过提升幼儿园软硬实力，增强自身竞争力，进而获得更多的社会关注、信任和生源。其中教师的师德师风建设是幼儿园软实力的重要体现，是幼儿园赢得社会良好声誉的关键。

二、幼儿园师德师风建设现状

在新时代的背景下，幼儿园教育得到了前所未有的重视，而教育思想和理念的落实需要幼师，但是在实际的幼儿园教育中，因为一些幼儿园的监管不到位，幼师人才的缺乏，造成现在幼儿园师德师风不够完善，存在一定的缺陷，不仅影响幼儿园的发展，也降低了教育教学的质量，主要表现在以下四个方面。其一，幼师的教学技能不够专业，所以在教学的实践中就容易出现硬性安排，忽视幼儿主观需要，缺乏素质教育的情况。其二，师德师风的建设缺乏与实际教学的结合，造成教师自身有较好的品德，但是作为教师却不能高效教学，用自身的优秀品质去影响幼儿的思想认识。在特殊教育的幼儿园中，这个问题较为突出，影响了幼儿的健康成长，也限制了幼师的师德品质提升。其三，对于幼师的师德师风考察较少，幼师不重视也就无法建设。其四，在师德师风建设中忽视了幼师的个人生活和工作需求，所以幼师的主动性不强，对于自身的教师职业也没有较高的思想认识，无论是师德师风，还是教学都没有得到进一步发展。

三、以职业情感为基础提升师德师风的策略

1. 激发教师饱满的生活热情

情感和道德都源自人们生活的需要，人类不能脱离生活而空谈道德和情感，因此情感和道德的养成自然也离不开社会生活这一大的背景。情感最大的源泉就是生活，只有对生活充满热情的人，在工作和生活中才会精神饱满、充满朝气，在工作中积极进取；同时幼儿园教师面对的是对生活和世界充满无限好奇的幼儿，他们的世界没有成人世界的纷扰与烦恼，幼儿教师需要克服自己的不良情绪，精神饱满地投入工作中，才能满足幼儿丰富和热情的情感需求。因此，幼儿园师德师风建设要从最根本的生活层面做起，关心每一位教师的生活、发挥集体力量，使每一位教师都能感受到幼儿园职业大环境的温暖。尽管每一位老师都会经历生活中的困扰，但是这些在幼儿园大家庭中可以得到慰藉和支持，使他们能够不断靠近集体，从集体中获取积极向上的力量。这种职业环境中的工作热情自然会投射到教师日常的职业工作中，从而激发教师热情饱满地投身于幼儿园的教育教学之中。

2. 引导教师对教育事业高度认可

热爱教育事业，不仅是教师职业宣传的口号，而是教师在日常的职业工作过程中践行的

行为准则。要做到这一点,光喊口号是不行的,幼儿园应该从帮助教师深刻理解教师职业的职责入手,进一步提升教师的教育理论素养。古今中外,教育事业为什么如此受重视?尤其是当今世界,越是文明发达的国家,越是重视教育在社会发展中的推动力量。因为教育不仅是关系到国家未来发展的大事情,更是直接关系到每一个家庭、每一个人的未来和前途的细节工作。从系统论观点来看,教育是联系国家和家庭、个人的枢纽工程,而从事教育工作的教师便是这一工程上的衔接点,每一位教师在工作上的表现将会直接影响到每一个个体的生活及未来成长,决定着未来社会人员的成长方向和素质,间接决定着未来社会的国民质量。因此,高度认同教师职业所承担的社会职责,对于教师理解教师职业的意义、唤醒幼儿教师的职业认同和热情、对树立观念意识起到很大的作用,它是教师积极投身教育工作的动力源泉。

3. 引导教师切实关爱幼儿

教师职业情感集中表现在对幼儿的关爱方面,这是最能体现一个教师在其职业情感和工作态度方面优劣的地方。教师对职业产生的情感,集中投射于它的劳动对象上,关爱幼儿既是教师职业情感的表达,也是幼儿充分接受教育影响、丰富自身情感发展的受益结果。师爱,究其根本源自人类社会普遍的种族繁衍的根本需要;在国家层面便成为国家社会对未来一代的关爱。这种普遍的、原始的“舐犊之情”进入幼儿园的职业环境,即表现为教师暂时放开对自己子女的关爱,取而代之以社会及其他家庭的子女作为自己的关爱对象。而这又与一般的“舐犊之情”有所不同,关爱的范围由少数几个人转换为以班为单位的全体学生,甚至全校的儿童。这就需要教师除了具备对待自己子女的细心外,还需要有一种视如己出的大爱和“泛爱众”的博爱情感。表现在日常的职业工作中,教师的情感能够公平地奉献给其接触的每一个儿童,使每一个儿童都能够获得成长过程中充分的情感支持。

4. 帮助教师注力于自身发展

生活中专注于自己成长和完善的人才是热爱生活、对生活充满热情的人。他们可以为了成长甘心付出、呕心沥血、不懈努力,甚至可以鼓舞身边人获得生活的勇气。教师自身发展不仅关系着自身职业前景和职业效能,还关系到教师工作的直接受益者——幼儿,通过教师自身不断发展完善,幼儿能够接受越来越优秀的教育质量,获得越来越好的成长。因此幼儿园师德师风建设中为教师的职业发展提供便捷的条件、途径和环境,帮助每一位教师厘清自己的职业发展思路,可以使每一位平凡的教师能够在职业工作中看到自己的进步和未来成长的方向,解决教师们在职业环境中遇到的困惑和担忧,使他们清晰地认识到自身目前的职业状态以及将来可以企及的职业前景。这样可以为教师的职业工作提供支持和助力,为教师的职业和生活提供动力,帮助教师完善自身人格,从而提高教育质量。

5. 加强幼儿园师德师风体系建设

首先,要对社会、家长及相关的规章制度要求进行充分地调研了解,并结合日常幼儿园教师工作内容制定幼儿园教师师德师风建设制度。给幼儿园老师的行为和工作提供标准依据,对幼儿园老师的行为规范提供约束,有效遏制幼儿园教师不良行为的发生,使幼儿园教师在工作中可以体现出更为专业的职业道德素养。其次，给本幼儿园教师制定相应的工作责任制，明确幼儿园教师的工作职责内容及行为规范。在制定工作职责和道德规范标准时，必须对教师师德规范中的各项内容进行详细全面的划分，避免界限不清的问题出现，保证职责中涵盖所有的教学内容和规范要求，并按照规范要求来引导约束教师的行为，以此来达到提高幼儿园教师师德规范建设水平的目的。

6. 加强对幼儿园教师师德师风培训

首先，加强思想整治工作培训。幼儿园要制订教师培训计划，将教师师德师风培训等内容引入相关的培训工作中。通过聘请师德模范举办讲座，进行交流、观看各类师德优秀课件，给教师职业道德提升注入“预防针”，为教师师德师风培养提供环境。其次，开办师德师风演讲和征文比赛等活动，设置一定的奖项，引导教师积极参与。给教师提供交流和自我认识的机会，让教师与教师之间加强沟通交流，使教师不断增强自己的师德，增强教师规范自己行为的自觉性，提升幼儿园教师师德师风建设效率。

7. 不断审核改革幼儿园教师师德师风规范

首先，社会是不断发展进步的，不同的阶段社会和家长对幼儿园教师师德师风的培养要求也具有一定的差异性。作为幼儿园管理者必须认识到这一问题，对幼儿园的管理不能是一成不变的，要时刻关注社会、家长及其他教育发展的要求，随时对幼儿园风险规范等标准和要求进行适应性改革，以此来保证幼儿园教师师德师风建设的与时俱进，适应幼儿园运营发展的需求。其次，根据幼儿园的发展情况设定一定的阶段性目标。每个幼儿园必须发现本幼儿园发展阶段存在哪些问题，并结合幼儿园的实际发展情况，制订符合幼儿园发展的阶段计划和阶段性师德师风建设计划，让全体教师以计划为目标开展工作，实现师德师风和幼儿园的共同提升。

8. 构建幼儿园教师良好的工作环境

幼儿园教师也需要生活，在师德师风的建设中不能只做要求，还要保障教师生活和工作的条件，使其能够有良好的责任心和正确的教育理念。如果一名幼师在教学中连自身的权益都无法保证，那么师德师风的建设也就无法得到落实。因此，幼儿园要适当提升薪资待遇，将师德师风加入绩效考核当中，并且要保护好幼师的权利和人身安全，使教师专心教育教学。这样幼儿园的师资力量才会不断提升，而师德师风的建设也会有持续性的发展。同时良好的工作环境能够吸引更多专业人才，幼儿园会有发展，而幼师之间也能有相互的竞争，使师德师风建设更有效地进行落实。在我国当前师德师风建设的热潮中，结合幼儿园自身教育的特点和需要，从学前教育的情感教育角度出发，提升幼儿教师的职业道德素养，为他们完善道德行为表现提供和储蓄积极的情感支撑和动力，可以使幼儿园师德师风建设工作落实到每一位教师的内心深处，夯实幼儿园德育工作的情感基础，进而完善每一位教师的职业发展，提升幼儿园教育质量。

参考文献

[1] 王怡. 在师德师风建设中培养教师的责任感 [J]. 读与写(教育教学刊),2018,15(9):216.
[2] 黄祉萁,陈红梅. 幼儿园教师师德规范建设问题及建议 [J]. 中外企业家，2018(15)：202-203.
[3] 薛玉清. 弘扬优秀传统文化,推进师德师风建设 [J]. 学周刊,2019(9):117.

“新时代”背景下幼儿园创造思维的困境与探索

天津大学幼儿园 鲍 宇

摘要:陶行知在他的《创造宣言》中提出过这样一个观点,“要注重解放儿童的想象创造力”,深入探讨了“创造思维是否需要教育”,引导人们去探索如何让儿童“有创造性思维”。幼儿期处于一个人好奇心最旺盛的时期,在学前教育时期对他们进行创造性思维引导和训练,在某种可能上可以让其创造力进一步发展。在如今社会主义核心价值观深入人心的时代观念下,上至高等教育,下至学前教育,学者纷纷研究如何实施“德育生活化”,以期培养“有道德、守纪律、爱国守法”的社会主义接班人。而在新时代,如何弘扬社会主义核心价值观、发扬中华优秀传统文化的同时,不遏制幼儿的创造力,不埋没他们的发散性思维显得尤为重要,时刻考验着教育实践者的智慧。

关键词:创造宣言;教育课程;创造思维;探索

教育学家陶行知说过:处处是想象创造之地,天天是想象创造之时,人人是想象创造之人,而儿童是新时代的创造者,要注重解放儿童的想象创造力。曾有国际组织(教育进展组织)对全球二十余个国家进行调查。结果显示,中国儿童的计算能力全球第一,而想象力却排名倒数第一,这恰恰说明了我国对于学生创造能力的教育与发掘有很大提升空间。

培养创造力应该从学前教育阶段开始,根据皮亚杰的认知发展理论, 2~7 岁幼儿正处于前运算阶段,幼儿开始出现表征功能,思维开始运用象征性符号进行,这个时期是幼儿创造力发展和培养的关键期,幼儿有着天然的创造潜能,其创造力发展对于个体全面发展有着重要的意义。

一、从《创造宣言》中对幼儿园创造性教育思考

陶行知先生提道:创造教育就是要在儿童自身的基础上,过滤并运用环境的影响,培养、加强、发挥这创造力,使他们更有力量。教育不能创造什么,但能启发解放儿童创造力以从事创造之工作。通过学习,我对创造教育思想又有了新的认识。教育者不是造神,不是造石像。他们所要创造的是真、善、美的活人。先生之最大的快乐,是创造出值得自己崇拜的学生。与此相对,教师的成功,是创造出值得自己崇拜的人。说得确切些,老师创造学生,学生也创造老师。作为一名年轻的教育工作者,我体会到了这其中的困惑和期待,也深深体会到教书、育人以及创造带给自己的成就和快乐。这需要我们不断学习、充实与进步,不断地探

索、提升来开创新的理论课程。

二、幼儿好奇心培养对创造性思维的作用

幼儿园最基本活动形式是游戏。游戏形式丰富多彩,其中有教师为学生集体组织的,也有幼儿自主、自发进行的游戏。游戏既可以促进儿童认知、情感社会性的发展,还能促进儿童身心的发展,最重要的是游戏可以促进儿童个性和创造力的发展。通过游戏的不断推进和合作,儿童可以在任务的坚持性、区别幻想与现实的能力上以及语言的流畅性方面都有所发展,儿童可以更加快乐、活泼,感受到探索的兴趣;他们合作能力、领导能力、抗拒诱惑能力以及移情或延迟满足能力都能有所发展。随着课程游戏化理论的不断深入,幼儿园游戏的价值被提到新的高度,游戏创新成为幼儿教育工作者新的挑战。陶行知先生的创造教育思想,以生活教育为基础,强调知行合一,在认知、活动、行为中提升创造能力,值得我们深思和探讨。

1. 好奇心可以促进幼儿的学习和发展能力

在幼儿园的一日生活中,由于幼儿具有学习新鲜事物的能力,加之对新鲜事物或事件产生好奇心,从而容易引起他们的探索欲望。由于有一定的兴趣作为驱使,那么幼儿在学习中就容易集中注意力。此外,好奇心的强弱也会影响幼儿接受新知识的速度,好奇心越强他们对新知识的接受能力就会越快,反之亦然。

2. 好奇心对于促进幼儿的创造性思维有重要作用

幼儿思维会随着好奇心的增强而慢慢活跃起来,同时产生出探索的热情。在这种热情想象力的发展下,大脑会在其中形成表象,长此以往,幼儿在言语上会变得更加有逻辑性,创造性思维也会变得更加活跃。

3. 好奇心可以提升幼儿的人格发展,帮助他们成长

幼儿在漫长的成长期中,每个过程都会对各种各样的新鲜事物产生好奇心,在满足这些好奇心的同时,幼儿会慢慢增强自己的信心和求知欲望。幼儿在探索的过程中,满足其好奇心,有助于他们发现并发展自己的兴趣爱好,为未来确定自己生活和职业的方向打下良好的基础。

三、幼儿园创造性教育课程探索

幼儿学前教育艺术能力内容包括美术、声乐、戏剧表演、文学艺术作品欣赏等。学前教育设置艺术领域能力课程,包括声乐、奥尔夫音乐、舞蹈、乐曲欣赏、画画技能、手工课程等方面,在重视艺术技能培养的同时,课程内容相互之间联系较少,各学科教师之间缺乏交流与沟通。所以幼儿园创造性教育课程需要教师加强五大领域各学科之间课程的融会贯通,一起为幼儿健康快乐成长服务。

1. 美术教育

① 幼儿美育可以潜移默化地熏陶、感染幼儿的心灵，通过艺术感染的魅力，使其表现出积极向上的精神和活泼开朗的性格，在大自然和生活中感受美的同时产生美好情绪体验，获得情感熏陶。

② 幼儿美育可以帮助幼儿发展智力、增长知识、开阔视野。在艺术活动中，进行多种多样形式各异的教育，可以使幼儿实现外在表现活动与内在认识活动的统一。

③ 在幼儿美育中运用多种艺术活动的形式，帮助幼儿更好地认识世界，用多种形象化的方式弥补用语言和判断推理方式的单调，有利于促进幼儿大脑左右半球的均衡发展。

④ 对幼儿实施美育教育，可以促进幼儿形成健全的人格，为素质教育奠定良好的基础。

对幼儿进行美育教育，在作品的选择时，可为小班幼儿着重选择色彩鲜艳且有具体形象的图画作品，幼儿将“美不美”“哪里美”作为评价标准，评价标准较单一。由于中大班幼儿的鉴赏能力、观察能力均有所提升，可选择一些构图复杂、图案较为抽象的作品来欣赏，评价标准更加多样化。

2. 音乐教育

幼儿拥有基本的创造潜能，幼儿时期是想象力逐渐萌发的阶段，好听的音乐能使幼儿感受到快乐，教师在此基础上要结合陶行知先生的理念，勇于打破常规、不断创新，帮助孩子遨游在广阔的海洋中，营造更适合幼儿的生活环境，让他们在课堂上通过对歌曲的倾听，感受节奏和旋律的不同，引导其进行一系列想象。不同的题材内容来自孩子的日常生活，让孩子可以切身感受到音乐的美妙，并辅以孩子和老师的互动，培养幼儿的想象力。

(1)奥尔夫音乐教育体系

在奥尔夫音乐教育课堂中，孩子们有机会进入本真的音乐世界。奥尔夫音乐教育体系是当今世界影响最广泛也是最著名的三大音乐教育体系之一。在本真的音乐中，孩子们可以作为演奏者参与其间，而不是像往常一样作为听众，他们把语言、声音、舞蹈以及动作紧密结合在一起，成为一种孩子们必需自己参与的音乐；这样的音乐来自大自然，也更加接近生活，非常适合儿童欣赏。

(2)将孩子带入丰富的艺术世界

幼儿园是艺术的殿堂，音乐可以将律动、儿歌说白结合在一起，不再仅仅是旋律和节奏，还可以加上舞蹈或绘画，甚至是戏剧表演、雕塑等视觉艺术。在老师的引导下，他们可以关注特定的声源，去倾听、辨别或者想象来自自然界或者源于生活的不同声音。孩子可以在这样的律动音乐教育下，以轻松、自然的心情去展示内心深处对音乐的喜爱，用他们特有的方式开发自己的内心世界。

(3)音乐教育的创造性(即兴性)

由于孩子的生活经验较少，受社会影响较小，所以他们对音乐有天然的创造性。各种观感也没有定型。在看到一幅图画后，他们可以用音乐去表达，也可以根据自己的理解来进行即兴演奏、表演，通过简单的乐器，用音乐去发挥想象力，像艺术家一样去挖掘、去创作。当没有乐器时，他们可以用手、脚、筷子或任何物品代替乐器进行演奏，对乐器有着自己的创造性。

3. 课堂教育

作为幼儿教师或者幼儿的家长，我们应注重激发孩子的求知欲和学习兴趣，尤其是在孩子成长的幼儿阶段，这无疑是非常有益的。但是如果过度教育，也不利于孩子的成长，会使孩子产生厌学情绪。

孩子的成长规律有迹可循，直觉思维期从 3 岁开始，形象思维期从 5 岁开始，此时大班的孩子开始萌发逻辑思维的种子。而 8~12 岁是记忆力最好的时期。所以试想，满脑袋充满创造力和天马行空想法的孩子去记忆汉字，或者背出一百以内的数字，做简单的加减法，他可以做到，但是不太理解。但是此时会带来什么样的后果呢，固化的知识填满了原本充满想象力的空间。所以很多家长为避免孩子“输在起跑线上”，让孩子提前学习，孩子也可以做到，但是违背规律的学习，方向会跑偏或者跑反，这带来的不仅仅是竞争中快和慢的问题。所以幼儿教师在课堂上，可以多使用疑问句代替陈述句，多使用反问句代替肯定句。

① 激起学生主动学习的兴趣，可以通过创设疑问性的问题情境。

如：“创造的含义是什么？你们有没有创造?”

② 激发学生积极学习的兴趣，可以通过创设开放性问题情境。

如：“从以上三张图片中，你们觉得这个小男孩为什么会蹲在地上哭呢?”

③ 提高学生学习兴趣，可以创设猜想式的问题情境。

如：“所以最后穿花裙子的小女孩去干什么了呢，谁能举手告诉老师?”

4. 户外教育

很多教育思想都是从实际生活的经验中探索出来的，所以说教育来源于生活。经过这些经验摸索，教育也可以为生活提供相应的服务。幼儿园教师更要将教育与生活联系起来，“教育即生活”。带领幼儿增加生活常识，在每日教学过程中获取知识信息，并在这个基础上渗透德育教育，帮助幼儿形成良好的学习习惯和生活习惯，这对孩子们来说，不仅受益一时，更是受益一世。

在户外教育中更是如此，结合陶行知“爱满天下”的教育理念，目前幼儿生活在物质丰盈的美好时代，教师应为引导他们对幼儿意志力的培养，在精神层面为幼儿注入鲜活的动力。

（1）树立目标，用目标激励创造力

如：中班幼儿可以根据符号和图画去探索意义，目标和图片就是目标。从标准符号到音乐简谱、五线谱符号，再到交通规则符号，探索每个符号代表的意义，锻炼他们的发散性思维。

（2）积极探索，用变化挑战创造力

如：秋天的落叶。新学期伊始，教师带领小朋友户外活动时，可以将初秋到立冬作为一个观察周期，让小朋友去观察树叶是怎样由绿变红、由红变黄，甚至有些是直接由绿变黄，过程也许漫长，但有时转瞬即逝。如果小朋友们缺乏观察美的眼睛，也许就会与它们擦肩而过。

除此之外，还有：雨后的蜗牛、草丛里的蚂蚱、低空中的蜻蜓、花丛里的蝴蝶等。

（3）联系互动，用关联代表创造力

在大班甚至中班小朋友的课程中有学习认识钟表的内容，会让小朋友们自己画钟表，识别时间。教师可以引导小朋友们进行这样的关联创造性活动：一日，24 小时是一天，一年即四季，春夏秋冬。观察各个季节的动植物，观察幼儿园里的树木和种植的果子，引导他们进行积极思考，留下疑问，埋下思维创造性的种子。

有人说：环境太平凡了，不能创造。平凡无过于一张白纸，八大山人挥毫画几笔，便成为一幅名贵的杰作。平凡也无过于一块石头，到了米开朗琪罗的手里，可以成为不朽的塑像。

有人说：生活太单调了，不能创造。单调无过于坐监牢，但是就在监牢中，产生了《易经》之卦辞，衍生了《正气歌》。单调又无过于沙漠，而雷赛布竟能在沙漠中造成苏伊士运河，把地中海与红海贯通起来。

有人说：年纪太小，不能创造，见着幼年研究生之名而哈哈大笑。但是当你把莫扎特、爱迪生及冲破父亲、数学层层封锁之帕斯卡的幼年研究生活翻给他看，他又只好哑口无言了。

所以，处处是创造之地，天天是创造之时，人人是创造之人，让我们至少走两步退一步，向着创造之路迈进吧！

托尔斯泰曾说过：“成功的教学所需要的不是强制，而是激发学生的学习兴趣。”兴趣是学习的最好老师，是推动学生学习的内部动力，是求知欲的源泉。

教师要挖掘出学生善于发现问题、解决问题，深度思考的习惯与热情，让学生愿意思考，愿意主动挖掘事物之间的联系和大自然的奥秘。如果幼儿在年少时期便主动探求答案，敢于探讨和争论，这样的求索精神对家庭和社会都是非常有价值的。

参考文献

[1] 张建华. 引领学生走上探究之路：创造教育 [J]. 生活教育，2008（12）：26-27.

[2] 丁玲玲. 德育生活化 成长健康化：谈幼儿园生活化德育 [J]. 新智慧，2020（20）：40-42.

[3] 孟慧. 融入生活理念，推动德育渗透 [J]. 家长，2020（2）：43-45.

[4] 孔棣华. 创造性地教 创造性地学：继承和发扬陶行知创造教育的思想 [J]. 课程. 教材. 教法，1987（1）：26-29.

[3] 白福磊. 以爱感化后进生 [J]. 陕西教育（教学版），2007（Z2）：24.

[5] 刘斌. 又读先生陶行知 [J]. 教育家，2017（31）：86.

[6] 陈侠. 遵循圣陶先生教诲 认真做好编辑工作 [J]. 课程. 教材. 教法，1988（4）：4-5.

[7] 张继忠. 借鉴“创造教育”思想，培养创新人才 [J]. 天津教育，2001（Z1）：18-20.

[8] 周淑茹. 创设问题情境 激发学生的自主探究精神：以《创造宣言》为例 [J]. 中学语文（下旬·大语文论坛），2017（10）：144-145.

父亲的职业对幼儿非智力因素发展的影响

天津大学幼儿园 蔡 一

摘要：儿童的非智力因素的发展除了受遗传因素影响外，与早期的家庭教育环境及方式也息息相关。父亲在家庭教育中起到了不可替代的作用，他特有的社会形象对幼儿的智力、性格、社会性发展都能起到促进作用。父亲社会形象的养成，同父亲所担任的职业密不可分，可以说，父亲的职业对孩子的非智力因素发展有很大的影响。

关键词：父亲职业；幼儿；非智力因素

儿童的发展除了智力的发育外，非智力因素发展尤其关键。儿童的非智力因素是指儿童通过与社会的交往，逐渐习得的语言、思维方式、情感归属、行为准则等能力，这些能力既同儿童的智力因素相关，又和智力相区别，属于儿童的非智力能力。儿童的非智力因素发展同智力因素一样，除了受遗传因素影响外，更多的是和后天的教育息息相关，其中儿童早期的家庭教育环境和方式对其影响重大。

父母是家庭教育的主体，对儿童的影响最大。有研究表明，对父亲而言，幼儿自 3 岁之后逐渐开始向父亲学习，如果父亲起到了正面效应，幼儿既能从父亲的生活态度上学到自信、勇气、独立等性格，也能培养敢于担当的责任感。反之，如果父亲的角色较为消极，那幼儿则会形成脾气暴躁、行为不受控制或者胆小懦弱等性格。

父亲在家庭教育中起到了不可替代的作用，他特有的社会形象对幼儿的智力、性格、社会性发展都能起到促进作用。父亲社会形象的养成，同父亲所担任的职业密不可分，可以说，父亲的职业对孩子的非智力因素发展有着很大的关系，这种关系体现在以下方面。

一、父亲职业对孩子成长的作用

1. 爸爸是重要的游戏伙伴

为什么说 3 岁以后幼儿开始逐渐受父亲的影响最大呢，根据埃里克森的人生发展八阶段理论，幼儿 3 岁以前心理上处于基本的信任感建立阶段，生命最重要的任务就是寻找信任感和安全感，此时能满足幼儿食物欲望的妈妈是幼儿关系最亲近的人。3 岁之后随着幼儿对生活技能的不断掌握和熟练，他开始不再满足于只同母亲单一交往的方式，父亲此时会成为孩子重要的游戏伙伴。父亲同孩子游戏的方法不同于母亲说教式的方式，而更关注于玩本身和玩产生的喜悦的情绪，孩子可以从中体验到真正的乐趣以及情感。父亲在玩的过程中，不自觉地会带入自己职业的工作习惯与思考方式，这对孩子来讲非常新鲜，自此，父亲的职业因素开始逐渐影响孩子的非智力因素发展。

2. 父亲的职业是男孩模仿的对象

这种现象尤其会出现在高曝光频率的职业上，如军人、教师、医生等。父亲的职业如果是以上职业，孩子即使不了解职业的性质和工作的内容，也能够从电视等媒体上获得相关的信息，加上这些职业的社会形象通常都是正面且阳光的，会给孩子塑造一个光辉的榜样形象以及给孩子带来强烈的荣誉感，孩子在潜移默化中会模仿这些职业的特征行为，并以职业的规范来要求自己。

3. 爸爸是女孩依赖的港湾

女孩相比男孩来讲，心理上对于安全感的需求会更强烈，爸爸的高大伟岸会给女儿带来安全感，是女儿的骄傲，也会成为女儿将来择偶的参照标准。倘若幼时父亲同女儿之间的关系相处融洽，女儿可以从父亲身上获得足够的安全感，并且能够学会同异性正确相处的方式；若女儿同父亲的关系相对一般甚至关系恶劣，这种从小要满足的安全感会因此而缺失，女儿在成长的过程中会逐渐将注意力转移到其他异性身上以寻求安全感，这种过程非常不利于女孩子将来的心理乃至社会性发展。

二、父亲的职业对孩子社会性发展的影响

1. 积极影响

研究表明，父亲的实际操作能力对幼儿各种动作的敏感性、对幼儿的关心与责任心以及对孩子的钟爱绝不逊于母亲。父亲与幼儿的接触不同一般。在交往内容上，母亲花更多的时间料理幼儿的生活，父亲则花较多的时间与幼儿游戏。在交往方式上，母亲往往更多地关怀幼儿，与他说话，更温柔地对待他，父亲则更多地通过身体运动与幼儿玩耍，如把孩子高高举起放下，逗引孩子开心等。父亲是幼儿重要的游戏伙伴，这种父幼交往情境在幼儿多方面的发展中有着重要的影响。

首先，父亲与宝宝的游戏，可以引起孩子的兴趣，给幼儿带来极大的快乐和满足。

其次，在父亲与幼儿的摸爬滚打中，孩子的活动范围与认知范围得到扩大，使他能够更广泛地认识自然和社会。与此同时，幼儿开始在实际操作中模仿父亲，这对他们认知技能的提高、成就意识和自信心的树立起着不可低估的作用。

最后，父亲与母亲两者之间的角色与行为的差别，对于儿童性别角色的形成，均起同样重要的作用。幼儿在与父亲同时进行社会活动时，总是会向父亲看齐，父亲不闯红灯，幼儿会随着一起走斑马线；父亲对他人热情，待客彬彬有礼，幼儿也会对同伴充满友善。可以看出，父亲对其幼儿非智力因素影响，更是不可忽视。

研究过程中还发现，父亲的职业如果需要文化程度相对较高，那对幼儿的社会认知等非智力影响的影响明显较高。在课题研究的九种职业中，可以按照文化程度将职业区分为三类：一类文化程度要求相对较高，如建筑工程师、律师、医生；二类文化程度要求相对适中，包

括教师、公务员、军人、警察；三类文化程度要求相对较低，包括商人和外地务工人员。父亲的职业文化程度要求较高，对于幼儿影响较大，他的兴趣爱好也相对增多，对将来事业的期望较高，性格活泼，耐挫折能力更强，且具有远大的理想和抱负；随着文化程度要求的降低，幼儿的这些非智力因素水平也随之降低。父亲职业越普通，幼儿同外界环境接触的宽度和深度也会越低，接触的事业也趋于匮乏，造成自我认知能力的降低。

2. 消极影响

无论是男孩还是女孩，如果缺乏父亲的关心与爱护，其性别角色的发展也会有欠缺。女孩性格会很像男孩，不穿裙子，性格很暴躁，做事的方式很粗犷等。相反，男孩性格像女孩，想穿漂亮衣服，化妆，性格温柔内向，做事情很细致。这样很容易导致孩子性别趋向出现问题，导致心理疾病概率的发生。

有研究还表明，父亲的职业有两类容易造成孩子心理上的压力和消极影响， 一类是军人家庭、一类是教师家庭。

在军人家庭中，父亲习惯于用军队命令式的语言来发号施令，做任何事情都给孩子规定指令和时间，孩子的想法不能表达出来，本性受到压抑，在年幼时孩子尚且没有能力违抗这一类的生活方式。当孩子长大后有了自我意识和独立生活能力后，矛盾会突然爆发，形成紧张的亲子关系，这样的心理情绪爆发往往发生于青春期。

教师的家庭有着类似的教养方式，儿童在成年前期大部分的时间都生活在学校中，某些时候对教师的情感甚至多过于父母，教师的天性就是期望自己的学生可以出类拔萃，青出于蓝而胜于蓝，这种思想不可避免地会带入家庭教育中。教师往往会认为自己的孩子自己可以教好，甚至会比其他家长教得更好，一旦发现自己的孩子不如他人，会变本加厉地对自己的孩子施压。然而家庭并不是校园，如果父母依旧带着教师的角色本色出演，问题就会产生。

尽管父亲的职业在孩子的成长过程中影响深远，但我们依然鼓励父母在家庭教育中应该放弃自己的职业角色，纯粹地扮演好自己服务的角色，让孩子感受到来自父母的关怀和爱意。即使自豪感荣誉感充盈的军人，回到家时依然是一个多个月没有见过孩子的父亲，请忘记在军队的那些口令和规矩，和孩子交流一下感情，带着孩子去一趟游乐园；即使是纵横商场刚拿下大合同的老板，回到家后，依然要蹲下身子配合孩子一起玩搭积木盖房子。在家庭生活中，父亲不再是威风的老总、体面的律师或者治病救人的医生，父亲只是孩子的爸爸，孩子也不是自己的客户、病人或者委托人，而是一个独立的个体，孩子的成长需要父亲用自己的人生经验来辅助。孩子需要父亲的关爱，父亲需要孩子的依恋。在家庭教育中，父亲应尽可能抽出时间，在儿童成长的道路上科学指导，细心教育，与孩子真诚相待。

参考文献

[1] 燕国材. 应重视非智力因素的培养 [M]. 上海：上海师范大学出版社，2008.

[2] 李季湄，冯晓霞.3~6 岁儿童学习与发展指南 [M]. 北京：人民教育出版社，2013.

[3] 屈娇娇，林晓春. 父亲的职业类型对儿童社会性发展的影响 [J]. 亚太教育，2016(19)：285-286.
[4] 韩瑞. 浅谈父母教养方式对幼儿社会性发展的影响 [J]. 数字化用户，2013，19(34)：155.
[5] 张春晓.4~5 岁幼儿情绪理解能力特点及与父亲参与的关系研究 [J]. 教育导刊(半月刊)，2015(12)：27-31.

变废为宝
——培养幼儿环保意识的研究

天津大学幼儿园　沙书红

摘要:本文从我国现在生态环境实际情况入手,讲述了培养幼儿环境保护意识的重要性,结合现在幼儿特点,重点阐述了对其培养的对策,主要从幼儿园、家庭和国家三个环节入手,借助不同的措施,以此增强幼儿的环保意识,提升幼儿素养,为促进我国生态的可持续发展奠定基础。

关键词:培养;幼儿;环保意识

过去人们受文化水平和意识的影响,经常乱砍滥伐,破坏生态环境,令自然生态水平降低,并且工业化污染、水资源污染等都严重影响着我国生态环境。因此,我国开始重视环境保护,并将其融入教育领域中,并且从小教育,在幼儿园中就开始培养幼儿的环保意识,以期为我国环境保护工作提供保障。

一、培养幼儿环保意识背景

当前,随着改革开放的深入进行,我国城市建设和经济发展已进入全新的阶段,经济和技术水平迅速发展,人们的生活水平不断提升,在此背景下,生态保护问题逐渐走入人们的视野。随着城市的大力建设和不良人员的随意伐木,生态破坏严重。针对此,我国出台了多种政策方针,并在很多科技项目中都开始研发生态保护技术。

在我国人民的不断努力下,绿色可持续发展战略实施广泛,并且环保观念深入人心,生态环境得到了一定的改善,但环保的现状仍不容乐观,需要各界人士共同努力。学校是培养人才的主要场所,教育过程中应不断贯彻生态环保意识,这是现在教育领域中重点关注的问题。幼儿园作为孩子的第一所学校,同样肩负着教育祖国花朵的重要使命,使其身心均健康发展。儿童是祖国发展的未来,在幼儿阶段,其思想和行为还没有形成固定模式,需要对其进行良好地培养,这对其将来一生起着重要的作用。环保意识的培养,可以让幼儿形成初步的环保观念,养成良好的生活习惯。只有从小进行变废为宝的环保教育,才能使其在将来树立正确的环保意识,在日常生活和工作中减少资源和能源的浪费,为我国环保事业作贡献,促进城市的健康发展。

二、幼儿环保意识的认知特点

良好的环境保护可以帮助人们解决现有的环境问题，减少能源的浪费，是一种良好的资源保护手段。幼儿的思维简单，接受能力强，幼儿园对其进行环保意识的培养，可以令其建立正确的价值观，并在情感上正确对待环境，积极参与环境保护。本文结合工作实践，阐述当前培养幼儿环保意识的现状及特点，主要有以下几点。

（一）幼儿感情基础良好

经过调查发现，幼儿对动物和植物比较喜欢，并且不需要教师和家长指引，就能明确说出保护动植物的观念，幼儿对动植物的喜欢不受时间和空间的限制，即喜欢动植物的情感，会一直存在，不会发生变化[1]。但是在保护动植物态度方面，幼儿可能因为年龄的差异而出现变化，如四岁和五岁的幼儿对植物的保护态度会发生变化；五岁和六岁的幼儿对动物的保护态度会发生变化，这种变化和教育有明显的关系。另外，在环境保护上，男孩和女孩的情感几乎相同，没有变化。总的来说，幼儿对环境保护意识有一定情感基础，只需对其进行一定的培养和指导，就能使其有效养成环保意识。

（二）幼儿对环境保护整体认知参差不齐

经过实验调查，幼儿对动植物比较熟悉，其他物体了解相对较弱，他们可以准确说出常见动物的名字，指出树木和花草；有的幼儿知道水的重要性，如果没有水人将不能生存。但是很多幼儿虽然知道什么是垃圾，但是不知道如何分类。总的来说，幼儿对现代环境保护的相关知识了解不多，主要是因为幼儿园教育中缺少此方面的教育，即使有也是浅尝辄止，幼儿对环境保护知识认知不清。虽然现在我国已经进入“低碳生活”，但是幼儿对此还认知不全。例如，幼儿不能站在环保的角度划分开车和走路的区别，不能意识到一次性筷子对环保的危害。可知现在幼儿对环境保护的认知还太少，不能随着时代的进步进行保护环境知识的扩展。

（三）幼儿对环境保护态度不端正

经过对幼儿的观察和与其沟通可知，大多数幼儿对环境的态度不正确，抱有“环境为我服务”的观念，不能认识到环境不可再生，很少有“我为环境服务”的观念。此类思想是不正确的，幼儿作为保护环境的主要人员，如果不能树立正确的环境保护意识，那么很难从本质上提升幼儿环境保护的行为。

（四）幼儿环境保护观念受到约束

目前，虽然幼儿园对幼儿进行了一些环境保护方面的教育，但是其在教师的影响下，对环境保护的认知比较古板，并且形式化严重，很多幼儿不知道为何要保护环境，只是和成年人一样，喊着保护环境的口号，在实际生活中却不能做到节约资源和能源，有的幼儿甚至不清楚教师为何这样教育，因此暴露了幼儿对环境保护意识认知的不足。

三、培养幼儿环保意识的研究

（一）幼儿园方面

1. 建立环保教育课程

幼儿园教育具有一定特殊性，对幼儿不只是知识的传递，更多的是习惯和能力的培养。目前，在激烈的市场竞争环境中，幼儿园教育也呈现出各种特色。环保教育也应该融入幼儿园教育中。至今为止，很多幼儿园对幼儿环保意识的培养不重视，偏远地区的幼儿园更是从未接触过此方面，因为教师对此就没有深入的认知，即使进行环保教育，也只是形式化而已。基于此，幼儿环保教育要完善教育方针，将环保教育纳入教学课程中，制订一套环保教育课程教学计划，每周安排一定的课时，保证环保教育的进行。例如，北京市幼儿园创建研究课题，将“变废为宝——培养幼儿环保意识”为中心，进行教学行动的研究。教师要将幼儿发展的教育和生态环境结合，为提升幼儿的环保意识，站在行为和态度的角度上进行培养，积极探究教学方法与途径。

幼儿园应该以园长为首，带领骨干教师，建立课题研究小组。研究小组通过对幼儿教育深入的探讨，对环保教育过程中可能出现的问题进行纠正，并树立明确的教学目标和内容，增加资金的投入，购进教具和环保有关的书籍等，完善环保课程资源。

2. 加强环境保护培训

因为环境保护的教育是新产生的教学内容，很多教师对此还不太了解，其自身环保意识薄弱，素养也有待提升。或者有的教师尽管对环保教育有一定的认知，但是没有详细的教学内容，因此，在教学过程中并不是很顺利。基于此，幼儿园要首先加强对教师的培训，利用定期培训、专家讲座等形式，举办环保教育活动。建立幼儿环保教育网站，组织教师学习新的知识和了解新的信息。建立幼儿环保教育课题小组，研究幼儿环保教育过程中出现的问题[2]。通过不断扩展教师视野、更新环保知识和观念，建立一支高素质、优秀的师资队伍。

另外，教师还要建立终身学习意识，主动进行环保知识的学习，纠正以前不正确的教学观念，通过自身综合素养的提升，主动进行环保行动，在教育幼儿的同时，为其树立良好的模范作用，促进幼儿环保教育的顺利进行。例如：北京市一所幼儿园对全体教师进行培训，提升教师队伍总体素质，纠正其教育观念，利用较高的环保素养感染幼儿。和其他幼儿园合作，组织教师到其他幼儿园参观和学习。聘请环保专家为其进行知识培训，在不断的教育培训中增强环境保护意识，并主动进行环保观念的纠正，以幼儿为主进行环保教育，帮助幼儿建立正确的环保意识。

3. 创建情境渗透环境保护意识

幼儿园在学习、生活环境中比较重视干净整洁，却忽视了为幼儿创建环保环境氛围。因此，幼儿园要加强该方面的创建，做好绿化工作，如建立花园一角，种植花草或者农作物等，在条件允许下，还可创建饲养角，饲养温顺的小动物，定期带领幼儿进行浇水、喂食等活动，令其亲近动植物，体验大自然的乐趣，感受到自然的美好。幼儿园还需增强对环境的管理，如设置垃圾箱和玩具篮等，告诉幼儿如果见到垃圾，要捡起来扔进垃圾桶；玩完的玩具及时放回玩具篮中。幼儿园宣传栏中加入环保小漫画，利用简单的图画让幼儿提升环保意识。

教师可以和幼儿一同布置环境，在活动中渗透环保意识，让幼儿自己动手。如利用使用过的物品进行教室的装饰，教师帮助幼儿将用过的纸盒和饮料瓶做成漂亮的装饰品、收集使用过的瓶盖做成风铃等，将教室变得更加漂亮。在教室中的照片墙上粘贴"我和环保的故事"主题活动照片，将幼儿参与环保的过程拍下来贴在照片墙中。让幼儿在观察的过程中加深记忆，增强对环保的理解。在教室中还可设置"动植物生长角"，幼儿可观察到动物或者植物的生长过程，培养其热爱大自然，树立保护动植物的意识。

幼儿园利用情境，对幼儿进行环保意识的渗透，不但要从物质的角度创建氛围，还要做好幼儿精神环境的建设，教师通过日常行为和语言对幼儿进行教育，在日常教学过程中感染幼儿，加强其环境保护意识。例如，北京市幼儿园，在其环境建设中，利用现有资源，进行大面积的绿化，种植多种植物，并配备介绍标签。幼儿园员工种植冬青、白掌、桂花等。创建优雅的校园环境，提升学生愉悦的情感，在此环境中，逐渐产生热爱自然的感悟。可在幼儿园围墙上利用丰富的色彩，绘制幼儿常见的画面，如蓝天、白云、小鸟、花朵和动物等，通过彩绘，增加幼儿的情感感受。室外大型器械也是动物的形象，如长颈鹿滑梯、河马山洞等，上面标有提示语。幼儿园室内的走廊和墙面上，可采用环保理念的装饰，如挂饰、彩绘等，利用信息宣传栏，向家长和幼儿展示环保知识。班级中设置环保主题墙、分类垃圾箱和旧物回收箱等，让幼儿行动起来，感受环保活动带来的乐趣。并利用有趣的警示图画，告知幼儿一些不正确的行为[3]。

4. 制定全面的环境保护教育体系

幼儿园的环保教育还缺少一套系统的环保教育体系，导致教学目标设置不精确，幼儿环保意识的培养效果不强。因此教师要仔细观察幼儿，对其身心发展特点有明确的掌握，有针对性地设置总体目标，在总体目标的指引下，划分为各种小目标，即每节活动课中需要达到的目标，提升教学效率。教师可针对教学目标，开展教育活动，教师在此环节同样面临困扰，即不能精准选择出适合的教育内容。环保教学内容范围较广，深浅不一，因此教师在此方面一定要认真挑选。围绕幼儿年龄和生活环境，由浅入深，令其在教师的指导下，不断增强环保意识，发自内心喜欢并热爱环境，并利用实际行动保护环境。

（二）家庭方面

幼儿时期，家庭是其成长时间最久的地方，因此家庭对幼儿的影响很大。幼儿环保意识的培养，单单依靠幼儿园是不够的，还需要进行家庭教育。但因为很多家长的环境保护意识薄弱，不能正确引导幼儿。基于此，我国政府要做好环保方面的宣传和教育工作，增强家长环保意识。通过专家讲座和亲身经历等活动，让家长也能在家庭中做好幼儿的教育工作。

家长主动通过互联网，查询关于环境保护知识的最新观念，在生活中，利用实际行动感染幼儿，并对其进行随机教育。家长可以先从小事做起，如随手关水龙头、拒绝使用一次性碗筷、做好垃圾分类等，激励并帮助幼儿进行环保行为，令其从小养成良好的习惯。

（三）国家方面

环境保护是利国利民的大事，不只是幼儿，全社会都要做好环境保护工作，正确认识我们和环境的关系，在生活和工作中促进生态平衡。国家方面，将环境保护作为主要工作，针对发现问题，调整工作策略，完善并优化环境保护相关法律法规，加大工作力度，做好监督工作。如《国家环境保护“十二五”规划》中明确指出，生活和工作中，要做好垃圾分类，并完善回收政策，实现集中化管理。但是我国人民现在还缺少环保意识，乱扔垃圾问题严重。因此需要加强相关法制法规，从教育入手，改变现状，为幼儿和学生创建一个良好的学习环境，从小熏陶，树立环保意识。加强环保公益的宣传，让人们都了解环境保护的重要性，最终树立正确的生态观，自觉爱护环境，让幼儿主动进行环保行为。

环保教育是增强幼儿环保意识的主要方法，我国要从教育入手，鼓励并采取奖励手段激励幼儿环保教育的顺利进行。国家加强对教育部门领导的培训，令其树立正确的意识和责任感，将工作重点转移向环保教育中；在师范学院中，设置环境保护教育课程；针对在职教师进行统一的培训[4]；增加资金的投入，鼓励幼儿园进行课题研究，并利用互联网和广播等，将研究成果展示出来。

综上所述，随着生态环境破坏严重，需要我们养成环保意识，从孩子抓起，让幼儿在日常生活和学习中养成良好习惯，主动保护环境。从幼儿园、家庭和国家三个角度入手，做好幼儿教育，提升幼儿环保意识，促进我国生态环境的可持续发展。

参考文献

[1] 朱怡. 网络环境下利用美术活动培养幼儿环保意识探析 [J]. 成才之路，2018（21）：31.

[2] 张海燕. 激发幼儿环保意识 培养幼儿环保行为 [J]. 青海教育，2018（4）：48-49.

[3] 刘亢亢，刘俊丽. 一日生活和学习过程中幼儿环保意识渗透教育策略 [J]. 陕西学前师范学院学报，2017，33（10）：54-57.

[4] 郭丹丹. 利用环保材料开展幼儿美术活动的研究 [J]. 成才之路，2017（19）：72.

浅谈如何让幼儿数学教育生活化

天津大学幼儿园 张晓蔚

摘要：兴趣是幼儿最好的老师，也是幼儿学习的最佳动力。幼儿尚不具备独立思考的能力，心智发展还不成熟，数学教育不能太过生硬，只能从生活中寻找数学教育的契机，在帮助幼儿认识世界、学会生活的同时，在潜移默化中接受数学教育。对于教师和家长来说，数学教育生活化是让幼儿顺利接受数学教育的捷径。

关键词：幼儿数学；教育生活化；教育方法

数学并不是脱离生活实践的科学，数学总是与生活紧密交织的。现代教育观指出：数学教育，应该建立在幼儿现有的知识和学习及行动能力的基础上，以实践、主动求学以及和小伙伴交流等方式，在探索生活的过程中同时探究数学问题。《3—6岁儿童学习与发展指南》一书中也对这一理论进行了阐述，“幼儿教育应当以幼儿的综合素质现状为基础，以生活和游戏为主要依托，寓教于乐，重视现实生活和游戏的意义与价值。”“激发幼儿对数字和数学的好奇心”，这些都在提示我们幼儿教育者在对幼儿数学领域施教的过程中要注重培养的是幼儿学习数学的态度以及数学学习过程中能力的期望，解决问题通常是数学的最终目的，而这个过程就是幼儿基于自身经验和生活本能，主动探究问题的过程。

一、在日常生活中学习数学

数学教育在幼儿这个阶段无法成为脱离生活的科学，也不能像高等数学那样有很多公式、模型和大量数据，而应该与幼儿的生活和游戏深度结合，让幼儿在不知不觉中接受数字和数学的熏陶，寓教于乐，真正做到幼儿数学教育生活化。在幼儿的日常生活、游戏和教学中，任何物品都可以成为数学的载体，玩具的数量、积木的大小、钟表的指针等，只要施教者用心准备数学教育内容，就一定会发现，生活中到处都是数学元素，都能成为幼儿数学教育的工具。例如：有的玩具是圆形，有的玩具是方形，还有的玩具是三角形；收拾玩具时不仅可以按照形状分类，有时还可以按照玩具的颜色分类；可以数一数班上小朋友的数量；在幼儿园的园区内休息时，可以数鸟儿、花朵的数量、颜色，比较其大小、高矮、粗细；户外游戏时可以说说自己所在的位置等。数学教育生活化能够让幼儿的教育在潜移默化、悄无声息中完成，减少幼儿的抵触心理，同时激发幼儿的好奇心和对于数学学习的主观能动性，从而引导幼儿多注意生活中关于数学的内容，减少幼儿对数学的陌生感，给幼儿的生活以更多的数学化感知,为日后的数学教育打下良好基础。

二、引导幼儿用数学解决问题、使数学教育与生活融合

“数学来自生活,最终必回归生活”,即幼儿在生活中学习到一定的数学知识,最终又运用到生活中去。①学会简单数字和加减之后,幼儿可以通过对班级出勤人数的统计,加深对数字加减的感受,以及对比例这一概念的理解。②在班级为小朋友分发小零食或小蛋糕时,幼儿可以在教师的帮助下,做到平均分配。③班级的环境布置中可以设置天气统计栏,利用此专栏尝试让幼儿对一周的天气情况进行统计,例如:雾霾出现了几次、雪下了几天、雨持续的时长等。④植物角的合理利用,幼儿自己绘制观察记录表,例如:一周内为植物浇水几次、太阳直射几次、出现枯黄的叶子有几片、植物长高的情况、花儿开放的时长等。⑤幼儿接触到液体守恒定律之后,可以安排一个运输比赛,小朋友自由选择容器进行运水,以小组为单位,看看哪一组能最快完成运水任务,然后找出先运完或运得慢的原因。培养幼儿独立思考的能力,鼓励他们尽量凭借自己已有的经验来解决问题。教师作为协助者,在幼儿遇到无法解决的困难或者是矛盾时,给予适当的帮助和引导,能够更好地启发幼儿学习。

三、以生活情境为背景进行数学教育、让幼儿玩中学、学中玩

生活中父母带着幼儿去电影院的场景随处可见,幼儿对于电影院并不陌生,这样的场景里也包含着数学知识,是幼儿未必关注到的,可以抓住了幼儿熟悉的生活情境,开展“排、列”数学活动。将教学区域布置成电影院的样子,引导幼儿做集体数学活动。“宝宝们,你们都去过电影院对不对,今天老师也带你们去看一场《喜羊羊与灰太狼》的电影好不好”“进入电影院要先买票对不对,谁来当售票员”“如何选票你们知道吗”,在互动、模拟生活的场景中幼儿学习了排、列的数学概念,并在后面的模拟游戏环节中,大部分幼儿都能很好地对号入座进行观影。通过此次活动,一来让幼儿了解数学并不是脱离生活而存在的,二来让幼儿在以后的生活中也可以自己去找自己的座位号,理论与生活实践相结合,在成功的体验后,幼儿会对数学产生好奇和兴趣,这正是数学生活化的意义所在。

四、利用区角活动促进幼儿学习数学、运用数学

教师可在区角活动设置“水果超市”,在区角投放生活中常见的不同种类、不同数量的水果(塑料玩具)、辅助的游戏道具有价目表、货币、收银台等,帮助幼儿分配各自需要扮演的角色,这样使幼儿在熟悉的生活情境中开展数学活动,也能解决幼儿在生活中常见的问题,并为日后将教学运用于生活中搭建了桥梁。最主要的是能让幼儿觉得数学来源于生活,并不是抽象难以理解的符号,而是可以通过伙伴间的交流合作和游戏实践中学习数学,在这个过程中收获大于成就感与愉悦感,提高幼儿数学学习的主观能动性,鼓励幼儿主动思考、主动学习。据我观察,本班幼儿在活动中都有较高的参与度,对于简单的加减法的教育目标

能很好地实现并完成。

五、数学的学习可以通过其他领域的配合共同实现

数学来自生活，并与生活融为一体，为此不单单只有数学游戏可以满足幼儿学习数学知识，生活中的其他数学载体小工具、小元素也都可以在教学过程中通过游戏的形式让幼儿充分接触和认识。例如，①体育游戏袋鼠运球，运球中哪组“小袋鼠”运的球最多，球的颜色的分类，幼儿往返的次数等。②幼儿的跳远比赛，可以让幼儿自主选择测量工具进行测量，统计比赛结果。教师提供不同的测量工具，幼儿选择其中的一种或多种，在自己绘制的统计表上进行测量、统计。然后将统计的结果进行比较，最终的比赛结果是以幼儿自身的测量比较的结果推演出来的。这样既能让幼儿进行充分的户外体育活动，又能将数学教育融入其中，一举两得。③音乐欣赏时，一个小节有几拍，一段旋律几个乐句等，这些都是教师进行数学教学的机会。多次教学实践证明，施教者自己创造一些新颖的游戏，能够增加幼儿的学习乐趣，同时强化了数学学习的良好体验，看似跳远、听音乐这些行为与数学无关，但实际上又充满了数学和数字元素，数学与体育、音乐这些内容充分结合，让幼儿接受较为全面的教育。

六、家园共育、促进幼儿数学生活化的教育

家庭教育是幼儿接受教育的重要基础。家长参与到幼儿园的教学活动中来，能够提高幼儿在幼儿园的归属感，有助于他们身心健康发展，从而更能激发他们学习的能力。首先，对于幼儿园来讲达成家园共育是很容易促成的。幼儿园的家长课堂讲座开展得很好，推广得不错。其次，数学教育很受到家长的高度重视。结合两者的前提条件，让家长意识到数学教育要生活化这样的理论也就能快速达成。至于实施的过程，可能需要教师前期布置一些小任务，督促家长树立数学教育生活化的意识。例如：去影院让幼儿自己找座位；去超市让幼儿看价目表，尝试让幼儿自己用现有的钱去结账，推断一下自己是否能支付起；去公园坐地铁几号线，如何换乘、用时多久等，这些生活中存在的与数学打交道的小事都可以让幼儿独立处理，家长充当协助者的角色，保证幼儿安全。通过这些小事，幼儿的生活能力和独立思考能力得到提升，同时锻炼了幼儿的学习思维。在良性循环产生时，家园共育也就达成了。

综上所述，对于幼儿来说，寓教于乐是最好的数学教育方式，幼儿在游戏中获得乐趣是对数学和数字产生学习兴趣的首要条件，让幼儿在游戏中认识数学，喜欢数学，在实践中运用数学知识解决生活中的问题并获得了成功的喜悦，这才是我们进行数学活动的真正目标与意义。

参考文献

[1] 刘婉君. 试论幼儿园数学教学的生活艺术 [J]. 魅力中国，2009(11)：139-140.

[2] 李利. 初中英语教学中学生学习兴趣的激发 [J]. 动动画世界·教育技术研究，2012（8）：94.
[3] 张玉芳. 数学教学活动的新探索 [J]. 教育实践与研究,2014(34):50-52.
[4] 赵文华. 幼儿园语言教育方式与策略 [J]. 小作家选刊,2016(31)197.
[5] 钟亚丽. 浅谈幼儿生活中的数学教育 [J]. 小作家选刊,2016(31)197-198.

幼儿园课程与环境创设的互动性
——饲养蚕宝宝之发现

洛阳市洛龙区洛一高附小幼儿园 刘晓玲

摘要：环境是重要的教育资源，经过多年幼儿园的环境创设，幼儿园的环境与幼儿课程之间相互结合、相互渗透，教师要从幼儿的兴趣出发，把握幼儿的关键经验，发挥幼儿的主观能动性，使他们成为环境的创造者、课程的生成者，使幼儿教育更有意义和价值。

关键词：环境创设；课程生成；兴趣；教育价值

《幼儿园教育指导纲要（试行）》（以下简称《纲要》）指出："环境是重要的教育资源，应通过环境的创设和利用，有效地促进幼儿的发展。"可见，幼儿园的环境创设是幼儿教育的重要内容。经过幼儿园多年的环境创设，发现幼儿园环境与幼儿课程之间相互结合、相互渗透，教师要从幼儿的兴趣出发，把握幼儿的关键经验，使幼儿成为环境的创造者、课程的生成者。

一、环境生成课程，使幼儿成为课程的生成者

《纲要》指出："幼儿园应为幼儿提供健康、丰富的生活和活动环境，满足他们多方面发展的需要，使他们在快乐的童年生活中获得有益于身心发展的经验""善于发现幼儿感兴趣的事物、游戏和偶发事件中所隐含的教育价值，把握时机，积极引导。""关注幼儿在活动中的表现和反应，敏感地觉察他们的需要，及时以适当的方式应答，形成合作探究式的师生互动。"幼儿遇事多从兴趣出发，使各种感官积极活动，从而自发生成新的知识，发现新的问题。

1. 自然科学观察角——饲养蚕宝宝

春天来了，又到了养蚕的季节，4 月 6 日，龙龙小朋友带来一张附有许多蚕卵的纸，并告诉我："老师，蚕宝宝马上就要出生了。"他的话吸引来了好多小朋友，于是，我和龙龙把蚕卵放在自然科学观察角，孩子们对于弱小的、还没有与大家见面的小生命都充满了好奇，一群小朋友围着附有蚕卵的纸观察着，七嘴八舌地谈论着："这样的东西我见过，在树叶上，我妈妈说是虫子的卵，还会生出虫子！""有的卵颜色跟小米很像，有的卵发黑了，是不是坏了？"我拿来了红笔把那些孩子们认为是坏了的蚕卵圈起来做了个标记，说"孩子们，我把你们认为坏了的卵做记号了，等等看吧，看看究竟是不是坏了。"集体教学活动结

束后，全班幼儿都主动参与了观察活动，并时不时地小声交谈着什么，充满了好奇心和探索欲。

2. 从幼儿的好奇到科学活动的生成

《纲要》指出："科学教育应密切联系幼儿的实际生活进行，利用身边的事物与现象作为科学探索的对象。"城市里的孩子对于蚕宝宝的认识，大多都局限于教学活动中的图片和视频，而没有真正对蚕宝宝观察的经验。看到孩子们对于观察、了解蚕卵的兴趣如此浓厚，我决定让孩子们通过亲自喂养、观察、记录蚕宝宝的生长过程来丰富科学知识，生成特有的科学课程，让孩子们的科学活动开展得更加丰富而有意义。

于是，科学活动"蚕宝宝的一生"随着幼儿的观察、记录、思考、疑惑到得到答案，慢慢随着幼儿的好奇、兴趣点的不同开展起来，随着观察活动的深入，孩子们发现蚕卵变成了透明的白色，蚕宝宝陆陆续续出生了，孩子们又增添了寻找桑叶的新任务。孩子们通过观察得出第一个结论：蚕卵变黑并不是坏了，而是蚕宝宝要破壳而出了。喂养过程中孩子们还发现小小的蚕宝宝竟然嘴巴里也会吐丝、蚕宝宝拉的屎又小又黑。他们兴奋地在观察记录本上认真记录，快乐而自豪的和伙伴们分享着自己的记录结果。蚕宝宝已经完成了四次蜕皮，个头长得很快，吃桑叶量加大很多，在一起显得拥挤，小朋友建议将蚕宝宝分开盒子住，孩子们发现和讨论的问题也日渐丰富起来，"蚕宝宝的眼睛在哪呢？蚕宝宝蜕皮疼不疼？你发现了吗？蚕宝宝是先把嘴巴的皮蜕掉然后再蜕身上的皮……"孩子们观察、记录并讨论，新的发现也不断产生。区角活动时孩子们专心观察并谈论："蚕宝宝的粪便变颜色了。蚕宝宝拉肚子了！""不对，是蚕宝宝尿尿了，拉肚子是绿色的，这是透明的尿。"带着疑问，我们一起查找答案，原来是蚕宝宝在结茧之前会排出身体内的水分。蚕宝宝继续在生长、在变化，孩子们的观察仍在兴致勃勃的持续着。我问孩子们："知道蚕宝宝吐的丝能干什么呢？从生活中哪里有蚕宝宝的付出呢？不懂可以请家长帮忙，一起寻找答案。"他们的新话题也随着我的提问继续进行，新的探索活动又发展成了亲子活动。

二、课程生成环境，使幼儿成为环境的创设者

班级主题环境创设的指导思想紧紧围绕教育目标和教学内容，促进幼儿主动发展，充分体现教育性、时代性、实用性、参与性与趣味性，全方位、多角度、多层次地为幼儿创设良好的教育环境。

1. 使幼儿成为环境创设的主人

随着自然科学观察角科学活动"饲养蚕宝宝"的深入开展，作为教师，我多方支持、鼓励幼儿的探索与发现，幼儿自由地观察、记录、发表想法，提出问题，互相讨论，相互启发，在师生互动和生生互动中，在思维的碰撞中产生新的火花、新的环境创设主题。随着饲养、观察、记录蚕宝宝的生长过程，提供机会，使幼儿成为环境创设的参与者和创造者，让幼儿动手参与环境布置，真正做到与环境互动，与环境对话。如：把幼儿观察记录表粘贴于主题墙，组织幼儿用超轻黏土记录蚕宝宝的生长过程，绘画蚕宝宝的一生等，形成有特色的班级文化。在此过程中，充分发挥幼儿的主观能动性，使幼儿积极、主动地参与到环境创设活动中来，使幼儿的思维力、创造力及个性品质得以充分发展，有效地发挥环境在幼儿身心发展中的教育影响作用。虽然孩子们的作品显得粗糙、稚拙，但却凝聚了他们的纯真心愿和创造力。

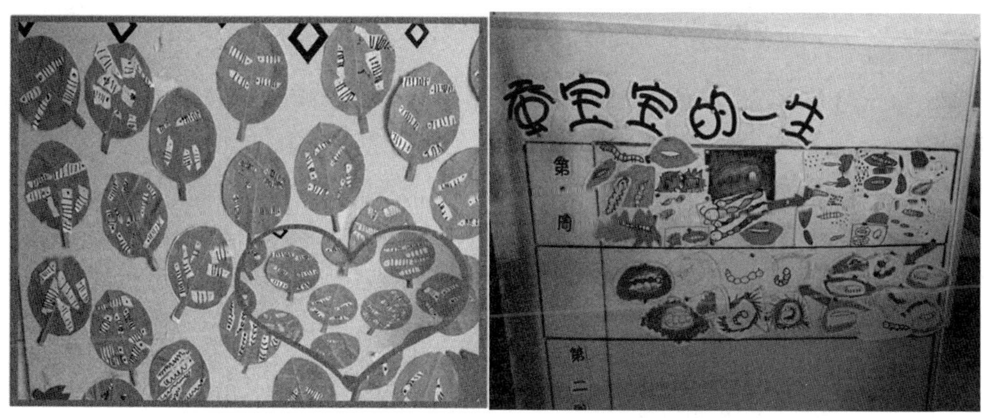

2. 家园配合，为环境创设增添色彩

环境作为一种"隐性课程"，在开发幼儿智力、促进幼儿个性方面，越来越引起人们的重视。《纲要》指出："家庭是幼儿园重要的合作伙伴。应本着尊重、平等、合作的原则，争取家长的理解、支持和主动参与，并积极支持、帮助家长提高教育能力。"在班级环境创设上，充分调动家长参与活动的积极性，利用家长资源不断挖掘蚕宝宝的相关知识，如：家长提供有关蚕宝宝的儿歌、故事，幼儿把想对蚕宝宝说的话表达出来，家长用文字记录，以图文并茂的形式粘贴于主题墙；家长和幼儿把观察记录制作成绘本图书，投放到图书角等，班级环境记录了幼儿、教师、家长开展课程的整个过程，为幼儿提供了相互学习、交流的平台。

三、环境与课程的互动性

蚕宝宝自然科学观察角的投放，成功引发科学活动，随着科学活动的深入，又生成班级环境创设的主题内容。我不断地调整自己的角色地位来配合幼儿的学习过程。首先，我要成为倾听者，以关怀接纳的态度与每一个幼儿交流，随时倾听他们的想法和感受，从中发现幼儿的兴趣点并进行价值判断，以便生成有价值的教育课程；其次，我要成为观察者、支持者和参与者，用善于发现的眼光、心态促进环境创设的生成。随着孩子们兴趣点的转移，环境创设地不断更新，我还组织孩子们开展了一系列有关蚕宝宝的主题活动：体育活动“蚕宝宝的爬行”、语言活动“蚕宝宝”、美工“制作蚕宝宝”、绘画“蚕宝宝的一生”等，随着新活动的开展，幼儿们又开始了热烈的讨论。

“蚕宝宝的一生”活动给我带来了很多启示。环境创设的内容、主题来源于幼儿兴趣，生成课程最大的特点是：活动的生长点与幼儿的兴趣紧密相连，活动的开展以幼儿内在的需求为动力。幼儿作品、课程与环境的创设离不开幼儿的兴趣、好奇心，教师应为幼儿提供宽松的探索、创作氛围，使幼儿手、口、眼等多感官参与，真正做到：直接感知、实际操作、亲身体验，发挥幼儿的主观能动性，使我们的教育更有意义，更有价值。

探讨新冠肺炎疫情下高校医院对高校人群疫情防控模式的有效性

天津大学医院　郑　维　李　健　王红梅△

摘要：本文主要探索高校医疗机构在新冠肺炎疫情下对高校在校人群的疫情防控模式。2020年1月24日至2020年3月15日期间，某高校校医院筛选445名其在校留学生进行疫情防控管理，其中发热5人，与疫区接触1人。发热学生就近在新冠肺炎定点医疗机构接受核酸检测，排除新冠肺炎后返回学校集中隔离居住，统一接受疫情防控管理。校医院与国教学院、学工部心理中心、后勤保障部多部门采取联防联控疫情管理模式并由专人管理，对学生、教师、后勤保障部工作人员进行专业指导和全方位健康教育，实施高校社区疫情防控方案。此模式下，集中管理的留学生无一出现新冠肺炎感染，对发热和疫区接触人员连续14天随访，转归良好。高校社区有别于校外社区，构建并实施合理的疫情防控模式可以有效遏制校园内由于突发的重大公共卫生事件而导致的疫情蔓延。

关键词：新冠肺炎；高校医院；疫情防控

2019年12月，武汉出现不明原因肺炎病例并快速流行爆发，随后全国多地区陆续出现此类病例。2020年1月12日，世界卫生组织明确此类肺炎病原体为2019新型冠状病毒，即2019-nCoV。2020年1月21日经国务院批准，国家卫生健康委将其纳入乙类传染病并按照甲类传染病的预防控制措施进行管理，各省市也陆续启动突发公共卫生事件一级响应。2020年2月7日，国家卫生健康委员会将新型冠状病毒感染的肺炎暂命名为“新型冠状病毒肺炎”，简称“新冠肺炎”（Novel Coronarirus Pneumonia，NCP）[1]。全国各级医疗机构、社区、城建、交通等多部门联防联控统一协作，防止疫情蔓延。教育部于2020年1月21日启动了教育系统公共卫生类突发事件应急预案[2]。由于高校人员与社会联系广泛且以集体活动为主，是高聚集群体，且疫情发生正值寒假，校内留学生成为疫情防控的重要战场。因此，高校及时合理地调整学生管理方式，有效采取疫情防控措施，对保证学生的身心健康具有重要意义。本文主要探讨了天津某高校校医院对该校在校留学生人群进行的疫情防控研究。通过国教学院、学工部、后勤保障部多部门联防联控，对该校的此类人群进行专人管理、专业指导、全面教育，使得为期几个月的学生防疫管理工作取得了满意的效果。探索高校在校人员疫情防控管理模式，对假期结束后妥善管理返校人群、防控大规模在校人群疫情发生具有重要指导意义。

一、对象与方法

（一） 研究对象

选择 2020 年 1 月 24 至 2020 年 3 月 15 日期间某高校在校留学生 445 人进行疫情防控管理，其中 5 人体温大于 37.3ºC，并伴有咽痛和（或）咳嗽，1 人与武汉地区学生存在密切接触。发热患者在就近新冠肺炎核酸检测定点医疗机构检测并排除新冠肺炎后返回校园集中隔离居住。

（二） 方法

学校采用校医院、国教学院、学工部心理中心、后勤保障部多部门联防联控疫情管理模式，对在校留学生进行集中管理。校医院联合国教学院通过专业指导进行专人管理，对在校留学生进行了全面健康教育，积极采取有效的防控疫情的管理措施。

1. 校医院专业指导疫情排查

教育部于 2020 年 1 月 21 日启动了教育系统公共卫生类突发事件应急预案。2020 年 1 月 23 日，校医院新冠肺炎疫情防控小组根据《新型冠状病毒感染的肺炎防控方案（第二版）》制定出《新冠肺炎病例学校调查表》。

2. 校医院专人管理学生健康状况

校医院成立新冠肺炎疫情防控小组，小组成员由临床科室主任、护理部主任、预防科主任和院领导组成。小组成员全员接受新冠肺炎防控指南和诊疗指南培训，并根据指南动态变化及时更新培训。小组成员经培训合格后对重点关注学生（有发热、咳嗽、咽痛等身体不适状况）进行随访管理。根据新冠肺炎诊疗方案，设计制定标准化居家观察随访表，并通过院内疫情防控小组讨论，最终生成《留学生身体状况续报表》，对存在发热等症状的重点关注人员进行随访。随访内容包括：①每天两次监测体温；②询问有无呼吸道症状及其他不适症状；③手卫生等个人卫生习惯落实情况；④服药、饮食及心理状况；⑤宿舍通风管理等情况；⑥对留学生提出的相关疑问进行专业解答和指导。随访表记录内容包括：患者身份、学院信息、联系方式、就诊简要病史，居家观察开始时间、体温、呼吸道症状及其他不适症状、重要指导内容、随访人、随访时间及其他需说明项等。教育督促全体留学生一旦出现发热、头痛、咳嗽等身体异常必须第一时间报告国教学院专人老师。专人老师立即上报校医院疫情防控小组，由小组中的专业人员指导如何进入下一步诊疗程序，以便及时发现疫情并控制传播。

3. 校医院与各部门协作，对学生进行全面健康教育

（1）加强学生传染病预防意识

专家根据循证医学方法研究建议，在新冠肺炎流行期间，高校应采用适宜本校学生的管理方式，并以改善学生的自我防护依从性、缓解负性情绪为目的进行防疫知识培训[3]。有研究发现非典（SARS）时期对大学生进行SARS预防知识的健康教育后，大学生对SARS预防基本知识的掌握情况显著提升，对学校预防SARS的正向态度也高于健康教育，表明在疫情期间进行大学生健康教育有助于疫情防控[4]。美国的调查性研究表明，在流感时期，高校学生中主观上重视疫情的学生的自我防护依从率超过不重视学生的两倍[5]。因此，校医院利用微信推送、校园网等多种方式进行宣传教育，让学生对新冠肺炎从病原体到疾病传播途径、从疾病流行特点到疾病发病表现有一定的科学认知；不轻信、不传播谣言，提高科学自我防护意识。此外，强化留学生手卫生观念，且以图文并茂的线上宣传方式教育留学生正确佩戴口罩，不聚集活动，增强自我防病意识，提高自我保护能力。

（2）校医院与各部门配合加强疫情防控

校医院及时将疫情预防方法告知国教学院专人教师，根据最新疫情动态、流行病学特征和防治进展以科普方式与学院教师线上交流，帮助教师在短时间内对该病有基本的了解。校医院联合国教学院专人教师共同关注发热患者人群，制定留学生体温监测报告制度，指导其正确使用体温计，并在每天早晚各测1次体温，由院系负责人每天定时向医院汇报。校医院也坚持对发热和重点关注人员进行随诊，做到早发现、早报告、早隔离、早治疗。国教学院负责教师发现新冠肺炎疑似症状者需做到及时登记并上报校医院，且“一日一报”。校医院与学工部心理中心共同建立心理疏导组，通过微信内容推送、线上咨询、热线电话等方式让留学生了解和掌握新冠肺炎的预防知识，消除不必要的紧张和恐惧心理。校医院在加强医院感染防控的同时，指导后勤保障部工作人员科学地进行宿舍区域消毒和督促学生每日开窗通风。疫情期间，无外出就医等特殊原因，禁止学生出校。

二、结果

校医院与多部门联防联控对在校留学生进行统一管理，专业指导，专人管理，全面健康教育。此模式下，集中管理的在校留学生无一出现新冠肺炎感染，其中发热和疫区接触人员经过连续14天随访，均未出现新冠肺炎确诊病例。在校留学生对手卫生意识增强，达到100%佩戴口罩。

三、讨论

控制传染病传播的唯一途径是控制传染源，切断传播途径，保护易感人群。加强学校传染病防控管理，可减少学校传染病的流行及暴发[6]。本研究中校医院在疫情期间通过加强学生的手卫生、强制戴口罩、加强传染病防范意识和学习有效保护自我的意识等个人防护教育，有效地阻止了疫情传播。同时校医院联合学校内多部门合作，通过联防联控的方式，统一集中管理在校生，密切随访重点人群，最终做到疫情期间在校生无一感染新冠肺炎，积累了一定的校内疫情防控经验。徐赟指出，学校传染病防控非常重要，加强卫生管理体制建设，积极开展健康教育工作的同时需要加强多部门共同防控机制的建设[7]。有学者指出，人民是公共卫生防疫的主体，只有把人民的公共卫生防疫意识、防疫能力与防疫实践有机结合起来，组成坚强的共同体，才能筑牢公共卫生防疫之基石，从根本上预防与减少疫情发生，并能够在疫情发生后及时有效应对。为此，需要以“共同体”理论为指导，构建起公共卫生防疫领域的多重“共同体”。校内多部门联防联控是全民防疫“共同体”理论在校园内防疫控疫的实践模式[8]。目前，国内新冠肺炎疫情处于后疫情时代，教育部要求各地高校以“分层次、分区域、错峰开学”为原则安排学生返校。以上述校医院假期对在校留学生的疫情防控管理模式为借鉴，深入学习《高等学校新型冠状病毒肺炎防控指南》，对返校学生到校后仍进行统一管理，暂缓集中大课学习和聚集性活动，减少不必要的校外活动。校医院与各学院专人负责关注学生到校后的身体状况，坚持体温监测制度，密切随访重点人群，加强健康教育宣教，通过多部门联手、多渠道有效阻止疫情在校园内传播。

参考文献

[1] 中国新闻网. 新型冠状病毒感染的肺炎暂命名为新冠肺炎 [EB/OL].(2020-02-08)[2020-02-17]. http：//news.cctv.com/2020/02/08/ARTI53sh08QjFxaa1O4UJVOw200208.shtml.

[2] 中华人民共和国教育部. 教育部部署教育系统做好新型冠状病毒感染的肺炎疫情防控工作 [EB/OL].[2020-01-22].http：//www.moe.gov.cn/jyb_xwfb/gzdt_gzdt/s5987/202001/t20200122_416316.html.

[3] 张凤英. 新型冠状病毒肺炎疫情期间高效学生管理的华西紧急推荐 [J]. 中国循证医学杂志，2020，20(3)：1-6.

[4] 杨励. 教育专业毕业生 147 名预防 SARS 健康教育即时效果评价 [J]. 中国学校卫生，2004，25(6)：701-702.

[5]VAN D，MCLAWS M L，CRIMMINS J，et al. University life and pandemic influenza：attitudes and intended behaviour of staff and students towards pandemic(H1N1)2009[J]. BMC Public Health，2010，10：130.

[6] 张松杰，马倩倩，黄莹，等. 西安市小学传染病流行 / 暴发现况及相关影响因素调查研究 [J]. 中华疾病控制杂志，2018，22(3)：262-265.

[7] 徐赟. 学校传染病暴发事件预防控制 [J]. 中国医药指南，2019，17(30)：383-384.

[8] 刘云章，刘于媛，赵金萍. 构筑公共卫生防疫之基：“共同体”视角的思考：基于新冠病毒疫情的启示 [J] 中国医学伦理学，2020，33(4)：385-388.

IL-22改善脂多糖诱导的Caco-2单层肠上皮紧密连接损伤

天津大学医院 李 健
天津医科大学肿瘤医院 胡 均

背景：紧密连接（TJ）屏障功能障碍在炎症性肠病（IBD）中起重要作用。据报道IL-22对IBD有直接的保护作用。然而，IL-22对紧密连接屏障功能的保护机制尚不清楚。方法：采用脂多糖（LPS）或IL-22处理Caco-2肠上皮单层细胞。Western blot检测IL-22受体IL22 R1和紧密连接蛋白的表达。此外，还检测了Caco-2单层膜的跨上皮电阻（TEER），以反映单层膜的通透性。通过Western blot和免疫荧光等方法研究紧密连接蛋白的表达和分布。结果：LPS可上调Caco-2细胞中IL-22R1的表达。LPS可显著降低肠上皮细胞的TEER，降低TJ蛋白ZO-1和Occludin的表达。IL-22通过调节TJ蛋白在Caco-2单分子层中的表达和分布，阻止了lps诱导的TJ屏障的破坏。结论：我们的研究结果表明IL-22在LPS诱导的肠屏障功能紊乱中起保护作用，并为IL-22在IBD中如何促进肠上皮屏障的完整性提供了新的证据。

关键词：IL-22；肠上皮屏障；紧密连接；炎症性肠病

肠上皮的完整性对于保护肠腔免受毒素和病原微生物的侵袭至关重要[1, 2]。紧密连接（TJ）是一种位于上皮最顶端的多蛋白复合物，可有效调节肠道通透性。紧密连接蛋白由多种跨膜和细胞内蛋白组成，包括occludin、claudins、junctional adhesion molecules和zonula occludens（ZO）蛋白[3]。紧密连接的损伤被认为在包括炎症性肠病（IBD）在内的许多肠道疾病的发病机制中起关键作用。增强肠紧密连接屏障可显著改善肠道炎症的发生发展[4]。

脂多糖（LPS）是革兰氏阴性菌外壁的主要成分，在IBD患者肠道组织中升高[5, 6]。有研究者已经证明诱导紧密连接结构的破坏，可以导致屏障功能障碍，进而激活促炎症介质，如白细胞介素-6（IL-6）、肿瘤坏死因子-α（TNF-α）[7, 8]。最近有研究还发现，LPS在体内和体外均可诱导肠屏障功能障碍。然而，潜在的机制仍需要进一步去探讨。白细胞介素-22（IL-22）是IL-10细胞因子超家族的成员，由IL-10、IL-19、IL-20、IL-24和IL-26[10]组成。IL-22主要由激活的T细胞和自然杀伤细胞产生[11]。IL-22通过其异二聚体IL-22R1/IL-10R2受体介导信号传导和生物活性。IL-10R2广泛表达，而IL-22R1仅表达于非淋巴细胞，如肠、呼吸道上皮细胞、胰腺细胞、肾细胞、肝细胞等[12, 13]。目前许多研究表明 IL-22 在 IBD 发病机制中起重要作用，可能是 IBD 治疗的一个有希望的靶点。例如，IL-22 与 IBD 易感基因（如 IL-23R、IL-10R2 和 STAT3）相关，这些基因对调节炎症反应至关重要[10, 14]。IL-22 能促进肠粘膜愈合，已有报道发现 IL-22 重组细胞因子或基因治疗能抑制炎症反应，减轻肠组织损伤[15]。IL-22 还可通过刺激 IEC 迁移，在体外诱导肠上皮细胞产生抗菌肽，促进肠屏障的完整性。然而，IL-22 对肠紧密连接屏障功能的影响尚不清楚。在本研究中，我们使用 Caco-2 单层体外肠上皮屏障模型，研究 IL-22 在 LPS 诱导的肠 TJ 屏障功能障碍中的作用。

一、 材料和方法

1. 细胞培养与处理

在含有 10% 胎牛血清和 1% 非必需氨基酸（均来自美国 Hyclone）的 Eagle's Minimum Essential medium 培养基中，将人上皮性结直肠腺癌（Caco-2）细胞置于 37℃孵育。

2. 跨上皮电阻测量

以 1×10^5 细胞的密度将 Caco-2 细胞接种到 transwell 小室中。然后，细胞培养约 3 周时，获得融合的单层细胞。采用美国 Millipore 公司生产的 Millicell-ERS 电阻系统测量跨上皮电阻 TEER 的变化。

3. 免疫印迹分析

用超低温细胞裂解缓冲液裂解 Caco-2 细胞。蛋白浓度采用 BCA 法测定（美国 Thermo Scientific 公司）。样本用 5% 脱脂奶粉在室温下封闭膜 2 t，然后在 4℃下用以下主要抗体孵育过夜：ZO-1（美国 Santa Cruz 1：500）、Occludin（美国 Invitrogen 1：1000）、IL-22R（美国 Abcam 1：1000）、GAPDH（美国 CST 1：1000）。用含有 0.1% Tween-20（TBST）的 tris 缓冲盐水（TBS）冲洗 3 次（每次 10 分钟），然后用二抗在室温下孵育 1 小时。使用 ECL 检测试剂盒（Thermo Scientific, USA），用 4000R（Kodak）发光成像分析仪显示蛋白条带。

4. 免疫荧光染色

磷酸缓冲盐（PBS）溶液洗涤后，用 4% 多聚甲醛在室温下固定 Caco-2 细胞 10 min。0.1% TritonX-100 对细胞渗透 10 min，5%BSA 封闭 30 min。PBS 洗涤（3×10 min）后，与 ZO-1（1：50）、Occludin（1：50）等一抗孵育 4℃过夜。洗涤后，细胞在室温下与二抗孵育 1 t。细胞核用二氨基 -2- 苯基吲哚（DAPI）染色。照片用共聚焦荧光显微镜拍摄（日本奥林巴斯）。

5. 统计分析

采用 SPSS 20.0 统计软件进行统计学分析。数据以均数 ± 标准差（SD）表示，至少有 3 次独立实验。统计分析采用方差分析（ANOVA）或 t 检验。$p < 0.05$ 为具有统计学意义。

二、结果

1. LPS 和 IL–22 对 IL–22R1 表达的影响

免疫印迹分析检测用 LPS（100 μg/ml）或 IL-22（100 ng/ml）处理 12 h，24 h，48 h 后 Caco-2 单层细胞 IL-22R1 表达情况。如图 1 所示，Caco-2 单层细胞表达 IL-22R1。LPS 上调 IL-22R1 表达水平（图 1A），IL-22 不影响 IL-22R1 表达（图 1B）。

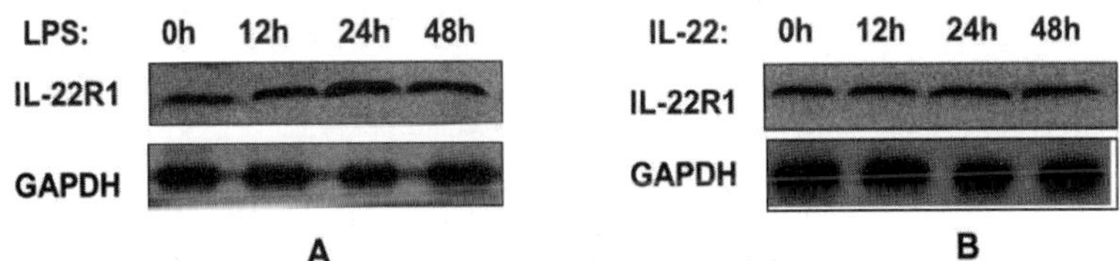

图 1　LPS 或 IL-22 刺激后 IL-22R1 表达的变化，Caco-2 单层膜用 100 μg/ml LPS（A）或者 100 ng/ml IL-22（B）分别处理 0 h，12 h，24 h，48 h 后，检测 IL-22R1 的表达变化，结果均重复 3 次

2. LPS 和 IL–22 对肠上皮屏障完整性的影响

为了评估 LPS 或 IL-22 对上皮屏障完整性的影响，我们分析了 Caco-2 单分子层中的 TEER 表达情况。LPS（100 μg/ml）或 IL-22（100 ng/ml）处理 12 h，24 h，48 h 后 Caco-2 单层细胞 IL-22R1 表达情况。如图 2 所示，LPS 显著降低 TEER 表达，在刺激 24 h 后，下降水平接近 50%。然而，IL-22 并没有改变 Caco-2 单分子层中的 TEER 表达情况（图 2B）。Western blot 分析显示，LPS 可导致 TJ 蛋白 ZO-1 和 Occludin 的表达降低（图 2C）。相比之下，IL-22 不影响 ZO-1 和 Occludin 蛋白的表达（图 2D）。

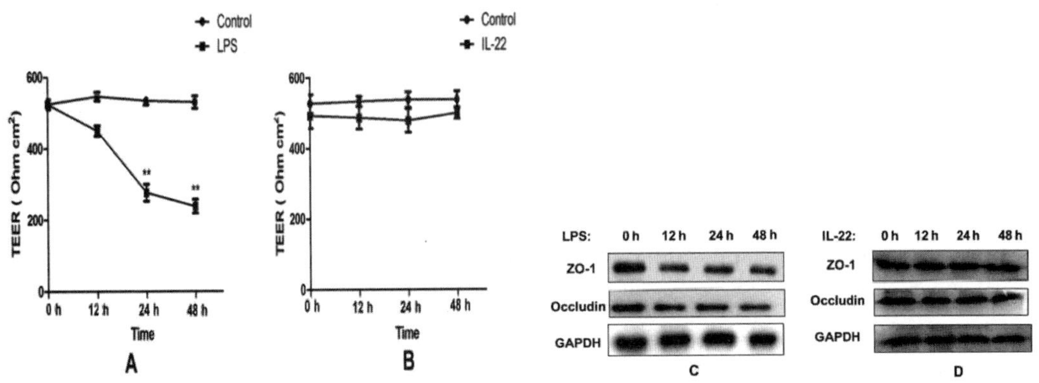

图 2　LPS 或 IL-22 对肠上皮屏障功能的时间依赖性影响，使用 LPS（A，C）或 IL-22（B，D）处理 Caco-2 单层膜，在不同时间点（A，B）检测 TEER 变化情况；用 Western blot（C，D）检测 ZO-1 和 Occludin 的表达情况。$^{**}p < 0.01$ vs. 0 h

3. IL–22 减弱 LPS 诱导的上皮屏障功能障碍

IL-22 可减轻肠道组织损伤，促进肠道屏障的完整性。由于上述实验表明 IL-22 单独对 TJ 屏障功能无影响，我们进一步探讨了 IL-22 对 LPS 诱导的上皮 TJ 屏障功能障碍的影响。用 LPS 处理 Caco-2 单层 24 h，加入或不加入 IL-22，测定 TEER。如图 3 所示，给予 LPS 后 TEER 明显降低（对照组为 535 ± 12.74 vs 271.3 ± 9.94 O hm cm^2，$p < 0.001$）。有趣的是，LPS 引起的 TEER 下降可以被 IL-22 逆转（LPS+IL-22 vs LPS 为 440.3 ± 17.68 vs 271.3 ± 9.94，O hm cm^2，$p < 0.01$）。提示 IL-22 可减轻脂多糖诱导的上皮屏障功能障碍。

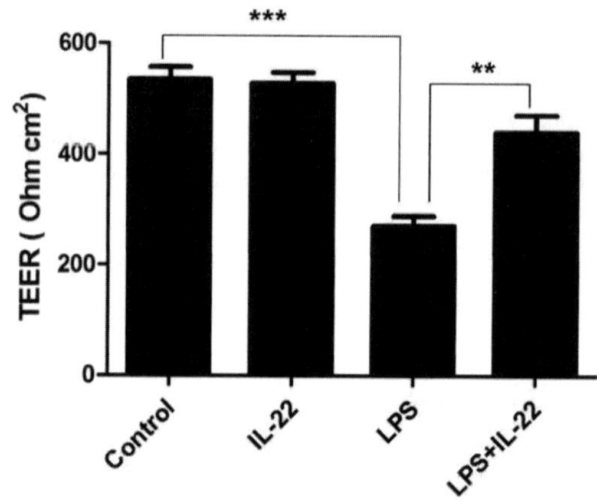

图 3　IL-22 抑制 LPS 诱导的 TEER 减少；LPS 处理 Caco-2 单层细胞 24 h 后，加入或不加入 IL-22，分析其屏障功能变化情况；结果以 3 组独立实验的均数 ± 标准差表示；**p< 0.01，***p<0.001

4. IL–22 抑制 lps 诱导的 TJ 蛋白下调

肠上皮细胞之间的功能性紧密连接对肠上皮屏障的完整性起着关键作用，据报道，LPS 对 TJ 蛋白的表达具有明显的抑制作用。为了研究 IL-22 是否能促进 TJ 蛋白的表达，Caco-2 单分子层经 LPS 处理 24 h，期间加入或不加入 IL-22。Western blot 检测 ZO-1 和 Occludin 的表达。如图 4 所示，IL-22 单独不影响 ZO-1 和 Occludin 的表达。LPS 显著降低了 ZO-1 和 Occludin 的表达。然而，IL-22 可以阻止 ZO-1 和 Occludin 的降低。

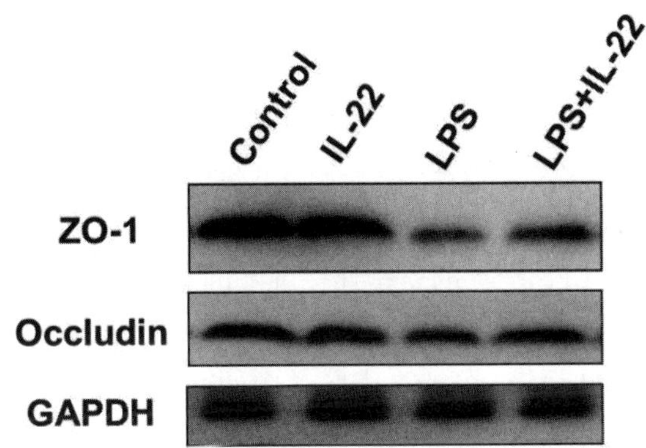

图 4 LPS 处理后检测 IL-22 对 Caco2 单分子层中 TJ 蛋白表达的保护作用;用 LPS 处理 Caco-2 单层细胞,加入 LPS 以及加或不加入 IL-22 作用 24 h;用 Western blot 检测 ZO-1 和 Occludin 蛋白的表达情况;结果来自 3 个独立的实验

5.IL–22 和 LPS 对 TJ 蛋白定位和分布的影响

我们用免疫荧光法检测了 TJ 蛋白 ZO-1 和 Occludin 的位置和分布。对照组和 IL-22 组中,ZO-1(Fig.5A, Fig.5B)和 Occludin(Fig.5E, Fig.5F)定位于细胞膜,呈明亮连续条带。然而, LPS 处理 24 h 后,紧密连接被显著破坏。ZO-1 和 Occludin 的免疫染色显示强度和间断度降低(图 5c、图 5g)。而 IL-22 则显著减弱了脂多糖诱导的紧密连接蛋白 ZO-1 和 Occludin 的形态学改变(图 5D、图 5H)。

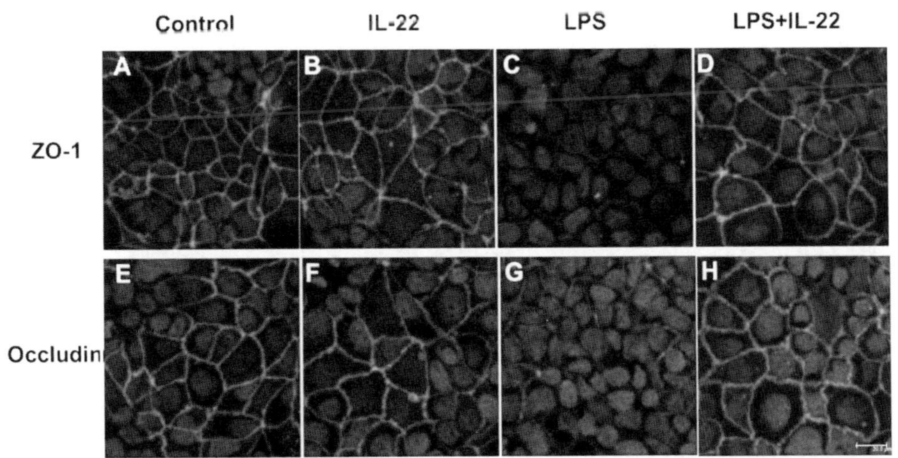

图 5 IL-22 对 LPS 诱导的 Caco-2 单层膜紧密粘连形态破坏的保护作用;免疫荧光染色法检测 ZO-1(红色)和 Occludin(红色)在 Caco-2 单层膜中的位置和分布;结果来自三个独立的实验

三、讨论

在本研究中,我们在细胞水平上证实了IL-22对脂多糖诱导的肠上皮紧密连接屏障损伤的保护作用。我们发现LPS而非IL-22上调了Caco-2细胞中IL-22R1的表达。LPS可显著降低肠上皮细胞的TEER,降低TJ蛋白ZO-1和Occludin的表达。IL-22通过调节TJ蛋白的表达和分布,阻止了LPS诱导的紧密连接屏障的破坏。

炎症性肠病(IBD)包括溃疡性结肠炎(UC)和克罗恩病(CD),是一种肠道慢性炎症性疾病。相当多的证据表明,IBD可能是由肠道内的微生物群、屏障功能缺陷和异常的免疫反应介导的[16, 17]。目前对IBD的治疗多侧重于炎症反应的调节,而不是直接促进粘膜愈合和维持肠屏障功能。IL-22被认为是未来IBD治疗的一个有吸引力和前景的靶点。近期研究表明,IL-22通过增强肠粘膜屏障功能来促进急性肠损伤肠创伤愈合,改善结肠炎[18]。然而,IL-22与上皮屏障功能的关系尚不清楚。在本研究中,我们使用体外肠上皮模型系统Caco-2单分子层来研究IL-22在上皮屏障功能中的作用。我们的研究发现,Caco-2单分子层组成表达IL-22R1。提示Caco-2细胞是IL-22的靶细胞之一。IL-22(100 ng/ml)刺激对Caco-2细胞IL-22R1表达无明显影响。我们检测了IL-22在12 ~ 48 h对Caco-2单层细胞TEER的影响,未见明显的变化。此外,IL-22对Caco-2单分子层中TJ蛋白ZO-1和Occludin的表达与无刺激时相似。这些结果表明,IL-22对正常Caco-2单分子层的TEER或TJ蛋白没有明显的影响。在肠道炎症状态下,IL-22通过杯状细胞恢复促进上皮细胞再生,但不影响健康状态下正常的结肠上皮内稳态。基于上述结果和其他人的研究,我们推测IL-22可能对炎症性Caco-2细胞产生保护作用。LPS是革兰氏阴性菌外膜的主要成分,是典型的内毒素,促进一氧化氮、类二十烷和促炎细胞因子的分泌。之前的研究已经在人和动物模型中证实了肠上皮屏障功能障碍与LPS的关系[7, 9]。在本研究中,我们也发现LPS降低了Caco-2单分子层的TEER,这与之前的研究结果是相一致的。有趣的是,IL-22的孵育可以逆转这种下降,这表明IL-22对脂多糖诱导的TEER变化具有保护作用。由于TJ蛋白的表达水平和分布均与肠上皮屏障功能有关。接下来我们检测了脂多糖处理的Caco-2单层中TJ蛋白(ZO-1, Occludin)的表达。发现LPS下调了TJ蛋白的表达。免疫荧光染色检测TJ蛋白的分布。我们发现LPS导致TJ蛋白在细胞膜上的强度降低和定位异常。IL-22可抑制LPS诱导的TJ结构破坏。然而,IL-22调控TJ蛋白的具体机制还有待进一步研究。

综上所述,我们首次发现IL-22通过调节TJ蛋白的表达水平和分布,对LPS诱导的肠上皮TJ损伤具有保护作用。本研究结果为IL-22在IBD中的临床应用提供了新的证据。

参考文献

[1] LEI S, CHENG T, GUO Y, et al. Somatostatin ameliorates lipopolysaccharide-induced tight junction damage via the ERK-MAPK pathway in Caco2 cells[J]. Eur J Cell Biol, 2014, 93(2): 299-307.

[2] TURNER J R. Intestinal mucosal barrier function in health and disease[J]. Nat Rev Immunol, 2009,9(4): 799-809.

[3] LEE S H. Intestinal permeability regulation by tight junction: implication on inflammatory bowel diseases[J]. Intest Res, 2015,13(1): 11-18.

[4] MENNIGEN R, NOLTE K, RIJCKEN E, et al. Probiotic mixture VSL#3 protects the epithelial barrier by maintaining tight junction protein expression and preventing apoptosis in a murine model of colitis[J]. Am J Physiol Gastrointest Liver Physiol, 2009, 296(13): 1140-1149.

[5] RHEE S H. Lipopolysaccharide: basic biochemistry, intracellular signaling, and physiological impacts in the gut[J]. Intest Res, 2014,12(9): 90-95.

[6] CHEN S W, WANG P Y, ZHU J, at al. Protective effect of 1, 25-dihydroxyvitamin d3 on lipopolysaccharide-induced intestinal epithelial tight junction injury in caco-2 cell monolayers[J]. Inflammation, 2015,38(3): 375-383.

[7] GUO S, NIGHOT M, AL-SADI R, et al. Lipopolysaccharide Regulation of Intestinal Tight Junction Permeability Is Mediated by TLR4 Signal Transduction Pathway Activation of FAK and MyD88[J]. J Immunol, 2015,195(6): 4999-5010.

[8] HE X, LIU W, SHI M, et al. Docosahexaenoic acid attenuates LPS-stimulated inflammatory response by regulating the PPARgamma/NF-kappaB pathways in primary bovine mammary epithelial cells[J]. Res Vet Sci, 2017,112(11): 7-12.

[9] GUO S, AL-SADI R, SAID H M, et al. Lipopolysaccharide causes an increase in intestinal tight junction permeability in vitro and in vivo by inducing enterocyte membrane expression and localization of TLR-4 and CD14[J]. Am J Pathol, 2013,182(9): 375-387.

[10] LI L J, GONG C, ZHAO M H, et al. Role of interleukin-22 in inflammatory bowel disease[J]. World J Gastroenterol, 2014,20(10): 18177-18188.

[11] OUYANG W. Distinct roles of IL-22 in human psoriasis and inflammatory bowel disease[J]. Cytokine Growth Factor Rev, 2010,21(9): 435-441.

[12] ZENEWICZ L A, FLAVELL R A. Recent advances in IL-22 biology[J]. Int Immunol, 2011, 23(7): 159-163.

[13] SONNENBERG G F, FOUSER L A, ARTIS D. Border patrol: regulation of immunity, inflammation and tissue homeostasis at barrier surfaces by IL-22[J]. Nat Immunol, 2011, 12

(6): 383-390.

[14] MIZOGUCHI A. Healing of intestinal inflammation by IL-22[J]. Inflamm Bowel Dis, 2012,18(1): 1777-1778.

[15] SUGIMOTO K, OGAWA A, MIZOGUCHI E, et al. IL-22 ameliorates intestinal inflammation in a mouse model of ulcerative colitis[J]. J Clin Invest, 2008,118(15): 534-544.

[16] PODOLSKY DK. Inflammatory bowel disease[J]. N Engl J Med. 2002,347(8): 417-429.

[17] SALIM S Y, SODERHOLM J D. Importance of disrupted intestinal barrier in inflammatory bowel diseases[J]. Inflamm Bowel Dis, 2011,17(3): 362-381.

[18] PICKERT G, NEUFERT C, LEPPKES M, et al. STAT3 links IL-22 signaling in intestinal epithelial cells to mucosal wound healing[J]. J Exp Med, 2009, 206(17): 1465-1467.

AIDE SHIYE

第二部分

课题结题报告

“目标驱动课堂教学实效性的实践研究”结题报告

天津大学附属小学　赵　燕

摘要：本课题在一系列调研的基础上，首先，从课题研究背景、目的及意义入手，阐明了目标驱动课堂教学模式的重要性，并从目标教学论和实效性教学两方面归纳了与之相关的国内外研究综述，旨在为本课题的研究提供借鉴与参考；其次，在此基础上对该课题的核心概念做出了界定，即何为目标驱动课堂教学模式；再次，对该课题进行了相应的研究设计，具体包括研究目标、研究内容、研究方法等；最后，对目标驱动教学策略的研究是本课题研究过程的关键，形成了注重以人为本的目标设计、注重理解的目标展示、“教”与“学”有效融合的教学方式、信息技术助力教学的反馈机制、以关键问题解决为导向的自主学习等有针对性的教学策略，为适应新形势下课堂教学改革的发展提供了积极借鉴。

关键词：目标驱动；实效性教学；课堂教学策略

一、课题的研究背景、目的和意义

（一）研究背景

2001 年教育部颁布的《基础教育课程改革纲要（试行）》（教基〔2001〕17 号）指出：“改变课程实施过于强调接受学习、死记硬背、机械训练的现状，倡导学生主动参与、乐于探究、勤于动手，培养学生搜集和处理信息的能力、获取新知识的能力、分析和解决问题的能力，以及交流与合作的能力。”“教师在教学过程应与学生积极互动、共同发展，要处理好传授知识与培养能力的关系，注重培养学生的独立性和自主性，引导学生质疑、调查、探究，在实践中学习，促进学生在教师指导下主动地、富有个性地学习。教师应尊重学生的人格，关注个体差异，满足不同学生的学习需要，创设能引导学生主动参与的教育环境，激发学生的学习积极性，培养学生掌握和运用知识的态度和能力，使每个学生都能得到充分的发展。”这些要求既为我们的新课程改革提供了政策依据，也为我们的课堂教学模式研究指出了方向。

为了积极探索新课程背景下，如何在课堂教学过程中充分发挥学生的主体作用，不断提高课堂教学的实效性,天津大学附属小学在有效教学理论、目标教学论、掌握学习论、建构主义学习理论和发展性教育评价观等理论指导下,在“十一五”“十二五”课题研究的基础上,采取“一题多带”的形式,引领教师参与到目标驱动下课堂教学的实效性实践研究中,旨在探索“教学目标”和“学习目标”的辩证统一,突出学生在课堂中的主体地位,解决在以往的教育模式中存在的各种问题。如学生都是在适应教师的教学行为,被动地吸收教师的间接经验;在面临问题情境时,往往凭间接经验去解决问题,缺乏创新精神。新的课程标准要求教育工作者从教育观念和教学实施上改变这种状况,对学生进行全面素质的提高和创新精神的培养,将学习还给学生,让学生在学习目标的驱动下,通过自主学习、探究学习、合作学习去观察新事物、形成新概念,主动探究新方法、解决新问题。

(二)目的和意义

1. 研究的目的

以立德树人为根本任务,以培育学生核心素养为目的,以课堂教学改革为指向,以目标驱动为切入点,紧紧围绕目标驱动、师生互动、自主学习、教学设计、教学活动等关键问题的解决来深化课堂教学改革,探究形成目标驱动下的具有教学实效性的课堂教学策略,为适应新时代课堂教学改革的发展作出积极贡献。

2. 研究意义

(1)理论意义

目标驱动课堂教学的理论意义在于构建一种新模式、开启一条新思路、形成一种新理念。开展以目标教学为前提的教学活动,将目标作为教师教学的推动力和检测学生学习效果的标准,目标既是教师教学的出发点也是教学过程的归宿。

教师课前所制定的教学目标应以学生为主体,课上所创设一定的情境要与目标相结合,引导学生自觉、积极地参与和完成与教学目标有关的学习和探究活动,通过自主学习、协作活动、实施与矫正等环节,使所学基本知识得到内化,并转化为解决具体问题的基本技能,并通过与老师、同学的讨论及作品展示等过程,对自身的行为进行目标反馈、调控、矫正,从而达成对知识的正确理解,获得科学、全面、深刻的知识与技能,获得与人沟通协作、互利共赢的社会经验,得到各种情感体验,逐步形成良好的价值观和道德观。小学目标驱动实效教学是帮助学生进行意义建构、促进学生全面发展的过程。

(2)现实意义

现实意义包括对学生的价值和对教师的价值两个方面。

① 对学生的价值:目标驱动课堂教学,就是一种以全体学生为主体,把学生的全面发展作为目的,借用教学目标统领教学,并在教学过程中体现学科特色的研究,以教学目标为行为导向,以实施目标为根本途径,以反馈矫正为评价核心的课堂教学模式。教学设计是以学生学习为主,要求根据学生实际需要来设定教学目标,结合教学目标,促进学生能力发展的

一种有效的教学、学习模式。

② 对教师的价值：在目标驱动课堂教学中，教师要创设适合学生学习的情景，在内容、方法、观念上给予学生必要的帮助，使教师评价与学习过程同步进行，意在帮助、促进学生在知识、技能、方法、情感、价值观等各层面上均得到有益的发展。实施目标的环节是帮助学生组建认知结构的主体工程，影响目标达成的重要因素是教师的主导作用。例如，教师的教学理念、教学方法、教学措施、个性魅力等方面，都会对教学目标的达成产生影响，加强教学指导是提高教学有效性的有益途径。

二、国内外研究现状

（　）国外研究现状

1. 目标教学论

从 20 世纪 60 年代起，美国教育心理学家布鲁姆等人进行了大规模的教学实验活动，并逐步总结经验，形成了目标教学理论。布鲁姆的教育目标分类理论提倡对教育按目标进行分类，该理论有助于教师在教学计划制订中依据目标进行教学设置，提高课堂教学的目的性[1]。加涅将完善后的“布鲁姆教育目标分类系统”进一步划分成 5 个分支。二者的研究结论得到了广泛的认可，并为后续的研究提供了宝贵的借鉴价值。

2. 实效性教学

国外关于实效性教学的研究始于 20 世纪初，西方社会进行了一次教学科学化的运动，在这次运动中出现了“课堂的实效性教学”这一理念。在这之前，人们认为教学过程是复杂的，影响教学的因素也是多方面的，教学被认为是艺术。因此人们得出结论，教学是无法衡量的，即被认为没有一定的方法和途径来考查教学的效果。通过这次运动以及在心理学研究方面的进步，人们改变了之前对教学原有的认知，认为教学也是科学。既然教学也是科学，那么教学活动是可以用科学的方法来研究的，因此人们开始使用不同的方法对教学问题进行研究。实效性教学就是在这样的大背景下提出来的，它的主要衡量标准是教学所得的效益，即怎样的教学是花费了较少的投入而取得较大的效果的。

比较著名的关于实效性教学的理论是实效性教学的 5 个标准和对应的 5 种模式，尤其是赫斯特等人的研究。赫斯特认为，教师不应该只是机械地讲课，更要注重学生在接受方面的问题，即采用什么样的教学方法和策略能使学生更好地接受老师所教的内容，学到有用的知识；要关注学生的需要，针对不同的学生应该考虑到其对知识的不同需求；实效的教学应该使学生保持乐于学习的态度和拥有自主学习的自由，而学生不应该存有应付的心态和强迫性的学习。同时，实效的课堂应该使学生在课堂上学到多方面的知识，而不仅仅局限于学习本学科方面的知识，学生应持有学习的热忱和意愿[2]。

（二）国内研究现状

1. 目标教学论

自 1982 年以来，我国学者周南照、张学忠、李蔚等共同撰文介绍以布鲁姆为代表的“教学目标分类学”“掌握学习策略”和“教育评价理论”，这 3 项理论是布鲁姆目标教学理论的精华。他们还在借鉴布鲁姆掌握学习教学模式的基础上，提出了一系列新的教学模式和达标教学的策略和方法。

2005 年，盛群力、马兰、褚献华 3 位教授在国家精品课程“教学理论与设计”的研究成果《论目标为本的教学设计》一文中指出，“教学目标引领”以及“教学任务统筹”是当代教学设计的精髓，并且教学目标对教学活动、教学内容、教学策略和教学评价起着决定作用[3]。

2. 实效性教学

20 世纪 90 年代后期，国内关于实效性教学方面的研究成果开始增多，如在《教育研究》《现代中小学》《教育参考》等刊物上都有过这方面的文章。由崔允漷教授编著的《有效教学：理念与策略》里提到相关实效教学方面的研究。他指出，教师要掌握实效教学的基本理念、实效教学的方法和策略以及相关的策略性知识，以便遇到不同的情况来选择相应的对策。国内还有其他关于实效性问题的论述，如实效性教学所要解决的主要矛盾是教与学的关系，强调教师在教学过程中的带动作用，教师要带动学生去主动调节自己的思路和态度，同时教师也要根据学生的情况来适时改变自己的教学特点。

三、核心概念界定

目标教学法是以教学目标为核心、以教师为主导、以学生为主体和沿着教学目标这个主线实施课堂教学的方法。教师以教学目标为导向，在整个教学过程中围绕教学目标展开一系列教学活动，并以此来激发学生的学习兴趣与积极性，激励学生为实现教学目标而努力学习[4]。目标教学法具体是指将一次课的教学过程分解为课堂导入、展示教学目标、遵循教学目标讲解相关知识、目标测评等几个环节，并根据这些环节组织实施教学[5]。

目标驱动课堂教学实效性模式的灵魂是“目标”和“实效性”，贯穿于教学的全过程之中，具体体现在教师教学和课堂效果两个方面。该课题中的目标驱动课堂教学模式是以教学目标为轴承，在整个教学过程中，教师围绕教学目标展开一系列教学活动，激发学生的学习兴趣和积极性，激励学生为实现教学目标而努力学习。运用目标教学法，可以充分调动学生学习的主动性，发挥学生的想象力和创新能力，来完成教学目标规定的学习任务，使学生享受到学习成功的喜悦感和成就感，激发学生学习兴趣，促使学生更加努力完成学习目标。该教学模式实效性蕴含三重意义：一是有效果，教学活动结果与预期教学目标相一致，体现教学目标的达成性；二是有效率，投入的少量时间、精力、教育资源，就可以实现教育目标，使学生的知识技能得以增长、身心素质得以进步、创造力得以培养，使教师的专业能力得以提高；三是有效益，指教学活动的收益，教学活动价值的实现，具体指教学目标与特定社会和个人的教育需求的吻合程度较高。

四、课题的研究设计

（一）研究目标和内容

1. 研究目标

本课题旨在验证目标驱动课堂教学模式在课堂教学中的作用，具体分为以下三个方面。

教学前，教师根据具体的教学内容设置合适的教学情境，制定切实可行、便于课堂检测与评价的目标。

教学过程中，通过该教学模式激发学生的学习兴趣，调动学生学习积极性，发挥学生的主体作用，提高教学效率。

教学后，对学生的课堂表现与学习效果进行评价，以验证该教学模式的有效性。

目标的确定既要考虑教师的教，更应该考虑学生的学。教师要充分备课，认真研读课程标准，读透文本，在此基础上结合学生的认知水平、知识结构和心理特点组织教学。教学目标明确了师生都要完成的教与学的任务，教师教学有的放矢，学生积极主动地参与教学。师生的主动性被激发出来，共同完成教学目标，有效教学也就落到了实处，目标驱动课堂教学模式实效性也就得到验证。

2. 研究内容

（1）紧扣教学目标，优化教学过程的研究

有效教学就是要优化教学过程，教师的备课、上课、布置作业、辅导等教学环节的设计要清晰、明确。教学环节围绕教学目标展开，教学过程是教学目标的细化，是实现目标达成的具体步骤。

（2）学生积极参与，充分发挥主体作用的研究

教师的教是为了学生更好的学。学生是课堂的灵魂，学生在课堂上学到一定的知识和技能，掌握一定的方法，并逐步形成正确的情感态度价值观是课堂教学有效性的最终体现。为实现教学目标，教师要引导学生积极参与，课堂上自主勾画，圈点批注，敢于质疑，交流讨论，学生要积极主动参与教学，教师要注重生成性问题和评价，激发和培养学生的创造、创新能力。

（3）教师针对目标任务，适时恰当检测评价反馈的研究

美国教育心理学家布鲁姆根据学习理论认为，只要注意教学的变量，即认知准备状态、情感准备状态、教学的质量，就可能使 95% 以上的学生达到掌握的水平。掌握学习的核心问题是，为教师和学生提供详细的反馈，并给学生提供所需要的补充材料以矫正差错。

反馈通常采用诊断式的形成性检验方式，通过频繁的反馈与个别化的矫正性帮助，多数学生都能获得优良的成绩。检测是学生由理解到掌握、由掌握到熟练的必由之路。

检测作为一种矫正性反馈系统，不仅是为了了解学生的掌握情况，还是为了了解教学过程中的教学设计与所采取的措施是否有效。教学反馈可以激发教与学双方新的动机。有效的教学反馈可以有效地提高教学质量，一般会体现如下特征：准确性、针对性、指导性、激励性、适时性、多样性、交互性。在目标驱动课堂中，教师根据学习目标出示不同层次的检测习题，教师可根据学生实际的反馈信息来进行矫正性检测，以提高课堂教学的实效性。

（二）研究方法

（1）运用文献研究法

结合新课程标准的要求，通过教学实践、研讨、改进、总结，初步构建小学课堂目标驱动教学的框架。

（2）采取行动研究法

从自身教学实际问题和教师发展需求出发，尊重学生身心发展特点和发展需求，在行动中研究验证，不断修改完善目标驱动教学的规律性，形成目标驱动课堂教学实效性的分级标准。选取典型课例、典型实验对象进行案例研究，观察教师的教学方式，进行课堂教学质量监控，对教学进行定性和定量的分析，从而获取相关信息，促进教师改进教学策略。

（3）其他研究方法

在实践研究中还运用了问卷调查法，观察法、个案分析法等。同时，资料的收集、整理、总结、反思贯穿于整个研究过程的始终。

五、课题的研究过程

（一）对教学的关键阶段进行总结提升

（1）教学的准备阶段

教学的准备阶段——准备教材，备课目标科学明确。任课教师根据任教学科、任教年级充分研读课程标准和文本内容，根据学生已有的知识结构和学习能力，把握教学起点，确定教学目标及学生学习目标。

（2）教学的实施阶段

教学的实施阶段——优化课堂教学过程，促进师生共同成长。任课教师依据学习目标，优化课堂教学过程，创设一定情境，导入新课，讲授新知识，做到重点突出、难点突破，总结归纳、分层练习、巩固新知，并通过布置作业强化新知。

（3）教学的评价阶段

教学的评价阶段——反馈客观及时。教师设计系列问题，及时检测、评价和反馈。发现问题，及时矫正，保证课堂的效益。

（4）教学的反思阶段

教学的反思阶段——每一节课后，教师要自觉反思教学目标是否达成，及时做好修正和改进。

目标驱动课堂教学实效性的实践研究，能够很好地推动小学课堂教学的改革。教师和学生在教学目标和学习目标的指引下，有利于充分调动学生作为学习主体的学习积极性和主动性，有利于教师针对学情实际进行备课，优选教学方法和教学思路。教师作为课堂引导者的作用更加突出，有利于打造师生共同成长的课堂。

（二）对目标驱动教学的教学策略进行有效研究

本课题研究有目的、有计划，严格按照理论学习、课堂实践、展示交流、评价反思、总结归纳的程序进行。

1. 明确任务分工

组织本课题组教师学习课题研究的内容、任务和具体的研究步骤，做到严格组织、明确分工、落实到人、责任到人。

2. 抓住关键问题

形展课堂教学实效性与教学有效性的联系的实践研究，主要采用课堂教学观察方法，深入课堂听评课，通过课堂教学过程，客观评价学生学习态度以及学习效率。研究教师教案，归纳整理教师依据教学目标制定的学习目标，将学习目标和学习效果进行数据收集、对比、分析，掌握目标的设立和教学有效性的相关性，对教学有效性进行分析，重点分析教学无效或低效的原因。

3. 注重总结提炼

通过对大量的课堂教学案例的研究分析，不断归纳总结不同年级、不同学科的教学目标和学生学习目标，制定目标驱动课堂教学的具体实施策略，按阶段向课题组汇报课题进展情况，每个学科组进行阶段性的总结与分析，及时调整课题开展的实施策略，完成课题的实践研究。

4. 形成目标驱动教学实施策略

（1）注重以人为本的目标设计

教师在设计学习目标时，要精研学情，以学生为中心，从学生的实际现状出发，充分考虑学生的年龄、心理、生理特点，考虑到学生的知识水平、兴趣、爱好等，站在学生的角度思考问题。教师要将教材文本研究透彻，以学习目标为本节课的出发点和归宿点，精心设计教学过程的各个环节。

（2）注重理解的目标展示

教师在展现目标内容时，要掌握目标精髓，做到语言简洁、板书明确，讲解文字少而精，要充分考虑学生的认知能力，便于学生理解和记忆。要让学生以学习目标为导向，有目的、有计划地经历学习的全过程。教师要随时检验学生对本节课目标的掌握程度。

教师应将“目标”的出示与教学环节巧妙地结合起来，在授课过程中根据课堂实际情况，面向全体学生适时地、巧妙地出示“目标”。同时，“目标”最好以“板书”的形式写在黑板上，以便于学生记忆。

（3）“教”与“学”有效融合的教学方式

①温故知新，循序渐进。教师准确把握教学的起点，充分利用学生已经掌握的知识做好铺垫，激发学生探究的意识，激励学生用已有的知识解决问题，督促学生独立思考、质疑。教学实践证明，教师对教学起点的科学把握可以充分激发学生学习的主观能动性、教学效果较好。

②学法指导，举一反三。在课堂教学中，教师应注重学法的指导，引导学生通过自主探究、小组合作、表达交流等多种方式学习新知识，举一反三、融会贯通、学以致用。

③以读悟情，体验学习。教师在教学中应充分运用朗读手段帮助学生理解文本内容，学生应根据自己对文本内容的理解，运用停顿、轻重语气等朗读技巧来表达自己对文本的理解，这样既能启发学生领悟情感，也利于学生对内容的理解和记忆积累，提高学生的理解能力和表达能力。

④构思独特，情感体悟。新课程标准中明确指出经历（感受）、体验（体会）和探索，就是让学生在一定问题情境中，经历对学习材料的亲身体验和发展过程，体验知识获得的过程，以及获得成功的情感体验。这种学习过程目的是让学生喜欢学习、培养学习方法，启迪学生的智慧，这种学习方式给学生留有自主学习的空间，让学生在探索中掌握知识、巩固知识。教师结合教材内容，巧妙构思教学环节，让学生参与学习的全过程。

⑤设疑质疑，发展智力。教师结合教材中的内容，利用学生容易出现的易混、易错的知识点，主动设疑，激发学生质疑。学生在质疑的过程中，可以提高学习兴趣、启发思维、发展智力。教师还可以引导学生的思考方向，扩大学生的思维广度和深度。

（4）信息技术助力教学的反馈机制

信息技术的使用提升了课堂教学内容的容量，增强了教学内容的趣味性，更加突出重点，更易突破难点。教师不断提高使用信息技术的水平，通过制作微课等途径有效辅助教学，形成有效反馈的运行机制。

①反馈时机：

新授课课前反馈——讲授新课的铺垫反馈；

新授课课中反馈——依据知识点的分层反馈；

新授课讲授后——集中反馈。

②反馈形式：

直观反馈——学生利用手势、短绳、铅笔等给出反馈；

演示反馈——学生利用媒体、图片、教具直观演示；

交流反馈——采用学生个人、小组交流讨论，赛读、开火车读、反复对比读、评读、个人读、分角色读等进行朗读交流；

动手反馈——摆小棒、数一数、填一填、折一折、画一画；

其他反馈——通过游戏、比赛、作品赏析等方式给出反馈。

（5）以关键问题解决为导向的自主学习

学生的学习过程既是知识的认知、记忆、分析和应用过程，也是培养核心素养的过程，而培育核心素养的关键在于培养学生解决关键问题的能力。所以目标驱动教学的核心任务之一就是以教师设计开放性的关键问题为导引，使学生通过发散思维掌握解决问题的基本方法，这样就会形成牵一发动全身的效果，极大地提高了学生的学习效率，也减轻了学生的学习负担。

六、课题研究成果描述

本课题研究是在一系列调研的基础上进行的。首先，从课题研究背景、目的及意义入手，充分认识到目标驱动教学模式的重要性，并从目标教学论和实效性教学两方面研究了与之相关的国内外研究综述，为本课题提供了研究基础；其次，课题组对该课题的核心概念做出了分析界定，即何为目标驱动课堂教学模式，并对研究过程进行相应的研究设计，具体包括研究目标、研究内容、研究方法；最后，在研究过程中，形成了注重以人为本的目标设计、注重理解的目标展示、"教"与"学"有效融合的教学方式、信息技术助力教学的反馈机制、以关键问题解决为导向的自主学习等有针对性的教学策略，为适应新形势下课堂教学改革的发展提供了积极的借鉴意义。

七、取得的丰厚成果

天津大学附属小学（以下简称附小）通过历时3年的课题研究，有效提升了教师在教育教学上的研究意识，实现了教师自觉研读课程标准、挖掘文本内容、提炼每一节课精华的学习目标，也逐渐形成了适合校情、学情的实际课堂教学模式，减轻了学生的课业负担，充分调动了学生的学习积极性，提升了40分钟课堂教学的效率，提高了学校的教育教学质量。近年来，附小在教学中获得了许多相关的研究成果和工作成绩。

2017年、2018年和2019上半年，附小每个学期45岁以下的教师全员参与"求是杯"校本研修课，共计219节。每一节课的教学过程、教学效果、教学反思都有评价和反馈，这一过程有效地促进了教师专业化成长。

2017年、2018年和2019年，有多名教师在全国、市级及区级做课比赛中获奖；在区教研会上做专题发言；有十多名教师分别在国家级、市级和区级核心期刊发表论文。既要做好教书匠，又要做专家型教师成为附小教师的追求。

2017年、2018年，附小在南开区教育局教育教学质量评估中均获优秀奖。2018年5月，附小以优异的成绩通过南开区教育局教师专业化发展督导评估。

2017年9月，附小在2017年度"中国教育总评榜"评选活动中被评为"全国素质教育示范校”。

2018 年 2 月，附小获得 2017 天津市“课本里的艺术”小学语文电视诵读大赛最佳组织奖。

2018 年 1 月，南开区教育局授予附小“2016—2017 办学绩效评估优秀单位”荣誉称号。

2018 年 5 月，附小获南开区小学英语特色校本课程方案评选活动一等奖。

2018 年 6 月，附小荣获南开区第四届“启航杯”新教师风采大赛优秀组织奖。

2018 年 6 月，赵中颖老师的“基于核心素养背景下的小学数学命题”在南开区教育中心的评比活动中荣获一等奖。

吴素梅老师撰写的《低年级音乐欣赏课教学设计之我见》发表在 2018 年 6 月的《南开教育》中。此外，吴素梅老师的《小学音乐欣赏教学的有效设计》被收录在 2017 年 6 月的《天津教研》中。

鲍琳老师的《小学英语课堂有效的教学》与《情景教学创造高效课堂》分别被收录在 2017 年 6 月的《天津教研》与 2018 年 11 月的《散文选刊教育世界》中。

郑荣娜老师的《正心诚意，厚积薄发》在 2019 年 2 月的《天津教育》中发表。

张慧老师的《音数巧相逢 课堂趣横生——浅议小学数学课堂中音乐元素的运用及策略》发表在 2019 年 4 月的《学校教育研究》中。

曲忻然老师的《浅议小学低年级语文的高效课堂策略》、杨丽萍老师的《浅谈信息技术与音乐课的整合》、冷琦老师的《“递进循环式”教学在小学语文教学中的应用》、李金环老师的《新课程下的“语文素养”探析》、李维韦老师《浅谈如何培养一年级小学生的心理行为特点》、张钰老师的《浅谈新课程下的小学体育课》、刘晨老师的《初步探究小学英语戏剧教学法》、赵中颖老师的《在目标引领下打造高效课堂的实践研究》、朱丽靖老师的《小学美术课堂教学的实效性》、王曌老师的《“悦分享·乐展示”英语课程体系综述》等多位老师的优秀论文被收录在 2019 年 6 月《建设一流大学 服务保障先行》论文集中。

八、研究展望

要不断加强教师的理论学习，用教育教学理论自觉指导实践；要不断提升教师的反思意识，使自觉反思形成习惯；要不断强化教师是课堂教学的引导者、学生是课堂教学主体的意识，培养学生的创新能力，激发学生的创新精神。打造师生共同成长的课堂，使师生理解“课堂是生命的相遇，用生命影响生命”的内涵。

参考文献

[1] 吴树芳，朱杰，王梓懿. 浅析布鲁姆教育目标分类体系 [J]. 教育现代化，2018，5(46)：22-23.

[2] 任彩霞. 初中思想品德课课堂教学实效性研究 [D]. 苏州：苏州大学，2011.

[3] 盛群力，马兰，褚献华. 论目标为本的教学设计 [J]. 教育研究，2008(5)：73-78.

[4] 邸士恒. 目标教学法在高校乒乓球选项课教学中的应用研究 [D]. 长春：东北师范大学，2013，05.

[5] 汪佩文. 目标教学模式在英语教学中的运用研究 [J]. 商情，2011(2)：24.

“阅读儿童文学对提高学生语文核心素养的实效性”研究报告

天津大学附属小学　苏力文　高　昕

摘要:儿童文学凭借其特有的美学特征和文学品格,已然成为小学语文教育中不可或缺的内容。随着教改的深入与教学理论的更新,儿童文学已经大量进入语文教材,成为培养学生阅读能力的重要素材,成为提升小学生语文核心素养的重要养分。

关键字:问题的提出;课题的确定

一、课题的研究背景

阅读教学一直被视为语文教学的重要环节,对学生的发展起着举足轻重的作用。而儿童文学又是小学生阅读的重要内容,作为人生学习的重要阶段,其对儿童语文能力培养有潜移默化的作用,对学生开展儿童文学阅读的指导,有着极大的必要性。如何通过长期有规划地阅读儿童文学,提升学生的语文核心素养,值得研究与推广。

二、课题的研究目的和意义

阅读儿童文学作为提高小学生的语文核心素养的途径,需要将语文学科特点与儿童文学的社会意义进行有机整合。而推进儿童文学的阅读,对学生树立正确的价值观,培养学生的想象力和创造力都将发挥重要的作用。

理论意义:①强化和完善小学生儿童文学阅读指导的理性思维和科学的方法体系;②逐步构建适合我校学生特点的儿童文学阅读教学模式;③为开展小学生儿童文学阅读心理学研究提供必要的数据分析结论、实验对比结果以及相应的理论框架。

实践意义:①提高小学生儿童文学阅读的水准和效果,提高他们对儿童文学读物的鉴赏能力,提高他们的阅读品位,进而促进其个体语文核心素养的优化;②提高小学生的阅读心理素质,帮助他们树立正确的阅读目的,培养阅读兴趣,养成阅读习惯,掌握阅读方法,实现阅读效果最优化;③通过开展丰富多彩的小学读书活动,贯彻教育方针,提高学生语文核心素养;④有利于促进全社会对少年儿童教育的关注和校园精神文明建设。

1. 课题的研究设计

（1）概念的界定

本课题研究的核心主题是“通过阅读儿童文学来提升小学生语文核心素养”。儿童文学是文学题材中的一种独特的文类。李红叶认为，儿童文学自有其哲学根源，自有其诗学范畴，是一种具有独特美学倾向的独特文类。主要体现为特定的理解世界、把握世界、认知世界的方式，具有独特的话语范式、精神范式和认知范式。语文素养是一种以语文能力为核心的综合素养。2019 年修订的《义务教育语文课程标准》提出，语文课程应致力于学生语文素养的形成与发展。语文素养是学生学好其他课程的基础，也是学生全面发展和终身发展的基础。为实现语文素养培养目标，我们必须重视和加强语文教学环境的建设与优化，不能局限于教材，应将阅读儿童文学作为培养学生语文核心素养的重要手段。

（2）研究目标和内容

明确儿童文学的内涵、特点及分类。儿童文学具有现代性、故事性、幻想性、成长性、趣味性、朴素性等特点，这些特点决定了儿童文学必然可以成为语文教育的重要资源。

①儿童文学在小学语文核心素养提升中的价值。学生通过阅读儿童文学不仅可以开阔眼界，增加个体知识，累积阅读经验，还可以锻炼语言能力、想象能力、叙事能力、审美能力，获得情感熏陶，受到美德濡化，使其语文素养得以全面提升。

②对人教版小学语文教材中的儿童文学作品的选编进行梳理。作为小学语文教育优势资源之一的儿童文学，其地位和作用已受到语文教育界的重视。儿童文学教学的成败直接影响小学语文教学的成败。教材作为最基本的课程资源，其质量是影响教学效果的一个重要因素。因此，考察教材中不同体裁作品的分布、不同主题作品的安排、原著与改写的比重、国内与国外作品的选择等就显得尤为重要，更加合理地组织教材内容才更有利于语文核心素养的提升。

通过对人教版小学语文儿童文学教学问卷现状调查，分析小学语文儿童文学教学的优劣得失，并对教学现状进行分析，重在发现问题，探求教学对策，以期更有利于语文教学质量的提高。

2. 研究方法、研究原则、研究假设

（1）研究方法

课题的研究主要采用理论指导法、行为研究法、调查实验法、实践验证法。

（2）研究原则

课题的研究主要包括以下三个方面。

①学生自主阅读各种各样的儿童文学，为学习积累大量素材。学生能够在模仿中增强语言的理解力和组织能力，对培养学生的阅读和写作等基本语言能力具有重要意义。

②情节丰富而离奇的儿童文学能够激发学生从各种角度进行思考和想象，推动学生从具象思维向抽象思维转变，对培养学生的想象力和创造力具有重要意义。

③长期阅读儿童文学，能够让学生从感性阅读中不断内化和丰富自己的情感，从内心打

动和感染学生，使学生能够产生情感上的共鸣，从而在不知不觉中树立自我的情感价值观。

（3）研究假设

假设儿童文学的阅读有利于语文核心素养的提升。后期课题组研究人员将通过深入学习儿童文学、开展儿童文学阅读活动、写读书笔记、进行问卷调查等一系列的措施来得出儿童文学的阅读对于学生语文核心素养的提升情况并进行总结。

三、课题的研究过程

1. 实施步骤

（1）准备阶段（2017年11月—2018年3月）

深入学习儿童文学在语文学习中运用的已有研究成果，制定课题实施方案。召开课题组成员会议，布置落实课题实施细则。学习《关于基础教育改革和发展的决定》《基础教育课程改革纲要（试行）》等教育改革文件，学习语文学科的新课程标准，学习建构主义理论、人本主义理论、心理学理论，学习合作教育、创新教育、研究性学习等现代教育专著。

（2）实施阶段（2018年4月—2018年8月）

调查研究，明确要求。通过对儿童行为研究、儿童心理学研究和问卷调查、实验对照等方法，掌握本校小学生阅读儿童文学的现状，分析小学生阅读心理，列出适宜实验年级阅读的儿童文学清单，进行分组对照实验，实施儿童文学阅读活动。实验组进行为期一年的儿童文学阅读，对照组正常教学。

（3）设计测评检验方法（2018年9月—2018年12月）

设计测评方法，具体实施。根据第一阶段的调查和已经开展的阅读实践活动，根据实验目的设计不同的检验方式，如讲故事大赛、演讲比赛、课外阅读试卷考察、制作阅读笔记、表演课本剧等方式进行对比验收。

（4）小结规律（2019年1月—2019年3月）

小结一年来课题开展情况，总结并探索出有关规律及体系，根据这些规律、体系及模式进行进一步的实践探索。从不同方面总结出儿童文学阅读对小学生语文素养提升的作用。

（5）总结阶段（2019年4月—2019年6月）

汇总研究资料，统计相关数据，分析综合，撰写课题报告。邀请上级领导、专家进行结题评审。

2. 具体研究情况

（1）加强学习，提高认识

①为了便于研究，课题组成员自课题立项之日起，以自主学习和集中学习相结合的方式，对有关儿童文学阅读指导与研究等方面的书籍进行了学习与讨论。先进的阅读指导方法和理念为我们开展儿童文学阅读指导提供了帮助。

②积极开展“请进来、走出去”的研讨交流活动，请天津师范大学教授为实验组教师开展最前沿的儿童文学阅读、语文核心素养等方面的指导讲座，利用一切机会组织实验组教师

外出参与各级各类教学研讨活动，利用在校教研活动时间，开展课题组讨论，交流教学经验。

（2）激发阅读兴趣，培养阅读习惯

①针对学生年龄段特点，积极推荐儿童文学阅读书目。学生在年龄、性别、性格等方面有差异，他们的阅读兴趣也随之不同。为了满足不同学段的学生需要，我们每学年都会结合学校读书节的主题，为学生推荐适合的儿童文学阅读书目，并指导家长结合推荐书目与学生一起阅读，平时老师还有针对性地给学生介绍一些书籍内容来激发学生的读书兴趣。

②发挥教师的示范作用，激发学生读书的兴趣。要让学生热爱读书，教师自己首先要热爱读书。一个喜欢读书的教师，能带领学生在知识的海洋里遨游，还能以高尚的人格魅力熏陶感染学生。课题组会组织实验教师选读教育专著，阅读文学名品，并结合推荐书目和学生一起在教室阅读儿童文学作品，努力成为学生阅读的领路人。

③多彩的活动营造阅读氛围，让儿童文学阅读浸润校园生活。两年来，我校开展了丰富多彩的阅读活动。

a. 以天津大学附属小学公众号为展示平台，开展"我是小小朗读者"活动。同学们将自己所阅读的儿童文学作品录制成音频，配以图片和文字介绍，推荐给全校同学。

b. 开展"浅吟低唱诵古韵，悠悠诗情传经典"古诗诵读活动。在诵读经典中，学生与书为友，与大师对话，感受民族文化的源远流长，从经典中汲取民族文化的源头活水，获得古圣先贤的智慧之光，培养仁义敦厚的性情、自信自强的人格、感恩图报的品质、勇于担当的胸襟，将传统文化根植于学生幼小的心灵，促进了学生终身发展，营造了"诵读国学经典，积淀文化底蕴"的书香校园，诗文诵读成为儿童文学阅读中一类重要的素材。

c. 利用午间时间，开展经典儿童文学朗读活动。从《窗边的小豆豆》到《草房子》，从杨红樱童话故事到林海音散文选篇，两年来，孩子们阅读儿童文学的脚步不曾停下，动听的朗读之声响彻校园，成为全校师生每日最为期待的常态化学习内容。

d. 为促进学生的发展，利用素质拓展课，开设阅读兴趣班、朗读训练班，鼓励学生参加各级各类朗读、习作活动。在"课本里的艺术"电视大奖赛，"成龙杯""冰心杯"作文大赛中，我校学生成了常客，并屡屡获奖，这都是平日里广泛阅读儿童文学带来的收获。

④加强班级图书角建设，实现资源共享。学校着力做好图书室和班级图书角建设工作，丰富师生的阅读资源。学校共存书 40 033 册，并开设了学生阅览室，定期更换最新、最畅销的书籍供学生课间阅读。每学期向班级图书角发放近 200 本种类不同的儿童文学图书，供班级学生日常借阅，做到了班级图书定期更换。丰富的图书资源满足了学生的读书需求，为学生广泛阅读儿童文学提供了物质保证。

四、课题研究的结果

"阅读儿童文学对提高学生语文核心素养的实效性"课题研究，历时两年时间，取得以下成果。

1. 儿童文学的文本内容激发了学生的阅读兴趣

兴趣是学习的先导，是需求的动力，只有学生培养了课外阅读的兴趣，才会努力去寻求阅读机会，从中获得信息，满足阅读需求，才会将老师的“要我读”转化为自主的“我要读”。正如刘国正先生言道：“有了兴趣和习惯，你不让他读都难，几天不看书，他就会觉得空荡荡的难受。”

2. 儿童文学的文学形象提升了儿童的审美鉴赏能力

儿童读者在语言符号的感染下，经过想象和联想，可在头脑中唤起一系列相应的具体可感知的文学形象，构成一个动人心弦的艺术世界。例如，在解读《丑小鸭》时，读者通过再造想象，可感受到《丑小鸭》绝不仅限于反映当时欧洲社会的某些现实，也绝对不仅限于作为作者安徒生人生道路的单一象征，而是最大限度地表现出了整个世界、全体人类生活的某些普遍性，写出了所有曾经有过自卑、摆脱了自卑，从而达到理想境界的一种艰难的心路历程。由于儿童文学是按照美的规律创造的文学，所以，儿童文学的文学形象为儿童提供了一种审美的依据。儿童在阅读儿童文学的过程中，可以在获得审美愉悦的同时间接地认识社会、历史、人生，接受教育，受到美的熏陶。所以，阅读儿童文学作品时，通过再现文学形象，可以发挥儿童的想象力，提高儿童的审美鉴赏能力。

3. 儿童文学的文学蕴含丰富了儿童的联想力

文学蕴含层面，是指文本所蕴含的思想、感情等各种内容，中国古典美学中的“象外之象”“景外之景”，也是对文学作品蕴含的阐述。许多儿童文学作品，尤其是适合少年阅读的儿童小说，作者把想表达的思想蕴含在特定的小说话语体系中，引导儿童正确面对生活。例如，曹文轩的《古堡》，表层描写两个少年对一座传说中的古堡的寻觅，深层教育儿童在一切认识自然和社会的实践中要表现出不迷信、不盲从、不畏艰险、不惮前驱的探索精神。儿童文学散发出的无穷的艺术魅力，可使儿童充分调动其联想力和想象力，让他们逐渐走进儿童文学世纪深处。同时，在阅读儿童文学的过程中还要鼓励学生发表独立见解，逐步使儿童探究性阅读和创造性阅读的能力有所提升，拓展儿童的思维空间，提高阅读质量。

4. 儿童文学的文本阅读培养了学生良好的读书习惯

静心阅读，这是读书最重要的习惯之一。如何让学生喜欢书本，让他们沉浸在书的海洋中，陶醉在书香中，创设良好的阅读氛围至关重要。天大附小在加强书香校园建设的同时，保证学生每天都有一定的阅读时间。读书还要勤于动笔，所谓“好记性不如烂笔头”，我们要求学生在阅读的同时还要写好读书笔记，读写结合，以读促写。根据年级的差异，学校为不同年级学生设计了不同表现形式的“阅读卡”，帮其养成良好的读书习惯。

5. 儿童文学的文本阅读促进了师生之间的阅读互动

语文课程标准指出：“阅读教学是学生、教师、文本之间对话的过程。”如果说“自读自悟”是学生与文本之间的对话，那么“互动阅读”就称得上是学生与教师、学生与学生、学生与文本之间的对话。在探究文本问题时，让学生用自己喜欢的学习方式，自由选取切入点，充分朗读、对话、感悟，从不同的角度去体悟课文的语言文字之美，可以发展学生的思维，积累语言素材。在这一阶段,教者、学者、作者在同一平台上相互交流,大家共同分享阅读的喜悦、感受和成果,在促进师生之间阅读互动的同时,也促使了教师的专业化成长。

五、课题研究的结论与讨论

经过两年的实践与研究,我们基本培养了学生独立阅读儿童文学的能力,让学生在阅读过程中受到了高尚情操的熏陶,丰富了学生的精神世界,丰厚了学生的文化底蕴,提高了学生的语文核心素养。课题研究的开展让学校浸润于浓郁的书香之中,儿童文学阅读活动也已成为学校常态化工作,按部就班地实施起来。我们将会把研究成果很好地运用于实践中,推进学校可持续发展。同时,也应反思研究中存在的以下问题,做好课题的后续研究。

①受应试教育思维的影响,语文教学依然存在“重知识轻技能”的现象。无论是教师还是学生,全身心地投入儿童文学阅读的实践中还有一定困难。

②阅读氛围的营造要进一步注重实效,不能过多注重形式,要真正让学生在读书氛围中养成读书的习惯。如何充分利用和开发儿童文学阅读课程资源,不断为学生营造更加良好的儿童文学阅读环境,还要在今后的教学中继续探讨。

③在儿童文学阅读指导中,由于学生的个体差异,不能很好地照顾到各个层次学生的需要。如何让每个学生都能享受到儿童文学阅读的乐趣,这依然是我们需要不断探究的主题。

④学生阅读儿童文学效果检测和评价的体系,也是我们需要不断探究的问题。

“目标驱动高效教学探索研究”研究报告

天津大学附属小学 郄 晖

一、选题的提出

1. 研究背景

高效课堂与目标驱动教学是当今教育领域研究的重难点。《国家中长期教育改革和发展规划纲要(2010—2020年)》中明确提出,要把教育资源配置和学校工作重点集中到强化教学环节、提高教育质量上来。以培养具有可持续发展能力的学生和提高教学质量为宗旨的高效课堂与有效教学,因此成为一个永恒的课题。新课程标准的实施是一场以教育价值为导向的教育变革,是对以“知识技能”为本位的教育理念的更替。在新的背景下,在探索课堂教学设计的应用理论和基本操作模式、深化新课程课堂教学、实现课堂教学效果的过程中,我们认识到,学生的有效学习和教师的有效教学体现出辩证统一的关系,因此,对“目标驱动高效教学”模式的研究探索应运而生。

2. 选题目的和意义

目标驱动高效课堂教学是我校全体教师多年来共同探索与实践的教学模式,教师以发展为本,要以年轻教师的专业发展为着力点,以名师梯队建设为突破口,全面提高教师队伍整体素质,构建和完善以学校为基地、以现代教育理论为基础、以教育科研为先导、以教学实践为导向的教师专业发展校本培训机制和科学合理的教师发展性评价方案,建立一支适应教育发展和学校发展要求、师德高尚、业务精湛、结构合理、身心健康的专业化师资队伍,为天津大学附属小学课堂教学增添光彩。

目标驱动高校课堂教学以丰富多彩的活动,丰富了学生的经历,加深了学生对生活的认知和对生活的体验,并在体验中获得真实的素材,为学生提供了写作基础。

二、课题的研究设计

1. 概念的界定

目标驱动课堂教学高效性指教师应该以教学目标为主要的依据,能够围绕目标去设计适合自己的教学模式,继而评价教学的效果,使师生在目标指引下开展有效“教”与有效“学”。教学目标的制定要面向全体对象,还要针对有能力的学生提出更高的要求,制定适合此类学生的教学目标体系,使全体学生都得到充分的发展。通过师生的双向努力,使研究成果惠及每位师生。

2. 研究的主要目标和内容

（1）研究目标和内容

“目标驱动高效教学”模式的灵魂是“目标”和“高效”。它们贯穿于教学的全过程，体现在教师教学和课堂效果两个方面，如果这些研究方法都可以运用到日常教学中，会使我校教育教学水平提到一个新的高度。

在教学中要想把教师主导与学生主体的“双主体”作用发挥得淋漓尽致，我们的教师就要做到高效地“教”，我们的学生就要做到高效地“学”。在教学中实现高效教学的效果离不开教师与学生共同的努力，都要同时从课前、课中、课后三个方面下功夫，扎扎实实做好、做实每个方面中的每一项工作。“实现高效教学”的过程是一个系统工程，其中各要素既是独立存在的，又是相互关联、相互依存的。

（2）研究方法

在本课题实施过程中，我校课题组教师根据学校的实际情况，采取了以下几种研究方法。

①文献研究法。利用相关文献对“目标驱动高效教学”模式进行研究探索。

②教育调查法。在教育教学过程中，对学生开展针对性教育，对“目标驱动高效教学”模式进行研究探索。

③行动研究法。

④总结研究法。

3. 课题的研究过程

（1）前期准备阶段（2016 年）

2016 年由赵燕校长与郄晖副校长牵头，由我校中年骨干教师与青年骨干教师组成了课题研究组，立项后课题组做了大量基础性准备工作，包括课题组教师培训、课题实施方案的制定、责任分工、召开开题论证会、完成阶段性总结等，其中重点是制定课题研究的实施方案，做好课题分工。

（2）深入实践阶段（2017 年 3 月—2017 年 7 月）

在研究过程中，我们请专家学者来校指导，组织教师队伍学习、研究，以期对此次科研起到有效的推动作用，开阔课题组成员思路，形成有特色的实施方案。在研究探索过程中课题组研究人员也进行了深入学习，把握最前沿的研究方向及成果，站在前人的肩膀上，使此次科研项目具备创新性，从新的高度入手，力争有独到见解、有深度。我们也关注着相关课题的研究成果。学习他们的先进经验，提升自己的研究策略，实现科研课题的创新与突破。课题组定期召开阶段性总结会议及研讨会，在交流中提高研究实效，在每一个研究阶段，都认真做好中期推动和总结。

（3）全面实施阶段（2017 年 9 月—2018 年 12 月）

定期开展校内多种形式的课题研究课，开展多次高效课堂和有效教学模式研究校际间研讨课。收集整理各学科课题研究过程性材料及研究性材料，对各组课题进行检查验收、回顾总结。定期召开课题研讨会及课题研究活动，撰写课题研究论文，结合课题研究中出现的问题和校情、学情，及时调整改进后期研究思路，进行验证性研究。初步形成了我校高效课堂的抓手和有效教学模式。

（4）总结深化阶段（2019 年 2 月—2019 年 5 月）

开展高效课堂和有效教学模式研究展示课。对本课题研究的有效性进行分析和反思性评价，召开课题研究成果总结会议，撰写研究工作报告和结题报告，汇编研究论文集和优秀学案及教案专集，出台学校各学科高效课堂和有效教学模式的基本要求和优质课评定标准，申请结题。

4. 研究的主要成果

我们将课题研究与工作研究有机结合起来，有效推动了我校研究工作的协调发展，经过全体课题组成员以及我校全体教师的共同努力，形成高效课堂的“目标驱动教学模式”。本课题研究取得了以下可喜成果。

（1）有明确具体的易于实现的教学目标

教学目标的定位忌多而空，应根据具体的教学内容来确定，且便于课堂检测。基于此，教师课前应认真研究教材，读懂文本。同时结合学生的认知水平、知识结构及求知心理，从教与学两个方面来考虑目标内容的确定。课堂上确定了教学目标，教师教学时就有的放矢；学生学有目标，就会明确学习任务，对学习充满期待，积极主动地参与学习。以此增进师生间的默契，共同完成教学目标，高效教学也就落到了实处。

①有学生积极参与的过程。教师的教是为了学生更好地学，学生的学才是课堂的灵魂。学生在课堂上有效率地学到一定的知识和技能，是课堂教学高效性的最终体现。要想达到这一目的，学生的积极参与是必不可少的。学生在课堂上自主勾画、批注，相互交流讨论，就是积极主动参与教学的表现。学生在积极参与的过程中还能够开展生成性评价。学生是否善于发现，能够体现出教师对学生创新能力的培养效果。

②有教师恰当的方法点拨。教师能够基于单元整体教学，对教学内容进行整合，做到逻辑链清晰，单元教学目标、课程目标以及各个环节的知识和能力目标明确。为了提高学生核心素养培养成效，教师还是要以课标为依据，落实大概念和重要概念。作为教师，要紧紧把握“目标引领，问题驱动”这一主题，通过相关环节的设计，让学生对核心内容有初步的认识，利用多媒体更好地引导学生共同关注课堂生成性问题。教师不仅要关注作为课堂主体的学生，也要关注课堂的客观自然环境，建构生态课堂，更好地落实核心素养培养方案。

③教师应针对目标任务进行恰当的评价。教师不仅要教给学生正确的知识，还要给予学生明确的激励性评价，激发学生兴趣，固化他们良好的学习习惯。在课堂评价时，要注重指导，有的放矢地给予评价，以高效的课堂反馈落实课堂教学的高效性。

（2）形成了特色高效课堂教学

①最大限度地把课堂还给学生，发挥学生的主体性、主动性和创造性，让学生“身动、心

动、神动”，让学习、进步和成长“发生”在学生身上。高效课堂教学要做到“三讲四坚决”。“三讲”即讲易混点，讲易错点，讲易漏点，“讲”不等于讲解，而是点拨。“四坚决”是学生自学，能会的坚决不教；学生通过讨论，能会的坚决不多讲；学生需要动手学习的，教师坚决不包办代替；课堂作业坚决当堂完成。判断一堂课是否是高效课堂，主要有“八看”：一看教学目标是不是体现了“三维”要求；二看教学程序是不是实现了“先学后教”；三看课堂上是不是由“教教材”变成了“用教材”；四看教师的角色是不是由“主演”变成了“导演”；五看学生的角色是不是由“观众”真正变成了“主角”；六看教学手段是不是实现了现代化；七看教学过程是不是由封闭走向了开放；八看课堂教学效果是不是实现了“堂堂清”。

高效课堂的基本模式就是堂要“有法可依”，这个“法”就是教学模式，该模式既规范“教的方式”，也规范“学的行为”。

②全体教师都已树立起“高效课堂和有效教学模式”的意识，提升了课堂效率，初步实现了教学效率的实质性提高。“和谐、高效”的课堂教学理念已被广泛接受，教师的课堂教学行为正在逐步发生质的变化，课堂生活正在朝着“和谐高效、思维对话”的方面迈进。

③学生们自主学习、探究学习、合作学习的水平不断提升，学习方式有了很大改观，积极性有了很大提高，有效促进了我校学生的全面和可持续发展。

5. 课题研究的结论与讨论

目标驱动教学法是一种建立在建构主义学习理论基础上的教学法，它将以往以传授知识为主的传统教学理念转变为以解决问题、完成任务为主的多维互动式的教学理念，将再现式教学转变为探究式学习，使学生处于积极的学习状态，每一位学生都能根据自己对当前问题的理解，运用共有的知识和自己特有的经验提出方案、解决问题。

参考文献

[1] 王本陆. 课程与教学论 [M]. 北京：高等教育出版社，2017.

[2] 莫雷. 教育心理学 [M] 北京：教育科学出版社，2007.

[3] 教育部基础教育司，朱慕菊. 走进新课程与课程实施者对话 [M]. 北京：北京师范大学出版社，2002.

“小学音乐高效课堂教学的实践研究”结题报告

天津大学附属小学 吴素梅

一、本课题研究的目的和意义

我国新课程标准明确提出：“提倡转变学生的学习方式，培养学生主动参与、乐于研究、交流合作的学习态度。”这说明新课改的主要任务之一是促进学生学习方式的转变，而学生学习方式的形成需要教师在课堂教学中进行有效的引领和指导。这就要求课堂教学能够唤醒学生的学习欲望，激发学生互动合作的学习兴趣，使课堂成为学生主动参与、学习目标明确的课堂，成为教学有效的课堂。而如何设立科学的目标策略，用高效教学解决在教学实践中产生的问题，对推进课程改革，提高教师专业技术水平，促进学生全面和谐发展，提高学科教育质量，具有十分重要的现实意义。

我们的音乐教育不是音乐家的教育，而是培养人的教育。因此，音乐课堂教学一定是以人为本、彰显个性、发展能力，培养热爱音乐和热爱生活的人、鼓励有艺术才能的学生将音乐学习到底，引导学生一生以音乐为伴，让他们受益无限。

音乐课堂是美育的课堂，是提高学生审美修养和彰显学生个性的舞台。如果说“目标”和“高效”是音乐教学模式的灵魂，贯穿于课堂教学全过程，那么也可以说“美”是音乐课堂教学的灵魂，贯穿于整个音乐教学过程。无论是唱得美、跳得美、还是听得美，音乐都会给学生带来阳光快乐的笑脸、身心愉悦的享受、自信完美的表现、知识与能力的融合。恢复自然、彰显个性、挖掘潜能是音乐教学中的三部曲，只有这样实施，高效课堂教学的目标才得以顺理成章的实现。

那么，如何科学地运用教学方法实现课堂教学的高效性，就成为我们研究课题的意义所在。希望通过我们的研究和实践，探索出更好、更新、更多样化的教学方法，使其具有很强的实用性和可操作性，才能够使我们的音乐课堂成为高效教学的平台。

二、课题的研究设计

（一）概念的界定

“小学音乐课堂高效教学的探索研究”模式的灵魂是“音乐课堂”和“高效性”，二者贯穿于教学的全过程，体现在教师和课堂效果两个方面。

“音乐课堂”是音乐教育的重要途径,音乐教育从本质上来说是一项塑造“人”的工程,它具有唤醒、联系和整合人格的力量。音乐教育通过对审美能力的发掘和培养,通过建构人的审美心理结构达到人的心灵陶冶和人格塑造。人的全面发展是指理性与感性或者说是理智与情感的协调发展。一个个体的发展不是单向的,而是多向的。理智成熟是个体发展的重要方面,但也不能忽略了感知、情感、想象等感性的发展。因此,感性与理性的协调发展才是人的全面发展。而音乐教育正是作为对学生进行情感教育的重要内容和途径,促进了学生的感知、情感、想象等感性方面的健康成长。

所谓“高效性”,主要是指通过教师在一段时间的教学之后,学生所获得的具体的进步或发展。“课堂教学的高效性”包含三个基本要素:①高效果指教学活动结果要与预期的教学总目标相一致,体现教学的目标达成性;②高效率指师生双方为实现教育目标而投入适当的时间、精力及各种教育资源,确保教育目标得以实现,包括学生知识、技能得到增长,身心素质得以进步、成熟,创造力得以培养,同时使教师的素质和教学能力得到提高。③高效益指教学目标要与特定的社会和个人的教育需求相吻合,且吻合程度较高。

(二)研究的目标和内容

1. 研究的目标

①通过研究,探索教学资源、教师和学生对高效课堂教学的影响,积极探讨研究高效课堂教学的评价标准。

②通过研究,探讨不同教学内容实现高效课堂的实施策略。

③通过研究,不断整合和优化各种教学方式方法,改变目前课堂教学的低效现象。

2. 研究内容

①对当前教学课堂教学低效现象的透视与反思。

②研究教学资源、教师和学生等因素对高效课堂教学的影响。

③研究不同类型的高效教学的策略或模式。

(三)研究方法、研究原则

我们采用分析法、问卷调查法、课堂实践法、研究分析法,先对音乐课堂教学的现状进行分析、调查,并总结出切实可行的方法。吴素梅老师通过课堂实践研究,从音乐学科欣赏教学角度出发,进行了深入研究和实践,在“双优课”中获得一等奖的好成绩,并在天津市作推广介绍;李聃老师对当前教学课堂教学低效现象的透视与反思进行了研究;杨丽萍老师从信息技术与教学设计的有效结合角度进行了研究;陈喆老师从唱歌教学角度进行了实验、总结。每位成员都有自己的研究方向和任务,从不同角度对音乐课堂高效性进行研究总结,并且都撰写了论文,参加了市级区级教学比赛、市级观摩课等,他们的研究成果获得专家的认可和好评。他们在研究中边从课堂教学中摸索总结,边翻阅文献资料、各种相关书籍,深入学习研究,最后总结出研究成果,并以不同的方式展示出来。

（1）分析“小学音乐课堂高效教学”模式与教学高效性的联系，得出低效原因

采用课堂观察法教师教学策略问卷调查、学生学习策略问卷调查方法，调查教师教学目标的设立和学生学习的兴趣、态度以及效果，将目标和效果数据进行对比分析，掌握目标的设立和教学高效性的相关性，对教学有效性进行分析，重点分析教学无效或低效的原因。李聃老师据此撰写了《当前教学课堂教学低效现象的透视与反思》研究报告。

（2）研究、实施与总结“小学音乐课堂高效教学”的规律

根据调查结果，制定高效课堂教学的具体方案；运用文献研究法，结合新课程标准的要求，通过教学实践、研讨、改进、总结，初步构建小学课堂中音乐课堂教学的框架；采取行动研究法，从自身教学实际问题和教师发展需求出发，尊重学生身心发展特点和发展需求，在行动中研究、制定、验证并不断修改完善“高效教学”模式，形成目标驱动有效教学的分级标准；选取典型课例、典型实验对象进行案例研究、分析，观察教师的教、学生的学，进行课堂教学质量监控，从而获取相关信息，对教学定性和定量分析，促进和改进教学策略；为了营造“实践反思、伙伴合作、专业引领”的课题研究氛围，课题研究成为上课、说课、评课的主线，即上一节与课题有关联的探究课。

课题组成员共同参与研究了一年级音乐欣赏课《火车波尔卡》的课堂设计，其中包含了大家对“音乐课堂教学高效性”的研究理念。这节课报名参加了第九届“双优课”比赛，获得了一等奖的好成绩，得到评委和老师们的高度认可和好评。后续又在天津市进行了观摩展示和经验介绍。吴素梅老师根据研究的结果又撰写了论文，从实践上升到理论，对音乐教学高效性进行了总结和升华，分别登载于《南开教育》和《天津教研》中，同时获得了市级论文二、三等奖的好成绩。

杨丽萍老师用杯子舞的形式，引导学生解决音乐教学中对节奏的困惑，激发了学生的学习兴趣，丰富了课堂教学的方式，让教学活起来、动起来、乐起来，收到很好的效果。《杯子舞教学》获天津市小学音乐特色课程（社团）微课一等奖。《杯子舞教学》获南开区小学音乐特色课程一等奖和第十一届全国教师教学设计创意大赛二等奖，受到学生的喜爱和专家的认可。

三、研究过程

（1）准备阶段（2016 年 4 月—2017 年 2 月）

①文献搜集整理，学习、掌握有关教育教学理论，转变教学观念，树立有效教学观。对教师现有课堂教学策略进行分析，学习借鉴已有经验与相关理论，提出课题研究的思路与构想，整理课题申报相关资料，完成课题申报、立项。

②完成课题研究方案的设计，建立课题组，申报立项。

③制定研究方案及研究计划，培训研究人员，建立课题研究基地，做好调查准备。

（2）实施阶段（2017 年 2 月—2019 年 1 月）

①通过反复论证、征求意见，形成完整的课题研究方案，并根据研究内容进行分解，确定

研究子课题,明确研究教师分工,展开课题研究。

②拟定前期调查问卷,向教师和学生下发调查问卷搜集数据,根据调查数据撰写调查报告。拟定有针对性的具体的研究实施内容与方式。

③对研究对象进行观测,收集、整理有关资料,开展案例分析、教学设计,撰写经验小论文活动。

(3)总结结题阶段(2019 年 1 月—2019 年 6 月)

①对课题研究和开展的工作进行系统反思,整理,反思不足,提炼经验。

②写研究总结报告。

四、课题研究结果

高效课堂教学的研究,促进了课堂教学改革,提高了音乐课堂教学质量,进一步激发了学生学习音乐的兴趣,促进学生情感体验、自我表现等综合素质的提高。

(一)课堂发生的四个转变

(1)教学观念的转变

在音乐教学中,音乐教育工作者应以学生为本,站在学生的角度,了解学生的心理需求,改革传统的唱歌课、音乐知识传授课和思想品德教育课,创造性地、灵活地使用教材,由知识的传授者、灌输者转变为学生主动学习的组织者、指导者、帮助者或促进者,引导学生关注社会、关注生活,关注现代科学技术的发展变化,自主探究,合作学习,建立新型的学习方式。

(2)教学重心的转变

培养学生音乐表现能力、强调创造探索精神。

(3)教学方式的转变

小学音乐教学有别于其他学科,它具有心理负担轻、生动活泼、寓教于乐等特点。这就要求执教者不断探索新型的教学方式,以此激发学生的学习欲望和自觉参与的意识,使音乐教学鲜活生动,富有吸引力。

(4)注重情感交流

实践告诉我们,新型师生关系的建立,会使我们体会到音乐教育的魅力并不在于知识、技能的传授,而是表现在师生间互相启迪、激励、唤醒、感染和净化等效应上。它更注重人的身心健康的发展,人的创新精神的培养,让学生以新的学习方式,获得终身学习的愿望和能力。

(二)更加关注学生五个方面的发展

(1)培养学生爱好和兴趣

“兴趣”可以从两个角度理解:一是作为目标,二是作为手段。作为教师,应该把课程理念体现在音乐课堂当中,当课程理念变为一种课堂教学行为时,学生就能在教师的引领下,积累音乐能力，深化兴趣爱好，最终形成音乐实际能力，“以音乐审美为核心”的教学理念才能真正实现。

（2）鼓励学生勇于创造和注重音乐实践

创造在音乐学习中是贯穿始终的，它包括每一个人对音乐的理解和情感的表达。音乐在发展人的创造性思维方面具有不可替代的作用。我们更应关注的是一个人的全面培养和发展，并且要把创造性的表现、欣赏和实践贯穿于音乐学习的始终，在学习过程中，要鼓励学生自己去探索新的、不同的学习方法，这都属于创造性的学习。所以，我们要更多强调实践的特殊性。

（3）注重个性发展

每一个学生都有权利以自己独特的方式去学习、去享受，参与各种自己感兴趣的活动，表达个人的情智。要把全体学生的普遍参与和发展不同学生个性的因材施教方法有机结合起来，创造生动活泼、灵活多样的教学形式，为学生提供发展个性的可能和空间。

（4）提倡学科综合

要掌握好音乐学科内的综合（唱歌、欣赏、唱游、律动等）、学习领域内的综合以及音乐跟其他学科的综合（舞蹈、戏剧、影视等）、社会生活的综合。

（5）弘扬民族音乐

将我国各民族优秀的传统民族音乐作为重要的教学内容，通过学习民族音乐使学生了解和热爱祖国的文化，增强民族意识和爱国主义情操。随着时代的发展和社会生活的变迁，反映近现代和当代中国社会生活的优秀民族作品，同样应纳入音乐课的教学中。

通过研究实践，我们总结出高效音乐课堂教学的评价标准、高效音乐课堂教学的策略和方法、高效课堂教学模式研究。

五、课题研究的结论与讨论

（一）结论

对高效课堂教学的研究，促进了课堂教学改革，提高了课堂教学质量；使教师在教学中能够转变思想观念，学会以学生为主体，教师为主导，最终建立平等交流的师生关系；将以往教学中只针对“知识技能”的课程目标，转化成为“情感、态度、价值观”“过程与方法”“知识与技能”有机结合的三维融合课程目标；通过多种课程目标促进学生学习方式的转变，帮助学生学会生活、学会独立思考。同时，对高效课堂教学的研究丰富了评价的角度和方式，侧重多元评价，发挥多重评价的诊断、激励与改善功能；引导音乐教师走出传统角色，转变为学生音乐学习的引领者、促进者、合作者，音乐教学的研究者、设计者，音乐课程的建设者、开发者，改变过于强调接受学习、死记硬背、机械训练的现象，倡导学生主动参与、乐于探究、勤于动手，强调学生在教学活动中的主体地位，创设便于师生交流的教学环境，使音乐课的上课方式更加生动、活泼，音乐课的教学手段更为丰富多样；改革传统课程内容繁、难、多、旧的状况，加强音乐教学内容与学生生活以及现代社会发展的联系，关注学生的学习兴趣和音乐经验，精选有利于培养学生终身学习能力的必备的基础音乐知识和技能。

在教育发展的新形势下，作为教师，应不断更新教育观念，学习新的教育理念，不断充实自己，不断丰富自己，大胆创新，努力为我们的学生塑造一个全新而更具吸引力的课堂，进一步激发学生学习音乐的兴趣，进而促进学生情感体验、自我表现等综合素质的提高。

对于学生个体来说，参加到高效课堂教学模式的研究实践，可以激发自身的学习主动性，积极参与音乐学习活动，把被动学习变为主动学习，并且把自主学习与合作学习，接受性学习与探究性学习恰当结合。学生尝试发现问题、提出问题，积极解决问题；敢于质疑，积极合作，主动探究；能够相互交流知识、交流体会、交流情感，在获得丰富知识的同时形成一定的学习能力。

对于音乐学科整体来说，高效课堂教学的研究是提高课堂教学质量，提升音乐教育教学整体水平，提高学生音乐素养，培养更多更好的音乐人才的重要途径。

（二）讨论

在开展高效课堂教学的研究后，“高效”教学逐步向“长效”教学转变，教师从关注学生在某节课堂、某个环节的学习状态和成效，逐渐关注某种教学行为对学生长远的发展更有利，继而将教学重心转移到学生的发展上。而小学阶段学生学习音乐的途径有很多，除了课堂，还有课外兴趣小组，参加市区各类文艺展演、比赛等。教师要研究出更多的教学策略与模式，使小学音乐教育成为孩子一生中学习音乐的基础和台阶，使学生从小喜爱音乐，长大热爱音乐，终身与音乐为伴，做一个有艺术修养、热爱生活、快乐的人。

六、课题组在研究过程中取得的成果

在天津市中小学第九届“双优课”评选活动中获小学音乐学科一等奖。

“基础性音乐教育对促进学生自我意识发展的研究”获得天津市基础教育“教育创新”三等奖。

在天津市学生合唱节中获得指导奖。

独立撰写的论文《小学音乐欣赏教学的有效设计》发表在《天津教研》2017年12月第6期，论文编号：TJJY20171219。

《杯子舞教学——前十六后八》获天津市小学音乐特色课程（社团）微课一等奖。

《杯子舞》获第十一届全国教师教学设计创意大赛获二等奖。

《爱是一首歌》获南开区音乐学科2016—2017学年度录像课获二等奖。

在南开区第七届优质课大赛中获三等奖。

“杯子舞教学”获南开区小学音乐特色课程一等奖。

《浅谈信息技术与音乐课的整合》获天津市基础教育“教育创新”论文二等奖。

《浅谈信息技术与音乐课的整合》获全国教育成果大赛论文一等奖。

《小学目标驱动实效课堂教学模式研究》获天津市基础教育“教育创新”论文三等奖。

参加天津市基础教育“教育创新”论文评选活动。

《小学音乐高效课堂教学的实践研究》论文获得市级二等奖。

参加天津市中小学音乐学科第九届“双优课”优秀成果推广交流系列活动中做展示课一节,并做说课。

《低年级音乐欣赏课教学设计》论文刊登在《南开教育》2018 年 6 月第 3 期中。

课堂实录“火车波尔卡”获得南开区录像课比赛一等奖。

“基础性音乐教育对促进学生自我意识发展的研究”被认定为南开区教育教学成果。

获得天津市中小学优质课大赛二等奖。

被评为“一师一优课、一课一名师”活动的“优课”。

《低年级音乐欣赏课教学设计》获天津市基础教育“教育创新”论文三等奖。

《提高小学生音乐素养,培养良好的歌唱方法——小学阶段唱歌教学方法积淀》获《天津教研》教育教学论文征集评选活动三等奖。

《小学阶段艺术社团开展的策略与研究》获《天津教研》教育教学论文征集评选活动三等奖。

参考文献

[1] 张曌. 义务教育音乐课程标准 [M]. 北京:北京师范大学出版社,2011.

[2] 陈蓉. 音乐教学法教程 [M]. 上海:上海音乐学院出版社,2017.

[3] 杨立梅. 柯达伊音乐教育思想与匈牙利音乐教育 [M]. 上海: 上海教育出版社, 2004.

[4] 吴跃跃. 新版音乐教学论 [M]. 长沙:湖南文艺出版社,2005.

[5] 吴文漪. 音乐教学新视角 [M]. 北京:人民教育出版社 ,2013.

[6] 史宁中. 音乐课程与教学论 [M]. 长春:东北师范大学出版社,2006.

“小学科学课中学生创造能力培养的研究——小学科学课程的趣味化”结题报告

甘肃省宕昌县城关九年制学校　陈婵萍

最近，一门新型的课程引起了社会各界的关注，这就是小学科学课。如何把快乐融入小学科学课的教学当中，这是我们每个科学教师值得深思的问题。快乐的科学课堂，应该是在玩中做，在做中玩，通过玩和做，让孩子们感受到合作和探究的乐趣。探讨如何培养学生学习科学兴趣，如何把快乐融入小学科学课的教学当中，是我们每个科学教师值得深思的问题。也是本课题急需解决的问题。

宕昌县城关九年制学校自 2010 年 8 月开办以来，就十分重视学生创新能力的培养，课题“小学科学课中学生创造能力培养的研究——小学科学课程的趣味化”自 2018 年 7 月立项以来，我们在宕昌县教育局的指导下，在县教研室的具体关注下，在校领导的直接参与下，通过我们课题组 10 位教师的共同努力，以小学科学课中学生创造能力的培养为研究对象，引导学生从科学课的趣味化方面入手，提升学生的动手操作能力和创造能力。创造能力主要体现在实验道具的制作和动手操作做实验上，通过制作实验道具和动手操作做实验，让学生发现问题，通过实验验证答案，明白一些科学原理，为以后升入初高中学习生物、物理、化学课的学习打下基础，培养了学生初高中理科学习的兴趣，也为将来培养创新型人才打下基础。

通过我们课题组成员安排的为时一年半的训练课程，学生逐步达到了课前能预习课本，提前准备和制作实验道具；课中能积极参与实验，自己发现问题、提出问题、解决问题；课后通过反思想办法提出新的设想。现在，我校学生在上科学课时能用较科学的方法学习并逐步养成了良好的学习习惯，学会了策略性学习科学，使得我们的科学教育走向了新高度。

一、课题研究的背景

创新能力发展是今后一段时期教育人才培养和学术发展的重要导向。如何引导中小学生主动性、创造性地学习，是当前中小学实施素质教育的重大课题，随着世界科技的飞速发展，我们必须把增强自主创新能力提到关系中华民族兴衰存亡的高度来认识。如何在现代教育中推行培养以创新能力为中心的素质教育，是我们教育工作者所面临的一项历史使命。

当今时代，科技进步日新月异，国际竞争日趋激烈。各国之间的竞争，说到底，是人才的竞争,是民族创新能力的竞争。教育是培养人才和增强民族创新能力的基础,必须放在现代化建设的全局性战略性重要位置。

党的十八大以来,习近平总书记深刻把握世界大势和历史经验,围绕教育事业改革发展,站在事关中国特色社会主义事业后继有人的战略高度,发表了一系列重要论述。习近平总书记多次强调,青少年是社会上最富活力、最具创造性的群体,理所应当走在创新创造的前列,做锐意进取、开拓创新的时代先锋;青少年学生富有想象力和创造力,是创新创业的有生力量。

因此,创新能力已成为当今时代必不可少的重要技能,它是各种能力最集中、最有价值的表现,人类各种社会文明都是创新能力的产物。在这个科技迅猛发展的时期,只有具备了创新能力的人,才是最有价值的人才,因此一切发达国家都十分重视青少年创新思维和创新能力的培养。如何培养学生的创新思维和创造力是国家、学校需要认真研究和思索的重要问题。

随着教学改革的推进,现在的教学方式已经从知识教学转向主题教学。小学科学在教学改革的过程中,注重学生能力、兴趣的培养。教师要采用多变的教法,通过创设情境,利用多媒体技术和动手实验教学等不同于传统教学方式的教学方法,激发培养学生的学习兴趣;加强指导学生实践活动,调动学生主动学习的意识;重视与学生的情感沟通,通过情感沟通推动学生从学习科学的兴趣等方面入手,探讨如何培养学生学习科学兴趣的策略,如何把快乐融入小学科学课的教学当中。这是我们每个科学教师值得深思的问题,也是我们本课题急需解决的问题。

二、研究的意义与任务

随着科学技术的迅猛发展,科技的创造和应用成为社会变革和经济发展的强大动力。科学素养是国家综合实力的重要标志。因此,应该从小学阶段重视对科学素养的培养。由于我国对科学课程实施研究的学者比较少,并且我国小学科学课程起步还比较晚。因此,本研究以小学科学课中学生创造能力为研究对象,通过问卷调查和访谈,探讨小学科学课中培养学生创造能力的策略方法,丰富关于创造能力的理论研究,为小学科学课中创造能力的培养提供一定的理论参考价值和借鉴意义。在实践上,为小学科学课中创造能力的培养提供策略指导,帮助教师提高自身的科学素养,帮助学生提高科学综合素养,最终促进科学课程的顺利实施。

三、国内外研究现状的评述

通过搜集、整理、归纳、分析国内外相关文献,我们发现国外关于小学科学课的研究,大多着眼于科学教师的专业素养、教学方法方面,并且形成了较为系统的理论体系。但目前我国关于小学科学课的研究相对缺乏,且缺乏系统性和完整性。本课题以小学科学课中的学生创造能力培养现状为研究对象，通过问卷调查和访谈，探讨小学科学课中培养学生创造能力的策略方法，丰富关于创造能力的理论研究，为小学科学课中创造能力的培养提供一定的理论参考价值和借鉴意义。

四、研究的方法

1. 文献研究法

文献研究法主要通过图书馆、中国知网、万方数据库等学习渠道，查阅大量与本课题相关的文章，了解研究内容的现状及存在的问题，并且总结文献中重要思想、观点。通过对文献研读和整理，分析与本研究相关的已有研究成果，为本研究提供一定的研究基础。

2. 访谈法

为了清楚掌握教师与学生对小学科学课中学生创造能力培养的评价和主观感受，针对调查对象的不同设置不同的访谈提纲。对教学基本情况、对培养创造能力的态度和看法以及学生创造能力培养情况等进行设计。了解被调查者在主观上对问题的认识，并提出自己的意见和建议，以此为本研究提供支撑。

3. 实验研究法

结合小学科学课程特点，以及对已有的文献资料进行综合分析，提出小学科学课中学生创造能力培养的教学方案并进行实践。本研究分别设置实验班和对照班，在实验班课程教学中实施本研究设计的教学方式，对照班采用传统授课方式。通过对两个班在教学过程中前后测试的成绩及课堂表现进行数据统计对比分析，以期得出本研究所设计教学方式的教学效果。

五、研究的过程

（一）第一阶段：准备阶段（2018 年 7 月—2018 年 12 月）

“小学科学课中学生创造能力培养的研究 ——小学科学课程的趣味化”这一甘肃省“十三五”教育教学科学规划立项课题自 2018 年 7 月 23 日立项开始，课题组成员就开始着手准备研究资料，论证研究方法，根据研究步骤，开始实施研究策略，开展了实实在在的研究。这一阶段，我们主要做了以下几点工作。

1. 精心组织开题报告会

开题报告是一项严肃认真的工作，应以实事求是的科学态度进行，需要课题负责人认真准备论证材料，详细介绍课题情况，虚心听取专家论证意见和修改意见，并根据论证结论处理课题研究方案。2018 年 9 月 28 日我们邀请学校领导和县教育局有关专家召开课题报告会，在会上课题负责人陈婵萍从 9 个方面做了阐述，与会领导和专家认真听取，积极讨论，给我们提出了许多宝贵的意见和建议。报告会后我们整理资料，分析专家意见和建议，对课题研究方案进行了修改并制定了实验班课题研究管理制度。

2. 成立课题研究组,明确分工

课题组组长:陈婵萍,综合管理、监督课题研究的各项工作。安排各阶段的课题研究任务,整理课题研究资料,撰写各阶段研究报告,上报研究成果。

课题组成员一:贺慧星,负责六年级4个班科学课学生创新能力的培养研究和配合课题负责人撰写各阶段研究报告。

课题组成员二:石安清,负责五年级4个班科学课学生创新能力的培养研究和《教学设计集》《小实验集》《论文集》《教学过程性图片集》的打印和胶装工作。

课题组成员三:曹育红,负责科学课学生创新能力的培养研究中师生调查问卷的设计和调查报告的撰写。

课题组成员四:申鲜花,设计各项实践活动方案,组织开展具体活动,在本校及城区所有学校进行师生问卷调查并进行结果整理。

课题组成员五:杨芳,负责三年级5个班学生科学课学生创新能力的培养研究和《教学过程性图片集》的收集和彩印工作。

课题组成员六:安红霞,负责四年级5个班科学课学生创新能力的培养研究和《论文集》的收集和整理工作。

课题组成员七:王小琴,负责科学课学生创新能力的培养研究中《小实验集》的收集和整理。

课题组成员八:李艳莉,负责科学课学生创新能力的培养研究中《教学设计集》的收集和整理。

课题组成员九:冉爱霞,负责科学课学生创新能力的培养研究中《教学设计集》《小实验集》《论文集》《教学过程性图片集》封面的设计工作。

3. 培训课组题成员,组织学习相关理论知识

一是吸纳全校科学组教师为课题实验实践团队成员,确立29个教学班为实验载体,充分利用课堂教学这个平台,开展以"小学科学课中学生创造能力培养的研究——小学科学课程的趣味化"为主题的课堂高效教学方法实践与研讨活动。

二是由陈婵萍负责完成20课时的理论讲座,培训参与课题研究的教师,丰富课题组成员的理论知识,更新参与课题研讨人员的教学理念,提高课题组成员的研究能力,做好开展研究的前期准备工作。

三是为了更好地开展课题研究,课题组成员阅读与课题研究相关的书籍,积极学习与课题相关的教育教学理论。课题组要求成员利用课余及节假日时间学习与课题相关的理论书籍并撰写出读书笔记。课题组成员利用课余时间阅读了《义务教育小学科学课程标准》《中国学生发展核心素养》、人教版小学3~6年级小学科学全套课本、教参,通过网络观看了优秀科学课教学视频,通过网络了解和分析了国内外学者和教师对小学生科学创造能力培养的研究现状;阅读了以下书籍《教师如何做研究》《做一个有研究力的教育者》《优秀教师悄悄在做的那些事儿》《教师怎样梳理表述研究成果》;撰写学习心得与体会,做好自我提升工作。

四是课题负责人和县教研室主任陈武成、小学科学教研员陈玫君通过沟通,邀请全国知名的小学科学网络骨干、浙江丽水市第四批小学科学学科教学带头人、浙江莲都区天宁小学教科室主任陈建秋在全县范围内对科学教师进行“小学科学课中学生创造能力培养的研究——小学科学课程的趣味化”实践操作方法的培训,使教师们在课堂教学中,创设和谐氛围,充分发挥学生的主体作用,达到快乐教学、有效教学的目的。通过与学校领导协商选派课题组教师到厦门、兰州、陇南等地和宕昌县城关三小、宕昌县旧城中学等学校考察培训,学习先进理念,设计科学教学方法,在本校 29 个教学班中实践、实验,课题组进行研讨总结,汲取精华,形成切实可行的方法体系。

(二)第二阶段:实验阶段(2019 年 1 月—2019 年 12 月)

一是组织课题组成员在课堂教学中,运用研讨形成的新教法实施课堂教学,记录课堂教学实录,发现存在的优点和问题,撰写改进意见和建议,提交课题组。

二是设计与本课题有关的调查问卷,并进行大范围的问卷调查活动,掌握学生需求,对问卷调查进行可行性分析,整理相关报告。

三是开展师生问卷调研活动,为了有效开展课题研究,我们所做的第一项工作就是在师生中开展了一次问卷调查活动,目的旨在通过调查,分析问题及原因所在,研究解决问题的对策,顺利开展课题研究,使科学课堂能真正培养学生的创新意识和创新能力。

通过对问卷调查的分析,我们得出当前科学课存在的问题如下。

①目前对科学课的评价体系滞后。

②科学课教师大都是兼任教师,兼任教师精力无法兼顾,没有多余时间准备科学实验材料,对实验不够重视。

③如果教师还带了语数外等课,就有挤占科学课的现象。

④上课时,学生在发言和动手操作方面主动性不够。

⑤学生在课前预习和课后复习方面主动性不够。

⑥学生在学习和生活中不善于发现问题。

⑦学生对于发现的问题不能及时解决。

⑧学生平时接触的科普书籍少,听到的科普讲座不多,参加的科普活动少。

⑨有些学校对科学课不够重视。

通过调查分析我们认为,科学课课堂上培养学生创造性重点是要加强合作学习小组的组建,引导学生课前预习和提前自己准备实验道具,必要时可自己制作实验道具,做到课前心中有数。

四是课题组每三周召开一次研讨会,组织全体参与课题实践的教师针对教学中的问题与感悟,调查中学生的需求与困惑,各抒己见,集思广益,不断完善课堂教学方法,丰富课堂教学理论,提升课堂教学效益,在 29 个教学班中全面实验。

五是组织教师整理在教学过程中形成的优秀案例,撰写在课题实践中形成的论文,并发表在省级或国家级的教育类刊物上,整理《教学设计集》《小实验集》《论文集》《教学过程性图片集》。

六是撰写与本课题有关的调查报告。

七是撰写中期研究成果报告。

(三)第三阶段:总结阶段(2020 年 1 月—2020 年 5 月)

一是根据整理研究的相关资料,完成可行性分析报告。

二是先后 11 次召开研讨会,分析课题实验得失,总结提炼研究成果,集体完成研究报告。

三是撰写结题鉴定报告,上报省教科所,申请鉴定。

六、课题研究的成果

(一)课题研究过程的新举措

从 2018 年 7 月至 2019 年 12 月,我们进行了为期一年半的教学实践,整个研究过程分为以下几个阶段。

1. 尝试模仿阶段

①督促教师积极读书。在课题结题报告的准备阶段和书写阶段,可以查阅一些和课题有关的书籍、期刊和报纸,通过阅读学习,对我们在教学中似曾相识,但又不甚明白的一些理论、经验等加深理解,对今后的教学具有指导作用。

②对课堂教学活动用心设计,让学生在课堂上多动手、动脑,结合学习的实践情况,对学习中出现的问题进行分析,探索最佳的学习方式和解决策略。

③通过课堂教学实践情况,进行分析概括,总结得失,找到可以运用和借鉴的规律性的东西,形成合理有效的课堂学习模式。

④在前期研究的基础上,运用总结的经验再选相同或相似的课例来设计,然后再上课,再观察,再反思,再总结。

⑤在研究过程中注意收集、整理典型课例,形成文本资料;加大反思力度,总结研究得失,形成研究随笔和研究成果。

⑥把课题研究与日常教学、教研工作结合进行。课题组定期组织教学研讨活动,召开阶段成果交流总结会,完成每一阶段的总结。最后,我们根据平时的教学,收集和整理了一些好的教学设计和做过的小实验以及相关的图片和根据教学过程中的感悟和反思,每人写了一到两篇论文,编写了《教学设计集》《小实验集》《论文集》《教学过程性图片集》。

2. 组建科学实验班

选取两个班作为实验班和对照班，分别采取传统教学方式和创新方式进行教学试验，对实验对象进行监测和访谈，得出研究结果。

开展课题实验的两个班的学生人数都是 48 人，我们结合实际情况，传统班不分小组，实行老师讲学生听的方式，回答问题采取老师问学生答或学生提问老师解答的方式，也就是采取以教促学的授课方式。实验班按照每小组 6 人的分组方法，每个班组建了 8 个合作学习小组，明确组内成员分工。在构建好学习小组后，各小组通过讨论选出小组长、纪律员、记录员、操作员、发言人等角色，明确任务职责，明确大家应该遵守的纪律和奖惩措施。

根据同学们在课前准备道具、课堂上回答问题、积极发言的表现与期末成绩挂钩，即期末成绩只占总成绩的 70%，平时表现情况占 30%，并通过墙报张榜公布，开展小组间的竞赛。结果同学们上课的积极性越来越高，回答问题、动手操作越来越踊跃，他们在课堂上踊跃发言，激烈讨论已成习惯，而且，准备道具、发言讨论的目的不再仅仅是挣到 30 分，而是更多积分。

通过初步检测，课题组发现，传统班的学生循规蹈矩，学生严格按照老师的要求上课，在课前预习和课后反思方面主动性不强，也懒于自己准备实验道具；在课堂上动手能力弱，小组合作能力也不是太强，只有个别学生进行动手操作，大多数学生只是生在旁边，不动手，小组汇报时也不说话，学习主动性不强，更不用说发现问题、解决问题了。

在实验班，根据我们平时的科学课教学和听评课，得出小学科学课中学生创造能力培养的教学策略：引导学生从科学课的趣味化方面入手，提升学生的动手操作能力和创造能力。创造能力主要体现在实验道具的制作上，主要是要让学生多动手，通过动手操作，发现问题和解决问题。通过问题得以培养孩子们的创新思维能力。在动手能力方面，主要是让学生自己制作实验道具、自己动手实验、自己得出结论。如果自己能说出实验原理就最好不过，如果自己说不出，就由老师告诉学生，然后再次通过实验进行验证。

3. 课堂教学中充分利用实践小组进行合作学习活动

自课题研究以来，我们在科学课堂上积极开展小组合作学习活动，在实践中不断验证理论，改进方法，总结经验，提高效率。

在科学课上老师先布置任务、让孩子们自己进行动手操作，然后抛出问题让孩子们想出各种办法进行操作。老师进而引出主题让孩子们选择现有的材料，设计道具。在这个动手制作的过程中，孩子们根据老师的指导，开动脑筋，利用随处可得的材料，玩儿得不亦乐乎，这其中有分组讨论、集体交流、分组制作等合作分工环节，各小组最后将自己的成品进行展示。老师看到孩子们忘我地学习，享受着探讨、思索以及最终解决问题的快乐。科学课的完成需要小组组长与小组成员之间的合作配合。一节完整的科学课应由准备材料、设计简图、制作规则、其他说明（发现、技术、原理）等环节构成。我们根据教材内容和学生学情，采取了丰富多样的小组合作学习方式，使得学生的实践能力和合作意识进一步得到提升，同时也在快乐中学到了很多知识。

（二）课题研究的创新点

（1）为学生学习初高中理科打下基础

在小学科学课中，通过动手操作做实验，让学生发现问题，通过实验验证答案，明白一些科学原理，为以后升入初高中学习生物、物理、化学课打下基础，培养了对初高中理科学习的兴趣，也为将来培养创新型人才打下基础。

（2）培养学生自己制作实验道具的能力

本课题组收集有趣的科学小实验，所需的道具都是平时常见的生活用品，简单又好玩，适合 5~12 岁的孩子，适合教师或家长陪着孩子做。

（3）让孩子们建立合作意识

为发挥学习伙伴的作用，课前让孩子们自由编组，指导他们注意优势互补，这样小组中有人善于动手，有人善于发现，有人善于总结，有人善于组织分工协作、共同探讨。

（4）培养学生动手搞发明的意识

教师组织学生在课堂上通过动手制作小玩具，如沙包、毽子、铁环、陀螺等，逐步过渡到科技制作，如自制红绿灯，最终引导学生向科技制作、科技创新方面发展。

（5）引导高年级学生写科学小论文

让五六年级的学生把发现问题、通过小实验验证答案、探究解决问题的过程写成科学小论文。通过表述研究过程和研究结果培养孩子们的探究兴趣和写作能力。

（6）开发乡土课程

课题组成员非常认同为生活而教育，在生活中教育。学校在科学实践课上开设了开心农场，利用自然基础资源，进行乡土课程的开发和实践。在科学实践课上，我们教孩子们种蔬菜、水果。我们一致认为这不是教孩子种地，而是让孩子利用工具，学会思考，全面提高孩子们的科学素养和人文素养。

（三）研究的基本观点和主要结论

小学科学课中学生创造能力可以通过小学科学课程的趣味化来培养。我们得出小学科学课中学生创造能力培养的教学策略：引导学生从科学课的趣味化方面入手，提升学生的动手操作能力和创造能力。通过调查分析我们得出结论，科学课课堂上培养学生创造性重点是加强合作学习小组的组建并引导学生课前预习和提前自己准备实验道具，可通过自己制作实验道具，为课前做好充分的准备。

我们课题组成员认为乡土课程的好处有以下几点：①乡土课程撬动兴趣，让学生爱上学习，自主探究；②乡土课程撬动思维，学会思考面向未来；③乡土课程撬动人性，找到自我，乐在其中；④乡土课程撬动学科融合，让学习变得简单。

主要结论：教师指导学生开展科普阅读，利用身边材料培养动手操作的能力，激发学生的学习兴趣；把好玩的科学带进教室，带进实验室，让学生在亲自动手实验的过程中感受科学的魅力；落实每一节科学课，让每一节科学课都独具特色与魅力，让学生能学到有用的知识;教育局以及学校要高度重视和支持学校教师改进教学方式。

小学生本身对周围的一切都充满好奇,对这一切有着天生的探索欲望,总有问不完的问题,而科学探索更是一件让孩子们感到神奇的事情。课题组教师和学生一起做这些科学实验,通过动手操作来满足孩子的求知欲、培养孩子的科学探索精神。

(四)课题研究的新观点

通过做此课题,我们认识到,“做科学”要站高、看远、想深,才能坚持到最后,才能和孩子们一起迎接“互联网”的智慧时代。科学课要遵从孩子们的认识规律,科技教育要从娃娃抓起。我们要更新教育理念,不断摸索,引导孩子们善于动手做实验工具,一个饮料瓶,一根吸管等,一件件我们觉得是垃圾的东西,在师生的手下变成一个个好玩的实验,让孩子知道科学离不开生活,也源于生活。我们要突出一个“玩”字,要玩出名堂,玩出钻研和探索,让科学既好玩,又有科学内涵和教育内涵。孩子们天性好动,他们希望被尊重和被看见,老师应该拓宽视野,放手鼓励,让学生充分体现自己的发现和创造的乐趣。老师要引导孩子与科学同行,点燃孩子的思维,在分数和能力中,找到一个最佳契合点,构建孩子的科学素养,培养相互信任与合作的品质。

①学生从对科学课不感兴趣到兴趣盎然,直到对科技创新感兴趣。

今天的科学课是为了培养 21 世纪的科学家,我们的教育需要培养孩子创造性解决问题的能力、批判性思维和合作精神。小学生本身对周围的一切都充满好奇,对这一切有着天生的探索欲望,总有问不完的问题,而科学探索更是一件让孩子们感到神奇的事情。我们课题组教师和学生一起做这些科学实验,通过动手操作来满足孩子的求知欲、培养孩子的科学探索精神。

②如何把快乐融入小学科学课的教学当中,这是我们每个科学教师值得深思的问题。快乐的科学课堂,应该是在玩中做,在做中玩,通过玩和做,让孩子们感受到合作和探究的乐趣。在课题研究之后,教师在上科学课时,开始注重培养学生的问题意识、合作意识和动手、动脑能力。

③动员家长参加我校的科学社团,与老师一起带领孩子们做实验、制作实验道具、搞乡土课程的开发、搞科技创新,有家长的支持,老师和学生也就更加有兴趣了。

④和县教育局教研室达成一致,在全县范围内成立小学科学社团和中学理科社团、科技工作室。与县教研室陈武成主任和陈玫君教研员一同组织全县小学科学教师和中学理科教师,定期进行研讨、交流,在县际范围内把我们的研究成果进行推广、运用和充实。

⑤和县科协朱五泉主席达成一致,定期组织学生和教师参加全县、全市、全省的科技创新大赛,以提高学生和教师的科技创新兴趣和能力,让学生在获奖中体验到成功的喜悦。在朱主席的支持下, 2019 年 9 月 16 日成立了宕昌县旧城中学流动科技展览馆,设置了“声光体验、电磁探秘、运动旋律、生命奥秘、数学奥秘、机械韵律、球幕影院”共 7 大类展区和 85 件科技展品。在现场,红外血管成像、电磁加速器、汽车差速器等一系列互动科技体验展品,

吸引了很多青少年的目光。中国流动科技馆走进宕昌，为学生参与科普、了解科普、支持科普提供了一次良好机遇，同时对进一步提高中小学生科学文化素质，培育全民创新精神，促进全县科教事业发展，特别是对引导广大青少年树立科学思想、掌握科学方法、增强创新精神和实践能力，具有十分重要的意义。

七、成果的应用情况

（1）激发了学生的学习兴趣

通过课题研究，学生的学习热情高涨，动手操作的能力、讨论问题的参与度大幅度提高。

（2）培养了学生的合作意识

小组合作学习是科学实验教学中经常使用的行之有效的活动形式，学生为了完成一个有趣的实验，经常需要在一起研究与实践，他们在与同伴分工合作的过程中，逐步懂得了合作的重要性，并由此主动去学习、掌握与人共同交流、合作的技巧。

（3）培养了学生的问题意识

在小组合作学习中，学生对别人的观点并非一味地盲从，在讨论中敢于质疑。从问题到实践，从知识到能力，学生的发问多起来，对有些问题的探究直接促进了知识的积累和能力的培养。

（4）实验教师教育观念的突破

课题研究开展以来，课题组教师能够科学理解合作学习的基本内涵，改变了以教师为中心的传统教育模式，真正树立以学生为主体、教师为主导的现代教育思想，教师引导学生从被动接受知识转变为主动探求知识，在获得学科知识的同时，提高了综合素养。

（5）发表论文获奖情况

课题负责人陈婵萍和课题参与者贺慧星在 2019 年第 2 期《课程教育研究》上发表论文《小学科学课中学生创造能力的培养——小学科学课程的趣味化》；课题负责人陈婵萍和课题参与者曹育红在 2019 年第 3 期《中学课程辅导教师教育》上发表论文《浅谈小学生科学探究兴趣的培养》；课题负责人陈婵萍的“认识机器人” 2018 年 6 月在甘肃省教育科学研究院组织的“甘肃省中小学机器人教学案例评选活动”中荣获二等奖；课题负责人陈婵萍的论文《科学课，小学生快乐成长的跃土——小学科学课程的趣味化》2018 年 11 月在甘肃省教育科学研究院组织的“甘肃省 2018 年优秀论文、教学设计、案例评选活动”中荣获二等奖。2018 年秋季学期开始，借助“彩虹花”项目成立航模社团，同时开展“好玩的科学”教学至今。航模活动开展基础类的手掷滑翔机、橡筋动力滑翔机、橡筋扑翅机、电动自由飞、水火箭、遥控固定翼、无人机等。多次参加全国科技创新市级、省级比赛，部分获奖作品包括“小学航模活动科技实践”“半导体制冷研究——自制车载冰箱”及科技幻想画等；2019 年陇南市创客大赛获奖作品包括“水火箭自动开伞器”“无人视频车”。

（6）社团及科技工作室成立情况

通过与县教研室协商达成一致，在我县白水川小学成立了牛谢军老师科技工作室，理川小学科学技能创新工作室、木耳小学好玩的科学社团、我校好玩的科学社团,我们定期带学生和家长一起参加科技制作,现在已成功地组装了无人航拍机、电动风车,制作小风扇,自制水循环、皮带轮、齿轮、风扇三项动力电动玩具车,制作了加法训练器、船模等。

现状:由航模社团增加延伸到机器人、创客教育。目前设备、器材已到位,可立即投入使用。

八、课题研究的反思

(一)研究中存在的问题

①在课题研究的技术层面上,缺乏更高水平的理论引领,科学方面的专著很少,网络上只有科学论文。

②通过问卷调查和访谈了解到教师在科学课中对学生的意义和作用缺乏认识,仍存在其他科目教师兼代科学课的现象,还有挤占科学课的现象。

③学生有较强的惰性心理。有部分教师懒于准备实验材料,也懒于布置学生准备实验材料做实验。

④学生的动手能力有待加强。当前,虽然小学生掌握了许多科学知识,但是却严重缺乏动手实践能力。

⑤对乡土课程的开发缺乏理论指导,实践性不足,有待加强。

⑥科技创新经验不足,需要多参观学习和动手实践。

(二)研究后续设想

今后,课题组将在以下几个方面做好进一步研究工作。

①加强理论基础的巩固与学习,不断探索出更加适合小学生学习科学的方式,我们将研究总结出更多的理论研究成果并在全县、全市、全省范围内推广和运用。

②增强对乡土课程开发的理论知识的学习与创新,通过更多的实践,总结出更多更有效的经验加以推广和运用。

③在科技创新领域,多参观学习,多动手实践,寻找出更多使小学科学课程趣味化的教学模式,由科学课、科学社团发展到参加校外航模社团,最后延伸到机器人、创客教育,使得我们的科学教育走向新高度。

本课题的研究虽取得了初步成果,但尚需在理论方面进一步丰富与探讨。课题组会继续研讨,让指导学生科学创造能力探究的活动显示其生机勃勃的活力,展现春天般的绚丽色彩。

九、课题研究成果的发表、出版、转载、引用、获奖情况

①课题负责人陈婵萍和课题参与者贺慧星在 2019 年第 2 期《课程教育研究》上发表论

文《小学科学课中学生创造能力的培养——小学科学课程的趣味化》。

②课题负责人陈婵萍和课题参与者曹育红在2019年第3期《中学课程辅导教师教育》上发表论文《浅谈小学生科学探究兴趣的培养》。

③课题负责人陈婵萍和课题参与者李艳莉在2019年第9期《新课程》上发表论文《如何激发学生的阅读兴趣》。

④课题负责人陈婵萍2018年4月被甘肃省教育厅评为甘肃省中小学骨干教师。

⑤课题负责人陈婵萍的“认识机器人”2018年6月在甘肃省教育科学研究院组织的“甘肃省中小学机器人教学案例评选活动”中荣获二等奖。

⑥课题负责人陈婵萍的论文《科学课,小学生快乐成长的跃土——小学科学课程的趣味化》2018年11月在甘肃省教育科学研究院组织的“甘肃省2018年优秀论文、教学设计、案例评选活动”中荣获二等奖。

⑦课题负责人陈婵萍2019年1月被陇南市委、市政府评为陇南市第三批领军人才。

⑧课题参与者王小琴在2019年第1期《教研周刊》上发表论文《在小学数学教学中培养学生思维能力方法初探》。

⑨课题参与者王小琴在2019年第11期《中小学教育》上发表论文《问题解决认知模拟及教学启示——以小学数学“众数”教学为例》。

⑩课题参与者王小琴在2018年8月在陇南市教育局组织的陇南市2018年学校美育“一节一赛一交流”艺术展演中指导的绘画作品荣获小学组一等奖。

⑪ 课题参与者王小琴在2019年3月在甘肃省教育厅组织的甘肃省第六届中小学生艺术展演中指导的绘画作品《国色天香》荣获小学甲组二等奖。

⑫ 课题参与者王小琴2019年6月在宕昌县教育局组织的2017—2018年度“一师一优课一课一名师”活动中小学数学课例“8和9的加减法”荣获县级优课。

经典诵读与小学生行为礼仪的探究

洛阳市第一高级中学附属小学　李亚辉　李社会　毛志锋　李晓红　朱志峰

摘要：中华经典诗文承载着中华民族精神和传统文化教育的精华，开展中华经典诵读与学生礼仪养成相结合活动，对于传承和弘扬中华民族优秀传统文化，提升广大中小学生的道德素养和语文素质，培养学生的礼仪规范，激发全社会对中华优秀文化和祖国语言文字的学习和热爱，增强民族自豪感和文化自信心，繁荣和发展社会主义先进文化，净化社会风气，构建社会主义和谐社会具有重要意义。

关键字：经典诵读；行为礼仪；传统文化

一、课题的名称与界定

1. 题目

经典诵读与小学生行为礼仪的探究。

2. 概念界定

中华民族有着深厚文化传统，形成了富有特色的思想体系，体现了中国人几千年来积累的知识智慧和理性思辨，这是我国的独特优势。我们要引导少年儿童通过阅读那些经过历史选择出来的具有典范性、权威性、价值性的书籍，通过吟诵中华传统经典，丰富和积累文学知识，加深对中华优秀传统文化的热爱，增强继承和弘扬中华文明的自觉性；引导少年儿童讲述中华传统经典，了解文明古国、礼仪之邦的文化之根，汲取经典中的人文素养和思想精华，培育文明礼仪规范，形成良好的礼仪行为。

综上所述，我们的课题确定为“经典诵读与小学生行为礼仪的探究”。

二、课题的提出

1. 研究的背景

中华优秀传统文化中有很多思想理念和道德规范，无论过去还是现在，都有其永不褪色的价值。中华民族有着深厚的文化传统，形成了富有特色的思想体系，体现了中国人几千年来积累的知识智慧和理性思辨。

文明礼仪处处可见，这些礼仪就常常发生在我们身边的小事中，但往往容易被我们所忽略。随着 21 世纪生活节奏的加快，电视、网络等视听传媒，尤其是网络的迅速普及，人们的文化底蕴和内涵素养被淡化了,小学生的读书兴趣堪忧,尤其是对于经典文化的阅读兴趣,更是少之又少。没有了书籍的滋养,小学生在礼仪上就表现出散漫、不够文雅,不够自立、自律;在心理上表现为自私、不会分享、缺乏信心与勇气,不会为别人着想等,利于与人和谐相处的礼仪缺失。

面对此现状,我们教师们甚为担忧,要想解决这样的问题,要引导少年儿童通过阅读那些经过历史选择出来的具有典范性、权威性、价值性的书籍,通过吟诵中华传统经典,丰富和积累文学知识,加深对中华优秀传统文化的热爱,增强继承和弘扬中华文明的自觉性;引导少年儿童讲述中华传统经典,了解文明古国、礼仪之邦的文化之根,汲取经典中的人文素养和思想精华,培育文明礼仪规范,形成良好的礼仪行为。

2. 研究的理论意义

历史和现实都证明中华民族有着强大的文化创造力。每到重大历史关头,文化都能感国运之变化、立时代之潮头、发时代之先声,为亿万人民、为伟大祖国鼓与呼。一个民族的复兴需要强大的物质力量,也需要强大的精神力量。没有先进文化的积极引领,没有人民精神世界的极大丰富,没有民族精神力量的不断增强,一个国家、一个民族不可能屹立于世界民族之林。中华优秀传统文化是中华民族的精神命脉,是涵养社会主义核心价值观的重要源泉,也是我们在世界文化激荡中站稳脚跟的坚实根基。千百年来的文明礼仪之风传承至今,因此我国向来就有“文明古国”之称。一个素质高、有教养的现代文明人,必须有良好的礼仪文明。文明礼仪是自身的修养,它就如同一棵小树,只要你注重它,从点点滴滴的事去表现它,它就会在你的心中扎根,成长。虽微不足道,但却是我们每个人都不能缺少的。我们在日常的教学中要加强对中华优秀传统文化的挖掘和阐发,使中华民族最基本的文化基因与当代文化相适应、与现代社会相协调,把跨越时空、超越国界、富有永恒魅力、具有当代价值的文化精神弘扬起来。

三、课题研究的目标、内容、重难点

1. 研究目标

重点:选择适合小学生学习的经典内容,调动学生学习经典的积极性,与生活实践结合,组织丰富多彩的活动,达到指导学生形成规范礼仪的目标。

难点:熟练诵读经典内容,内化于心;展示日常规范礼仪,外化于行。

2. 研究内容

经典诵读与小学生行为礼仪的探究。

3. 研究重点

选择适合小学生学习的经典内容,调动学生学习经典的积极性,与生活实践结合,组织丰富多彩的活动,达到指导学生形成规范礼仪的目标。

4. 研究难点

熟练诵读经典内容,内化于心;展示日常规范礼仪,外化于行。

四、课题研究的对象和方法

1. 研究对象

我校两个校区的全体学生。

2. 研究方法

(1)调查研究法和个案研究法相结合

结合学校实际情况,由课题组成员在学校层面进行深入的研究、探讨,最终形成一套科学、完善的调查问卷体系,采取严格的操作方式,对全校师生进行问卷调查,并采取群体座谈、个体访谈等多种方式,对学生在经典诵读阅读习惯方面的现状进行深入地调查了解,准确掌握学生在经典诵读阅读习惯方面的现状,并对影响学生良好经典诵读阅读习惯的归因进行深入、全面的分析。

(2)文献研究法

通过查阅书籍、网上搜集资料等多种途径,全面了解关于学生经典诵读与小学生行为礼仪方面的理论及文献资料,取其精华,去其糟粕,并在借鉴先进经验的基础上,创新出适合学校开展的经典诵读与小学生生行为礼仪方面的培养策略。

(3)行动研究法

用现代教育理论指导研究实践,采用榜样教育法、制约训练法、实践教育法等教育途径,最终促进学生良好的行为礼仪形成。

(4)经验总结法

根据课题组成员的活动实施,分阶段、有目的地进行经验交流,对活动开展情况进行客观、全面地总结,对活动成果进行归纳、提炼,最终形成报告、论文等文字性材料。

五、研究过程及操作

1. 研究过程

课题研究分为三个阶段。

(1)第一阶段:研究准备阶段(2019 年 11 月)

①在课题主持人的带领下成立课题组,组织课题组成员通过多种途径搜集、学习关于学生经典诵读与小学生行为礼仪方面的理论及文献资料,共同交流研讨,形成本课题的具体实施方案。

②组织课题组教师认真学习课题实施方案,了解本课题的理论意义和实践意义,国内外相关研究文献综述;本课题研究的基本内容和重点问题,预计突破的难点;本课题研究的方法、途径,课题具体实施步骤,时间安排与人员分工;主要参考文献等,确保课题参与教师在理论学习、统一思想的基础上,发动全体教师参与,引导教师调整自己的学习与研究方向,围绕课题的主导理念开展诵读指导活动。

③课题组成员对各个年级在经典诵读阅读习惯方面的现状进行调研，了解学生参与阅读活动的情况。

（2）第二阶段：研究实施阶段（2019年12月—2020年8月）

① 2019年12月—2020年1月，开展小学生诵读现状及行为礼仪系统性调查，形成调查报告。

② 2020年2月—2020年8月，重在通过开展丰富多彩的经典诵读活动，对学生进行爱国守法、礼仪孝道、明礼诚信、团结友善、勤俭自强等行为礼仪的培养研究。

（3）第三阶段：研究总结阶段（2020年9月—2020年10月）

①整理资料，对取得的研究成果进行分析、研究，进一步完成课题的可行性论证。

②课题成果的总结和提炼，形成研究报告。

课题组人员具体分工如下。

课题主持人：吉志锋，中小学一级教师，本科学历，洛龙区语文教研员，具有丰富的语文教学指导经验，主要负责本次课题研究的方案论证、实施指导。

课题组成员：李亚辉，中小学一级教师，本科学历，常年从事语文教学工作，基本功扎实，目前担任学校教导处主任，主要负责本次课题研究的理论支撑、活动方案设计。

课题组成员：李社会，中小学一级教师，本科学历，常年从事语文教学工作，教学经验丰富，善于处理学生问题，主要负责本次课题研究的思想动员，联系相关人员为活动开展做好保障。

课题组成员：毛志锋，中小学二级教师，本科学历，常年从事语文教学工作，课堂教学新颖，具有较高的理论水平，主要负责本次课题研究的技术支持。

课题组成员：李晓红，中小学二级教师，本科学历，常年从事语文教学工作，具有小学低、中学段的教学经验，课堂教学灵动，主要负责本次课题研究的相关学生活动的原始材料搜集工作。

课题组成员：朱志峰，中小学二级教师，本科学历，常年从事语文教学工作，课堂中敢于尝试创新，主要负责本次课题研究的学生活动开展的组织工作、总结工作，保证活动的质量。

六、主要建树

1. 经典诵读促进了小学生的身心健康

国学经典是各代圣贤思想、智慧的结晶，是民族文化的瑰宝。诵读国学经典，可以修身养性，增加智慧，开启成功之门；诵读国学经典，可以认识美、领略美、欣赏美，享受美丽人生。实践证明，经典诵读是提升学生品行和修养的有效途径。在国学经典的浸润下，学生的性情变得平和，创作力更强，胸怀更广阔，人格更健全。

2. 经典诵读提高了学生记忆力

从各班教师提供的诵读阶段总结中可以看出，学生的记忆力有所提高。从部分家长的诵读反馈表中也可以看出，孩子们背书比以前背得快了。家长还发现，孩子们的语言表达能力大大提高,可以出口成章。越来越多的家长认为,孩子们在经典古诗文中吸取了做人的精神力量,培养了气质,大有“腹有诗书气自华”的风范。

3. 经典诵读丰富了学校文化内涵

学校走廊里、围墙上、标语中都有体现学校特色、弘扬传统文化的国学经典内容,营造了浓郁的国学文化氛围。校园里每天都能听到孩子们诵读经典的琅琅书声,能够聆听到悠扬的国乐。

4. 经典诵读促进了学生对社会主义核心价值观的理解

学校针对 24 字社会主义核心价值观开展了一系列的经典诵读活动,让传统经典的内涵与新时代的价值理念有机统一起来。在丰富多彩的活动中,学生对社会主义核心价值观有了进一步的理解,学生的行为举止也得到了进一步升华。

七、存在的问题

经过一年的研究,虽然在课题研究上取得了点滴成绩,但是还存在以下几个问题。

(1)学生方面

由于学生积累的知识量有差异,他们对于浅显的诵读内容,能熟读成诵,可是对于不太好理解的内容则不感兴趣,诵读效果较差。

(2)家长方面

经典诵读不能奢望孩子们能够现学现用。对于小学生而言,经典熏陶是不可能立显奇效的。因此,很多家长对经典诵读的活动理解不够,支持力度不够。

(3)教师方面

经典的东西之所以经典,是因为它的每一句话、每一个字,都蕴涵着思想和理论。即使只要学生略知一二,教师也必须知之到相当深度,如若教师还只是一知半解,自然很难在教学中随心所欲,所以对于每一位实验的老师的语文素养都存在着极大的挑战。

除此之外,在小学阶段将 24 字社会主义核心价值观与经典诵读相结合毕竟是一项新生事物,我们进行的这项研究还处于探索之中,缺乏系统的理论指导。虽然积累了一些经验,但也仅限于一些零星的具体操作,与学校课程的结合还不是非常紧密,浮于常规学校教育的表层。怎样才能将经典诵读教学与社会主义核心价值观深层融合,使之成为小学教育的有机组成部分;怎样使诵读活动更丰富、有突破,更具个性,从而使学生人文素养不断提升,这些都是我们后续急需解决的问题。

一年级语文教学中借助“汉之星”发展学生识字、写字能力的研究结题报告

洛阳市第一高级中学附属小学 吕晓青

摘要：“汉之星”教学辅助系统能够直观演示汉字的形成和演变，提供大量识字写字资料。对其科学运用能够有效激发学生识字和写字兴趣，发展学生识字思维、构建识字网络，培养写字能力。

关键字：汉之星；识字写字；能力研究

一、课题的名称与界定

1. 题目

一年级语文教学中借助“汉之星”发展学生识字、写字能力的研究。

2. 概念界定

学生识字、写字能力，一方面包含对汉字的识记能力，为一方面包含对汉字的书写能力。识记就是认识汉字，读准字音，知道字意，并且记住字形的能力；书写能力则指的是把汉字写正确、写规范、写工整、并且有一定书写速度的能力。

一年级“识字、写字”教学，是一年级语文教学中的重中之重。汉字的认识、理解、书写、记忆是学生语文学习中占比重最大的也是困难最多的活动。

“汉之星”作为现代化的“识字写字”教学辅助系统，非常适合需要大量识字写字的低年级语文教学，同时系统中科学而丰富的内容，非常契合低年级学生形象思维占主导思维方式的特点。

综上所述，我们的课题确定为“一年级语文教学中借助‘汉之星’发展学生识字、写字能力的研究”。

二、课题的提出

1. 研究的背景

一年级是学生小学学习的初始阶段，一年级的语文教学更是学生在小学阶段学习语文的启蒙阶段，在这个阶段学生语文学习能力的发展，语文基础知识的夯实，对于孩子以后语

文学科的学习都起到非常重要的作用，特别是语文教学中的识字、写字更是极其重要的部分。可以说一年级学生识字写字能力的发展决定了学生能否有更足的语文学习后劲，决定了学生对语文学科的情感。语文课程标准中低年段的目标中也明确指出“喜欢学习汉字，有主动识字、写字的愿望。”

深入研究一年级的语文教学，我们会发现一年级的老师在教学中普遍比较注重通过新颖的教学形式来激发学生学习语文的兴趣。很多老师会在备课中制作精美的幻灯片，制作头饰和道具，会制作识字卡片等，可以说是付出了很多的努力。然而，令人遗憾的是对于识字、写字教学方面，老师教学的侧重点往往是学生能不能记住这个字，能不能把字写正确，非常缺乏对学生识字、写字能力的培养，导致了识字和写字只能依靠反复让学生去读去写，识字写字变成了学生机械记忆的过程。这样造成的结果是学生只知道这个字是这样写，但是却不知道这个字为什么要写成这个样子。学生字形记住了，思维没有发展；生字会写了，能力没有发展；作业写完了，兴趣没有了。

造成这种现状是有历史原因的，传统的识字、写字教学长期忽视汉字的自身特点。汉字是象形文字，象形文字是能够找到每个字产生的源流，就是我们说的字理。字理本身就是学生思维发展、识字、写字能力发展的重要抓手，但是，由于长期忽视了这一点，学生的识字写字更多的是靠机械记忆，其本身的思维价值和学生能力发展价值无法发挥。

2. 研究的理论意义和实践意义

（1）课题的理论意义

“一年级语文教学中借助‘汉之星’发展学生识字、写字能力的研究”课题有以下重要理论意义。课题能够丰富培养初入学儿童“识字、写字”能力教学的理论知识；课题通过对“汉之星”在一年级段的使用探索，使“汉之星”运用在一年级识字、写字教学中的行之有效的方法丰富起来；课题对“汉字星”介入下一年级学生识字、写字能力的发展有清晰认识。

（2）课题的实践意义

通过课题研究，帮助老师们建立起符合汉语言本身特点的“识字、写字”教学意识，符合汉字识记规律的教学方法；通过此课题的研究改善学生的学习状态，将一年级学生从传统识字写字学习的机械记忆中解脱出来，使学生在识字写字教学中，感受到汉语的趣味，使其思维得到发展，识字写字能力得到发展。

三、课题研究的目标、内容、重难点

1. 研究目标

“汉之星”在一年级识字、写字教学的实践研究中，探索出运用的基本规律，创新出高效的办法，使一年级学生的识字、写字能力得到发展，增强语文学习的信心，形成良好的学科情感。同时老师们在实践研究中，更新对识字、写字教学的认识，摆脱识字、写字教学的枯燥，增强课堂教学的趣味性，在识字、写字的教学中使学生得到思维的发展，感受到成长的乐趣。

2. 研究内容

一是研究运用“汉之星”系统在一年级识字、写字教学中高效的运用规律和方法。二是研究一年级的识字、写字课堂教学，研究“汉之星”系统介入孩子们的识字、写字学习中对学生的兴趣产生的影响。

3. 研究重点

一年级语文识字、写字教学中有效使用“汉之星”信息系统是本次研究的重点。

4. 研究难点

一年级学生识字、写字量大，如何有效地分配课堂时间，如何有效地运用“汉之星”提升学生识字、写字能力是本次研究的难点。

四、课题研究的对象和方法

1. 研究对象

我校两个校区的一年级学生，其中北王校区一年级为实验班，李楼校区一年级为非实验班。

2. 研究方法

（1）文献法

查阅相关资料，了解当下“汉之星”运用于教学的策略，比较当前一些教学模式，并探索出在“汉之星”辅助下的语文课堂的教学策略。

（2）问卷法

通过自编问卷等测量工具，对学校的学生、教师和管理人员等进行调查，了解当前一年级运用“汉之星”辅助教学的现状和问题，以及学生的识字、写字能力。

（3）访谈法

对参研班级进行实地听课、考察，通过与教师、家长的访谈及对学生识字写字能力的调查，分析并提炼影响学生识字写字能力形成的因素。

（4）实验法

结合一年级学生语文学科教育实际状况尤其是识字写字教学的实际，在学校语文课堂进行“汉之星”辅助教学的实验，考察对学生识字写字能力的影响。

（5）经验总结法

参研教师在实验、教学过程中，有意识地整理、搜集优质的课例，注重经验的总结，将一些有价值的课堂实录、活动设计、教学案例等备案，开展横向、纵向的交流，也为后期集结成文集准备素材。

（6）行动研究法

本课题将吸收学校全体语文教师共同开展课题的研究工作。行动研究法渗透在学校教师研究过程当中，把行动与研究结合起来，引导并组织语文教师从日常的教学中发现问题，开展协作式研究，解决问题，寻找规律，从而由浅入深地开展研究。“教师即研究者”“教师即反思的实践者”是本课题研究工作的主要观念。

五、研究过程及操作

1. 研究过程

整个研究计划历时两年时间，共分为三个阶段。

（1）第一阶段：准备阶段（2017年9月—2017年10月）

成立课题组，学习理论、展开调查，收集有关资料信息，确定研究目标，制定研究方案。采用问卷法进行前测，了解和发现一年级生字教学中存在的突出问题和一年级学生识字、写字时存在的突出问题，实验教师根据发现的问题确定研究侧重点，为有针对性地开展课题研究打下良好的基础。

（2）第二阶段：实施阶段（2017年11月—2018年11月）

依据方案开展研究，实践和探讨一年级生字教学中如何落实借助“汉之星”发展学生识字、写字的能力，突破学生识字、写字能力的难点，使学生感受到思维发展的乐趣，使学生形成科学的识字、写字能力。

（3）第三阶段：总结提升阶段（2018年12月—2019年7月）

完成课题研究，总结成果，申报验收。主要采取对照实验，开展比较性研究。整理搜集资料。对数据、资料进行统计分析，对客观效果进行鉴定，以实验报告、案例和教师反思等形式呈现实验结果。

六、研究成果

1. 主要建树

（1）借助“汉之星”培养学生的观察能力，激发学生主动识字的愿望

一年级学生写字兴趣不高的原因在于学习生字的过程比较艰涩、枯燥。即使老师设计出了精美的教学方案和精巧的教具，在小孩子的眼里，落实到写字上，依然兴趣乏乏。此次课题研究，通过行之有效的观察能力培养，培养学生有一双会观察的眼睛，将一年级学生从传统识字、写字学习的机械记忆中解脱出来，使学生在识字、写字教学中感受到汉语的趣味，使其思维得到发展，识字、写字能力得到提高。教师利用“汉之星”教学平台，把比较抽象的起笔、行笔、收笔等过程直接展现在学生眼前，使学生直观地感知笔画的走势和布局，在此过程中，也形成了良好的书写习惯，有效地减少了错字、别字。借助“汉之星”发展学生识字、写字的能力的同时，教师的相关业务能力也同样得到了突飞猛进的提高。课堂不再是学生识字的唯一场所，教师也不再是学生识字的唯一来源。教师的作用更多的是通过引导学生完成课堂上生动形象的识字过程，激发学生主动识字的热情和兴趣，产生主动识字的愿望。

（2）生字教学基本实现“课上积极学、课下比赛学”的新模式

一年级的生字教学作为语文教学重要组成部分，是学生持续学习语文的重要动力。在

课题研究过程中，课题组成员认真组织课堂教学，积极筹备识字、写字活动，定期进行识字、写字比赛。教师把“汉之星”传达给孩子们的识字、写字的方法进行延伸，让学生形成了“课上积极学、课下比赛学”的基本模式，大大提升了一年级识字的效率。

（3）丰富初入学儿童识字、写字能力教学的理论知识

在汉字教学中，我们曾经把拼音放在了霸主的地位，认为只有学好拼音才能识字。这在很长的一段时间内影响着初入学的孩子们对识字的兴趣。汉字是音形义的结合体，每一个汉字都有着丰富的文化内涵和充满趣味的演化过程。借助“汉之星”的辅助功能，使教师丰富了低年级学生识字、写字的教学理论知识。

（4）教师明确了识字与写字相辅相成的关系，树立了研究意识

任何教学都是有规律可循的，哪怕是简单的识字写字。我们不能日复一日做教书匠，而要从大量的一线教学工作出发，发现问题、研究问题、解决问题，做一个一线的研究者，使学生的学习变得简单、高效，让自己的教学变得清晰、明了。通过此课题的研究，对包括课题组成员在内的所有语文老师产生了极大的影响，树立了研究的意识。

2. 突出特色

通过两年的研究，我们参与实验的教师进行了大量的课堂教学实践，从中我们发现教学中“汉之星”教学辅助系统的使用，需要根据不同的学习内容，采取不同的学习策略，从而形成自己的教学策略。

（1）指导学生识字的策略

一年级初始阶段学习的汉字多为独体字。在独体字教学中，探索独体字抽象演化的过程就是学生识字能力发展的过程，更是学生把握汉字形成和发展规律的过程。一年级的学生刚刚萌芽抽象思维能力，教师应在汉字教学中重视帮助学生从形象思维向抽象思维过渡，使学生学习汉字的过程，成为思维发展的过程，同时也是兴趣产生和发展的过程。

在学习独体字时，我们一般分以下步骤：第一步，让学生自己用最简单的线条画出需要学习的汉字所代表的事物；第二步，让学生展示自己的作品，并讲一讲自己的想法；第三步，教师用“汉之星”让学生看到该事物演变为汉字的过程；第四步，让学生通过汉字和图画的对比说说自己的想法；第五步，引导学生发现汉字由图画演变成字之后，线条变少了，变得方方正正的，便于书写，从而感受到汉字文化的魅力；第六步，引导学生联系生活思考这个字引申出的意义，为以后合体字的学习做好铺垫，同时潜移默化地渗透该字作为偏旁部首的意义。在汉之星教学系统的辅助下，学生的思维始终处在活跃状态，让学习汉字的过程脱离了机械记忆，走向了理解汉字构建的过程。

（2）指导学生写字的策略

学生写好字的基本要求有两项，第一是按笔顺书写，第二是把字写得规范美观。针对这两个要求，我们也可以借助“汉之星”帮助我们完成写字的教学。“汉之星”中汉字笔顺演示非常清晰，教师在指导一年级学生识记笔顺的时候可以按以下步骤进行：第一，让学生认识需要识记笔顺的字由哪些笔画组成，让学生能够说清楚这个字的笔画；第二，借助“汉之星”

向学生演示这个字的笔顺写法，提醒学生认真观察，观察的同时要念出笔顺来；第三，学生跟随“汉之星”的笔顺演示进行书空；第四，让学生说一说这个字的笔顺规律，学生可能答得不一定恰当，但是，教师可以引导学生理解规律并说清楚。另外，对于形体比较特别的字，比如“边”字，学生容易先写走之底，教师除了要强调先里边再外边，还要借助“汉之星”列举几个字如“过、通、进”进行演示，加深学生的印象。

（3）形成了家校合一的教学特色

中期报告中，我们曾提出过，如何促使家长加入“汉之星”的学习行列里来。在两年的时间里，我们逐渐摸索出了以“汉之星”为纽带的家校合一的教学模式，让孩子们大量自主的识字行为得到家长的大力支持。学校定期召开家长会，让家长参与到我们组织的识字、写字比赛活动中来，让家长看到孩子的成长与进步，同时激励那些行动力迟缓的家长。同时，表彰优秀的亲子识字家庭，使整个流程固定化、规范化、程序化。

七、存在的问题

两年的“一年级语文教学中借助‘汉之星’发展学生识字、写字能力的研究”课题即将结题了，但是我们的汉字教学与研究工作并没有结束。应该说在研究工作中我们取得的成绩是喜人的，最大的收获是老师与孩子们共同进步，还寻找到了汉字教学的许多宝贵经验，但我们不会就此停止，我们在研究过程中遇到了一些问题与困惑，还需更长的时间去研究探讨。

课题研究是辛苦的，如何调动更广大的教师们的积极性，促使其在忙碌的工作中投入研究工作中，使老师们有种使命感与成就感，愿为之，乐为之？在研究过程之中如何保证老师们研究工作的稳定性，如何收集数据进行横向与纵向的比较，如何保证课题开展时对老师们实实在在的关心与鼓励，这些都需要有力的支持。“汉之星”作为孩子们识字、写字的助推器，是否能够有更好的方法推动全校学生的识字、写字能力的提高，这些都需要我们持续去研究。

“运用童谣突破小学数学教学重难点的研究”研究报告

洛阳市第一高级中学附属小学 张晓彩 雷优优 李淑治 解胜楠 李 雅 尚向乐

摘要:在小学阶段数学的学习过程中,学生总觉得数学是枯燥无味的,对数学提不起来兴趣。在学习数学知识的过程中,数学知识的重难点总会让学生觉得学习很困难,分不清楚或容易混淆一些知识点。其实这为我们的研究提供了很好的素材。对于小学阶段的学生,他们的理解能力和认知能力处于哪个阶段,在这个阶段内,如何更好地让学生有兴趣而且容易学会,教学中怎么做可以更好地突破重难点,我们课题组决定以此做研究,以积极的态度分析数学教学特点,寻找让学生感兴趣的方法,切实从学生出发,以保证我们的教学达到良好效果。

关键字:童谣;小学数学教学;重难点

一、问题的提出

在小学阶段,学生普遍认为数学课有些枯燥,对于数学知识的学习和数学技能的掌握都缺乏一定的兴趣。数学虽然记忆的东西不太多,但它的知识是连贯的,前面知识的遗忘必然给学习新知识带来很大的麻烦,而童谣在一定程度上能解决这些问题。新课程标准也指出:“广大的数学教育工作者和数学教师都应该因地制宜、有意识、有目的地开发与利用各种数学课程与教学资源。”因此,我们要深刻理解数学课程理念,善于挖掘生活中有效的数学资源,巧妙运用各种数学教学资源,让数学课堂变得更加富有趣味。童谣生动有趣,朗朗上口,数学教师可尝试在教学中运用童谣资源,利用童谣资源辅助教学,引导学生学习,从而突破数学重难点。因此,在小学数学教学中,如能将童谣与数学教学进行整合,开发和利用好数学童谣资源的研究对于当前小学数学教学具有实际意义。

通过本课题的研究,使学生提起对数学的兴趣,养成良好的学习习惯,不再觉得数学枯燥乏味。利用生动有趣、朗朗上口的童谣,激发学生的求知欲望,调动学生的学习积极性,帮助学生记住知识点,更清晰地区分容易犯错点,在学生的学习过程中避免出现错误。

二、概念界定

本课题研究的题目为:运用童谣突破小学数学教学重难点的研究。

童谣是儿童文学的一种,它来自民间,是用童语唱出童心,句式自由、声韵活泼、情趣深厚、言语朴实、顺口成章的一种文学样式。

数学童谣可以充分挖掘童谣的娱乐、审美功能,让数学知识以童谣的形式呈现,能够引导学生有效学习数学文化知识。

三、国内外与本课题相关研究概况及趋势

国内外对研究数学童谣的开发利用的论文有很多,也涌现了一些关于童谣特色学校对童谣在教学实践中应用的研究。袁仕理在《童谣——可开发和利用的数学资源》一文中指出:“童谣是用童心写的诗歌,是童年中最美妙的音符,在儿童成长过程中具有不可替代的作用。”徐向阳也在《让童谣为数学课助跑》中较好地阐述了童谣这一独特的形式在数学教学实践中发挥的作用。河南省济源市轵城镇中王中心小学《童谣进课堂的实践研究》、江苏省常州市第二实验小学《数学童谣校本课程开发方案》、上海浦东新区金茂小学《小学“新童谣教育”的实践》等论文都对童谣资源的开发利用进行了阐释,为我校将要开展的课题研究提供了实践资料和经验。

四、研究目标

通过研究,使教师能充分开发、挖掘数学童谣课程资源,掌握以童谣为载体的教学方法,提高因材施教的水平,提高数学教育教学质量;通过研究,让学生在诵唱、创编数学童谣中有所收获,从而激发他们的学习兴趣,掌握知识要点,牢记知识点,提高学习效率,提高学生数感;通过研究,充分收集、创作数学童谣,有效利用童谣资源,优化数学教学,使学生养成良好的数学学习习惯;通过研究,充分激发学生爱数学、学数学的学习情趣,促使学生学有价值的数学,能够在生活中合理运用数学。

五、研究内容

巧借童谣——激兴趣。

巧用童谣——突出重点促理解。

巧用童谣——分散难点助记忆。

巧用童谣——总结方法提技能。

巧用童谣——培养学生课堂自主意识。

六、研究的重难点

1. 研究重点

针对学生觉得数学无趣的情况，教师要巧妙运用数学童谣激发学生的学习兴趣，帮助学生拓展思维空间，也可以大胆地鼓励学生自编童谣，帮助学生透过现象看本质，透过表象看本质，刺激学生的学习欲望。

2. 研究难点

在数学学习中，对于一些难以记忆、容易出错的教学难点，如果用编童谣的形式加以归纳总结并灵活运用，能够从最佳的角度切入难点，使学生的思维更加清晰，识记更加牢固，不仅可以减轻学生的学习负担，而且还可以提高学习效率。

七、研究方法

1. 文献研究法

收集各种童谣；理解新课程标准，掌握新理念、新方法；多阅读各种专家文章，寻找科学先进的研究方法，为自己的课题研究打下坚实的理论基础。

2. 调查研究法

学生是研究的对象，通过两个班学生的对比，调查了解学生应用童谣学数学的兴趣及收效。

3. 经验总结法

在课题研究中及时总结经验，发现不足，及时调整自己的研究。及时收集、整理、分析过程材料，随时为完成研究成果做准备。

4. 行动研究法

在低年级数学教学中，收集、整理童谣，创编童谣，并恰当及时地应用于教学中，通过学生课堂反应、课后作业、单元测评了解童谣应用的收效，根据收效调整童谣的运用。

八、课题具体实施步骤

1. 第一阶段：准备阶段（2018 年 12 月 1 日—2018 年 12 月 31 日）

制定课题实施方案；学习《小学数学新课程标准》，准确把握各年级段数学教学的目标和意义；学习成功的课题研究方案，为做好课题做好准备；选定两个班级为实验班级。

2. 第二阶段：研究阶段（2019 年 1 月 1 日—2019 年 10 月 31 日）

①收集、整理、创编各种教学内容的童谣。动员全体数学教师，共同完成数学童谣资源的开发，根据数学课程的“数与代数”“空间与图形”“统计与概率”三大领域，开展多形式的数学童谣研讨活动，如数学童谣创编设计、数学童谣教学课例征集、数学童谣算题设计等。

②将自己教学中的收获做好记录，及时整理，撰写好精彩的教学片段、教育故事。

③积极开展数学童谣专题课、展示课、课例分析研讨等系列展示活动。

④将收集、整理、创编的童谣运用于自己的数学教学实践中去,及时撰写各节课的教学反思。对开发的数学童谣进行有效利用,充分发挥数学童谣对学生学习数学的作用。

⑤适时做好阶段性总结和评价。

3. 第三阶段:总结阶段(2019 年 11 月 1 日—2019 年 12 月 1 日)

收集、整理研究过程中所形成的教学案例、教育故事、经验总结、各类教学札记、课堂实录等;撰写终期阶段性总结,结题研究报告;申请结题。

九、课题研究过程

1. 设计制定调查问卷,并进行量化分析(2019 年 1 月—2019 年 2 月)

在洛阳市第一高级中学附属小学的教师、学生中进行问卷调研,为本课题的实践环节和理论研究奠定基础。

2. 组织开题报告会,调整研究目标及方法(2019 年 3 月)

2018 年 3 月,课题主持人张晓彩老师组织课题组成员召开开题报告会。

3. 明确分工、落实任务、稳步推进(2019 年 4 月)

2019 年 4 月底,课题组召开第三次课题组会议,进一步明确课题组成员的职责,课题主持人张晓彩为课题总负责人,负责课题总体策划,设计课题方案;课题组成员雷优优制定研究措施和研究计划、完成研究报告;课题组成员李淑治负责实验及主持课题研究活动,组织课题成员上研究课;课题组成员解胜楠负责指导课题研究,收集实验资料及进行结题材料整理;课题组成员尚向乐负责,课题研究的相关记录、笔记、论文、案例、反思以及成果的展示;课题组成员李雅负责结题论文、研究报告的形成。

4. 理论学习,进行检索归类分析(2019 年 3 月—2019 年 4 月)

在撰写立项报告、研究相关文献的基础上,进一步搜索与本课题相关的文献资料,组织课题组成员学习相关理论知识,并进行课题文献搜集整理,对本课题研究过程中所运用的文献资料进行检索归类分析,准备相关的课题研究资料,力图以最新的相关资料来进一步拓展研究的深度和广度。

5. 参加培训,加强学习(2019 年 5 月)

组织青年教师,加强学习,转变观念,积极探索,关注课堂上学生的灵动性,并且提出全面加强数学歌谣在小学数学教学中的正向作用。

6. 尝试在小学数学课堂教学中灵活运用童谣内容重建,并进行组内研讨(2019 年 5 月—2019 年 6 月)

小学数学的教学互动性极强,要求教师具有灵动的互动能力和亲切的教学方式,除了在表达方式上适合儿童的心理年龄,还要从儿童的语言习惯、行为特征以及心理需求等各个方面进行考量。儿童时代的学生对童谣、儿歌等朗朗上口的语句容易接受,也容易掌握,这样教师就应该发掘童谣的优势,为学生创造充满兴趣的童谣课堂,让学生在不知不觉中记忆和掌握知识点,在顺口溜的带动下增强学习的兴趣,实现小学数学素质教学的目标,帮助学生摆脱枯燥学数学的烦恼。

基于上述认识,课题组对小学数学课堂教学内容重建,立足于学生的认知基础,立足于学生的认知可能,立足于教学的目的要求,不遗余力创新和探索童谣课堂的可实现性,营造出活泼灵动的小学数学课堂教学氛围,促进小学数学教学的进步和学生学习兴趣的发展。

十、课题研究的重要成果

1. 完成问卷调查,为课题研究指明方向

为了解学生对待童谣的看法以及童谣在小学数学中的应用,搞清楚学生和教师的需求和困惑,课题组在教师和学生之间开展了问卷调查。通过问卷调查发现,孩子们对于数学里面的童谣不是特别了解,说明在平时教学中童谣的应用还存在一定的空白,这为我们的研究指明了方向。我们以后应该刻苦钻研,结合童谣的特点、孩子成长发展的规律和每一节课的重难点知识开展探究。

2. 培养学生主动编写数学童谣

在教学中我们给予学生时间和机会,让学生根据教学中的重难点自己讨论总结,根据自己已有的经验和知识水平,用自己喜欢的且符合教学内容的方式编写童谣。可开展童谣汇编和数学童谣手抄报等活动,通过编写童谣,孩子们学会从身边寻找可利用的资源,善于思考和总结, 同时又培养了他们的创新精神和合作意识。

3. 教师进行小学数学常见童谣汇编

因为童谣为我们的教学提供了有力的帮助,所以学校教师根据自己的教学年级段进行本年级所教学科的童谣汇编,开展童谣汇编活动,教师通过网络、书籍、讨论创编等形式编写童谣集。

4. 文献的再检索与分析收获

组织老师们认真学习《童谣——可开发和利用的数学资源》《让童谣为数学课助跑》《小学“新童谣教育”的实践》等文章。课题组成员认真探讨,力求拓宽探究的广度。

5. 运用数学童谣优化课堂

德国教育家第斯多惠曾经说过,“教学的艺术不在于传授的本领,而在于激励、唤醒、鼓舞”。将数学童谣运用于数学课堂教学,能极大地调动学生的多种感官,让他们在乐中学,在学中乐。童谣为学生创造了充满兴趣的课堂,让学生在不知不觉中记忆和掌握知识点,在顺口溜的带动下增强学习的兴趣,实现小学数学素质教学的目标,帮助学生摆脱枯燥学数学的烦恼。

通过教学实践,我发现在教学中,有针对性地选用数学童谣,无论将它融入哪一课堂环节,都能激励起学生的学习兴趣,让学生主动投入学习,寓教于乐,使课堂教学更富有情趣,提高课堂教学的时效性,促进小学数学教学的进步和学生学习兴趣的发展。

十一、存在的问题及改进方法

1. 存在的问题

（1）童谣的汇编还缺乏一定的创新性，有待进一步提高；理论知识缺乏系统性整合，缺乏更深层次的研究和学习。课题组成员虽然通过项目认真了解学习了，但比较肤浅，内容不够系统。

2. 改进方法

教师需加大理论知识的学习和探究，多探讨、求创新；将童谣更系统地分类和整理，以便利用和查询。

十二、今后努力的方向

1. 明确观念，深度研究

我们的研究即我们的教学，所以教师在专业成长道路上要有成就，必须热爱自己的工作，要思想高度重视，要深度研究教学。

2. 心怀梦想，奋力求进

我们要有自己的梦想，要有自己的目标，朝着目标奋力向前。相信一切皆有可能，相信梦想有多大，舞台就会有多大。

3. 力争完整，勇求创新

在以后的教学工作中，我们力求对于知识点和汇编的童谣系统化。在方式、内容上勇于求新。

“婴幼儿情绪情感表现及教师回应策略的研究”结题报告

天津大学幼儿园 孙怡燕

该课题历经3年,在课题组全体成员的共同努力下,对我园2~6岁100名幼儿分成4个年龄班开展了一系列相应的情绪课程体验。通过3年的课题实施,不同年龄阶段的婴幼儿对情绪有了相应的新的认知,对以往频频出现的攻击性等不良行为问题起到良好的矫正作用;教师对幼儿的情绪有了新的认识,找到了提高幼儿情绪水平的方法和策略,对教师认识婴幼儿情绪发展起到了积极引导的作用。

一、课题提出的背景和现实意义

《幼儿园教育指导纲要》和《3—6岁儿童学习与发展指南》中明确提出:“要为幼儿创设温馨的环境,在各个领域教育中要促进幼儿积极的情绪情感。”积极的情绪有利于幼儿的发展和学习,而幼儿很多问题的出现则与情绪问题有关。因此必须关注幼儿健康情绪的发展,在幼儿园一日生活中和幼儿园课程实施中制定对幼儿情绪表现的积极回应策略。促进教师与幼儿之间的信任感和亲密情感的建立,促进幼儿情感、社会性的发展,促进儿童今后适应学校生活和学业发展,进而促进儿童身心的全面发展。

二、研究内容

本课题旨在前人研究的基础上从两个维度进行研究。一是通过自然观察对2~3岁和4~6岁婴幼儿所表现出的主要情绪情感进行归纳,从不同个体中提炼出共性的规律。二是在了解婴幼儿的情绪情感表现之后,教师如何采取合理的应对策略来促进他们情绪情感的发展。进而帮助幼教工作者理解幼儿,关注幼儿情绪心理,使幼儿通过不断的练习来获得良好的情绪情感体验,促进其良好个性的形成,为未来的学业发展和形成良好的人际关系打下心理基础。

三、研究方法

1. 访谈法和问卷调查法

对本园各年龄班教师和幼儿进行调查，确定对具有异常行为问题的儿童班级进行实验。

2. 事件取样观察法

对 4 个教学班的合计 100 名幼儿进行观察记录，由本班不带班教师进行记录，主要使用手机视频和追记的办法。对一日生活中各环节出现的幼儿情绪问题进行记录、分析，对幼儿正向和负向情绪的发生找到问题的根源。

3. 行动研究法

分别对 4 个教学班幼儿开展主题教学活动。小小班和小班是美术活动，以涂鸦为主，再配合一些手工和彩泥活动；中班是绘本和音乐主题活动；大班是教育戏剧主题活动。时间安排为一周一次为期 3 个月。通过大量的教育案例进而得出研究结论，通过教师的积极回应和情绪认知主题活动的培养，使幼儿的情绪表现和情绪理解能力逐渐增强。

该研究方法强调实际工作者与专业研究者的结合，要求教师既是实践者又是研究者，以解决幼儿的某些问题为出发点，边行动边研究，行动研究的核心在于行动本身，一般是在自然的、真实的教育情境中展开，并要求在实践环节不断地反思调整，遵循“实践—反思—调整—再实践—再反思”这一循环原则。

四、研究过程

1. 做好观察记录工作

采用观察法，分别由课题组成员对 4 个年龄班幼儿 100 名幼儿的情绪事件进行观察记录，1 个月之后统计汇总。快乐、悲伤、愤怒和恐惧情绪出现频次最高，因此把这 4 种情绪作为主要研究的内容。

2. 开展情绪主题教育活动

我们整合了幼儿园五大领域课程，筛选益于幼儿情绪发展的教育活动。主要用行动研究法，通过制定教育方案—反思教学活动—重新制定活动方案的方式来实施。在课题实施前和实施后进行了两次测试对比，通过在园一日生活观察结果，发现各个年龄段幼儿在课程实施之后，他们的情绪表现方式是有变化的，即正向情绪的发生多于负向情绪的发生。

（1）运用美术活动教学方法在小班和小小班进行

美术活动是幼儿表现内心的另类语言，他们在美术作品中用画笔、材料、手、心在和世界交流。幼儿天生喜欢色彩、乐于绘画、喜欢动手创造各种作品，当他们用笔画出图形、用黏土捏出形状、用纸折出造型、粘贴好作品后，他们的情绪能够逐渐安定下来。针对年龄较小的小班和小小班的幼儿美术活动主要以简单的涂鸦、手工和彩泥制作为主，来稳定幼儿情绪情感。

美术活动尤其是绘画可以宣泄幼儿的消极情绪。当幼儿画出心中所想时,他们就能释放自身的不良情绪,缓解入园的焦虑情绪。

(2)从幼儿感兴趣的绘本中挖掘内容

从幼儿感兴趣的绘本中挖掘出涉及的生气、快乐、伤心、害怕等情绪的内容加以分析提炼,对中班幼儿进行教学。

①用教具、电脑等辅助绘本理解,突出图画中的具体情绪图像。

②以团体或分组形式,进行故事讨论,引导幼儿提出自身的情绪经验、情绪调节和情绪表达的方法。

③依据绘本内容设计相关趣味活动,如角色扮演活动或手工活动等延伸活动,让幼儿在阅读图文的基础上实际演练情绪表达与调解技巧,提升幼儿的情绪辨识、理解和表达能力。通过绘本活动能够帮助幼儿学习情绪调节的方法,当幼儿有了负向情绪时,能进行自我调节,缓解不良情绪体验。

(3)从幼儿歌曲、世界名曲中挖掘内容

从幼儿歌曲、世界名曲等适宜理解和表达情绪的内容中挖掘内容在中班幼儿中开展教学。

①让幼儿通过故事情境、音乐旋律或歌词内容来体验、辨识情绪。

②幼儿通过肢体动作宣泄情绪,与他人分享、交流不同的情绪状态和感受。

③幼儿通过游戏、律动方式抒发情绪,得到一种真切的情绪感受。

(4)从绘本和音乐欣赏活动中继续深挖适宜开展教育戏剧表演的活动

通过阅读大量的文献资料,我们将戏剧表演定位于教育戏剧,即不等同于真正的舞台戏剧表演,而是通过让幼儿体验角色的情绪状态,借助道具通过表情、肢体动作、语言、声音等手段表现出来,在游戏中与他人分享心中的想法与感受,理解他人的处境和观点,加强对他人情绪的觉察、识别、解释和了解。

①教师首先进入角色为幼儿做示范讲解。

②教师与幼儿共同探讨最佳的表演方法。

③引导幼儿表演,感受角色的情绪变化、情绪状态,使幼儿的情绪得到释放。

通过教育戏剧活动对大班幼儿情绪认知和理解的培养,使幼儿在遇事时能够在成人的提醒下对情绪有所觉察,并正确表达,提高了其与人交往沟通的水平。

五、研究成果简述

1. 婴幼儿的情绪表达特点分析

通过课程活动,幼儿知道了人类最基本的 4 种表情以及表示的意义,能更好地理解他人的情绪,更好地与他人进行沟通交往,为幼儿社会性发展提供了良好的基础。

(1)小班幼儿多具分离焦虑情绪

幼儿初入园时,刚刚离开最熟悉的环境和亲人,进入一个陌生的环境,遇到很多陌生的人和小朋友，因而情绪波动较大。尤其是长时间地离开亲人的感受使得他们的情绪在相当长一段时间都处在伤心和焦虑的状态。

（2）中班幼儿负面情绪增多

随着中班幼儿的社会交往日益增多，交往范围的增大，交互游戏的增多，其和同伴、和教师之间的互动交往水平提高，情绪事件中负向情绪明显多于正向情绪。这些都提醒我们要特别关注中班幼儿的情绪表达，促进他们正向情绪的发展。中班的幼儿正是发展情绪理解能力的关键期，小朋友们的生活中充斥着各种各样的情绪问题，比如同伴之间争抢玩具，有的小朋友被集体忽视、冷落等。这其中多数原因在于小朋友不能理解他人的情绪，且不会处理自己产生的负面情绪和他人负面情绪之间的矛盾。教师在处理幼儿情绪问题的时候做不到兼顾所有孩子，故作为幼儿教育工作者，应当对此类问题引起高度重视，并且针对此类问题设计相应的教育活动方案，帮助幼儿养成良好的情绪理解能力。

（3）大班幼儿情绪趋于稳定

随着年龄的增长，大班幼儿的正向情绪较中班幼儿增加了，负向情绪较中班幼儿减少了，但是幼儿情绪表达仍然以负向情绪居多。这说明，5~6 岁幼儿情绪变化开始趋于稳定，但仍需要进行调节控制。

2. 教师对幼儿情绪表达的回应策略

当幼儿情绪到来时，教师能使用更科学的方式与幼儿进行回应，从而帮助幼儿形成健康的情绪和行为。同时教师在观察幼儿情绪的同时也要注意自身的榜样作用，学会控制自己的情绪，为幼儿提供可参照的样本。

通过研究我们制定出 5 种基本的策略，在日常生活中对幼儿的情绪情感做出回应。

（1）无条件地接纳幼儿的情绪

无论此时幼儿的情绪是好还是坏，教师都应该从态度上无条件地接纳幼儿的情绪，给予他们充分的理解，允许他们尽情释放。

（2）真诚地分享和投入

当幼儿以肢体动作、语言、表情等表达快乐的情绪时，教师应真正地投入其中，和幼儿一起分享、交流，不应以规矩、纪律加以制止。

（3）建构幼儿的情绪语言

当幼儿个人利益受到侵犯时，幼儿经常会以攻击性语言予以回击，此时应引导幼儿使用正确的情绪语言予以回应，获得对方的理解。

（4）适当地冷处理，对攻击性行为进行制止

当冲动型幼儿产生愤怒的情绪时，会以攻击性行为对待别人，教师应马上制止，告诉他打人、摔东西都是不对的，之后让其逐渐冷静下来，再参与活动。

（5）用多种方法释放情绪

引导幼儿通过涂鸦、读书、欣赏歌曲、角色扮演、私密空间、捶沙袋等途径来宣泄不良的情绪。

3. 情绪主题课程的构建

通过阅读大量的文献资料,我们发现美术治疗和音乐治疗方式对情绪疏导的有效性,这为课程实施奠定了一定的理论基础。此外最利于发泄情绪的戏剧活动和通过阅读能够认识各种情绪的绘本书成为让幼儿认识、理解和疏导情绪的课程。通过课程实施,构建了一系列情绪课程体系,使幼儿对情绪的理解提升到一个新的水平。

(1)情绪主题美术活动

此课程设计主要针对新入园婴幼儿的入园焦虑。为了减少幼儿对家庭亲人的思念,我们设计了一系列涂色活动,比如"爸爸的短裤""妈妈的花裙子""哥哥的运动鞋""姐姐的新衣服"等与家人有关的活动。另外我们还设计了让幼儿认识自己的活动,如照镜子认表情、我的自画像等。此外我们通过为妈妈做面条、给奶奶包饺子等彩泥活动来使幼儿建立与亲人之间的依恋和安全感,还通过撕撕贴贴、装饰花裙子和小鱼的身体来稳定幼儿的情绪。在我的自画像游戏中,我们首先让孩子用镜子照一照自己的样子,幼儿感觉既兴奋又新鲜,画出的是他们潜意识的所思所想,教师通过自画像能够了解幼儿的心结,对其进行积极的疏导。

(2)情绪主题音乐活动

此课程在中小班实施,内容主要是通过歌曲、音乐游戏和欣赏等活动来对幼儿进行情绪认知的教育。我们设计了"迷路的小黄鸭"的游戏让幼儿体验高兴、快乐的情绪;让幼儿欣赏《伏尔加船夫曲》体验愤怒、悲伤的情绪;通过勇敢主题的歌曲来使其扫除恐惧的心理。我们还接纳幼儿的不良情绪,以宽松的环境和舒缓的音乐来帮助他们缓解情绪,创设音乐气氛,让幼儿在音乐中去自由想象,放松心情;以亲切的语言、肢体运动等来最大限度地接纳包容幼儿的不良情绪,与幼儿进行沟通,引导幼儿与音乐的对话。比如,你听到了什么?听到音乐后你想到了什么?让幼儿把听到的、想到的与教师进行有效的沟通,让幼儿的情绪得到疏导,待到幼儿情绪稳定后帮助幼儿找到问题的根源,引导幼儿认识自己的情绪,并且在此基础上,对不当的行为加以调整,帮助幼儿寻求调节情绪的办法。

(3)情绪主题绘本课程

此课程在中大班实施,教师可带领幼儿多阅读绘本。绘本《母鸡萝斯去散步》诙谐幽默,孩子们体验到快乐的情绪;从《爷爷变成了幽灵》《小伤疤》中,孩子们可以体验悲伤、难过;《野兽出没的地方》《生气的亚瑟》则告诉小朋友生气、愤怒都是正常的情绪,但需要适当的方式释放出来。通过认知重建、问题解决和一些替代活动,能够对幼儿情绪起到积极调解的作用。情绪绘本教学能够帮助幼儿学习情绪调节方法。在绘本《生气汤》中,生气的霍斯对着煮沸的汤锅大喊大叫,并且做出各种搞怪表情,大声敲打汤锅搞破坏,成功地把自己的气引到了锅里,汤就变成了生气汤。而小主人公最后笑了,心里也快活多了,愤怒的情绪也消失了。通过这个绘本教学,小朋友们和故事中的小男孩一样,明白了谁都可以有伤心愤怒的时刻,但是要找到合适的疏解渠道来发泄。

（4）情绪主题教育戏剧课程

教育戏剧是近几年才在幼儿园兴起的一种教育活动，由于戏剧本身的特点具有自由发挥、自由释放情绪的作用，因此用来调节幼儿的情绪是一种极好的方法。针对戏剧的复杂性，我们仅在大班幼儿进行课程实施。在设计课程时，我们筛选了比较适合表演的绘本来进行，比如《魔法亲亲》《野兽出没的地方》《胆小鬼威利》《两列小火车》。教育戏剧具有的夸张性有利于幼儿情绪情感的宣泄。在戏剧表演中，幼儿通过语言、肢体、动作、表情等表现一个主题、一个情节，而且能够不受拘束、不受场合和环境的限制，充分释放自己的情绪。比如在《公鸡和画眉鸟》戏剧中，公鸡被狐狸抓走后很害怕，大声呼喊画眉鸟来救它，扮演公鸡的幼儿此时大声地呼叫，把害怕被狐狸抓走吃掉、害怕死亡的情绪充分发泄出来。又比如在《笨拙的螃蟹》中，当小螃蟹明白了自己的作用后，帮助章鱼摆脱水草的纠缠，幼儿在表演时通过身体使劲地左摇右摆，表现出自己用力剪断水草的情景。教育戏剧的表演性使幼儿真正获得情绪情感的体验；教育戏剧的创造性使幼儿主动想象，结合社会经验，把自己的所思所想融入戏剧中，学会了遇到情绪问题时怎样去表达自身本真的诉求，怎样让小伙伴们去理解，也学会了移情和共情。

六、反思不足和后续研究设想

虽然这几种情绪课程都涉及人的四大情绪，也确实发掘出很多种有关四大情绪的活动内容。但是情绪培养是长期的、持续的，也带有反复性、复杂性和强烈的个人色彩。所以我们要进一步挖掘更多更好的课程内容用于培养婴幼儿的情绪情感。

本次课题单单从人的最基本情绪出发进行研究，但是人类的情绪是很复杂的，往往两种至三种情绪同时并存，今后我们要把研究重点放在复杂的情绪上，使情绪研究更深入、更广泛。

在研究中，虽然很多教师在对婴幼儿的回应上能够注意良好的策略，但是当教师本身控制不好自己的情绪时，还是会影响到对幼儿情绪的判断，进而影响对幼儿情绪的正确回应。因此，怎样使教师控制好自己的情绪，尤其是焦虑、愤怒的情绪，也是我们在研究中亟待解决的问题。

参考文献

[1] 孟昭兰. 情绪心理学 [M]. 北京：北京大学出版社，2005.

[2] 刘云艳，刘婷，周涛. 运用情绪主题绘本开展幼儿情绪教育的理论基础与教学模式 [J]. 学前教育研究，2011（8）：49-53.

[3] 张园园. 幼儿绘本阅读中的情感教育研究 [D]. 开封：河南大学，2011.

[4] 蒋亚娟. 以绘本为载体开展大班幼儿品格教育的行动研究 [D]. 哈尔滨：哈尔滨师范大学，2018.

[5] 杨娟. 大班幼儿戏剧工作坊的行动研究 [D]. 南京：南京师范大学，2012.
[6] 王静珠. 创造性幼儿戏剧活动与幼儿游戏（上）[J]. 教育导刊（幼儿教育），2000（2）：14-15.
[7] 徐美娥. 利用绘本进行幼儿创意戏剧表演的探索 [J]. 学前教育研究，2015（2）：64-66.
[8] 米思杨. 中班幼儿消极情绪表达及教师回应策略研究 [D]. 大连：辽宁师范大学，2019.
[9] 薛瞧瞧. 中班幼儿情绪表达事件的特点及成因分析 [D]. 沈阳：沈阳师范大学，2013.
[10] 应玉红. 小班幼儿消极情绪的疏导策略 [J]. 宁波教育学院学报，2013，15（4）：124-126.
[11] 于笑笑. 关注幼儿情绪，营造良好环境 [J]. 黑河教育，2011（1）：42.

“入学前儿童与同伴交往能力调查研究及发展策略”结题报告

天津大学幼儿园　牛众卉　赵　健

一、研究目的

自 20 世纪 70 年代起，有关幼儿同伴交往的调查研究开始朝着更深入、更具体、更全面的方向发展，从最初对于幼儿同伴交往的社会性意义和作用研究，到如何更好、更快、更有效地进行幼儿同伴交往能力的提高和现状水平的改善。当前，关于幼儿同伴交往的研究开始朝着广度方向发展，更加深入细致地对多种教育对象、对不同幼儿群体进行调查研究。

本次调查研究针对天津大学幼儿园大班 5~6 岁幼儿的进行同伴交往能力的调查研究，力争了解其同伴交往能力现状，找到天津大学幼儿园 5~6 岁幼儿同伴交往能力的相关影响因素，发现幼儿同伴交往过程中存在的问题，以期引起家长和教育工作者的足够重视，对幼儿实行优化同伴交往水平的小游戏和小练习，寻找有效提高 5~6 岁幼儿同伴交往能力的教育策略，帮助他们发展良好的同伴关系，促进 5~6 岁幼儿同伴交往能力的提高和同伴关系的顺利发展，促进幼儿的健康茁壮成长。

二、研究意义

本次调查的理论意义在于，幼儿同伴交往能力是幼儿社会交往能力的重要组成部分。对于幼儿的同伴交往能力培养是对个体最早期的交往能力培养，对个体今后的成长、发展、社会适应和社交能力都具有重大的影响和意义。通过本次调查研究，可以帮助我们更好地了解当前天津大学幼儿园 5~6 岁幼儿同伴交往能力水平，丰富已有的调查研究理论基础，为今后的调查研究提供科学的理论依据和参考借鉴。

实践意义在于通过对天津大学幼儿园 5~6 岁幼儿同伴交往能力的调查研究，建立和充实现有的理论基础，用科学的知识理论体系来指导今后的实践，从根本上克服在培养幼儿同伴交往能力的时候所存在的阻碍，建立良好的幼儿同伴关系，促使幼儿特别是 5~6 岁幼儿健康茁壮成长，并且为今后相关的实践活动提供一定的理论依据。

三、成果价值和影响

1. 学术价值

丰富了理论发展。幼儿同伴交往能力是幼儿社会化的重要内容，是幼儿最重要的社会交往能力之一。早期同伴交往对幼儿心理发展有着重大的短期以及长期影响，如亲社会行为、社会认知水平、社会交往能力等。通过对幼儿的同伴交往能力的研究，有助于进一步了解其同伴交往、社会性发展的状况，丰富幼儿同伴交往发展理论以及儿童社会性发展理论。

2. 应用价值

补充了应用的不足。儿童需要良好的伙伴，与他们交流相处以获得友谊、解除孤独、活泼身心，这是成人代替不了的。良好的同伴交往能够促进幼儿情绪情感的发展，有助于其认知能力的发展，有利于其学习社交技能和策略，促进其社会行为朝向更积极的方向发展。关于幼儿同伴交往的研究更加深入和细致，由最初探讨同伴交往在儿童社会性发展中的作用和意义，发展到如何更有效地干预和改善不良同伴交往等现实问题。通过整理资料发现，诸多研究者们多将视角放在纯粹的同伴交往培养中，缺乏对于幼儿同伴交往过程中存在的问题的研究。基于此，本文拟通过对天津市的幼儿园进行调查研究，提供城乡幼儿同伴交往能力方面的理论和实践资料，以便于更好地提高幼儿社会性发展水平。

四、研究成果的主要内容、重要观点或对策建议

（一）影响儿童同伴效交往的因素

通过对儿童家长的访谈以及对儿童交往行为的观察，我们发现影响儿童同伴交往的因素很多，主要因素包括以下几个。

1. 儿童自身因素

儿童自身特点是影响同伴交往的一个重要的因素。这些特点包括遗传因素，如相貌，相貌好的儿童容易被同伴接受。另外还有儿童的性格特点、交往能力。能力强的儿童，比较容易被同伴接受。缺乏交往的兴趣，或者与他人合作能力差的儿童受关注较少。儿童不喜欢交往能力差的孩子，而独生子女普遍具有以自我为中心、不合群的特点。因此，我们要帮助儿童形成良好的个性品质，这是发展良好儿童同伴关系的关键。

2. 家庭因素

父母的教养方式对儿童的人际交往有着重要的影响，错误的教养方式不利于儿童的人际交往，甚至会引起儿童的心理问题。现在大部分家庭对孩子非常溺爱，家长为了避免孩子受一点委屈，处处保护他们，也就导致孩子形成唯我独尊的性格，认为无论怎样做都是对的，即使做错了也有人保护我。当儿童与其他同伴发生争执时，家长立即干涉，害怕自己的孩子受委屈，有的家长甚至为了保护孩子，不让自己的孩子与其他的同伴交往，由此孩子也

会变得越来越娇气和任性。还有些家长对于孩子的管教过于严格，犯点错就使用暴力，长时间会对孩子身心造成极大影响。孩子经常生活在这种环境下易形成自卑孤僻的不良性格。甚至由于孩子善于模仿与学习，遇到问题也会像父母对他一样，表现出一些攻击性行为，导致其在幼儿园中不能很好地与小伙伴相处。

良好的家庭环境，有利于孩子交往行为的发生，而存在交往问题的家庭环境，也会影响儿童的同伴交往。独生子女没有与他人共同生活的经验，没有人以平等的身份与他们交往，因此无法为孩子提供交往技能和行为，容易导致儿童以自我为中心。另外父母与他人的交往态度，也易成为孩子与同伴交往模仿的对象。在没有父母或有父母但却没有爱的家庭中，孩子因缺乏爱，常常形成不稳定的情绪，容易使他们形成破坏的习惯，不利于儿童与他人的正常交往。

（二）建议

在结合实际调查结果与相关理论，针对本次调查中发现的问题，提出了以下建议。

1. 增强儿童的自信心

增强自信心是形成良好同伴关系的中心，同伴关系不好的孩子在交往过程中，往往表现出不自信，不愿意主动交往。久而久之，孩子容易被同伴所忽视，失去获得交往技能的机会。加德纳的多元智能理论认为每个儿童都具有不同的天赋，都拥有自己的强项，也有自己的相对弱项，我们不能一概而论，我们要注意对儿童积极因素的自我归因，即主动承担责任，积极寻求自己可以解决的办法。因此，我们应该帮助儿童找到自己的强项，以儿童的强项为基础，有针对性地帮助儿童在其他方面得到发展。教师可以在平时的活动中通过提高他们的主动性，引导他们在自己的强项领域表现出自信心，从而在同伴交往中改善同伴关系，发展交往能力。

2. 建立和谐的亲子关系

和谐的亲子关系是形成良好同伴关系的基础。家长与孩子接触最频繁，是孩子到这个世界的第一任老师。家庭成员之间关系是否和谐对儿童同伴交往的发展会产生不同的影响。首先，家长在孩子面前要具有一定的权威性，这种权威并不是盲目的，而是需要家长在约束自身成为孩子榜样的同时对孩子的行为进行强化，使孩子形成这种心理意识。其次，家长要适当改变与儿童交往的方式，可以疼爱孩子但不能溺爱孩子，溺爱的结果就是害了孩子。家长要经常让自己的孩子与邻居家的孩子玩耍，促进儿童与同伴的交往，让儿童敢于交往，而不是时时刻刻在父母的庇护下成长。家长要激发儿童与同伴交往的兴趣，并在交往过程中勇于承担责任。最后，家长要带儿童走向大自然，尽可能地扩大自己与孩子的社交圈，而不仅仅是让孩子在家中看电视，玩电子产品。家长应该丰富孩子的生活，激发孩子热爱大自然，让孩子与同伴在大自然中寻找乐趣。家长也应利用不同方式适时对孩子进行教育，享受同伴交往和合作的快乐。

心理学家指出，“心理健康问题，根源于家庭，形成于社会，表现于学校。”儿童在同伴交往发展过程中，家庭环境的影响很重要，早期家庭环境留给孩子的影响主要是通过父母的渠道实现的。母亲的教养方式会通过言传身教影响子女，积极的教养方式有助于孩子人际交往，消极的教养方式有碍于儿童的人际关系。同时父亲的教养方式对孩子的同伴交往也会起到不可估量的作用。因此家长在实际生活中，要改变自己错误的教养方式，努力为儿童创设愉快的家庭环境。在家庭教育中，不但要关心孩子的身体健康，还要注意孩子的心理健康。在家庭教育中，不应该过分地溺爱孩子，应该放手让孩子与其他同伴一起玩耍，一起做游戏，哪怕会发生争执，家长也要放手让孩子在交往中学会如何处理同伴关系，如何处理与同伴的矛盾，这样孩子在以后的社会生活中才能与他人和谐相处，而不至于逃避社会，形成孤僻冷傲的性格。儿童可塑性强，对人际交往充满着未知，家长应该对孩子出现的问题给予指导。父母作为孩子的第一任教师，还应是良好的榜样。平时生活中父母、亲人之间要建立和谐的关系，父母冷漠的态度会使孩子产生许多心理问题。

在日常家庭生活中父母也会有矛盾冲突，甚至严重到离婚，但在解决这些事情的时候，父母要讲究一些方法，尽量避免伤害孩子的内心。首先，在一些小问题上可以适当地与孩子进行沟通，共同讨论，商量解决办法，这样既没有伤害孩子的心灵，也能让孩子理解父母的难处。其次，严重冲突时应该回避儿童，例如离婚，防止对儿童心灵造成伤害，父母之间的矛盾不要伤害到儿童，但也应适时地向儿童渗透父母之间的关系，让他逐渐理解与接受。

3. 学会分享、学会谦让，在分享和谦让中获得愉快的同伴交往体验

在儿童成功的同伴交往中，交往的前提大多都是互惠的，也就是分享，要让孩子学会分享，学会谦让，才能在同伴交往中获得愉快的交往体验。由于大多数的孩子在家中都比较受宠，习惯了自己所有的东西独自享受，进入幼儿园这个团体生活后，需要他们在集体活动中学会分享，不仅分享他们的玩具，还要学会分享心情，分享关爱。所以在入学前，家长要鼓励幼儿主动把自己的图书、玩具带给大家，在日常生活的点滴中有意识地强调分享，让幼儿在与同伴交往的冲突中学会谦让，才能收获更多的小伙伴。

五、研究调查结论

本次研究主要调查了影响儿童同伴交往的因素。幼儿同伴交往能力主要由四个维度构成：社交主动性、语言和非语言能力、社交障碍和亲社会行为。幼儿同伴交往能力在性别上差异显著，女孩好于男孩。在语言与非语言能力、亲社会行为方面性别差异极其显著。幼儿同伴交往能力在幼儿性别、年龄以及父母的最高学历情况上有差异。本次调查结合实际情况，针对调查中发现的问题，提出了相应的对策。同伴交往对儿童亲社会行为的发展具有积极作用，广大儿童教育工作者要意识到同伴交往对于儿童身心发展的重要作用，促进儿童同伴交往的良好发展。

"幼儿园家长进课堂活动与园本课程有效互补的研究"研究报告

天津大学幼儿园　柳　爽

一、问题的提出和课题的确定

1. 问题提出

教育家陈鹤琴先生曾经说过："幼稚教育是一件很复杂的事情，不是家庭一方面可以单独胜任的，也不是幼稚园一方面单独胜任的，必定要两方面共同合作方能得到充分的功效。"随着幼儿园课程改革的不断深入，家长作为一种重要的资源越来越受到学前教育工作者的重视，其中家长进课堂就是幼儿园有效利用家长资源的方式之一。园本课程的开发体现幼儿园的办学理念，展现幼儿园具体特点，在很大程度上能够提高幼儿教育的价值，家长的参与对于拓展园本课程的开发渠道，形成丰富且具有特色的园本课程具有重要的促进作用。

2. 研究背景

国外的幼儿园拥有很大的课程决策权，他们可以根据自己的教学特点设置课程，等同于我国的园本课程，但他们直接称之为"幼儿园课程"。美国、澳大利亚、日本、新加坡、英国、瑞典、意大利的幼儿园课程已经发展得比较成熟，其中一些课程对世界学前教育都产生了广泛而深刻的影响。国外的幼儿园开发出了多种多样的幼儿园课程，其中一个原因就是他们在课程开发上拥有较大的自主权。但国外的研究主要针对已经形成的课程进行论述，也很少有深入探讨家长参与幼儿园课程形成过程的研究。近年来，我国学者对于园本课程资源开发与利用方面也做了较多研究，但研究的重点多集中在对园本课程资源概念的阐释，园本课程资源涵盖的范畴、类型、特点、园本课程资源开发的原则等理论层面。在家长进课堂方面，研究者主要对家长进课堂活动的开展与推进、积极意义、参与方式等方面进行了探索。但是在家长进课堂与园本课程的互补方面，开展的研究较少，缺乏较为系统的探讨，基于此，本研究对幼儿园家长进课堂活动与园本课程开发的互补性进行研究。

3. 研究的目的和意义

在理论方面，通过对家长进课堂与园本课程开发的融合进行研究，在一定程度上能够丰富园本课程开发的相关理论，有利于建立完善园本课程开发理论体系。此外，对于家长参与园本课程的探索，能够为在实践工作中充分利用家长的主体作用，开发丰富的园本课程提供理论指导。

在实践方面，一是本研究对于幼儿园及幼儿园教师如何进行园本课程开发具有实际意义；二是本研究能够让家长提高参与园本课程开发的意识，认识到他们既是课程的享用者、受益者，也是课程资源的提供者、课程开发与实施的参与者，对于幼儿园通过家长促进园本课程的开发，丰富园本课程内容，提高幼儿教育的价值具有积极的促进作用。

二、课题的研究设计

1. 核心概念界定

（1）家长进课堂

“家长进课堂”即家长作为幼儿教育活动的组织者，进入幼儿学习和生活的环境中，利用家长们所具有的不同性格、气质、行为及文化背景，发挥各自的特长，在与孩子们共同学习和游戏中，使孩子们学到更多的知识。

《3~6 岁儿童学习与发展指南》中提到重视家园共育，强调要重视家庭教育对幼儿终身学习和发展的重要影响，倡导建立良好的亲子关系，创设平等温馨的家庭环境，注重家长对孩子言传身教和潜移默化的影响。《幼儿园教育指导纲要（试行）》（以下简称《纲要》）中明确指出：“家庭是幼儿园重要的合作伙伴，应本着尊重、平等、合作的原则，争取家长的理解、支持和主动参与，并积极支持、帮助家长提高教育能力。”因此，家庭的力量是我们不能忽视的，只有家长和幼儿园共同努力，才能有效地促进幼儿身心健康发展，否则就会事倍功半。幼儿园课程公共性下的公开性要求公共活动是一个实质性参与的民主过程，要求参与主体拥有充分的对称的相关信息，从更广阔的范围来讲，园长、教师、家长、幼儿及其他可能的相关人员都是课程实施的主体，支持家长参与到幼儿园课程实施中是幼儿园课程公共性所提出的要求与期望。

（2）幼儿园课程

刘焱教授把幼儿园课程定义为“根据幼儿园教育目标为幼儿设计和组织的、有益于其身心健康和谐发展的全部学习经验”。本研究中的园本课程主要是指以文本形式呈现有意识的经验，也包括隐性的、非正式和无意识的经验。

（3）园本课程

李季湄教授认为园本课程实际上是直接从中小学的“园本课程”一词套用过来的。我国幼儿园现行的课程管理体制是由国家教育行政部门颁布的《纲要》规定总的教育目标、教育内容领域和实施原则，再由各地教育行政部门制定执行《纲要》的具体指导意见，而幼儿园则依据《纲要》和地方教育行政部门的具体指导意见，自行决定本园的具体课程和教学方法。这就是说，我国幼儿园课程的权利主体和开发主体都是幼儿园，即以幼儿园为“本位”。也就是说，幼儿园课程本来就属于“园本课程”，或者说，幼儿园的课程就是“园本课程”。因此可以认为,园本课程是幼儿园根据自己的办学理念与幼儿园具体特点和现有条件而开发出来的课程,课程的内容与实施方式都是以幼儿园为本设计出来的,反映了以幼儿园为基地的课程开发的民主、合作、参与的过程。

园本课程开发是实施园本课程的重要环节,园本课程开发实质就是找寻一切能够进入幼儿园教学活动的资源,并将这些资源赋予相应教育价值的一个过程。园本课程开发具有以下特性:一是适宜性,适宜性是园本课程实施的根本特性,应当重视开发与利用适宜于本园的课程资源;二是丰富性,丰富性是资源的基本特性,要进行园本资源的开发与利用;三是主体多样性,即开发与利用是课程专家、教师、幼儿、家长、社区工作人员共同协作完成的结果;四是持久性,园本课程的开发与利用是一个动态的过程;五是价值潜在性,所开发的课程资源对于幼儿教育具有其潜在的教育价值。

2. 研究目标

①得出当前家长对于参与园本课程开发的认识及态度。

②分析出家长进课堂参与园本课程开发的主要方式。

③提出促进家长参与园本课程开发的积极建议。

3. 研究内容

①探讨家长进课堂的必要性以及与园本课程实现互补的必要性及可行性。在相关理论分析的基础之上,分析家长进课堂的必要性以及与园本课程实现互补的必要性及可行性。

②研究当前家长对于参与园本课程开发的认识及态度。在文献分析的基础上,通过设计问卷,对家长进行调查,对其参与园本课程开发等各个方面的认识及态度进行分析,了解家长参与园本课程开发的具体情况。

③对家长进课堂参与园本课程开发的主要方式进行探讨。结合家长进课堂的具体情况,在园本课程开发的相关理论基础之上,分析利用家长进课堂进行园本课程开发的途径方法,以及参与的主要部分。

(4)提出促进家长参与园本课程开发的积极建议。

结合前期研究的具体状况,结合家长参与园本课程的特点,提出促进家长进课堂参与园本课程开发的积极建议。

4. 研究思路

课题研究的思路与方法是以定性分析为基础,首先从理论层次探讨家长进课堂的必要性以及与园本课程实现互补的必要性及可行性。然后以测试、数理统计等定量分析方法来验证假设,并以文献研究、问卷调查及比较分析等定性的研究方法检验研究结果,加强本研究的准确性,概括出合乎科学规律的结论。

5. 研究方法

(1)文献资料法

利用中国知网、学校图书馆等途径查阅关于家长进课堂、园本课程开发等方面的文献,为本研究的顺利进行打下坚实的理论基础。

（2）问卷调查法

在文献分析的基础上设计相关的调查问卷，对家长进行调查，分析其对参与园本课程开发等各个方面的认识及态度，了解家长参与园本课程开发的具体情况。

（3）逻辑分析法

采用逻辑分析的方法，对相关资料进行分析，提出促进家长进课堂参与园本课程开发的积极建议。

6. 研究假设

在对相关文献进行分析的基础之上，本研究提出以下的研究假设。

①进课堂的家长对于参与园本课程开发具有较高的积极性和热情；

②家长进课堂与园本课程开发能够实现有效互补。

7. 拟创新点

本研究运用文献综述法、问卷调查法、逻辑分析法等方法对幼儿园家长进课堂活动与园本课程有效互补的情况进行研究，主要的创新点体现在以下几个地方。

（1）研究方法上的创新

本研究采用多个方法相结合的形式，文献分析与调查问卷相结合，力求全面地对幼儿园家长进课堂活动与园本课程有效互补的情况进行深入的分析。

（2）研究内容上的创新

本研究探讨幼儿园家长进课堂活动与园本课程有效互补的机制以及方式方法，这也是以前的研究较少涉及的。

（3）结论上的创新

本研究得出的结论，能够为此后幼儿园充分利用家长进课堂的机会，与家长形成积极的合作，促进园本课程的开发。

三、课题的研究过程

（一）实施步骤

2017年11月，选题，搜集和阅读相关文献，设计具体研究方案。

2017年12月，进行相关理论研究和问卷调查，搜集补充相关文献与资料，问卷调查。

2018年1月—5月，撰写研究报告，整理阶段论文。

2018年6月—10月，研究报告修改与定稿，征求专家意见对研究报告进行修改，整理论文。

（二）具体研究情况

研究初期课题组成员通过查阅资料、整理相关文献，进行了大量的理论研究，得出家长参与园本课程开发的必要性及存在的障碍。然后通过问卷调查了解家长参与园本课程开发的具体情况，分析出利用家长进课堂活动进行园本课程开发的途径和方法，以及二者之间是如何实现有效互补的。最后根据研究结果提出促进家长进课堂活动参与园本课程开发的积极建议。

（三）研究材料分析、概况、提升

1. 家长参与园本课程开发的必要性

（1）家庭教育的重要性使家长参与园本课程开发成为必要

当前的幼儿教育发展的重要趋势就是强调全民参与，因此园本课程的开发则是全民参与的重要途径，其中幼儿园与家庭则是幼儿教育的主体。长期以来，在幼儿教育过程中，幼儿园与家长的角色一直是一种主体与辅助的关系，家长只是在幼儿教育中充当辅助幼儿园教育的角色。但是，我们要认识到，家长是幼儿的第一任教师，对于幼儿而言，家庭是幼儿的首要教育场所。家长通过自己的言传身教以及直接教导对孩子施加影响，且家长对于孩子的影响是直接、深刻且长久的。因此，作为幼儿教育的主体，家长需要直接参与幼儿园教育活动，这也是充分发挥其支持者、配合者地位的重要体现，具有很大的必要性。

（2）家长的责任和权利使其参与园本课程开发成为必要

随着法制社会的建设，家长的权利意识得到增强，具有了一定的权利观念，希望在各项事务中使自己的权利得到体现。家长作为幼儿的法定监护人，不仅在家庭中承担重要的教育者角色，而且在幼儿园教育中还要为幼儿承担教育的基本费用，在一定程度上是家长购买了幼儿园的相关服务，因此参与、监督幼儿园的教育工作是家长的责任和权利。在园本课程开发的过程中，家长应当充分担当自己的责任，行使自己的权利，且做到积极参与。幼儿园也要通过积极的家园合作，充分发挥家长的责任担当作用，通过积极配合，使家长参与幼儿教育的权利得到应有的保障。

（3）园本课程的旨趣使家长参与园本课程开发成为必要

当前的幼儿园教育，需要充分体现教育的民主化，在民主化体现的过程中，园本课程是课程决策均权化的结果，这也是民主化得以体现的重要途径。园本课程的开发需要不同主体的积极参与，按照幼儿、教师、家长、学校的各自需求，在充分发挥各自优点的基础上来实现。园本课程开发的主要目的就是体现课程的独特性及适宜性，要开发具有幼儿园自身特点的个性化的课程。在开发的过程中，幼儿园教师是课程开发的主要主体，教师在课程开发的过程中，需要充分体现课程的民主性，体现园本课程的旨趣，因此就需要教师与家长的积极合作，促进家长直接参与到园本课程开发的事业中，改变传统的被动参与的角色，这样才能达到园本课程开发的预期目标。

2. 家长参与园本课程开发存在的主要障碍

（1）家长没有建立适宜的幼儿教育课程观

幼儿教育的课程改革需要教师建立与之相适宜的课程观，但是同时也需要家长建立与课程改革一致的课程观，只有这样才能促使家长充分参与到幼儿教育的过程中来。课程观是个体对课程的基本态度及看法,也是对课程的总体认识。当前幼儿家长的教育水平有了很大的提升,家长对于幼儿教育重要性的认识也得到了提升,但是,幼儿家长并没有意识到幼儿教育课程改革所带来的变化,他们对于课程的理解仍然受传统的教育观、课程观的影响。很多家长认为幼儿教育主要是幼儿园的工作,家长只要保证幼儿进入幼儿园接受教育就可以了,至于园本课程开发,则主要是幼儿教师的事情,对于园本课程也不甚了解,也没有建立起积极参与园本课程开发的观念,这也就使得幼儿园邀请家长参与园本课程开发具有较大的难度。

(2)家长缺乏有关园本课程的理论和技能

家长的课程观存在一定的不足是影响其参与园本课程开发的重要因素,但是也有部分家长具有参与园本课程开发的积极性及热情,但是受自身的理论及技能方面的限制,不能充分体现自己的积极性,造成心有余而力不足的情况。这也是影响家长积极参与园本课程开发的重要障碍。由于家长在幼儿教育以及课程开发方面的知识及技能的缺乏,也就难以充分体现其在园本课程开发过程中的积极作用,因此,园本课程开发的相关理论及技能水平的提高,也是家长需要重点提高的方面。

(3)缺乏恰当的促进家长参与的机制

在一定条件下,即使家长具有与当前幼儿教育课程改革相一致的课程观,形成了一定水平的园本课程开发的知识及技能,但是要是缺乏相应的机制,还是不能充分激发家长参与的积极性。当前,家园共同创设园本课程得到重视,但是在实际应用中,却没有发挥应有的效用,其中主要的原因就是园本课程开发没有形成家长参与的机制。幼儿园方面,对于家长如何参与园本课程开发没有进行详细的考虑及安排,没有形成长效机制,这也是影响家长参与园本课程开发的重要原因所在。

四、课题研究结果

在幼儿园的课程改革过程中,家长进课堂是幼儿园课程改革实施的重要抓手。幼儿园课程改革的重要特点就大力开发园本课程,促进幼儿教育的价值实现最大化。家长的参与对于拓展园本课程的开发渠道,提升园本课程开发的质量具有重要意义。因此,应当充分发挥家长的积极作用,在园本课程开发的过程中充分利用家长资源,对于提升幼儿教育质量具有重要的促进作用。

五、分析与讨论

家长进课堂活动与园本课程的有效互补体现在以下几个方面。

1. 教育理念的互补

家庭、幼儿园是幼儿活动的重要场所,家长、教师又是幼儿的直接教育者。两者在对幼儿实施教育过程中必然存在着教育理念上的差异。教师是幼儿教育的专业人士,在育儿理念、育儿方法上能给予家长正确的指导，让家长掌握更科学的教育方法，解决在育儿方面遇到的难题。同时家长走进幼儿园，参与到园本课程的建设中，又能将新的教育理念、新的教育方法传递给教师，开阔教师的眼界、创新其思维、更新其观念，最终实现二者的有效互补，在教育理念上达成一致。这对幼儿的健康成长具有极其重要的意义。

2. 活动内容的互补

幼儿园的教育资源是有限的，开展的活动也会受到场地、材料、经费等的影响，不能很好地发挥其优势。家长的教育资源是无限的，家长们来自各行各业，有些是某个领域的专家，能够为幼儿园教育提供更丰富、更广阔的教育资源与教育内容，开阔孩子们的视野，增长了他们的知识，提高了他们的能力，弥补了幼儿园教育的不足。同时教师也会为家长参与园本课程建设提出指导性意见。家长并非幼儿教育的专业人士，在教育理念、教育方法上不科学，甚至存在很多误区，教师的专业化引导是必要的，这样既能保证家长进课堂活动的顺利开展又能使家长在参与园本课程建设中充分发挥其价值。

3. 实践方式的互补

家长进课堂活动能充分发挥家长的资源优势，使幼儿走出幼儿园，走进社区、工厂、实验室，通过亲身体验、实际操作，感受不同于幼儿园传统的教育模式，让孩子们更加直观、更加感性地获取知识，增长本领，激发了孩子们的学习兴趣与学习热情。

4. 成长历程的互补

家庭教育和园所教育是幼儿成长不可或缺的两个方面。二者的结合能让幼儿体验不同的成长历程，收获不同的感受，丰富幼儿的情感。同时家长的积极参与能让幼儿感到父母对自己的关心与爱护，使幼儿变得更加自信，更加有安全感。

六、课题研究结论与建议

1. 研究结论

①家长进课堂活动得到幼儿家长的普遍认可，家长进课堂活动已成为一个园本课程开发的主要方式。

②家长对园本课程概念的理解、价值认知、角色定位以及参与态度良好。

③在参与内容方面，材料提供的参与度好于活动策划的参与度。

④在参与项目方面，保育活动的参与度低于集中教学活动和大型户外实践活动的参与度。

⑤家长进课堂活动有助于家长提升育儿能力、密切亲子关系，家长与教师的关系更加和谐，更愿意参与家园合作活动。

⑥家长参与园本课程开发在人口学变量上的差异表现为：父亲的整体参与度低；年轻家长在参与项目的表现更好；高学历家长参与助教活动的参与度更好；小班家长各项目活动的参与度最高；民办幼儿园家长的参与度好于公办幼儿园。

家庭教育与幼儿园教育的联合，是提升幼儿教育质量的重要途径。园本课程开发过程中，需要家长发挥其主体地位，做到积极参与。当前园本课程开发存在着家长没有建立适宜的幼儿教育课程观，家长缺乏有关园本课程的理论和技能、缺乏恰当的促进家长参与的机制等问题。为了确保家长参与园本课程开发，就需要改变其传统教育观念、课程理念。依据现实条件和需要开展园本课程讲座及培训，建立家长参与园本课程开发的有效机制，通过有效的组织提升家长进课堂参与园本课程开发的有效性。

2. 促进家长参与园本课程开发的积极建议

（1）改变其传统教育观念、课程理念

观念在一定程度上是行动的指导，因此为了促进家长积极地参与课程，就需要家长建立与幼儿园课程改革相适应的课程观，因此应当通过各种措施，促进幼儿家长课程观的建立。对于幼儿园而言，首先需要教师建立起坚定的课程观，且要在课程实施中予以很好的贯彻，要通过多种交流的机会向家长宣讲新的课程观的内涵及价值，通过自己的实际行动感染家长。其次，要求家长要积极地学习当前幼儿教育理念，不断提升自己的理论知识水平，为积极参与园本课程开发打好坚实的理论基础。

（2）依据现实条件和需要，开展园本课程讲座、培训

家长在园本课程开发方面的知识及技能水平的不足是影响其参与园本课程开发的重要原因所在，因此，对于幼儿园而言，结合园本课程开发的现实情况，积极开发针对家长的相关讲座、培训，通过对相关的课程理念、知识及技能的讲解，促使家长观念的转变，建立对于园本课程开发的新的认识，积极参与到课程开发中。通过培训，更重要的是要让家长认识到，园本课程的开发不只是为了课程开发，最主要是其对于促进幼儿全面发展的重要影响，教师要以积极的态度及行为对待家长的参与，通过对家长的影响，达到从内心深处激发家长参与的目的。

（3）建立家长参与园本课程开发的有效机制

在家长转变自身认识以及具有了一定的知识及技能水平外，为了保证家长参与园本课程开发的有效性，就应当建立积极参与园本课程开发的有效机制。对于幼儿园而言，应当对于家长参与园本课程开发的目的、任务和职权等进行明确。此外，还需要结合现实情况，对于家长参与园本课程开发的组织机构、讨论方式、时间、地点等予以明确。家园之间在园本课程开发过程中要一直协调配合，做到充分理解。应当通过有效机制的建立，积极发挥家长的作用，才能有效开发家长的资源，促进幼儿园教育质量的提升。

（4）通过有效的组织提升家长进课堂参与园本课程开发的有效性

在建立了相关的机制后，就需要通过有效的组织，提升家长参与园本课程开发的有效性。教师作为组织的策划者及执行者，首先就需要依据幼儿在所处年龄段的发展需要，充分结合幼儿身心发展的特点，结合家长的现实情况，开发适宜的园本课程。其次依据家长的职业特长，充分发挥家长的优势，针对不同职业的家长进行有针对性的开发不同特点的园本课程，提高园本课程的多样性及丰富性。

3. 研究反思

在整个课题开展的过程中，课题小组成员分工明确，通力合作，共同保证课题的顺利开展，按照计划的时间节点完成相关任务。在调查问卷的发放上也是得到了姐妹园所各位教师的支持与配合。

（1）存在的不足

①本研究采用的是自编问卷，所以在科学性和严谨性上会有所欠缺。另外，本研究的研究样本取自南开区的幼儿园，并不能完全代表天津市所有幼儿园家长参与园本课程建设的情况，所得结论还应进一步验证。

②本研究采用的研究方法较少。如果再加入访谈法能使研究结论更加科学、严谨，能够更加全面了解家长参与园本课程建设的具体情况。

③在研究内容上由于时间和经历有限，本研究针对通过家长进课堂活动促进园本课程建设的研究较多，对于园本课程对家长进课堂活动的影响研究较少，值得今后进一步研究。

（2）研究展望

在研究样本上，一是可以扩大样本容量，二是扩大样本范围。样本容量的扩大，可以使得研究结论更加真实准确；样本范围的扩大，可以使研究对象更为广泛。研究者可以比较不同地区、不同城市的家长参与助教活动的情况，让研究内容更加丰富。

在研究方法上，可以补充访谈法和案例分析法。访谈法能使研究结论更加科学、严谨，能够更加全面地了解家长参与园本课程建设的具体情况。研究者可以对收集的真实案例进行分析，使研究结论更具说服力。

在研究内容上，可以针对园本课程对家长进课堂活动的积极影响做进一步探究。

参考文献

[1] 冯晓霞. 幼儿园课程 [M]. 北京：北京师范大学出版社，2001.

[2] 刘焱. 幼儿园游戏教学论 [M]. 北京：中国社会科学出版化，2000.

[3] 王春燕. 给幼儿园教师的 101 条建议：幼儿园课程 [M]. 南京：南京师范大学出版社，2009.

[4] 张承宇. 幼儿园园本课程研究综述 [J]. 苏州教育学院学报，2013，30（2）：102-105.

[5] 李云淑. 对园本课程等概念的再思考：兼与幼教理论界学者商榷 [J]. 上海教育科研，2013（7）：93-96.

[6] 王飞. 家长主体参与园本课程开发实践探微 [J]. 中小学德育，2017（3）：36-38.

[7] 李洪华. “家长进课堂”教学模式促进孩子、家长素质双提高 [J]. 辽宁教育，2014（7）：9-10.

[8] 隋玉玲. “幼儿—教师—家长”三位一体成长的园本课程研究 [J]. 教育评论，2016（5）：147-150.

“家园协作进行绘本阅读的指导策略研究”结题报告

天津大学幼儿园 马德荣 彭雪平

随着“十三五”课题的推广，我们课题组申请了课题“家园协作进行绘本阅读的指导策略研究”，本课题历时近三年时间，在课题组成员的共同努力下，提高了本园教师对绘本阅读的指导水平和绘本教学能力，使其能开展形式多样的绘本阅读和绘本教学活动；帮助家长形成了正确的绘本阅读理念，促进了家庭亲子阅读；提高了幼儿阅读兴趣，使他们养成良好的阅读习惯，能够将绘本阅读融入在园、在家的一日生活中。

一、问题提出背景

从小培养孩子养成良好的阅读习惯具有重要的意义，好的阅读习惯会使孩子一生受益无穷。《3—6岁儿童学习与发展指南》中也明确提出：“为幼儿提供丰富、适宜的低幼读物，经常和幼儿一起看图书，讲故事，丰富其语言表达能力，培养阅读兴趣和良好的阅读习惯，进一步拓展学习经验。”“为幼儿提供良好的阅读环境和条件”“为幼儿提供一定数量、符合幼儿年龄特点、富有情趣的图画书。”而绘本以精彩的画面、精妙的故事、精巧的设计、精美的印刷来引导孩子阅读，它具有图文互补、相衬的特点。以手绘图画来讲故事，儿童易于接受，更能引起幼儿的阅读乐趣，绘本被公认为是儿童早期的最佳读物。符合幼儿早期阅读的特点和习惯。儿童从直观化的绘本中吸收转化绘本的观点，无形中培养着阅读能力。优秀的儿童绘本能培养幼儿的艺术审美能力，激发幼儿的想象力，丰富的题材对幼儿的行为习惯、情感态度也能起到潜移默化的作用。通过研究调查发现，幼儿园绘本教学和家庭亲子阅读各自存在一些优缺点。幼儿园绘本教学虽然是有目的地对幼儿进行五大领域的认知及阅读方法的指导，但在幼儿园教学过程中，教师通过集体授课的方式对绘本进行讲解，给孩子的自主阅读空间少，缺乏一对一的互动，无法充分发挥孩子的想象力、创造力，而且对每本书的细节观察不够、内涵挖掘不透，艺术性欣赏近乎全无，使孩子无法深刻感受到绘本阅读的乐趣。而家庭绘本阅读刚好可以弥补这些不足，因此也有越来越多的经典绘本走进家庭并深受家长和孩子的喜爱。但家庭亲子阅读的方式却令人堪忧，家长只知道给孩子买书，却缺乏辅导的意识及相关的经验和技巧，普遍存在重买书、轻辅导的现象，许多孩子家长反映不知道买什么书合适，买了书后也不知道怎么辅导孩子去看。针对这些问题，幼儿园通过给家长传授亲子阅读技巧、让家长参与阅读活动和提供家长间的亲子阅读交流平台等方式开展家园协作式的指导势在必行。

近几年我园已把绘本阅读融入一日教学活动中来。本园的绘本馆有大量的优秀绘本，可供孩子借阅，每个班级建有绘本角，孩子们可以随时随地进行绘本分享阅读，并且有绘本公开教学，探讨绘本教学的经验和方法，以培养幼儿的阅读兴趣，帮助幼儿养成良好的阅读习惯。因此本课题的提出，就是利用家园协作进行绘本阅读，教师利用自己已有的经验指导家长如何在家庭中进行绘本阅读活动，家长利用自己的资源为幼儿的绘本阅读提供条件，让家庭成为幼儿阅读的首要场所，以培养幼儿良好的阅读习惯，使幼儿能够爱阅读，会阅读，阅读会，也在此过程中探索家园合作的新形式和新途径。

二、核心概念界定

1. 家园协作

家园协作是指幼儿园和家庭都把自己当作促进儿童发展的主体，双方积极主动地相互了解、相互配合、相互支持，通过幼儿园与家庭的双向互动共同促进儿童的身心发展。家园协作实际上是一种双向互动的交流活动，家长要积极主动地配合、支持幼儿园的工作；同时，幼儿园要服务于家庭教育，鼓励、引导、接纳家长参与幼儿园教育。儿童的教育仅靠学校单方面的力量是不够的。这就要求学校和社会各方面，尤其是和家庭通力合作，共同促进幼儿的身心健康成长。

2. 绘本

绘本一词源于日本，英文为 picture books，“绘”字凸显手绘、绘画之意，直译为图画书。因此，绘本顾名思义是一种以图画为主，文字为辅，甚至是完全没有文字，全是图画的书籍。这一类书籍特别强调视觉传达的效果，所以版面大而精美，不仅具有辅助文字传达的功能，更能增强主题内容的表现。其概念界定很重要的一部分就是要把绘本与插画书等区别开来。儿童文化研究院研究员彭懿指出：“图画书是图文合奏，是图画与文字共同叙述一个完整故事的书籍。图画书里的图画不是文字的附庸，图画是图画书的生命，我们甚至会见到一本没有字的无字书。”日本著名儿童文学家松居直指出：“‘图＋文＝插画书’，而‘图 × 文＝图画书’”。插画书的叙述性建立在文字的基础上，书中的插画旨在对正文内容作形象的说明，去掉插画不影响故事的叙述完整性，连环画中的图虽比插画书增多，但叙述主题仍是文字。而在绘本中图画是主体，不仅具有叙述性，而且作为主要故事情节的载体而独立存在，对故事叙述的完整性起到不可或缺的作用。

3. 绘本阅读

绘本阅读是指凭借丰富的色彩、优美的图像与文字，借助于视觉感官来理解绘本所表达的内容和意义的一种智力活动。在本课题中，绘本阅读主要是围绕绘本，在幼儿园、家庭中开展绘本阅读活动，是教师与家长解读绘本、幼儿阅读与表现绘本的多维活动。

4. 指导策略

指导策略是指在开展绘本阅读研究的过程中研究者利用的各种途径，采用的各种方式和方法。本课题所提的指导策略是指在调查、分析、了解不同年龄段幼儿在园在家的阅读习惯、阅读能力的基础上运用各种有效手段，以家园互动式的绘本阅读为实践，结合幼儿园绘本教学，鼓励家长与孩子、教师与孩子共同阅读，开展多种层次、多种形式的绘本阅读活动。

三、研究文献综述及研究的理论依据

当前幼教领域的研究者对绘本亲子阅读及幼儿园绘本教学的研究日益加深，在亲子阅读重要性、亲子阅读现状及问题研究和亲子阅读的指导策略、幼儿园绘本教学现状分析、存在问题及对策研究等方面都取得了大量成果。而以家园协作为基础的绘本阅读指导方面的研究却甚少。

1. 从早期绘本阅读的角度

早期绘本阅读是早期阅读的下位概念。对于早期阅读的关键点，越来越多的研究已经达成共识，对于3~6岁儿童的早期阅读不是单独地教他们识字、写字，而是致力于更好地帮助他们使用书面语言和口头语言，使他们的语言与认知、阅读经验与生活经验协调一致地发展，同时提高自主阅读能力。斯诺（Snow C.E.）、伯恩斯（Burns M.S.）等人的观点也反映出，3~8岁儿童需要奠定的核心阅读能力是“自主阅读的意识与能力”。研究证明3~6岁儿童获得早期阅读经验，能促进口语的发展，对在词汇的增长和复杂语法方面的掌握很有帮助。早期阅读经验与儿童进入小学后的学习成绩正相关。哈佛大学对3~19岁儿童阅读能力的追踪研究表明，早期阅读能力的建立是预期他们未来阅读能力发展的重要指标。对于早期阅读的研究内容和方法非常全面和丰富，但是缺乏针对绘本的专门研究。

2. 从亲子绘本阅读的角度

对亲子绘本阅读方面有着深厚影响的是被称为绘本之父的松居直，他的主要著作有《我的图画书理论》《图画书是什么》《看图画书的眼睛》《走进图画书的森林》。他的作品没有太高深的理论，但是观点浅显易懂、深入人心，普及了关于绘本的知识概念及如何选择绘本。他在亲子阅读方面的著作《幸福的种子》里阐述了亲子阅读的重要意义，通过实际的案例加以说明，对于父母如何运用绘本进行亲子阅读也讲解得非常细致，对父母的一些不好的做法或错误的观念进行了因势利导。我国著名儿童文化研究员彭懿的著作《世界图画书阅读与经典》为读者如何阅读和欣赏图画书提供了指导。但是目前对于理论层面的指导策略研究甚少。周兢对当前的亲子阅读指导策略做进一步分析认为，亲子阅读的相关策略研究大多未能在家庭的早期阅读实践中得到有效运用，原因可能是与研究者话语和家长话语缺乏转换有关，她在研究中还发现，阅读讨论、情景表演、绘画、合作创编等创意阅读活动是体现绘本内涵、情感和培养幼儿自主阅读的重要途径。因此幼儿园正好可以作为一个纽带和桥梁，将幼儿园对于绘本阅读研究的实操经验引入家庭，并吸纳家庭绘本阅读的先进经验和丰富资源为幼儿园所用，并在探索家园协作的新途径和新方法。

四、研究意义

在本课题的研究过程中，研究人员查阅了大量的有关早期阅读和绘本教学的相关资料，并应用到本研究中，让绘本阅读的教学理论和教学实践结合起来，为教师提高绘本教学能力提供理论支持。本研究通过多种形式的家园合作，帮助家长提高在家指导亲子阅读的能力。本研究探索了家园合作的新形式和新途径。

五、研究过程

课题组按照调查研究的一般过程组织具体实施。本课题的研究经历了以下三个阶段。

1. 准备阶段

确定课题研究方向，制定课题实施方案，并进行可行性分析论证。明确课题的具体分工及任务，每个实验研究人员根据课题确立子课题并拟订方案与可行性论证。以课题组成员为核心，成立天津大学幼儿园绘本教研兴趣小组，针对小组成员进行了以下几项工作。①确立书单，夯实课题组成员的理论基础。从绘本阅读理论类、亲子共读指导类及绘本教学指导类三个方面确立了以下书单作为必读书目：《幸福的种子——亲子共读图画书》《我的图画书理论》（松居直）、《世界图画书阅读与经典》（彭懿）、《〈3~6 岁儿童学习与发展指南〉解读》（李季湄，冯晓霞）、《绘本有什么了不起》（林美琴）、《绘本阅读时代》《绘本读写课堂》（方素珍）、《绘本赏析与创意教学》（王林）等。通过阅读图书，课题组成员在课题的相关理论层面有了提升。对小组成员开放幼儿园绘本馆，教师可随时借阅绘本馆的图书，扩大教师的绘本阅读量，接触大量的优秀绘本，提高绘本解读、亲子阅读指导的水平和能力。②每周召开一次绘本兴趣小组会议，小组成员以沙龙的形式汇报本周所阅读的相关内容和感想，推荐相关文章和书目，共同学习和分享。③进行绘本教学听评课的工作，提高教师的绘本教学水平，并在此过程中整理总结适合集体教学的优秀绘本。④在兴趣小组成员班级内建立绘本角，以方便幼儿随时阅读，为以后在全园推广做准备。

2. 实施阶段

发放调查问卷，了解幼儿在家的绘本阅读情况，包括绘本藏书量、阅读时间、亲子阅读形式以及家长对绘本阅读的认识情况等，并对其进行分析和评估。

通过调查发现，仍有少部分家长对绘本认识不清，认为有图画的书就是绘本。在家庭藏书量方面，藏书量在50本以上的占30%，藏书量在20本以上50本以下的占60%，藏书量在20本以下的占10%；90%家庭的图书是自行购买。在家庭的亲子阅读上，将近40%的家庭是照着文字机械阅读，阅读形式单一。63%的家庭亲子阅读任务由母亲担任。有的家庭每天的阅读时间相对较少，家庭图书摆放不利于孩子自由选择。

针对以上情况，幼儿园采取以下方法有针对性地解决问题。①召开家长会。向家长介绍什么是绘本，讲解绘本书和普通图画书有何区别，幼儿期阅读绘本对儿童成长的作用有哪些，如何选择绘本等，使家长对绘本的概念有一个清晰的认识。②召开家长沙龙。邀请经验丰富的教师和在家庭亲子阅读方面有成功经验的家长作为沙龙主讲人，向大家介绍如何在家庭中进行亲子阅读，包括家庭中图书的选择和摆放、阅读时间、阅读形式、优秀绘本分享等。③建立绘本阅读微信群，大家随时可以在群里沟通绘本阅读情况，并分享经验。④针对家长面临的图书资源问题，在班级中进行绘本漂流。可以帮助小朋友在只有一本书的情况下，通过交换得来20~30本书进行阅读，使小朋友天天有书读、周周有更新。⑤开展全园创建绘本角比赛，为幼儿创造良好的阅读环境，并推广给家长。

每周定期进行绘本集体教学和绘本馆自由阅读活动。班级绘本角全天开放，幼儿可在餐前、饭后、离园前等零散时间随时进行阅读、交流。教师通过观察、实践、总结，选择、编排适宜不同年龄段幼儿绘本教学的内容和教材，整理优秀绘本推荐给幼儿。

在幼儿初步建立起绘本阅读的习惯后，举行与绘本阅读相关的延伸活动。如绘本阅读日志记录，幼儿自创绘本故事书、绘本故事表演，绘本延伸美术活动，家长的亲子绘本阅读感想收录等。

3. 总结整理阶段

全面总结，进行论文、案例、随笔等资料的汇编。整理分析研究材料，撰写课题结题的研究报告。

六、研究成果简述

广泛阅读绘本培养了幼儿的阅读兴趣，使幼儿养成良好的阅读习惯。通过本课题形成了全园读绘本、在家看绘本的良好氛围。幼儿有好的图书资源、教师有好的指导方法，家长有好的阅读理念。幼儿感觉阅读图书不再是枯燥的或无从下手。因为很多图书是共用、交换的，幼儿之间有共同的话题，可以随时讨论、交流、分享，并能通过不同的形式将自己的绘本阅读展示给大家。幼儿积极参与绘本故事表演、绘本故事比赛活动。提升了家长对亲子绘本阅读的认识。通过这种活动，家长对绘本的理解和认识提高了，亲子绘本阅读的形式和内容都更加多样和丰富，亲子关系更加亲密，为培养幼儿持久的阅读兴趣和习惯打下了良好的基础。

以下摘录了一些家长感想。

“幼儿园里组织绘本漂流活动，每个小朋友用一本书交换可以阅读到29本（班级30人），这个活动真的太棒了！我的孩子非常喜欢这个活动，每次拿到书，在回家的路上就会迫不及待地让我陪他读。在亲子阅读过程中,我发现带着他看书时,如果读得有声有色一些,再加上些适当的肢体语言,更加能让他体会到阅读的乐趣。有时他会一连要求读三次或者四次,这也让孩子体会到阅读是一件很快乐的事情。"

"通过幼儿园绘本教育,我在孩子身上看到了萌发的阅读兴趣,也在反思这么多年亲子阅读一直没有达到预期效果的原因。首先是绘本难度。有些获奖的著名绘本并不适合低龄孩子阅读,故事内涵超出了孩子的想象力和理解力,孩子看画面听父母讲也不能理解故事精髓。其次是绘本主题。家长为孩子选书绞尽脑汁不得要领,而孩子对不感兴趣的主题一般很难引导读下去,孩子通过这次绘本漂流获得了很多新领域的图书,打开了他的阅读视野。再有是家长的坚持。有了幼儿园的督导,我才能重拾信心,一路坎坷,磕磕绊绊地坚持把亲子阅读一直做下去。"

"在此,特别感谢幼儿园,感谢蒙二班的老师们在亲子共读中为家长提供的指导和帮助,为孩子们创造的崇尚读书的良好氛围。希望老师们在孩子心中种下的爱读书的种子,日后成长为参天大树,让书香陪伴孩子一生。"

"自从他喜欢读绘本以后,我们亲子阅读的时间、地点也会变得多起来。有时候我们会一起去图书馆的少儿区看绘本,我们一起挑选喜欢的绘本,然后找一个喜欢的角落坐下来安静地阅读。看着孩子专注的样子,看到他读到有趣的地方,还时不时露出笑意的脸,我知道此时对于我们来说就是最美好的时光。"

研究成果表明,幼儿阅读习惯和兴趣的培养需要家园合作共同完成。本课题在开展过程中组织了多种形式的家园合作活动,取得了良好的效果,为开展其他活动的家园合作提供了基础。

研究工作促进了教师的专业成长,提高了本园教师对绘本阅读的指导水平。教师能够进行研究式阅读,深入了解绘本的实质,挖掘其中的多元教育元素,开展有创意的绘本教学活动。在此过程中,教师通过对实践进行总结和提升,撰写论文,并编制了适合不同年龄段的绘本教材,汇总整理绘本后推荐给幼儿。

七、研究不足和后续研究设想

阅读兴趣和阅读习惯是需要长期培养的,是一个不断发展的过程,应该和社区合作,将亲子绘本阅读活动在社区开展,将绘本阅读经验向更广范围内推广,尤其是推广到未入园幼儿家庭。

通过调查研究发现,家庭阅读多以父母陪伴为主,尤其母亲。但是父母,尤其母亲,因为工作的关系能陪伴孩子的时间相对较少,怎样在家庭中帮助(外)祖父母提高亲子阅读能力需要进一步加以研究。

参考文献

[1] 彭懿. 世界图画书阅读与经典 [M]. 南宁:接力出版社,2011.
[2] 彭聃龄. 普通心理学 [M]. 北京:北京师范大学出版社,2001.
[3] 松居直. 幸福的种子 [M]. 南昌:二十一世纪出版社 ,2013.
[4] 熊雷欣. 3-6 岁儿童亲子绘本阅读及指导研究 [D]. 南充:西华师范大学,2016.
[5] 杨雯珺. 早期亲子阅读家长指导行为研究 [D]. 福州:福建师范大学,2014.

“幼儿数学教育生活化的研究与实践”结题报告

天津大学幼儿园 张 静

一、课题提出的背景与意义

数学是一门贴近幼儿生活的学科，如何将数学知识运用到生活中去，使数学教育生活化，让幼儿学习起来不感到抽象枯燥，数学教学就要以幼儿生活为本体，将幼儿园的数学教育融于幼儿的一日生活各环节中，培养幼儿对数学的兴趣。《3—6岁儿童学习与发展指南》中提出：“让幼儿初步感知生活中数学的有用和有趣。”“引导幼儿感知和体会生活中很多地方都用到数。关注周围与自己生活密切相关的数的信息，体会数可以代表不同的意义……”这就需要幼儿在教师的指导下发现数学的实用和有趣，只有幼儿自己发现了，他们才能更好地理解，也更容易掌握数学的奥妙和规律所在。

幼儿园教育的内容是幼儿在现实生活和游戏中所感受到的直接经验，幼儿是在多种感官参与的行动中思考和学习的，幼儿数学教育生活化和数学化的有机融合对幼儿教师提出了更高的要求，数学教育生活化既符合《幼儿园教育指导纲要》的精神实质，又符合幼儿学习发展与求知的需要。

二、课题界定与研究依据的理论

1. 课题界定

“数学教育生活化”是指要让幼儿在生活中学习数学，联系生活讲数学，把生活经验数学化，数学问题生活化，使教育内容、活动目标、操作材料、活动情境和实施途径等都贴近幼儿的现实生活，让幼儿在玩中学习，在操作感知中学习，让幼儿的数学学习活动融于生活，回归生活，充满时代气息和活力，从而自主地去探索感知周围的世界。

2. 理论依据

教育家陶行知的生活教育理论包括三大方面的内容，即“生活即教育”“社会即学校”“教学做合一”。生活教育理论是陶行知思想的核心，在其生活教育理论中，“在生活中找教育，为生活而教育”的观念相当明确。他提倡要解放孩子们的头脑和手、脚、时间、空间，使他们得到充分自由的生活，从自由的生活中得到真正的教育。

杜威认为“教育即生活”，教育就是儿童现在生活的过程，而不是将来生活的预备。他说：“生活就是发展，而不断发展，不断生长，就是生活。”他认为传统教育最大的弊端就是让儿童远离了社会生活以及儿童生活的需要，这样的教育必然导致儿童的学习兴趣缺乏，必定对儿童的身心发展造成危害。因此，最好的教育就是“从生活中学习”“从经验中学习”。把教育的重心从教师、教材转移到儿童身上，这就是杜威倡导的，教育就是要给儿童提供保证生长或充分生活的条件。他强调让幼儿从做中学，从玩中学。

皮亚杰认为幼儿的学习是一种主动内化的建构过程。皮亚杰指出：“假定儿童只是从教学中获得数概念和其他数学概念，那是一种极大的误解。相反，在相当程度上，儿童是自己独立地、自发地来发现这些观念和概念的……”幼儿对知识的理解和建构必须依赖于游戏和解决问题的过程，应充分利用游戏活动渗透数学教育的元素。也就是说在数学教学的过程中，应该为幼儿提供可操作的材料和解决生活问题的条件与机会。

意大利教育家蒙特梭利强调幼儿的学习和工作“是以幼儿为中心的，是不教的教育”，在学习中要给幼儿充分的自由，教师只是环境的创设者和保护者。这说明蒙氏理念很注重让幼儿自己动手操作，用多种感官去探索、去感知这个世界，她的教具也是从日常生活入手。蒙氏最经典的数学教具就是来自于“教工之家”，蒙氏的教具操作活动是幼儿学习数学的良好学习方法，能根据幼儿不同发展水平，按不同要求来学习，有利于发展幼儿的语言表达能力及自由交往的能力，还有利于培养幼儿与他人的合作精神，大胆、自信的性格，独立自主的意识，教师能了解个别差异，有针对性地进行个别指导。

三、研究的目标、内容、方法

1. 研究目标

①探索生活中所蕴含的教育契机以及数学教育生活化的内容、方法和指导策略。

②探索幼儿园数学教育环境的创设以及益智区低结构开放性材料的投放、利用和指导。

2. 研究内容

①对幼儿园生活各环节中蕴含的数学教育契机的开发和利用的研究。善于利用一日生活中各个环节的教育元素，从幼儿关注的各种问题中捕捉数学教育契机。

②对益智区活动的低结构材料投放和利用的研究。挖掘生活中有价值的、孩子们感兴趣的、适合幼儿发展水平的材料，让幼儿在感知、操作和探索中获得数学经验。

③数学活动生活化、游戏化的研究。有目的、有计划地创设情景组织教学活动，设计教育课程。

3. 研究方法

（1）行动研究法

本研究是面向幼儿园大、中、小三个年龄班的幼儿数学教育生活化的现状，通过问卷方式调查幼儿学习数学的兴趣、访谈幼儿教师、个案研究、测试调查等，收集关于课题研究的素材，对教育研究现状进行分析，在调查的基础上发现问题，对幼儿数学教育生活化进行实践探索，提出幼儿数学教育生活化的相关建议。以行动进行研究，以研究促进行动，分析判断其学习和发展的状况，帮助幼儿获得相关的知识、技能，促进幼儿的活动向纵深发展。

（2）观察研究法

在研究的过程中，以各年龄班幼儿为观察对象，通过观察了解幼儿在一日生活中数学教育生活化的现状，再通过参与式观察法了解在生活化的实践探索过程中教育活动开展情况、实施效果以及幼儿的行为表现，以此对活动进行反思与调整。观察记录通过填写观察笔记、照相及录像等方式完成，内容涉及幼儿一日生活的每一个环节，并延伸到家园共育，注重数学教育在生活中的体现。

（3）案例研究法

从幼儿的年龄特点和兴趣出发，从幼儿身边的事物出发，教师设计不同的数学游戏活动，借鉴不同的数学教具，如蒙特梭利的经典感官和数学教具、福禄贝尔的恩物等，针对数学活动的开展进行总结、分析，通过大量的案例，发现活动设计的亮点，反思活动中的不足，并对初步认识成果进行汇总。

四、课题研究过程

1. 从生活中发现选择数学教学内容

《3—6 岁儿童学习与发展指南》中明确提出："成人要充分利用自然和实际生活机会，引导幼儿学习发现问题、分析问题和解决问题。"可见生活化和数学化都是幼儿数学教育不容忽视的特点。生活中的点滴就是学习数学的良好契机。在研讨过程中，教师让幼儿和爸爸妈妈一起去捕捉生活中的数字和与数学有关的事物，用手机拍下小视频。把生活中与数学有关的信息搜集起来，分享给全班小朋友。幼儿收录了电梯上代表楼层的数字、汽车的牌照和电话号码、门牌号、地铁的线路号、公交车线路号、超市中的价格牌等。有的幼儿还在户外旅行的时候发现了有趣的数字，如马路上的限速标识和汽车上的速度表、加油站机器上油量显示表、航站楼中航班动态提示等。数字在我们生活中无处不在，在不同的地方还代表不同的意义，让幼儿感到奇妙而有趣。数学还从生活中延伸到我们的数学教育活动中，教师引导幼儿通过实际的生活经验去理解抽象的数学知识，培养幼儿学习数学的兴趣。

比如学习测量，教师引导幼儿寻找测量方法和测量对象，身边的桌椅、花草、大树、小伙伴的身高都可以作为测量的目标，让幼儿学会比较高矮、长短、厚薄等。在自然角测量记录植物的成长过程，幼儿选用尺子、线绳等学具学习不同的测量方法。只有教师抓住日常教育的契机，才能锻炼幼儿数学思维能力，培养幼儿对数学的兴趣。

2. 幼儿园数学教学活动的日益生活化

区角活动更具生活化，其为幼儿创设了生活情境。区角活动是幼儿自主开展的游戏活动，教师为幼儿提供丰富的游戏材料，同时创设良好的贴近幼儿生活的情境，将数学活动融入幼儿生活经验中，让幼儿在自主游戏中自主学习。如创设"蓝天小超市"，幼儿模仿从商品的摆放到收银、记账、购物等各种场景，还可以去银行 ATM 机取款。幼儿模仿成人的活动，体会分类、计算、统计、排序等数学方法在生活中的应用，学习有条理地摆放物品和认识钱币的大小等。比如在区域活动中创建"小小电影院"的情景，把教室布置成电影院的样子，把小椅子摆放成电影院的样子，标上排号座号，再发给幼儿电影票，和他们一起去观看动画片，让幼儿在数学情境中进行思考。幼儿根据手中的电影票号码找到自己的座位，从而学习体会序数在生活中的应用，知道电影票的用途，使学习生活化的模式得到更好的运用。

在动手操作的过程中寻找数学。幼儿对事物的认知大多来自直接感知。感官教育很有必要，因此指导幼儿亲自动手开展各种活动的过程也是幼儿学习的过程。当学习材料和幼儿的生活经验相联系时，幼儿对学习才会感兴趣。教师要因地制宜地将现实生活中的环境材料当作数学操作材料，最好是就地取材，寻找幼儿所喜欢和熟悉的物品，如身边的玩具、石子、瓶盖、纽扣、磁铁、扑克、木棒等，都可以成为学习数学的教具，幼儿通过操作可以任意比较、组合、拼搭、分类、排序等。比如体会四等分时，教师给幼儿准备了充分的材料，有手工纸，正方形的豆腐、片儿面包，圆形的香菇、饼干、胡萝卜片，圆柱体的黄瓜等。丰富的教具来自幼儿日常生活，让他们自己动手体会四等分的各种方法，既动手又动脑，亲自操作，从而在玩儿中学，更加深入理解四等分的实际意义。

3. 一日生活各环节中处处蕴含数学教育

幼儿园里的每一个环节都有学习数学的机会。比如早晨来到幼儿园时，幼儿把晨检卡插到袋子里，就是一一对应；值日生给小朋友发碗和筷子也是一一对应；每天喝了几杯水，幼儿都会在互动墙上自己做记录，并比较多少；去洗手要排队，老师会说第几组的顺序，幼儿一个挨着一个，体会序数的意义。幼儿在学习认识时间以后，教师在日常生活中不断向幼儿强化时间的概念，什么时间该干什么，并给予提示，帮助幼儿巩固有关时间的知识。吃水果的时候，教师会引导幼儿说出苹果是圆形的，猕猴桃是椭圆形的，帮助幼儿认识事物的形状、颜色、大小。在幼儿陈述事情的时候，提示幼儿把时间说清楚，比如昨天、今天、明天等。教师注意在生活环节中有意地让幼儿学习数学知识，会用数学的眼光来看待事物，使学习不再枯燥和抽象，具体到每一个生活环节中，起到润物细无声的作用。

4. 将数学活动渗透到各种游戏中

游戏是孩子的天性，在"玩中学"是很多教育大家的共识，可以把数学渗透到幼儿发展的各个领域。幼儿喜欢动手游戏，比如搭积木，在搭积木的过程中他们首先要考虑构建一个物体，然后从基础开始一步一步用不同形状的积木搭建起来，在这个过程中锻炼了他们大脑的思维能力，从而一步一步来完成自己的作品，最后完全掌握搭积木的技巧。这些都满足了幼儿的好奇心和探索欲望，同时他们也体会到了成就感。音乐游戏《抢椅子》让幼儿在欢快的音乐节奏中体会多和少的关系。在做音乐律动中，幼儿根据教师的指令来理解前后左右的方位的关系等。体育游戏《老鹰捉小鸡》也能让幼儿在追逐中体会数的概念，棋类游戏更是使幼儿脑洞大开。教师要做个有心人，不同游戏中数学知识的侧重点不同，教师可以根据教学需要，创编一些适合不同教学活动的游戏，让幼儿的集体数学教育活动有所延伸，幼儿对数学才会有一定的系统性和连贯性的认知和经验的积累。

5. 会在生活中运用数学解决问题

《3—6 岁儿童学习与发展指南》中明确提出："成人要充分利用自然和实际生活机会，

引导幼儿学习发现问题、分析问题和解决问题。”将抽象的数学教育融于生活，才能从真正意义上促进幼儿的全面发展，提升幼儿数学思维能力。幼儿会用平分的办法给小伙伴分发生日蛋糕，会用排序比高矮来玩游戏，会看时间、日历、汽车线路、航班号等。当幼儿会用自己掌握的数学知识来解决生活问题的时候，才能感觉数学带给他们的成功的快乐和喜悦。

五、课题研究成果

经过课题组成员一年半的共同努力，对大、中、小不同年龄班幼儿数学活动的观察和实践开展研究，进行总结和汇总。

①形成了结题报告一篇。

②把幼儿和家长共同用镜头记录和收集的“生活中有趣的数字”视频进行归类汇总。

③形成该课题小论文若干篇，其中课题组成员史宝丽的论文《小型棋盘游戏中的幼儿数学行为初探》获得学前教育杂志社论文评比一等奖。

④形成《各年龄班数学活动低结构材料投放汇编》一册。

⑤形成《教师数学活动教育随笔和案例分享汇编》一册。

参考文献

[1] 韩岩. 浅谈陶行知生活教育理论在幼儿园数学活动中的运用 [J]. 新校园(中旬刊)，2016(10)：163.

[2] 朱承婷.“生活教育”理论在幼儿数学教育中的运用 [J]. 考试周刊，2016(22)：183.

[3] 徐有为. 浅谈幼儿数学教育生活化和数学化的融合 [J]. 当代学前教育，2015(3)：4-6.

[4] 王晓辉. 源于生活的幼儿数学教育 [J]. 天津市教科院学报，2011(4)：82-83.

第三部分

优秀课例

AI DE SHIYE

课本里的艺术——《秋天的雨》

天津大学附属小学　宋　雪　杜承倩

天津大学附属小学学生参加了 2019 年天津市中小学语文“课本里的艺术”电视诵读大赛活动。学生集体诵读三年级语文上册课文《秋天的雨》和《听听，秋的声音》，他们精神饱满、激情澎湃，以别开生面的方式，将课本里的艺术演绎得淋漓尽致。无论是他们朗诵时的抑扬顿挫，还是表演时的体态神韵，甚至是为了烘托舞台效果而专门制作的服装道具，都与作品完美地结合，呈现出最好的舞台效果。比赛时同学们举手投足间也都颇有名家的底蕴和风范。通过层层选拔，天津大学附属小学学生最终以天津市首届“课本里的艺术”一等奖的好成绩参加了天津市电视台的节目录制。

小学语文课文是每个中国学生诵读经典的首要读本。为了继承和弘扬中华优秀传统文化，天津大学附属小学倡导小学生与经典为友，与博览同行，开阔视野，陶冶思想，进而丰富学生的文化生活，展现出天津大学附属小学的学生们文明健康、乐学好上的良好精神风貌。

英语课本剧 *The proud of peacock*（《骄傲的孔雀》）

天津大学附属小学　王　曌　赵晓濛

近年来，小学英语 EDC 课程悄然走进校园，我校以英语教材为依托，充分挖掘教材中可利用的活动因素，改编整合，编写成小剧本后纳入我校校本课程。这些小小的英文剧本贴近学生日常生活，符合时代要求，真正实现了英语教学上“学生有效地学，教师有效地教，课堂目标有效地达成”的课堂成果。作为一种辅助教学的手段，课本剧的编演过程就是学生将知识与技能有效融合的过程，充分体现了我校“乐学、勤学、会学”的学风目标。*The proud of peacock*（《骄傲的孔雀》）在 2017 年南开区“我爱说英语 • 一班一剧”小学英语课本剧展演活动中荣获一等奖，并在南开区英语特色课程展示大会上做区级展示，获得了南开区领导和老师们的一致好评。

《国家》

天津大学附属小学　张　慧

“一玉口中国，一瓦顶成家，家是最小国，国是千万家……”由天大附小音乐教师张慧老师指导天津大学附属小学北洋童声合唱团演唱的二声部合唱歌曲《国家》，抒发了当代少年儿童对祖国的热爱之情，2021 年是建党一百周年，合唱团团员们一起为伟大的国家、伟大的共产党献上自己的深切祝福。他们在学习和排练《国家》这首歌曲的过程中增强了民族自豪感与使命感，相信他们将来定会成为国之栋梁。

在不平凡的 2020 年里，天津大学附属小学北洋童声合唱团从 2020 年 1 月的南开区区委宣传部组织的大型快闪合唱《我的祖国》，唱到 3 月 29 日疫情最严重时期的云合唱《天耀中华》；从 10 月 2 日天津大学 125 周年校庆的《歌唱祖国》，唱到 12 月份推出的《国家》。张慧老师带领团员们一路用歌声歌唱祖国，用音乐表达新时代学子的豪情。

以“艺”战“疫”
——天津大学附属小学北洋童声合唱团云合唱《天耀中华》

天津大学附属小学　张　慧

乙亥末，庚子春，荆楚大疫，染者数万。

2020 年初，一场疫情阻挡了我们相聚校园的脚步，却阻挡不了我们师生之间相连的心。由天津大学附属小学音乐教师张慧老师指导的天大附小北洋童声合唱团，在停课不停学期间进行了一场有意义的云录制活动，孩子们一起用歌声为祖国加油！

天津大学附属小学北洋童声合唱团此次云录制的合唱歌曲《天耀中华》自推出以来，备受校内外各方媒体关注，先后被天津大学附属小学官方微信号、天津大学官方微博、天津大学新闻网、天津市南开区文明办“文明南开”官方公众号、天津日报（2020 年 4 月 7 日第 8 版）、“学习强国”APP、“津云”APP 等媒体报道，受到社会各界的一致好评。

《浅水洼里的小鱼》

天津大学附属小学　杜承倩

《浅水洼里的小鱼》讲述了一个小男孩尽力拯救那些困在浅水洼里的小鱼的感人故事。文章的后半部分主要写的是一位先生和小男孩的对话，从两人的对话中，我们知道小男孩明知自己这样做无济于事，但仍尽自己的力量奋力拯救小鱼。文中这个孩子的纯真感人至深，让学生们感受到男孩的善良心地。我的教学目标就是在引导学生们反复朗读的过程中体会保护动物、珍惜生命的重要性。在设计课程时我抓住教材的情感点和学生情感点，并努力在两者之者架设一座桥梁。

这节课让我感受到“从读中学”的重要性，从读中学并感悟是一种最传统的教育学习，也是最不可缺少的学习方法。读书可以为学生创造一个开放的学习空间，让每一个不同的学生个体都能迸发出思想的火花。

《古诗三首》

天津大学附属小学　高　昕

2020 年春季，天津大学附属小学的老师和学生们都经历了一段不平凡的居家学习生活。在此期间，按照南开区教师发展中心田恬老师的要求，我录制了统编版语文三年级下册第三单元微课程。其中《古诗三首》一课参加了南开区线上教研展示活动，登录南开区云动课程资源平台，参加“纪念抗美援朝出国作战 70 周年”专题教研活动微课展示，得到大家的一致好评。

《古诗三首》一课，由三首关于传统节日的七言绝句组成，分别描绘了人们在过春节、清明节和重阳节时的情景，表现了中华传统节日的民间风俗。

学以致用是语文学习的归宿。教师在教学中引导学生做好知识积累，在听说读写的训练中达成语文学习的目的；执教时注重多种形式的朗读积累，彰显朗读的作用，充分运用引读、范读、听录音、模仿读等方式，使学生加深对诗句意思的理解，加深对诗中情感的感悟。

《租船问题》

天津大学附属小学　赵中颖

本节课是2020年抗击新冠肺炎疫情期间，天津市“停课不停学，学习不延期”春季学期小学四年级数学精品课程，内容是人教版小学数学四年级下册第一单元《租船问题》。

课上采用学生熟悉的购买口罩的情境导入，先让学生帮助老师解决到哪购买口罩更划算的实际问题，体会解决此类问题的方法策略。然后借着疫情结束后想要划船游玩的事例引出本节课的探究内容——租船问题。在新课探究部分，教师带领学生一起阅读并理解题意，然后通过合作、交流、讨论等学习方式探究解决租船问题的策略。最后教师引导学生用数形结合的方法，比较、分析几种不同的方案，总结最优策略，渗透优化的数学思想。在巩固拓展环节中，教师先对例题进行改编，后进行有层次的练习，使学生通过练习逐步感受到在解决实际问题时要灵活运用所学知识，具体问题具体分析，寻找解决问题的最优策略。最后，教师肯定学生本节课的学习成果，增强他们学好数学的信心。

《小数大小比较及单位换算》

天津大学附属小学　赵中颖

本节课是2020年抗击新冠肺炎疫情期间，天津市“停课不停学，学习不延期”春季学期小学四年级数学精品课程，内容是人教版小学数学四年级下册第四单元《小数大小比较及单位换算》。

这是一节整合课，把小数大小比较和单位换算两个内容编排在一起，内容较多。课上以新颖的翻牌游戏导入正题，教师提出探究问题——怎样比较小数的大小？接下来教师先出示一道简单的小数大小比较的问题，通过数形结合的方式展示了三位同学不同的做法，经过交流、讨论、比较，确定了比较大小的最优方法，然后让学生试着独立解答例题，最后教师引导学生总结出小数大小比较的方法。到此，第一个内容学习完毕。接着教师出示一道单位不同的大小比较问题，学生很自然地想到要先统一单位，由此揭开本节课的第二个探究内容。在学习单位换算这一内容时，需用猜想、验证、比较、概括的学习方式。最后，教师把本节课的两个学习内容进行小结，总结了“迁移类推”的学习方法，同时肯定学生在本节课的学习成果，激励他们学好数学，用学到的知识解决生活中的数学问题的信心。

"Unit 2　What's your hobby ? Fun Facts."

天津大学附属小学　王　罂

本课文选自小学人教版教材精通英语六年级上册第二单元，作为本单元的最后一课时，教学重点是在复习与 hobby 相关的语言知识的同时，了解一个科学教师的有趣的爱好——观鸟。教学难点为掌握一定的英语阅读技巧，培养学生的阅读兴趣。教师王罂老师在设计本节课时，通过创设网上学习的情景，引导学生运用已有知识，自由谈论自己的爱好，随后关注老师及家人的爱好，最后过渡到本课的主人公 Mr Kent 先生的爱好。通过一个又一个由浅入深的教学任务，吸引学生走进 Kent 先生的个人微博。学生们分成小组完成教学任务，既是他们精读文章的过程，也是由整体感知语境到深挖细节的探究性学习过程。通过学习，最终回归到本单元的主题——不同的人有不同的爱好，不同的爱好会使我们的生活多姿多彩。作为一篇阅读教学文章，教师力求把握其特点，将各种教学活动融入阅读前、阅读中和阅读后，提高阅读教学的整体效果。

"Unit 4　How's the weather?"

天津大学附属小学　赵晓濛

本课例选自人教版精通英语四年级上册 Unit 4 How's the weather? 本课例是基于天津市"主题丛"单元课程的实践研究，深挖单元整体教学，在明确的学习目标领统下，将 weather 单元的学习内容和活动进行整体规划后的第一课时。本课例荣获天津市单元主题教学线上课例和教学设计一等奖，并在南开区第六周期继续教育培训会上做现场展示。

“Unit 4　Task 9-12”

天津大学附属小学　肖　达

在本节微课中教师基于《精通英语六年级下册》第四单元 Task 9-12 的内容，对有关月份和季节的话题进行了多方面、多角度的梳理和比较。要求学生熟练掌握用英文书写和介绍 12 个月份名称及其对应位置的方法；同时初步理解南北半球季节划分的依据和差异；进而尝试阅读绘本，从多方面谈论北半球四季的变化特点；思考与讨论部分中西方传统节日的起源并完成相应练习。课程中，教师鼓励学生尝试动手完成一份有关季节话题的思维导图作品，并用英语加以介绍，从而充分拓展运用语言的渠道，努力将课堂教学延伸至课外。为了顺利达成以上目标，学生需要在观看视频和阅读绘本的基础上，完成听、说、唱、写等多种形式的活动。现在就让我们用心体会四季轮回之美，感受一年中不同的节日为我们的生活带来的欢乐吧！

“Unit 5　General Revision 2 Task 9&10”

天津大学附属小学　娄婷婷

本节微课依托于精通英语六年级下册第五单元 General Revision2 Task9&10。通过本课学习，学生将会了解与生病请假、探望病人相关的动词短语，运用学过的 I have... 句型和 You should... 句型介绍病情和提出建议。为了达到目标，学生需要在模拟 Peter 生病、看病和同学探望的情境中，帮助 Peter 向老师请假并向 Peter 提出建议，最后完成听、说、读、写的活动。学完本课，学生可以达到能够在生活中保持积极乐观的心态和健康的生活状态、并学会照顾他人这个目的。

一年级音乐欣赏课《火车波尔卡》课堂实录

天津大学附属小学 吴素梅

本节音乐欣赏课，主要针对学生的年龄和心理特点，采用学生易于接受的“声、视、动”结合方式，以讲解表现音乐元素（速度、力度、节拍、节奏、曲式结构等）为突破口，抓住学生玩耍快乐（喜欢画画、舞蹈、律动的特点）的感知规律，引导学生感受音乐之美，帮助学生理解音乐内涵，学会如何欣赏音乐。充分运用“参与—体验”的教学模式，简单直观地表现乐曲的曲式结构，科学地调动学生动与静的节奏，使学生通过听觉的感受、视觉的冲击、动作的参与，全方位感受、体验和表现音乐，使学生获得音乐享受和美的熏陶。

《道德与法治》四年级下册《我们的好朋友》

天津大学附属小学 宋 雪

本节课结合教材内容，使学生明白在学习和生活中会有很多原因让大家成为好朋友，从而让学生们感受到有朋友真好。在学生们初步理解课程的基础上，我举出结合新冠肺炎疫情暴发的例子，在全国人民团结奋战、对抗病毒的艰难时刻，世界各地许多国家都给中国送来温暖，向中国伸出援助之手。我还搜集了其他国家捐赠物资图片，学生从一个个口罩、一包包医疗物资中见证了世界各国和中国的深厚友谊。我借助中国向国外提供医疗援助的视频，让学生们明白获得朋友之间的友谊从来不是单方面的付出，维系友谊更需要无私的奉献。本课的拓展点是让学生们理解何为真正的友谊。在这段内容的讲解上我融合了思政元素。这方面习近平总书记为我们做了真友谊的好榜样！希腊爆发债务危机时，其他国家的公司纷纷减员降薪，但中国公司始终信守承诺，向希方员工足额发放工资。这一案例，让学生更能明白友谊是人与人之间的一种纯洁而美好的感情。如果没有友谊，人们就如同生活在沙漠和荒岛之中，就会感到孤独与悲伤。我们一定要珍惜我们的朋友。

《梅花香自苦寒来》

洛阳市第一高级中学附属小学　李海莎

在中国传统文化中，梅以它高洁、坚强、谦虚的品格，激励人立志奋发，是文人墨客最乐于描绘的对象之一。在严寒中，梅开百花之先，独天下而春，像极了亿万坚韧不拔的中国人。

《梅花香自苦寒来》视频中，洛阳市第一高级中学附属小学李海莎老师通过细致入微的讲解及示范直观地让学生感悟到梅花高洁的品格和其独特的形态美，进一步引导学生发散思维，勇于尝试，体验立体美术制作的趣味，从而培养学生的观察力和创造力，激发学生对艺术的热爱之情。

《最美的身影》

洛阳市第一高级中学附属小学　李亚辉

2020 年突如其来的新型冠状病毒肺炎疫情打破了人们生活的宁静，全民进入抗疫状态，各行各业涌现出无数的抗疫英雄，他们的精神可歌可泣。

《最美的身影》视频课是由河南省洛阳市第一高级中学附属小学教师李亚辉所执教的，该课为学生展现了在战胜新冠疫情这场没有硝烟的战役中，不计其数的抗议英雄冲在抗疫一线，用自己的行动书写人生大爱，将自己的人生价值发挥到极致。视频课通过生动的画面和深情的描述，让学生体会到无数的英雄就在我们身边，要永远记住他们最美的身影，把真善美的种子悄无声息地播种在孩子们的心底。

《一亿有多大》

洛阳市第一高级中学附属小学 黄菊霞

《一亿有多大》是选自人教版小学数学四年级上册第一单元的内容，也是在“大数的认识”之后安排的一节综合实践探究课，目的是让学生通过问题引领，经历猜想、实验、推理和验证的过程，借助具体实物之间的数量关系，连通数学与生活的紧密联系，激发学生的求知欲和想象力，从而让学生切实体验解决数学问题的全过程，获得丰富的数学活动经验，在充分感知一亿大小的基础上，主动建构一亿有多大的数学模型。这对于四年级的孩子们来说是比较抽象的。

视频中，洛阳市第一高级中学附属小学教师黄菊霞带领孩子们通过实际操作活动，借助推算和计算器的计算，从不同的角度感受一亿的大小，并能结合实际，以具体的事物来表达对一亿大小的感受，初步获得解决问题的一些策略和方法，发展学生解决问题的能力，以及培养勤俭节约的优良品德。

《折线统计图》

洛阳市第一高级中学附属小学 尚向乐

《折线统计图》是人教版小学五年级数学下册第七单元内容，属于统计内容。本节课主要让学生通过对折线统计图的认识，读懂折线统计图中反映的数据信息和变化规律，能对图中的信息进行简单的分析，能初步进行判断和预测。在数据分析的过程中，感受折线统计图的优点，能根据提供的数据，有条理地绘制单式折线统计图，并根据绘制的折线统计图做出预测。最后体会折线统计图在生活中的应用，感受数学和生活的紧密联系，提高学生学习数学的兴趣，感受数学的魅力。

《秧歌舞》

洛阳市第一高级中学附属小学　李　伽

《秧歌舞》是一首流传于东北地区的歌舞曲。最早的歌词表现了东北人民苦难的生活。中华人民共和国成立后,《秧歌舞》曾被多次填写入新的歌词,成为东北人民歌唱幸福生活的新民歌。

本节课是一节活动课。我设计了两个音乐活动部分,一是唱歌,二是舞蹈。第一部分以教师的舞蹈展示作为导入,让学生通过直观的欣赏来感受舞蹈中的美感和乐趣。通过多次的聆听音乐、自主学习、师生互动等多种方法让学生用正确方法学唱歌曲。第二部分以《秧歌舞》的基本步伐十字步为难点,通过欣赏老师的示范和动画展示,充分调动学生的积极性,模仿动作,师生互动,营造轻松愉快、生动活泼的互动氛围,从而使学生积极参与舞蹈创编。

"Lesson 1　I' m not feeling well.（Let' s learn）"

洛阳市第一高级中学附属小学　张海燕

健康是人生第一重要的事,如果生病了,该怎么办? 视频中,洛阳市第一高级中学附属小学教师张海燕由"What should you do if you are ill?"的讨论引出话题"疾病"。在关于生病的问答中,设置不同的操练形式,让孩子们积极参与其中,和教师进行对话。通过不同病痛的应对方法,孩子们在进行语言表达的同时,了解了一些应对病痛的常识。并就如何保持健康提出了一些建议,让孩子们能养成健康的生活方式,让英语课努力做到"Real life, real language"。

“大家一起来烤肠”

天津大学幼儿园 白 皓

在此次教育活动中,幼儿通过烤香肠的情景模拟,使幼儿“变身”为一个个烤肠来进行翻滚训练,锻炼幼儿四肢力量,发展幼儿动作的协调性、灵活性和平衡能力,并通过长烤肠和胖烤肠的情景,让幼儿在游戏中学会与他人协作,体会协作的乐趣。在最后的环节中,幼儿还要通过在他人身上进行翻滚的挑战,切身体验后背力量大、较结实的特点,能够让孩子们在生活或游戏中学到保护自己的方法。

活动结束后,幼儿在老师的带领下进行放松,同时请部分幼儿表达自己在活动中的一些想法和感受,让幼儿充分思考,并尝试将好的方法运用到今后的游戏中。

区域活动课

天津大学幼儿园 郭 琦

通过建构小小的烟盒作为本节活动的萌发,既契合孩子们的兴趣点又能发展探究能力培养幼儿的合作意识。活动前我引导幼儿做好充足的准备并提供丰富的物质材料;活动中我激发幼儿主动探索骨牌的数量和间距,大胆交流自己的发现,体验骨牌游戏的乐趣;活动后我鼓励幼儿主动发现问题、思考问题、解决问题,希望孩子们能在闯关游戏中获得成就感,树立自尊和自信。在今后的工作中我会继续认真学习研读指南,从领域的核心价值出发,从幼儿的成长出发,汲取经验,改进不足,与幼儿共同进步!

“大鞋小鞋对对碰”

天津大学幼儿园　姜　丽

生活中，很多幼儿喜欢穿不适宜自己年龄的鞋。为了更好地引导幼儿，扭转他们错误的认知，我设计了本节教学活动。为配合活动，教师在课程中制作并投放了大量材料，创设了鞋店情境，并在活动之前，对幼儿进行大量的前期经验的铺垫，如在美工区让幼儿给鞋子涂上喜欢的颜色，并将作品用作鞋店的环境创设；带领幼儿到户外，通过感知季节的变化，去观察、比较、感受不同季节小鞋子的变化；男孩子和女孩子的鞋有哪些特点与不同等。教师在教学环节设计中，重在让幼儿在游戏中通过感知、尝试和体验，获得成功的快乐与收获，知道合适的鞋子才是最舒服、最便于活动的。

艺术领域“舌尖上的美味”

天津大学幼儿园　廉雪岚

我设计的教学活动内容适合小班学习。我班幼儿的现状是：对于日常生活知识储备不足；另外孩子们大多是独生子女，同时也是具有社会性的独立的个体，在此年龄段，他们的情感体验不完善，合作意识还没建立，身体肌肉发育不全，对于彩泥塑形有兴趣，但因年龄的原因，对精细动作的操控还有一定困难。所以，我想借此活动，使幼儿在师幼互动、幼幼互动以及与教具的直接对话中，实现动手、动脑、动情三位一体，成功达成有效的目标；力求尽量兼顾与其他领域的贯通和整合，比如垃圾分类、感恩父母、分工合作等，尽可能地拓展并丰富孩子的认知体验和情感态度的培养，旨在提升幼儿能力的同时，为幼儿塑造健全的人格。

语言活动课“鱼”

天津大学幼儿园 刘嘉钰

本次小班语言活动课“鱼”，严格围绕《幼儿3—6岁儿童学习与发展指南》开展。因为小班幼儿注意力保持的时间短，在活动中教师多以自制教具“图谱”的展示引起幼儿注意，幼儿亲自操作从而加深对诗歌的理解，亲身体验诗歌的节奏美和韵律美。通过教师示范、师幼互动、幼幼互动、场景表演、亲自操作，配合多媒体有层次的教学，使幼儿能够在游戏中获得知识、对诗歌产生浓厚兴趣，并能独自大声说出诗歌的内容，激起幼儿表达的欲望。

《一根羽毛也不能动》绘本教学课程说明

天津大学幼儿园 马玲玲

剖析绘本画面，挖掘教育价值。在观察绘本的时候我注重侧重点和观察的策略，引导幼儿感受坚持不懈的精神以及珍贵的友情。

《一根羽毛也不能动》绘本结合游戏进行教学，激发兴趣，体验情感。为了让幼儿感受到坚持不懈的精神，我设计了游戏环节，在游戏中感受不能动的辛苦，让幼儿知道做事情只有坚持才有可能成功。

以恰当的引导，启发幼儿获取情感认知。活动中，我对幼儿的回应及时作出价值判断并适时引导，及时抓住有价值的信息。

“秋天的颜色”

天津大学幼儿园　乔　瑀

根据《3—6 岁儿童学习与发展指南》要求，本次活动设计体现了以幼儿为本，从幼儿原有的知识、技能经验出发了解秋天的颜色。首先，通过照片展示和深入情境的方式来激发幼儿的兴趣，通过观看秋天的各种颜色，从而“感受美”，并自然地引出下一个环节。孩子们积极投入到活动中，较好地达到了活动目标。其次，从引导幼儿思考秋天的不同颜色从而“欣赏美”，激发幼儿的认知经验。随后带领幼儿了解绘画技法的操作流程，引导幼儿结合自己心中的秋天的颜色进行创作。最后，本次的活动重点环节是用新颖的艺术技法来表现自己认知事物，在尾声引出活动延伸，从另一角度让幼儿更为真切地感受秋色，提升了此次活动的意义并达到了自我“创造美”。

“鸭子骑车记”

天津大学幼儿园　谭贵松

“鸭子骑车记”是针对大班幼儿设计的语言活动。故事中各种动物的语言、动作和表情都十分传神，生动地描绘出孩子勇于探险的心理特征，让孩子在朗读故事后产生极大的满足感。教师和孩子一起朗读，会让孩子兴致勃勃地融入其中。本次活动穿插了提问和有声朗读环节，是为了让孩子充分享受绘本带来的阅读快乐，并鼓励孩子细心观察图画，大胆放飞想象力，同时也能明白只要对自己充满自信，朝着梦想坚持不懈地努力，就能享受到成功的喜悦。

小班健康领域活动“快乐的小火车”

天津大学幼儿园　杨懿萍

本活动是针对小班幼儿中的少数已具备初步的规则意识，而大多数仍需要教师提醒和引导才会遵守规则的情况，如排队时走走停停或乱走、爱推挤插队等这些现象而设计。

本活动通过三个游戏，锻炼幼儿以手膝爬的方式运球通过障碍物，并控制速度和方向的能力。在游戏过程中，幼儿充分感受到和同伴们一起游戏的乐趣，体验到遵守规则的重要性，建立了初步的规则意识。

“数鸭子”

大津大学幼儿园　于　敏

《3—6 岁儿童学习与发展指南》要求，小班幼儿能够手口一致地数 5 以内的物体。在实际生活中，不少幼儿出现了重数和漏数的现象。本活动主要是针对这一现象进行设计。通过幼儿的直接感知、亲身体验、实际操作进行游戏化学习，并运用循序渐进、层层深入的原则，让幼儿在游戏中体验、发现，不断地尝试用不同的办法解决问题，在游戏中不断提升经验，同时也初步让幼儿体验到物体的数量不会因排列形式、空间位置的不同而发生变化。

后 记

天津大学附属小学、幼儿园、校医院承担着“成长所系，性命相托”的神圣使命，自成立以来始终秉持“建设一流大学，服务保障先行”理念，坚持以文化建设和理论创新推动小幼医发展行稳致远。特别是在“十三五”期间，天津大学小幼医着力打造特色品牌，涵育文化，精铸灵魂，在守正继承的基础上激发创新合力，坚持立德树人，聚力共融共进，构建多方协同育人的新格局，在服务社会中体现天大责任与担当。

自 2017 年起，天津大学小幼医工作部围绕国家战略规划和脱贫攻坚政策，先后与天津静海、甘肃宕昌、河北雄安、河南洛阳等四地合作校签约共建，以开放包容之态，携共谋发展之友，积极融入国家发展大局，发挥自身优势和特长，为合作共建单位搭建协同共进平台。邀请共建学校中层以上干部及骨干教师参加全年工作会与下半年推进会，力争把天大小幼医打造成为园长、校长、院长及行业骨干力量的摇篮，邀请合作校参加卓越大学联盟发展论坛和小幼医工作部十年庆典活动等。附小、幼儿园、校医院三个部门分别根据对口学校需求制订共建计划，定期开展相关培训并组织骨干教师进行送课、送教活动，天大附小及幼儿园还选派优秀老师到雄安支教一年，特别是在 2020 年新冠疫情防控的特殊时期，天大小幼医积极助力宕昌有序进行复课复学，收效甚好。

数年来，小幼医共建工作取得了丰硕成果，大家在共融的道路上结下了深厚友谊，在爱的事业中共享着收获的快乐，书写着对未来的期盼。为了更好地激发小幼医人及共建单位同人的创新活力，进一步提升大家的理论研究水平和创新实践能力，同时让更多同人及有需要的人分享已有的优秀成果，出版《爱的事业——天津大学小幼医工作部及合作共建单位工作实践案例及优秀教学成果汇编》一书的想法也便应运而生了。该书从筹划、汇编到出版历时近一年时间，汇集了小幼医工作部、附小、幼儿园、校医院及合作共建单位近年来的工作实践案例和优秀教学案例。我们希冀通过此书的出版能够把天津大学小幼医各部门在“十三五”期间的特色亮点工作加以归纳整理，实现资源共享。与此同时为合作共建学校、合作园所搭建展示平台，为其拓展思路，真正实现理念上的共建、帮扶和文化传承提供了范式和载体。

该书的出版离不开天津大学各级校领导对小幼医事业发展的关怀和支持，特别是副校长张凤宝教授，自从接管小幼医工作以来积极推动小幼医事业阔步前行，亲临共建单位指导工作。感谢校党委副书记赵美蓉教授，校党委常委、校长助理、统战部部长张力新教授，校党委常委、组织部部长贾启君研究员对小幼医工作一如既往地关注和鼎力支持，他们为本书付梓注入极大动力。此外，还要特别感谢天津大学出版社的无私帮助，党总支书记兼总编辑宋雪峰为全书的选题、框架、内容设计给予了专业指导并亲自参与修改。李源老师和几位编辑人员加班加点为本书遴选案例，从制作样书到整书排版，经过多次校审最终付梓成册。本书的出版还得益于天津大学科研院常务副院长崔振铎的鼓励和帮助，并得益于学校自主创新基金项目及洛一高附属小学共建资金的支持。在这里对各方的大力支持以及编委会成员、执笔人员乃至幕后默默付出辛勤劳动的老师们一并表示最衷心的感谢和最崇高的敬意！

奋斗百年路，启航新征程，我们倾心于爱的事业，演奏着爱的乐章，以小幼医管理理论创新、精品实践案例和优秀教学案例献礼中国共产党建党百年，记载伟业，展示辉煌，启迪未来，书写小幼医人奋斗新篇章。

本书系天大小幼医工作部与共建单位首次联手合作的尝试，因编者水平及能力有限，错误和疏漏之处请同人及读者海涵并批评指正。我们不胜感激之至！

编者

2021 年 5 月于天大